하나만의
선택

박이문 인문학 전집

OI

하나만의
선택

———

우리 시대 인문학
최고의 마에스트로

미다스북스

우리 시대 인문학 최고의 마에스트로를 위하여

_김병익(문학평론가, 문학과지성사 상임고문)

박이문 선생은 프랑스에서 말라르메 연구로 문학 박사학위를, 미국에서 메를로 퐁티를 주제로 철학 박사학위를 얻었다. 우리 학자로서는 드물게, 두 나라에서 시인과 철학자에 대한 연구 성과로 두 개의 학위를 받았지만 그의 연구와 업적은 물론 이 폭과 높이를 훌쩍 뛰어넘는다. 그는 현상학과 존재론, 거기서 확산된 과학철학과 예술철학, 서구사상과 동양고전을 포함하여 형이상학에 걸친 모든 것에 대한 왕성한 지적 탐구를 해왔다.

그럼에도 또 한편으로 그는 뛰어난 에세이스트로, 그리고 서정적인 시인으로서 인간의 이성과 정서로 추구하고 표현할 수 있는 인문학 전반에 걸친 최고의 마에스트로였다. 그런 그의 인문학 전집 열 권의 맨 앞 제1권에 자리한 『하나만의 선택』은 1978년에 출판된 표제의 저작과 그에 이어 한국 학계에서 활동하며 상자한 『사물의 언어』(1988), 『철학 전후』(1993), 『행복한 허무주의자의 열정』(2005) 등의 저작에서 철학적, 실존적, 사상적으로 자전적 성격의 글들을 잇고 엮어 한 권의 내면적 자서전의 기록으로 묶은 것이다.

그 글들은 그의 세계인다운 바탕과 체통을 이루어가는 지적 편력의 내밀한 과정을 충실하게 보여준다. 그는 식민지 시대에 태어나 일제의 교육을 받고 소년기에는 해방 후 중학교육을, 청년기에 서울대에서 프랑스문학을 공부하고, 이어 프랑스에서 시학을, 미국에서 철학을 연구했다. 그는 성장하면서 소년다운 진정성에 젖어 진리를 향한 지적 탐구를 생애의 목표로 삼았고, 청년이 되어가면서는 자신의 앎을 넓히고 심화하는 삶의 어려운 길을 선택했으며, 연구자이면서도 교수가 되어서도 그는 집요하게 사유했고 전방위적인 진리탐색자의 소명에 열중했다.

그래서 생각해야 할 주제가 무엇이라도 그 의미를 치열하게 탐구했고, 오직 글쓰기를 통해 사색하며 그에게 가능한 모든 문제들과 씨름하였고, 혹은 토론과 논쟁을 하면서, 결국 극복했다. 그럼으로써 그는 그의 풍요로운 내면적 사유의 진폭을 가능한 한 가장 넓게 확대했고, 그것들을 대가답게 평이하고 품위 있는 아름다운 문장으로 표현했으며, 지혜로운 현자의 성찰로 이 시대의 지적 멘토가 되어주었다.

그의 젊은 시절은 후진적인 암울을 더해 전쟁의 참혹한 시절이었기에 전후의 그 황량한 캠퍼스에서 우러난 실존주의적 분위기에 깊이 젖어 있었다. 그랬기에 그의 고민은 우리 모두에게 한계상황적 자기성찰로 받아들여질 수 있었고, 프랑스에서 사르트르를 비롯한 20세기 현대의 풍요한 사상들과 접촉하며 부조리한 세계에 저항해야 할 문제적 존재성으로 괴로워했기에 그의 말과 글은 인류 보편적 고뇌와 비판적 인식으로 번질 수 있었다. 나아가 그의 지적 탐구가 더욱 깊어져 문학에서 철학으로 지평을 넓히며 미국에서 메를로 퐁티와 데리다를 중심으로

한 오늘의 다양한 사상적 물결들을 때로는 받아들이고, 때로는 새로운 단계로 극복하는 철학적 성찰은 현대성에 대한 우리의 사유를 대담하게 넓혀주었다. 한국으로 귀국하여 우리 지식 사회 속으로 귀환한 이후의 그의 인문학 전반에 대한 정신은 예술과 과학을 근원적으로 성찰하고 노장과 논어를 다시 읽음으로써, 오늘의 우리에게 동양의 전통에 대한 고전적 정신의 함의를 재인식하도록 고양시켰다.

이 모든 과정에 이르기까지, 그의 지적 편력과 내면적 고뇌, 진정성에 대한 열정과 삶에 대한 관조의 그의 형이상학적 생애는 '하나만의 선택'이란 실존주의적 감수성으로 진솔하게 표현되고 있다. 그에게 인간이란 부조리한 세계에 투척된 존재로서 무한한 가능성들이 즐비한 가운데 그 선택은 하나만일 수밖에 없는 막힌 상황에 구속되어 있다는 사실을 각성해야 할 것이며, 그 하나의 자유로운 선택 이후에 다시 다가오는 무수한 선택지들에서 여전히 어느 하나만을 어쩔 수 없이 골라야 하는, 자유로우면서도 예속된 문제적 운명이다.

그는 어린 10대의 시골소년으로부터 80대 세계인적 보편자로 스스로를 키우고 넓히며 살아온 과정을 이런 '하나만의 선택'들이 끝없이 반복되는, 그러나 그 각각은 다른 미래로 열린 존재의 고리로 바라보고 있다. 그러면서 의식을 갖춘 호모사피엔스로서 그를 둘러싸고 흔들고 억압하는 자연의 세계에 대해 정면으로 대결하며 자아와 타자 간의 물질적·정신적 소통을 찾지 않을 수 없었다. 그것이 사물과 인간의 은밀한 내통이고, 그 언어는 로고스의 냉철함으로 번득인다. 진리에 이르는 통로로서의 이 언어 발견은 자신을 해방시키고 타자를 싸안는다. 그러기에 그는 신을 믿지 않는, 아니 결코 믿을 수 없는 무신론자로 이 세계의 허망을 주저 없이 받아들이면서도 결코 불행해하지 않는다. 그 발견과 해방이 그 허무주의자를 행복한 저항인으로 품어주기 때문이다.

박이문의 이러한 내면적 섭렵과 정신적 탐구는 자신의 존재론적 목적과 세상-안의-존재로서의 실존적 지향을 잃고 허황하게 방황해야 하는 우리에게 참으로 든든한 지표와 격려가 될 것이다. 그는 자신을 따르라고 하지 않고 자신처럼 자유로운 선택을 하도록 하고, 그 자신이 찾아낸 것들을 배우라 하지 않고 스스로 생각하고 여기서 살아 있는 지혜를 발견하기를 권하고 있다. 그것은 우리가 우리 자신의 삶을 근본적인 의미로 인식하고 주체적인 진정한 앎으로 각성하기를 가르치는 것이다. 그는 '하나만의 선택'을 우리 스스로 감행해야 할 것임을, 그리하여 절망하면서 타인과 혹은 이 세계와 소통함으로써, 고독하되 그 운명에 대해 무한한 행복으로 결단하기를 바라고 있다. 우리는 그의 이 진중한 내면 고백과 발견술적 지혜를 통해 행복한 고독의 아름다움을 익혀야 할 것이다.

일러두기

1. 『박이문 인문학 전집』은 박이문 선생의 모든 저서 가운데 인문학적 저작을 주제별·시간대별로 분류하여 열 권으로 묶은 것이다. 『박이문 인문학 전집』은 무엇보다 선생의 뜻을 존중하여 저작 가운데 중복된 것은 제외하고 저자의 의도를 최대한 살리고자 노력하였다. 열 권의 제목과 목차도 현 세대 독자와의 교감을 고려하여 편집했지만, 최초 발표 시기 단행본의 제목과 방향을 최대한 존중하였다. 세계적인 석학이자 20세기 이후 한국 최고의 인문학자로 평가받는 박이문 선생의 『인문학 전집』에 한국어로 된 주요하고 핵심적인 인문학적 저작과 논문은 모두 수록함을 원칙으로 하였다. 이번 『인문학 전집』에서 빠진 에세이와 기행은 모아서 따로 출간될 것이며, 아울러 박이문 선생의 모든 저작을 망라한 영인본 박이문 아카이브 전집은 추후 미다스북스에서 출간 예정이다.

2. 제1권 『하나만의 선택』은 1978년 발간된 단행본의 제목이자, 혼란기에 인문학적 앎을 추구한 박이문 선생의 실존적 삶을 드러냄과 동시에 선생의 삶의 가치관을 대변하는 말이다. 1부에는 1970년대 초반부터 잡지와 신문에 발표한 인문학적 앎을 찾아나서는 자신의 모습을 담은 글들을, 2부에는 1984년부터 1988년까지 《문예중앙》에 연재되었다가 『사물의 언어』(1988)라는 제목으로 묶어 출간된 자서전적 성격의 글들을, 3부에는 자신의 지적 탐구의 삶을 반추하는 단편적인 글들을, 4부에는 『더불어 사는 인간과 자연』(2001)에 수록된, 선생의 삶의 역정과 오늘의 시대에 대한 생각을 담은 대담을 실었다.

3. 전집을 발간하면서 기출간된 단행본의 형태를 가능한 한 지키려 노력했지만, 박이문 선생의 많은 저작이 절판되면서 다른 책에 재수록되었기에, 중복된 글이 수정된 경우에는 가장 마지막 책을 기준으로 삼았으며, 글의 말미에 출전을 표기했다. 그리고 전체 열 권을 묶으면서 각 권별로 실린 주요 단행본의 초판 서문 및 개정판 서문을 각 부 끝에 게재하여 출간시 박이문 선생의 의도를 아는 데 도움이 되도록 하였다.

4. 이 책에 실린 글들은 모두 원래 발간된 원고를 기준으로 했지만, 원문의 오식과 오자들은 바로잡고, 표기법과 맞춤법은 지금의 것을 기준으로 새로 교정·교열하였다. 출간 당시의 시대적 차이와 출판사별 기준의 차이도 있기 때문에 전집으로 정리하면서 새로운 기준을 정해서 이에 맞추어 새로이 고쳤다.

『박이문 인문학 전집』 간행·편집위원회

1부

하나만의 선택—철학적 자전

01
하나만의 선택

철이 들기 전에 있었던 일들을 빼놓고 말한다면 내가 지금까지 살아온 길은 언제나 명확한 의식을 갖고 내 자의로써 스스로 선택해온 것이라고 나는 생각한다. 어떤 것을 선택함으로써 잃어야 했던 많은 것을 다시 되찾을 수 없는 지금 다소 섭섭하게 느껴지는 일이 있더라도 나는 내가 살아온 길에 대해서 후회하지 않는다. 원하던 바가 이루어진 것은 아니지만 결국 내가 살아온 삶이 바로 내가 원하던 대로였다는 것은 알고 있다.

호강스럽다곤 할 수 없는 가정에서 자란 나로선 안락한 생활이 부럽지 않았다곤 할 수 없고, 고통받는 민족의 하나로서 정치사회 문제에 대해 민감했었다고 믿지만 나는 실업가가 되거나, 정치가가 되려는 생각은 꿈에도 해본 적이 없었다. 또한 나는 학자를 경멸했다. 나는 창조적 인간이, 시인이, 아니 위대한 시인이 될 것을 꿈꾸고 있었다. 내가 이러한 결심을 한 것은 아마 K중학교 2학년 때라고 기억된다. 15리나 되는 소학교를 걸어다녀야 했던 내 고향의 분위기나, 철저한 유교적 양반 분위기 속에 지배되었던 나의 가정이 시적인 것이 못됨은 대개 짐작이 갈 것이다. 이런 환경이 불만스러웠다.

소학교 5학년생이던 겨울방학 때라고 기억된다. 동경에서 대학을 다니다 학병을 피해 다니고 있던 큰형이 갖다둔 꽤 많은 문학서적이 겨울이면 고아놓은 엿을 뒤두는 넓은 우리집 건넌방에 아무렇게나 쌓여 있었다. 호기심에 알지도 못하는 그 책들을 뒤적거리다가 나는 내가 살고 있는 세계, 내 주변에서 보고 듣는 것과는 영 다른 세계가 있음을 발견했다. 일본 '평범사平凡社' 발행이었다고 기억되는 호화판 『문예사전』 한 권이 굴러다니고 있었는데, 나는 그 책 속에서 미켈란젤로의 그림이 갖는 힘에 일종의 전율에 가까운 흥분과 매혹을 느꼈고 유럽 고적들의 사진에 놀랐다. 그러한 세계는 내가 보고 알고 상상할 수 있는 한계를 훨씬 넘는 것이었다. 시골 소년은 곧잘 손이 꽁꽁 어는 냉방에서 책을 통해 황홀하고 마술적인 세계에 남몰래 매혹되고 흥분된 나날을 보냈던 것이었다. 출세하고 편안히 산다는 것은 잘 사는 것이 무엇인가를 아는 것과는 다르다는 것을 차츰 의식하게 되었다. 나는 인생의 의미, 만물의 현상에 대한 원리를 확실히 근원적으로 알고 싶었다. 어느덧 나는 감상에 빠진 문학 소년이 되어가고 있었다.

식혜를 담은 자박지 물이 꽁꽁 얼어붙는 그 건넌방에 있던 책들이 대부분 불문학 계열에 속하고 그것을 따라가는 일본 문학지들이었던 이유도 있겠지만, 자라면서 불문학이 역시 가장 참신하고 모험적이고 화려하다는 것을 믿게 됐다. 그후 스스로 크나큰 인생의 문제와 씨름하고 있다고 자처하는 문학 소년으로서의 나는 철학에도 크게 끌리는 바가 없지 않았지만, 불문학을 전공으로 선택하는 데 주저하지 않았다. 당시 꽤 궁색한 처지였음에도 불구하고 나는 내가 하려는 공부를 하나의 생활수단으로 생각해본 적이 없었을 만큼 어리석기도 했다. 그러면서도 나는 다시 다른 공부를 시작할 때도 그와 같은 기분 속에서였다. 하기야 잘만 하면 생활은 저절로 하게 될 것이라는 막연한 자신을 갖고 있었던 지도 모르겠다.

인생에는 여러 가지 살아가는 길이 있고, 그 길에서 많은 종류의 할 일과 즐거움을 가질 수 있다. 그러나 우리는 그 인생의 보배를 모두 다 동시에 소유할 수 없고, 모든 만물과 똑같이 어떤 우연의 소산인 것으로 밖엔 생각할 수 없다. 일단 생명을 갖게 된 동물로서 나는 생명을 지속하려는 본능에 의해 살고, 역시 우연의 결과로서 의식을 갖게 된 인간으로서 나는 내 삶의 모든 행위에 의미를 찾고 가치를 부여하려는 의욕 속에 노력하고 있을 뿐이다.

6·25 전쟁과 겹친 4년간의 대학 시절은 앎에 대한 욕망이 채워지지 않고 착잡한 사회적·시대적 곤경이 겹쳐 삶에 대한 심각한 괴로움으로 흘러갔다. 이러한 환경과 내 마음의 상태는 가끔 술로도 표현되었지만, 한편 시작詩作을 통한 표현의 본능으로 나타났고, 평론을 씀으로써 앎에 대한 지적 요구로도 나타났다. 당시는 열심이었지만 지금 뒤돌아 생각해보면 그 몇 개 안 되는 작품들은 말도 안 될 만큼 피상적이거나 유치한 것으로밖엔 여겨지지 않는다. 지금 생각하면 부끄럽기만 하다. 어찌 보면 말도 안 되는 보들레르에 관한 학사 논문을 써내고도 나의 불어 실력은 소설 한 권 쉽사리 읽지 못할 정로로 빈약했고, 2년 후 가장 지적인 시인의 한 사람인 발레리에 있어서 시의 기능을 논함으로써 석사라는 증명서를 땄을 때도 불문학에 대한 나의 지식이란 거의 백지와 비슷했고, 소설이나 시를 분명히 분석할 능력이 없을뿐더러 지성인으로서 모든 문제에 대해 제대로 된 판단이나 명석한 견해를 갖지 못한 채 모든

것이 애매하고 흐리멍덩했다. 지적인 면에서 나는 초조했다.

　이러한 상태에서 나는 1957년 프랑스 정부장학생으로 파리에 가게 됐다. 파리에 도착한 나는 아찔하고 깜깜했다. 소르본을 드나들면서 나는 답답하고 안타까웠다. 귀가 뜨이지 않고 입이 열리지 않고 펜이 돌아가지 않았기 때문이었다. 이렇게 10개월을 보낸 나는 흐릿한 안개가 걷히듯 머릿속이 맑아짐을 느꼈다. 문학작품도 논리적인 설명을 거쳐 더 즐겁게 감상할 수 있었으며, 시도 조리 있는 해석을 통해서 더 깊은 감명을 느낄 수 있다는 것을 깨달았다. 한마디로 말하자면 나는 그들의, 아니 서구의 논리에 거의 전율에 가까운 지적 매혹을 느끼고 그것을 찬탄하게 됐다. 그들이 지적으로 얼마만큼 앞섰는가는 그들의 역사적 유물이나 생활양식을 통해서뿐만 아니라 그런 것의 기초가 되는 그들의 지성, 그들의 이성을 통해 알 수 있었고, 나는 그것에 감복했다. 머릿속이 정연히 정리되었다고 믿을 수밖에 없는 그곳 교수들이 부러웠다. 흐리멍덩한 내 머릿속은 안개가 가득 낀 것 같아서 답답했고, 그들의 머릿속은 마치 수건으로 닦아놓은 유리창처럼 투명한 것으로만 상상되었다.

　그렇게 모든 것이 투명할 수 있다면 얼마나 상쾌하고 유쾌하랴. 고기 맛을 안 중처럼 약간이나마 지성과 학문의 진미를 알게 된 나는 지식에 대한 욕망을 뿌리가 빠지도록 만족시키고 싶었으나, 부득이 안타깝고 아쉬운 마음을 안은 채 다음 해 가을, 서울로 돌아왔고, 그 서울은 무척 초라해 보였다. 『문예사전』을 통해 어릴 적 발견한 서양을 나는 프랑스에서 목격했던 것인데, 그것은 막상 마주했을 때의 여인이 중매인이 보여준 사진 속의 그녀보다 더 매혹적인 경우와 비슷하였다. 딱지를 맞은 셈이 된 나는 소용도 없어진 그녀의 사진만을 기억 속에 갖고 있는 격이었다. 이미 한 학기를 보낸 바 있는 이화여자대학에 돌아왔다. 이 학교는 나를 따뜻이 반겼고 아껴주었다. 나는 아직 한창 젊은 때였고, 그곳에서의 생활은 즐거웠다. 파리에서 돌아온 때는 한국에 처음으로 번역문학이 붐을 일으키던 때였다. 발레리의 시편詩篇 등을 번역하여 나도 이 붐의 한몫을 담당했다. 서투름은 말할 필요도 없거니와 더러 오역이 있었으리라고 생각되는 이런 일을 꼭 좋아서도 아니면서 가볍게 한 데 대해서 지금은 뉘우친다. 두 번 다시 번역 같은 것은 하고 싶지 않은 생각이 들 정도이다. 그밖에도 나는 잡문을 더러 썼다. 이것은 이름 석 자를 활자화하려는 허영 때문이기도 했지만, 나 자신의 생각을 정리하려는 의욕도 없지 않았기 때문이었다. 그러나 나는 나 자신이 불만스러웠다. 나의 머릿속은 아직도 정리되지 않았고 지성인으로서, 또 불문학을 가르치는 선생으로서, 그리고 시인이 되고자 하는 사람으로서 나는 정신적으로 한없는 빈곤함을 절실히 느꼈다. 이대로 가다가는 이와 같은 지적 모호성과 정신적 불안에서 죽을 때까지 벗어날 수 없을 것이 확실했다.

표면상으로 나는 다소 행복할 수 있는 조건을 갖고 있었다. 그러나 나는 행복을 바라지 않았다. 모든 것에 대해서, 특히 나 자신에 대해서 분명하고 명석해지고 싶었다. 나는 분명히 알고 싶었다. 그리고 투명하기를 원했다.

이화여자대학과 인연을 맺은 지 4년 반이 지났을 때 나는 오막살이집과 얼마 안 되지만 아끼던 책을 팔아버리고, 함께 계시던 연로하신 어머님을 형한테 모시게 하고 서른이 넘은 나이에 터무니없는 인생의 도박을 건 것이다. 나는 파리로 다시 떠났다.

불문학자가 되기 위해서도 아니요, 박사학위를 따기 위해서도 아니었다. 철 늦게까지 낭만 속에 사로잡혀 있던 나는 어떤 소설 속 주인공의 낭만을 찬미하는 데 그치거나 어떤 시인의 생활양식을 부러워만 하고 있을 것이 아니라, 그것이 좋은 이상 직접 흉내라도 내고 싶다는 망상을 지울 수 없었던 것이다. 조이스나 헤밍웨이, 오스카 와일드, 피카소, 그리고 아폴리네르의 파리가 저항할 수 없는 힘으로 날 끌어당긴 것이다. 그뿐 아니다. 사르트르의 파리를 잊을 순 없었다. 사르트르는 나의 인생에 대한 태도, 인간에 관한 견해에 결정적인 영향을 주지 않았는가. 인간에겐 자유가 있으며, 한 인간의 인생은 그 당자의 자유로운 선택에 의해 결정된다는 견해는 화려했다곤 할 수 없는 나에게 위로와 아울러 주어진 환경을 깨치고 자신의 길을 개척해보겠다는 만용을 돋우어 주었던 것이다. 내가 거기에 다시 간 것은 남 보기 좋은 간판을 얻고자 해서가 아니다. 그렇기에 어떤 이들이 서울에 가서 빨리 자리를 잡아야 한다고 서둘 때 나는 그들에 대해 철저한 경멸감과 측은함을 동시에 느낀 적도 있었다.

기숙사 한구석에 앉아 밤새도록 타이프를 치고 싶었다. 소르본에서 가르치는 모든 것을 알고 싶었다. 나는 그곳에서 가르치는 교수들처럼, 연신 책을 쓰고 논문을 써내는 많은 파리의 지식인들처럼 어떤 문제에 대해서, 아니 모든 문제에 대해서 조리 있고 질서정연하고 깊이 있는 견해를 갖고 그것에 대해 얘기할 수 있는 능력을 갖고 싶었다. 내게 그들은 마치 신들처럼 모든 것을 들여다보는 존재같이 보였다. 그런 반면 내가, 아니 우리가 그들에 비해 얼마나 뒤떨어져 있는가를 절실히 느끼지 않을 수 없었다. 내 머리는 아직도 흙탕물처럼 탁했고 내 논리는 마치 가시철사처럼 얽혀 있었다. 내 혀는 아직도 반벙어리처럼 맴돌고 있을 뿐이었다. 그 많은 책을 다 이해할 수 없을뿐더러 읽을 수도 없었다. 타이프라이터 앞에 앉아도 무엇을 어떻게 찍어야 할지 엄두가 안 났다. 나도 무엇인가 특유한 경험이 있고 생각이 있다고 어렴풋이 믿어왔던 터이지만 그러한 것이 나의 무식한 착각, 혹은 자기 과대망상증에 근거하고 있다는 것을 늦게나마 깨닫기 시작했다.

좀더 구체적인 것부터 하나씩 다시 시작해야 했다. 학위 논문이란 명목을 걸고 말라르메에 관한 종합적인 공부를 시작했다. 나는 이것을 하나의 지적 훈련으로 생각했다. 난해하기로 유명하며 지적인 것으로 이름 높은 이 시인을 택한 이유는 이화여자대학에서 강의하는 동안 그의 시를 뒷받침하는 듯한 형이상학적인 하나의 중심 개념에 주의를 갖게 된 까닭에도 있었지만, 무엇보다 그의 시가 난해했기 때문이었다. 난해한 시를 이해해보자는 나의 욕심이 있었기 때문이다. 내가 일찍부터 학자를 경멸하였던 이유는 학자란 대개가 남이 말한 것을 외우고 남의 책을 베낀 것을 또 베끼거나, 먼지가 끼고 곰팡이가 핀 고서를 뒤적거리는 일을 주로 하고 있는 것이라고 생각해왔기 때문이다. 박사논문이란 대개 이따위 종류의 일에 속하기 쉽다. 이러한 논문을 내가 쓰기 시작한 것이다. 그러나 나는 차근히 이런 일을 함으로써 지성의 좋은 훈련을 거칠 수 있다는 걸 깨닫기 시작했다. 그러나 나는 되도록 주석적인 일을 피하면서 가능하면 가장 종합적이고 논리적인 통일된 새로운 해석을 말라르메의 시에 붙여보려고 애썼다. 당시에도 어느 정도 느낀 바지만 결과는 역시 퍽 피상적이었다. 좀더 자세하고 구체적이며 논리정연한 전개를 하여 나의 전체적인 관점을 뒷받침하지 못한 데 비해서 쉽사리 통과는 되었지만 나의 논문이 불만스러웠고, 나 자신의 능력에 회의를 넘어서 실망까지 한 적도 많았다. 나의 논문이 유치한 것 같았다. 그후 뜻밖에도 이 논문의 출판계약서에 사인을 하게 되던 날의 놀라움과 기쁨과 격려되는 마음은 보통이 아니었다.

　모든 학문, 모든 사유는 철학으로 통한다는 말에는 깊은 일리가 있다. 모든 학문은 반드시 어떤 원칙을 전제로 해야만 한다. 모든 사유, 즉 이치도 반드시 어떤 전제에서 출발할 수밖에 없다. 다시 말하자면 그 전제의 옳고 그릇됨이 따져지고 설명되기 전에, 이미 옳은 것으로 받아들여야 한다. 이러한 전제를 가짐으로써 비로소 그 사실이 이해될 수 있다. 그러나 철학은 다른 학문이 받아들인 전제를, 즉 원칙 자체를 비판하고 설명하려 한다. 가령 말라르메의 시를 위대한 작품이라고 평가한다면 그 판단에는 반드시 위대성에 대한 기준이 이미 있어야 하는데, 철학은 어째서 그 기준이 옳은 기준으로 받아들여져야 하는지를 따지고자 한다. 다시 말하자면 철학은 우리가 흔히 받아들이고 있는 원칙 자체를 명석하게 이해하고 설명하고 비판한다. 그렇게 함으로써 철학은 피상적인 이해를 넘어서 갈 수 있는 한까지의 철저한 이해를 요구한다. 그렇기 때문에 어떤 학문이고 깊이 추구하다 보면 자기도 모르는 사이에 철학적인 사색에 빠지는 것은 당연하다. 나는 전문적인 의미로서의 철학가가 되려는 생각은 꿈에도 해본 적이 없다. 그러나 철학적 문제 자체와 그것을 다루는 방법을 조금 체계적으로 알아보고자 하는 것도, 나의 내적 욕구로 보나 내가 말라르메를 이해하려 하는 시도로 보나 거의 필연적인 결과라 해도 틀림없다.

　파리에 간 지 2년이 되던 해부터 나는 논문을 준비하는 틈틈이 하나둘 철학강의를 듣기로 작정했고, 논문이 끝난 다음 해에는 1년 동안 남아 전적으로 철학강의만을 들었다. 그곳의 철학강의를 내가 어느 정도 이해하고 있다는 것이 공식적으로 인정됐던 그해 6월에도 나의 머릿속은 아직 잘 정리되지 않았고 문학에 대해서, 또 허다한 철학적인 문제에 대해서, 그리고 나 자신의 인생 문제에 대해서 아무런 명확하고 자신 있는 견해를 세우지 못하고 있었다. 내가 이곳에 온 이유는 바로 이런 문제를 근본적으로 시원스럽게 해결하고 싶었기 때문이 아니었던가?

모든 것이 아직도 희미할 뿐인데 이렇게 지내는 동안 서울에 둔 벗들과 멀어지는 것 같았고, 가족과도 감정적인 거리가 커짐을 느꼈다. 그렇다고 꼭 이렇다 할 애인이 옆에 있는 것도 아니었다. 종잇장 증명서 두 장이 창백해진 두 손에 쥐어져 있을 뿐이었다. 돈이 있거나 생활할 길이 있었더라면 나는 내가 스스로 부여한 내 숙제의 뿌리를 빼보겠다는 마음이 간절했다. 그러나 모든 조건이 여의치 않던 나는 마침내 지적으로 흥분도 했었고 환희와 다소의 희열감을 느낄 수 있었으며, 평생 처음으로 지적인 성장을 크게 체험했고 그럼으로써 애착을 갖게 된 프랑스를 떠나야만 했다. 미국행이 유일한 찬스라고 생각한 나는 그곳으로 떠나기로 결심했다. 나는 미국에서 철학을 좀더 배우고, 유럽과 다르다는 미국의 정신적 풍토에서 새로운 각도로 여러 지적 문제를 재검토해보자고 마음먹었다. 그럼에도 불구하고 나는 그곳에 있는 미 대사관으로부터 입국 비자를 받아 쥐고 이른 가을의 맑은 하늘 밑에서 아름답고 넓은 콩코드 광장에 서서 말할 수 없는 공허감과 어떤 외로움, 그리고 뜻을 채우지 못한 채 언제 다시 볼 수 있을 것 같지 않은 파리를 떠난다는 마음에, 그리고 또다시 낯선 곳에서 또 하나의 서툰 말로 학생생활을 시작해야 할 일을 생각하며 일종의 피로 섞인 공포감으로 흐느낌에 젖어들었다. 그때 벌써 내 나이는 빠르면 중학생의 자녀를 가졌을 만한 때였다.

1965년 말 내가 로스앤젤레스의 서던캘리포니아대학에 오게 된 것은 정말 우연이었다. 다 늦게 신청한 장학금을 주겠다고 나섰기 때문이다. 나는 이제 아마 평생 처음으로 학비에 대해 큰 걱정을 하지 않아도 될 판이었다. 그레이하운드 버스를 타고 며칠 걸려 대륙을 횡단해 서부 도시로 갔다. 할리우드 영화를 보며 화려하게만 상상했던 서부의 끝, 로스앤젤레스는 퍽 촌스럽고 엉성해 보였다. 도시 같은 기분도, 서양이란 기분도 없었다. 중심이 잡히지 않은 도시의 모습이나 그곳에 사는 사람들의 옷차림이나 태도는 상스럽고 제멋대로인 것만 같았다. 내가 다니던 대학도 넓고 좋은 건물이 들어섰지만 기대한 것과는 달리 역시 촌뜨기 같았다. 파리에서 오래 살고 그곳에 애착을 갖고 있음으로써 생긴 편견에 따르는 판단인지도 모른다. 왁작거리던 대학 구내와 '카르티에라 탱Quartier Latin'이라 부르는 학생가의 분위기에 비해 모두가 긴장이 풀리고 한가해 보였다. 야자수가 많이 서 있는 이 지방은 차라리 아프리카의 열대 지방을 연상시킬 뿐이었다.

로스앤젤레스엔 많은 한국인과 일본인들이 살고 있었다. 거의 서울에 온 것 같은 착각도 들었다. 그곳에서 중학 혹은 대학 동창, 그리고 고국에서 내가 가르치던 옛 학생들도 만나게 됐다. 그들은 이미 멋진 자동차를 굴리고 아담한 집에서 아내 혹은 남편과 함께 자녀들을 갖고 있었다. 이들의 생활수준, 이들의 깔끔한 집들에 비해 뼈만 남은 내 꼴이나 내가 여정을 푼 하숙방은 너무나 초라해 보였다. 난 아직까지도 그러한 생활이 내게도 가능하리라고 믿어보지도 않았고 그러한 생활을 단 한 번이라도 부러워한 적이 없었다. 나는 나의 지적 요구, 정신적 만족만을 위해 모든 것을 희생하고서라도 맘껏 채워보고 싶었고, 그러한 나의 생활 철학에 아직도 은근한 자부심을 갖고 있었다. 그러나 나이가 들고 피로를 느끼고 고독한 나는 이러한 주위 환경을 볼 때 차츰 인생에 대한 견해, 내가 살아온 태도에 대해 다소의 반성과 회의도 느꼈던 것 같았다. 남들 말대로 '자리를 잡을' 때가 늦은 대로나마 왔어야 했는지도 모른다. 그러나 나는 크게 동요되지 않았다.

다음 해인 1966년 2월 봄학기부터 나는 정식으로 강의를 듣기 시작했다. 내 영어가 부자유스러움은 말할 필요도 없다. 이곳에서 다루는 철학의 문제나 방법은 내가 파리에서 배워온 것과는 판이하게 달랐다. 유럽에선 종합적인 파악을 지향함으로써 전체적인 관점을 갖기 쉬운 반면, 그 관점에 대한 세밀하고 확고한 논리가 빈약하다. 이에 반해서 현대 영미철학은 종합적 파악에 앞서 세밀한 부분의 철두철미한 분석을 지향한다. 따라서 흔히 생각하는 철학과는 달리 시종 말재주 놀이만 하는 인상을 준다. 내가 읽어야 할 책이나 알아야 할 철학자들도 태반이 생전 처음 알게 된 얘기요, 처음 듣게 된 사람들이다. 터놓고 말해서 유명하다는 교수들의 얘기도 별로 신통한 것이 없고 별로 시원한 것 같지 않았다. 나는 처음 얼마 동안 이러한 분위기, 이와 같은 철학에 심한 반발과 혐오에 가까운 느낌을 갖고 있었다. 그러나 난 좀더 참아 담담하고 겸손한 마음으로 새로 접촉하는 철학을 이해해보려 애썼다. 왜냐하면 그 당장의 내 소견으로는 그 철학이 심오한 것이 못 되고, 그 사람들의 주장이 경박한 것같이 보이긴 했지만, 그들의 철학이 나보다 재주가 더 있고, 더 진지하고, 더 공부했다고 생각되는 많은 사람들에 의해서 존경과 갈채를 받고 있음을 모르고 있지 않기 때문이다. 그 철학에 반발을 느끼는 이유는 내가 무식한 탓으로 믿을 수밖에 없기 때문이다. 실상 나는 내가 싫다고 생각하는 철학의 내용을 확실히 알지도 못하고 있던 것이 아니었던가. 철학을 공부하겠다는 뜻을 품고 미국에 왔지만 나는 결코 처음부터 박사학위를 따서 그곳에서 교편을 잡을 생각은 추호도 없었거니와, 한국에 돌아가서라도 철학에 전념할 생각이 전혀 없었다. 그리 어렵지도 않아 보이고 또 장학금도 넉넉했기에 내 생각의 정리, 내 머릿속의 정리가 될 것임을 생각하고 학위 취득을 하기로 결정했던 것이다.

내 관심은 존재학에 있었고, 전통적으로 논의를 일으키면서 해결되지 않은 존재학에 관한 철학적 문제를 해결하기 위해 나는 '표현'이란 개념에 대해 심각히 생각하게 되었다. 이 개념이 내 머릿속에 떠오른 것은 파리를 떠나기 며칠 전 말라르메에 대한 내 논문의 출판계약서에 사인하고 비자와 비행기표를 마련한 다음 콜레쥬 드 프랑스 옆 작은 카페에서 공부하던 두 친구 이형동, 배요선과 맥주를 마실 때였다. 나는 하이데거의 『존재와 시간』, 사르트르의 『존재와 무』가 문제되는 철학적 저서란 정도로 알고 있었으며, 동시에 모든 철학적 해답엔 언제나 논의가 따르고 문제가 남아 있게 마련이듯이 이 두 존재에 관한 학설에도 이론이 많다는 것을 알고 있었다. 나는 여기서 '존재와 표현'이란 말을 생각하게 됐다.

학위 논문의 주제를 메를로 퐁티Merleau-Ponty에 집중한 까닭은 그가 '표현'에 관해 중요한 견해를 갖고 있다고 생각했기 때문이다. 퍽 깔보고 덤벼들었던 논문은 빈곤한 내 어학력과 더불어 어휘의 선택, 점 하나까지도 주의를 기울일 만큼 까다로웠던 주임 교수 때문에 다소 힘이 들었다. 몇 달 내에 써버리겠다고 덤빈 논문이 1년이 더 걸려서야 완성됐다. 까다로운 주임 교수에 대해 화도 내본 바 없지 않았지만 논문이 통과됐을 당시나 지금이나 오히려 그 교수의 태도를 고맙게 생각한다. 왜냐하면 내가 논문을 깔본 것은 내가 얼마나 철학에 대해 무식했으며 학문에 대해 경박한 생각을 갖고 있었는가를 증명하는 것이었기 때문이다. 약 2년 반 정도를 대학에서 심히 긴장된 생활을 하며 보내야 했지만,

이 고비를 겪은 다음 내 지적 세계는 좀더 넓어지고 밝아지는 것같이 느껴졌다. 그러나 이런 과정이 끝난 직후에도 나는 아직 철학의 중요한 문제에 대해서 나대로의 명확한 이론을 갖고 있지 못했을뿐더러 철학이 무엇인가에 대해서까지도 확실히 파악하지 못하고 있었다.

나는 더 명백히 파악하고 싶었다. 나는 지적으로 모든 우주의 문제를 파악할 수 있는 지성의 참모총장이 되고 싶었다. 한 수 한 수의 움직임이 어떤 정확한 뜻을 가지고 있는지 파악하는 바둑 명인이 알고 있음에 틀림없는 선명한 의식처럼 나도 그러한 경험을 가지고 싶었다. 한국에 돌아갈 날을 조금 연기하고 직업을 구하기로 했다. 가르쳐야 정말 공부가 될 것이라고 생각했기 때문이다. 1968년 가을부터 뜻한 바도 없었는데, 나는 얼결에 어쩌다가 미국에서 철학을 가르치는 입장에 서게 된 것이다. 영어가 형편없이 짧았고 형식적인 과정을 재빨리 밟았지만 사실 나의 철학에 대한 바탕은 퍽 빈약한 것이어서 적어도 처음 한 학기는 긴장이 되고 퍽 힘이 들었다. 밤늦게 다음날 강의를 준비하면서 한 학기, 두 학기를 보냈을 때 내 입과 귀는 조금 트이는 것 같았고, 어떤 철학적 문제에 대해서 차츰 분명한 견해를 갖게 되는 듯했다. 그때까지 잘 연관을 맺어볼 수 없었던 문제들이 좀더 선명한 논리적 윤곽을 드러내 보이기 시작하는 느낌이었다. 이럴 때 학문하는 사람들이 피부로써 느낄 수 있는 기쁨은 마치 등산객들이 고초를 겪으며 험난한 길을 헤쳐 정상에 올라가 아름다운 어떤 패턴을 갖고 눈앞에 펼쳐진 전망을 바라볼 때 느끼는 것과 비교되리라. 깜깜했던 크나큰 철학적 문제가 선명히 해결됐을 때 느끼는 지적 쾌감은 아마도 성性을 통해서 느끼는 쾌감 이상으로 강렬한 것인지도 모른다.

큰 짐이 되어 고충을 갖게 될 것임을 뻔히 알면서도 나는 고의적으로 가능한 한계 내에서 내가 지금껏 별로 집중하지 못했던 과목, 내가 관심을 갖게 된 문제들을 일부러 가르쳐보려고 애썼다. 물론 이러한 생활 태도는 미숙한 탓인 줄도 알고 있었지만, 나는 좀더 광범위하게 전체적으로 파악하고 싶었다. 또 이렇게 여러 가지 과목을 가르치면서 어느 정도 상식적인 정도이긴 하지만, 다방면으로 알게 되는 장점도 있다. 그러나 인간의 능력에 한계가 있는 이상 이렇게 에너지를 헤프게 쓰다가는 한 과목, 한 문제를 깊이 파고들고, 독창적인 학설을 세울 수 없다. 그러나 나는 내가 아직도 초보자라는 것을 알고 있었기 때문에 이렇게 하는 것이 단단한 기초가 된다고 믿었던 것이다.

미국에서 철학을 가르친 지 만 4년이 지났다. 이제야 겨우 모든 문제가 상당히 분명해지는 것 같고, 이제야 겨우 내가 하는 일이 무엇인가를 확실히 알게 됐다. 대부분의 동료들에 비해 나는 약 10년이 늦은 셈이다. 그러나 나는 지적으로 보아 학문적인 면에서 아직도 유치원생같이만 느껴졌다. 나는 이제야 학문을 시작할 단계에 왔다고 생각했다. 멀고 어려운 길을 걸어왔지만 아직도 내가 가야 할 길은 멀기만 하다. 이렇게 살아오면서 나는 아마도 많은 사람들이 맛볼 수 없는 지적 환희와 희열을 다소나마 경험할 수 있었다. 그러나 스스로 선택하고 각오한 바이지만 그러한 경험을 위한 대가는 컸다.

다른 사람들에겐 쓸쓸하게만 보였을 나의 보잘것없는 삶의 대가가 컸다는 것을 의식하게 된 것은 11년 만에 돌아온 서울에서 확실해지는 것 같았다. 서울에 두고 떠났던 여러 옛 친구들이 사장이 되고, 부장이 되고, 한국의 문화를 창조해가는 마당에서 중견이 됐다. 그들에겐 아담한 집이 있고, 아내와 자식이 있고, 친구들이 있다. 그러나 내겐 그 아무것도 없다. 사장으로서, 한 사회의 중견으로서, 남편으로서, 그리고 아버지로서의 인생의 기쁨을 나는 잃었던 것이다. 나는 그 복잡하고 활기찬 서울의 거리를 별로 갈 곳도 없이 걸어 다니며 스스로 어쩐지 초라함과 외로움을 느끼는 때도 있다. 인생이 그게 아니구나 하는 생각도 난다. 그렇다면 나는 의식적인 결의에 의해 잃어버린 것을 새삼스럽게 아쉬워하고 부럽게 생각하는가? 나는 내가 살아온 생을 후회하는가?

어떠한 인생이 참다운 인생이며, 뜻있는 삶인가를 결정한 사람은 아무도 없다. 인생에는 여러 가지 살아가는 길이 있고 인생에는 많은 종류의 할 일과 즐거움을 가질 수 있다. 그러나 우리는 그 인생의 보배를 모두 다 동시에 소유할 순 없다. 애국자가 되는 동시에 모리배가 될 순 없다. 나는 어느 신도 믿지 않는다. 인생이 무슨 목적을 갖고 그에 따라 어떤 종교적 의미가 있다고도 믿지 않는다. 우리는 모든 만물과 똑같이 어떤 우연의 소산인 것으로밖엔 생각할 수 없다. 일단 생명을 갖게 된 동물로 나는 생명을 지속하려는 본능에 의해 살고, 역시 우연의 결과로서 의식을 갖게 된 인간으로서 나는 내 삶의 모든 행위에서 의미를 찾고 가치를 부여하려는 의욕 속에 노력하고 있을 뿐이다.

나는 나대로의 인생의 의미와 가치를 선택했다. 나는 고독했고 또 고독해 할는지도 모른다. 나는 가난했고 또 가난할는지도 모른다. 이 선택을 위해 많은 것을 희생했다. 그러나 나는 그 희생을 후회하지 않는다. 나는 오늘도 나 자신에게 이렇게 고요한 채찍질을 계속하고 있다.

'타협치 말라. 뿌리를 빼라!'

계간 《창조》, 1972. 8.

02
사르트르와의 만남

지적으로 나를 바꾼 한순간만을 꼭 집어내서 말할 수는 없지만 지금까지 살아오면서 그러한 순간들은 헤아릴 수 없이 많았다. 지적으로 나에게 결정적 영향을 준 철학자나 작가나 학자, 사상가는 어느 한 사람이라고 말하기 힘들다. 나는 10대부터 오늘날까지 수많은 이들로부터 다양한 영향을 끊임없이 받아왔고 지금도 받고 있다. 하물며 나의 생각과 인생을 바꾼 한 권의 책을 꼽기는 더더욱 어렵다. 나의 지적 세계는 수많은 책들에 의해서 형성되었다. 그럼에도 불구하고 굳이 한순간만을, 한 사람만을, 하나의 저서만을 들라면 나는 1953년 봄 어느 날에 읽은 한 권의 책을 들고 싶다. 바로 사르트르의 저서 『존재와 무』에 담긴 그의 실존주의를 해설한 일본어 번역서였다.

　당시는 일선에서 아직도 수많은 이들이 죽어가고 있던 6·25 전쟁 와중의 어느 무렵이었다. 그때 나는 부산 제5육군병원에 입원해 있다가 군에서 제대한 후에 부산 부두에서 잠깐씩 일을 하면서 서대신동에 위치한 전시연합대학에 적을 둔 채, 동래 온천 근방에 방을 하나 얻어 숙식하고 동래고등학교에서 불어 시간강사로 근무를 하면서 겨우 끼니를 때우고 있었다. 당시 대부분의 사람들이 그러했듯이 나는 극심한 경제적, 신체적 고통과 지적 혼미 속에서 절망적 악몽에 빠져 있던 스물셋의 젊은 문학도였다.

세계는 캄캄했다. 나는 인간의 삶과 세계를 밝혀주는 빛을 갈구하고 있었다. 이 무렵 나는 동래에서 당시 세계적으로 영향을 미치고 있던 사르트르와 실존주의에 대한 일본어 번역서를 적지 않게 갖고 있던 양병식 씨를 우연히 알게 되었다. 그의 서가에는 현재 정확히 그 제목이 기억나지 않지만 『존재와 무』에 담겨 있는 사르트르의 실존철학을 해설한 책이 있었다. 나는 그 책을 통해서 그때까지 말로만 듣던 사르트르의 실존주의야말로 내가 품고 있던 세상과 삶에 대한 모든 물음의 해답을 갖고 있다는 느낌을 강하게 가졌다. 앞으로의 삶에 대한 전망이 전혀 보이지 않는 절망적 상황에서 지적 혼돈과 정서적 허무주의라는 수렁에서 헤매고 있던 나에게 사르트르의 실존주의는 지적 혼미에서 벗어나도록 세상을 밝혀주는 한 줄기 빛이자, 정서적 허무주의의 수렁에 비춰진 한줄기 구원의 손길로 느껴졌다. 이러한 신념은 그후 10년 가까이 지난 1962년 초 파리에서 방대한 양의 『존재와 무』를 원서로 몇 번이나 읽고 또 읽고, 그에 대한 수많은 해설과 논평을 읽은 후에도 근본적으로 변하지 않았다.

사르트르와 그의 실존주의를 처음 만난 후 반세기가 지난 오늘날 나는 그의 철학에 과거처럼 전적으로 공감하지는 않는다. 세계와 인간의 모든 문제가 그의 실존주의 하나만 가지고서 만족스럽게 조명되거나 설명되지 않으며, 시원하게 풀리지도 않는다고 생각한다. 그러나 한 가지 확실한 것은 사르트르와의 만남이 나의 운명을 바꾸었고, 『존재와 무』의 독서와 사르트르의 실존주의에 관한 수많은 책들이 나의 삶을 때로는 고독과 고통으로, 때로는 열정과 긍지로 충만케 했다는 사실이다. 사르트르를 만나지 않았더라면 나는 서른이 넘은 나이에 지적 모험심으로 힘든 방랑의 길에 나서지 않았을 것이고, 실존주의와 접하지 않았더라면 나는 현재의 나와 전혀 다른 인간이 되었을 것이다. 그 뒤에 알게 된 니체의 '망치로 하는 철학'과 더불어 사르트르의 실존주의 철학은 인생을 바라보는 시각과 삶에 대한 오늘날의 나의 태도를 형성하는 데 결정적인 요인이 되었다.

《조선일보》, 2000. 8. 25.

03
나의 스승 데리다

데리다Derrida는 나의 스승이었다. 그는 나보다 생일이 몇 달 늦은 나의 동갑내기였지만, 나는 그의 제자였다. 학문에는 나이가 없고 장유유서가 통하지 않는다.

꼭 41년 전인 1963년 소르본대학에서 불문학 박사학위 논문 「말라르메가 말하는 '이데아'의 개념: 논리정연성에 대한 꿈L' "Idée" chez Mallarmé ou la cohérence rêvée」의 논문심사를 몇 달 앞두고 있던 나는 철학사학위Licence es lettres en philosophie를 따기 위한 공부를 다시 막 시작한 학생이었고, 그는 소르본대학의 철학과 간판 석좌교수로서 '철학일반philosophie generale'이라는 강좌를 맡고 있던 폴 리쾨르Paul Ricoeur의 조교였다. 학제상으로 철학사학위를 받기 위해서는 '철학일반 및 논리학philosophie generale et logique', '윤리학과 사회학morale et sociologie', '철학사histoire de la philosophie' 및 그밖의 인문계열 과목 중 하나를 합해서 최소한 총 네 종류의 강좌의 합격증을 받아야 했고, 이 모든 과목의 시험에 통과하자면 적어도 여덟 개의 강좌와 같은 수의 '연습 세미나Travaux Pratiques'에 나가야 했다.

각각의 세미나는 해당되는 과목의 최종시험을 준비하는 연습과정에 지나지 않는다. 리쾨르 교수는 이 강좌 가운데 한 과목으로서 '철학일반'의 틀에서 강의를 했고, 데리다는 바로 그의 강좌를 위한 복습 및 예습의 기능을 하는 '연습 세미나'를 맡고 있었던 것이다. 학년 말 그 강좌 최종시험에서 리쾨르 교수가 낸 문제 '기호'에 관한 필기시험에 통과되고, 그 며칠 후 구두시험에서 우리나라 인문학계서도 많이 알려진 철학자 및 문학비평가였던 가스통 바슐라르Gaston Bachelard의 딸로서 후설의 전문가로 알려진 교수 수잔 바슐라르Suzanne Bachelard와 데리다를 나란히 대하게 되었었다.

마치 피고인이 검사와 판사를 대하듯이, 죽어서 이승을 떠나 저승에 간 자가 염라대왕 대하듯이 해야 했다. 이때 내게 주어진 구두시험 문제는 '실체substance'에 대해서 15분 동안 이야기하는 것이었는데, 이 문제의 출제자가 데리다였다는 것은 그의 '연습 세미나'에서 다루었던 내용을 뒤돌아볼 때 분명했다. 그러나 나는 눈앞이 캄캄했다. 내가 어떻게 그 긴 15분 동안 그들 앞에 앉아 무슨 말을 하면서 있었던 것인지 지금 아무리 생각해도 기억이 나지 않는다. 일주일 후 대학 벽보에 붙은 합격자 명단에서 내 이름을 발견했을 때 나는 너무나 기뻤다. 데리다가 고맙게도 나를 잘 봐준 것임에 틀림없다고는 생각했었지만 말이다.

나는 1963~1964학년도 내내 그가 지도하는 '연습 세미나'에서 철학을 배우기 시작했다. 그는 나의 그냥 단순한 스승이 아니고 내 삶의 진로에 결정적인 역할을 한 은사이기도 했다. 1965년 말 내가 미국에 가서 입학 허가와 장학금을 받고 철학을 더 공부하는 데 결정적으로 필요했던 추천서를 그가 써주었기 때문이다. 그가 내게 보여준 추천서에서 "미스터 박은 내 강의에서 처음에는 어려움이 있었으나 놀라운 발전을 보여주었다. …… 국적과 인종을 떠나서 이 학생이 입학 허가와 장학금을 받게 되기를 바란다" 등등의 문구를 읽었을 때 나는 깊은 감동을 받았고, 고마운 생각으로 가슴이 뭉클했던 기억이 40년이 지난 지금도 생생하다. 소르본대학에서 가까운 곳에 있는 고등사범학교Ecole Normale Superieure의 연구실에서 자신이 펜으로 쓴 그 추천서를 내게 직접 전해주면서, 자신도 1955~1956학년도 1년 동안 하버드대학에 유학했었다는 그의 짧막한 말도 내 기억에 아직도 또렷하게 남아 있다.

그의 철학으로 전통적 사유와 질서의 많은 부분은 이미 해체되고 지금도 계속해서 해체 중이다. 이러한 가운데에 첨단 과학기술의 비약적 발전과 아울러 혼란이 생기고 있지만 그 가운데서 새로운 세계에서 새로운 문명이 창조적으로 재구성되어가는 중인 것 같다. 하지만 개인적으로 그의 제자인 나는 하나의 철학자로서 스승인 데리다의 철학적 의미론, 더 일반적으로 인식론에 아직도 완전히 동의할 수 없다. 그것은 아마도 나의 무지 때문인지도 모르지만 말이다. 그런데도 불구하고 그는 누가 무어라 해도 20세기, 아니 21세기의 위대한 철학자로 남을 것이며, 나는 그만큼 그를 존경하고, 그러한 스승의 제자였다는 것만으로도 자랑스럽게 생각한다.

2004년 10월 8일 세계의 모든 신문, 라디오, TV는 철학자 데리다의 죽음을 크게 보도했다. 나는 우리나라 시간으로 9일 아침 뉴스를 통해 이 소식을 알았다. 한 철학자의 죽음이 이처럼 세계적 뉴스가 되기는 아주 드문 일이다. 하지만 그것은 그가 이미 세계에 널리 알려져 있었음을 전제한다. 사실 '해체주의'라는 아주 생소한 언어철학이론과 난삽한 글쓰기로 유명한 철학자인 그의 이름은 지난 1970년대부터 이미 전 세계의 철학자들, 문학이론가들, 인문학자들, 예술가들, 정치사회학자들,

언론인들, 건축가들, 종교인들, 그리고 그밖의 거의 모든 영역의 지식인들에게 알려져 있었다. '해체주의'라는 개념과 그의 이름은 현재 적어도 인문사회계열에서 가장 많이 인용된다는 통계가 나오고 있다.

이런 사실은 그가 한 세대 앞서 이름을 떨치던 사르트르에 버금가고 몇 년 전 타계한 선배 푸코 이상으로 20세기 프랑스를 대표하는 철학자이며, 하이데거나 비트겐슈타인을 넘어서려는 20세기 세계를 대표하는 사상가라는 증거이다. 누가 무엇이라 비판해도 20여 년 전부터 그는 방대한 철학적 밤하늘을 장식하는 은하계 가운데서도 가장 높은 곳에서 가장 강한 빛을 내고 있는 별, 철학의 화려한 스타임에 틀림없다.

세계의 수많은 철학자, 인문사회학자 및 그밖의 각 분야에서 활약하는 지성인들이 그의 죽음을 애도하는 것이 자연스러운 일이라면, 그의 제자로서 내가 내 은사의 죽음에 충격을 받고 아픔과 허전함을 어떻게 느끼지 않을 수 있었겠는가. 약 1년 전부터 그가 암과 투쟁하고 있다는 소식을 소문으로 들어 알고 있었지만 그의 죽음에 대한 소식은 내게 충격이었다. 나는 그의 명복을 빌면서 그를 회상하는 이 글을 써서 제자가 타계한 스승에게 바치는 고별사로 대신하고자 한다.

내가 데리다의 이름을 처음 듣고 직접 만난 것은 앞서 말했듯이 1963년도의 학년이 시작되는 10월 말 그의 첫 '연습 세미나'에서였고, 마지막으로 만난 것은 독일 마인츠대학Universitat Mainz에서 안식년을 보내고 있던 내가 1985년 10월, 그가 창립하고 초대 학장으로 있던 소르본 근처의 국제철학대학College International de Philosophie에서 그의 주재로 개최되었던 '프랑스·인도 학술대회Congres franco-Inidien'에 데리다의 권유로 초청을 받고 구경 삼아 참석했을 때였다. 그 모임에는 데리다의 저서 『그라마톨로지에 관해서De la grammatologie』의 영문 번역자인 동시에 여성운동 문학비평으로 한국에서도 약간 알려진 인도 출신 가야트리 스피박 Gayatri C. Spivak도 발표자로 있었다. 확실하지 않지만 수년 전 노벨 경제학상을 받은 역시 인도 출신 아미타 센A. Sen도 거기 참석했던 것이 아니었던가 생각된다.

나는 지난 40년 동안 데리다와 여러 번의 서신 교환과 전화를 했었는데, 서신 교환은 1965년 11월 내가 그의 추천으로 가게 되었던 서던캘리포니아대학University of Southern California에 도착해서 그에게 보낸 소식으로 시작되었고, 지금부터 두 달 전인 2004년 8월 중순 내가 나의 독일어 번역 영문 시집 『부서진 말들Broken Words/Zerrochene Worter』 한 권을 그에게 보낸 것으로 끝났다. 1997년에는 나의 불어 논문집 『철학과 문학 에세이 Essais philosophiques et litteraires』 한 권을 그에게 보낸 직후 그의 편지를 받았다. 이 논문집에는 그의 언어철학을 근본적으로 비판하는 논문 「데리다와 언어의 감옥Derrida ou la prison du langage」 및 「세계와 낱말Le monde et le mot」이 포함되어 있었는데, 내가 그에게 비판적인 내용이 담긴 이런 글들이 수록된 책을 보낸 것은 진리에 관한 문제에서는 스승과 제자의 관계가 장애가 되어서는 안 된다는 아주 상식적인 생각에서였다. 그는 자신의 회신 속에서 내가 이 책의 서문에서 그를 기억해주고 그가 써주었던 추천서 이야기를 언급한 데 대해 고맙다고 썼다. 그리고 그의 언어철학에 대한 나의 비판에 관해서는 내가 자신의 철학을 잘 소화하지 못한 데 있다고 덧붙였다. 이 편지를 받고 나는 그에게 전화를 걸어 옛날 기억을 더듬어 얼마동안 통화를 했다. 이것은 프랑스 밖에서 내가 그에게 했던 첫 전화였다. 또 한 번은 1998년이었다고 추측되는데, 한국의 어떤 단체에서 데리다를 초청하고 싶은데 그에게 그 뜻을 전해달라는 부탁을 받고 전화했었는데 예상했던 대로 성사가 되지 않아 아쉬웠다. 그는 작고하기 직전까지도 수많은 책을 집필하고 세계 각처에서 쏟아져 들어오는 초청강연에 모두 응하기에는 너무나 바쁜 스타 철학자였다.

그런데 지금 우리들은 이제 서로 전혀 다른 세상에 존재하게 되었다. 그렇다. 나는 이제 그를 다시는 더 만날 수도 없고 서신을 주고받을 수도 없게 되었다. 그렇게도 많은 책을 냈던 그는 더 이상 책을 쓰지 못하고, 그렇게 많이 하던 강연도 더 이상 할 수 없게 되었다. 나에게 데리다는 어떤 인간으로 비쳤으며, 이국의 한 제자가 이해한 이국의 스승 데리다의 철학은 무엇이었는가?

그는 보기만 해도 아주 단단한 체격의 소유자이다. 1970년대 초까지만 해도 그를 볼 때마다 아주 까만 머리에 약간 검은 그의 얼굴에는 크고 영롱한 두 눈빛이 언제나 긴장하고 있었다. 1963~1965년까지 2년 동안 내가 그의 학생으로 소르본대학의 그 강의실에서, 또는 그냥 옛 학생으로서 그가 소르본을 떠나 1994년부터 강사로 근무하게 되었던 고등사범학교에서, 그리고 소르본대학 주변의 거리나 카페에서 그를 가까이 혹은 멀리서 만날 때 항상 한쪽 손에는 무거워 보이는 누런 가죽 책가방을 들고 있던 검은 옷차림의 그의 모습이 지금도 눈에 선하다.

1963년에 처음 그의 이름을 듣고 만나면서부터 2004년 그가 작고하기 두 달 전까지 내가 직접적 및 간접적으로 알 수 있었던 인간 데리다의 얼굴에서 나는 단 한번도 웃음을 못 보았고, 농담을 들어본 적이 없었다. 그는 언제나 엄숙했고, 말이 별로 많지 않았으며, 이야기할 때는 거의 모든 프랑스인에게서 볼 수 있는 요란스러운 손짓 및 역동적 얼굴 표정을 하지 않았고, 어떻게 보면 비프랑스적이라 할 만큼 의젓하다거나 아니면 딱딱했다고 할 만큼 신중하고 점잖았다.

데리다는 '연습 세미나' 외에도 '들뢰즈Deleuze의 흄Hume'에 관한 특강과 나란히 '철학의 방황errance de la philosophie'이라는 특강을 몇 달간 했다. '연습 세미나'에서 그는 아리스토텔레스 철학에서의 '실체substance'에서 데카르트에서의 '직관intuition', 칸트에서의 '선험적 자아ego transcendental', 후설의 '본질직관intuition eidetique', '하이데거의 인간존재Dasein' 등의 개념들을 분석하고, 가능하면 강단에 나와 한 주제를 놓고 발표exposition하고, 2주일에 한 번씩 리포트disseration를 제출토록 했다. 철학강의라고는 1950년대 초 동숭동에 있던 서울 문리과대학 캠퍼스에서 박종홍 선생님의 철학개론을 무슨 말인지도 모르고 듣던 일이 전부였던 나는 파리에 와서 몇 권의 철학입문서를 열심히 읽기는 했지만, 데리다의 특강은 물론 세미나도 잘 따라가기가 너무나 벅찼다. 어려웠다. 도대체 그러한 개념들이 무엇을 뜻하는지 아주 낯설었다. 그리고 그러한 문제가 당시 나를 괴롭히고 있던 "어떻게 살 것이며, 삶의 의미가 무엇인가"라는 실존적 문제와는 아무 상관이 없었다. 나는 그의 특강을 몇 번 듣다가 청강을 중단하고 '연습 세미나'만은 잘 몰라도 열심히 빠지지 않고 출석하여 배우려고 했다. 학년 말 시험과 직결되어 있기 때문이기도 했지만 실존적 문제에 대한 대답을 찾자면 당시의 나에게 적어도 그 세미나에서 다루는 철학적 개념들만이라도 정확히 이해해야 하는 것이 아주 기본적인 과정이라고 확신하고 있었기 때문이다.

처음 '보고서'로 주어졌던 제목이 무엇이었는지는 지금 기억이 나지 않지만 나는 그 주제에 관해서 열심히 공부하고 내 나름으로는 선생이 깜짝 놀랄 것이라고 기대하면서 보고서를 제출했다. 2주일이 멀다고 기다리던 차에 돌려받은 그 보고서의 점수는 20분의 6점이었다. 프랑스 채점 제도에 의하면 모든 시험은 우선 합격/불합격으로 나누어지는데 그 경계선은 20점 만점의 10점이다. 내가 받은 점수는 낙제점의 훨씬 밑을 도는 것이었다. 나는 자존심에 큰 상처를 받았고 얼마 동안 큰 충격에서 좌절감까지 느꼈다. 나의 두 번째 보고서에서는 20분의 9점을 받았다. 20분의 13점 정도를 받기를 기대했던 세 번째 보고서에서 나는 20분의 11점을 얻었다. 처음으로 합격점에 도달했던 것이다. 이같은 나의 공부 과정이 데리다가 나를 위해 좋은 추천서를 써주었던 기본적 근거였을 것이라고 나는 지금도 추측한다.

그의 강의는 난해했다. 아니 분명하지 않았다. 그의 스승 리쾨르 교수 혹은 사회학자 레이몽 아롱Raymond Aron의 강의, 그리고 사회학 '연습 세미나'를 담당했던 사회학과 조교 가르디Gardi에 비해서 더욱 그러했다. 또한 그는 '따듯한' 감성적인 사람이 아니었다. 언제 대해도 약간 '차다'고 느껴졌다. 그의 '인간성'에 관한 이같은 인상의 여러 가지 근거를 댈수 있겠지만 한 가지만 예로 들어보자. 자신의 제자였던 내가 그의 추천서 덕택으로 미국 유학의 길로 떠난 지 꼭 5년 반 만에, 그리고 내가 미국의 대학에서 그 직업과 명색은 동일한 '철학교수' 생활이 3년째였던 1971년 여름, 반갑고 자랑스럽다는 생각으로 고등사범학교에 있는 그의 사무실로 찾아 갔을 때의 그의 태도에서 나오는 그의 '찬' 품성을 알 수 있었다.

우리는 내가 읽은 그의 책에 대한 얘기를 나누었고, 그는 자신의 책 『음성과 현상La voix et le phenomene』이 곧 영어로, 얼마 후 일어로 번역되어 나올 것이라고 자랑스러워하면서, 나더러 보스턴 생활이 외롭지 않으며, 소속된 어떤 팀equipe이 있느냐고 물었다. 그렇지 못하다면 철학자로 활동하기가 어렵지 않겠느냐는 것이다. 만일 그렇지 못하다면 한국에 돌아가서 활동하는 것이 좋지 않겠냐는 것이다. 물론 그의 예측대로 나는 보스턴이라는 생판 객지에서 여러 모로 외로움을 느끼며 살고 있었다. 무척 그러했다. 초기에는 더욱 그러했다. 이러한 그의 따듯한 말에 나는 깊은 감명을 받았고 진심으로 고마웠다. 그의 이런 이야기는 그가 나를 철학가로서, 아니 하나의 인간으로서의 삶을 깊고 따듯한 마음으로 생각하고 있다는 사실의 증거이기 때문이다. 그는 차디차 보이는 겉과 달리 깊은 속에서 아주 따듯한 심성을 간직하고 있는 인간이었다.

그럼에도 불구하고 내가 역시 '찬' 사람이라고 느꼈던 것은, 만일 내가 그였더라면 "커피 한 잔이라도 마시자", 아니면 자기의 책 한 권에 사인을 해서 "이 책을 한 권 기념으로 주겠다"고 했었을 것이기 때문이다. 이러한 그와 나의 차이는 어쩌면 그가 단단한 이성적 서양문화권에 속하는데 반해서, 내가 말랑말랑한 감성적 동양문화권에 속해 있었기 때문인지 모른다. 어쨌거나 나는 아쉽게도 내내 그와 커피 한 잔을 나누지 못했고, 내가 책방에서 사서 손에 들고 갔던 그의 작은 책『입장 Position』에 그의 사인을 받고 내가 투숙하고 있던 숙소로 돌아갔었다. 물론 그의 강의가 난해했던 것은 그가 그후 머지않아 세상에 내놓게 될 서양철학사를 뒤흔들 만한 낯설지만 혁명적인 사색에 파묻혀 있었기 때문이 아니었을까? 또한 나에게 그렇게도 호의적인 추천서를 써주었음에도 불구하고, 언제 봐도 인간적으로 차게 느껴졌던 것은 그가 보다 근본적이고 아주 추상적이며 영원한 문제를 해결하는 데 몰두해 있었기 때문이었을 수도 있다.

1970년 내가 보스턴으로 직장을 옮겨 가기 1년 전인 1969년, 뉴욕주 트로이시에 있는 렌셀러폴리테크닉대학Rensselaer Polytechnic Institute 재직 중에 그보다 2년 전 파리에서 출판된 데리다의 화제의 세 권의 저서『음성과 현상』,『글쓰기와 차이L' ecriture et la difference』,『그라마톨로지에 관하여』를 주문하여 읽을 때까지 나는 철학자로서의 데리다의 중요성을 전혀 모르고 있었다. 이 책들이 프랑스에서 큰 화제가 되었다는 것을 알게 된 것은 내가 있던 학교에서 과히 멀지않은 곳에 있는 여자 명문사립대학의 하나인 스미스대학Smith College에서 프랑스 미학을 가르치고 있던 장 파리스Jean Paris를 만나고 나서이다. 어쩌다가 말 끝에 그는 내가 데리다를 개인적으로 알고 있을 뿐만 아니라 그의 제자였다는 이야기를 하자 철학이야기를 꺼내면서, 위의 세 권의 책을 낸 데리다가 하이데거를 넘어서는 철학자라는 소문이 돌고 있다는 것이었다. 1971년 내가 소르본대학 앞 한 카페에서 만난 카뮈 전공자로 알려진 사로키Saroki 교수는 알고보니 데리다를 개인적으로 알 뿐만 아니라 고등사범학교와 그 학교 입학준비 학교인 루이 르 그랑 고등학교Lycee Louis le Grand 보수과 동기동창이라면서 당시 데리다가 후설과 하이데거 등을 열심히 공부했었다고 이야기해주었다. 그렇게 말하면서 이미 세계적 명성을 얻게 된 동기동창 데리다를 선망하는 모습도 엿볼 수 있었다.

파리의 서점에서 보내준 세 권의 책 중 뒤의 두터운 두 권은 1년 후 보스턴으로 옮겨간 후에 읽었지만, 테가 얇은 것 가운데 첫 번째 책인 『음성과 현상』을 읽고는 두 가지 이유에서 깜짝 놀랐다. 첫째는 지금까지 분석철학에서는 물론 어느 철학 텍스트에서도 볼 수 없었던 '해체deconstruction', '흔적trace', '보완supplement', '차연differance', '처녀막hymen' 등등의 낱말들이 중심개념으로 사용되고 있다는 사실과 맞부딪쳤기 때문이다. 둘째, 그가 다루고 있는 문제가 당시나 지금이나 나의 철학적 핵심관심사인 언어와 그 의미에 대한 문제이며, 그러한 문제가 영미의 분석철학자들이 다루고 있는 핵심문제와 다르지 않으면서도 그 접근 방법은 너무나 다르고, 그러면서도 전자들이 갖고 있는 설득력 이상으로 철학적 호소력을 갖고 있음을 발견했기 때문이기도 하다.

나는 그후 이 책을 원서로 몇 번 읽었고, 다음에 나온 영어 번역판으로도 몇 번 읽었다. 이 작은 책에 데리다의 철학적 기본 사상, 방법, 주요 어휘가 모두 담겨 있다고 믿고, '해체철학'이라고 불리게 된 그의 철학의 막중한 중요성을 갖고 있음을 나는 세계의 수많은 이들과 함께 지금도 확신한다. 내가 적어도 기호와 그 대상의 관계 및 철학과 문학의 관계에 대해서는 지금도 의견을 달리하고 있지만 말이다.

바로 이때까지, 나는 데리다보다 몇 년 선배인 들뢰즈를 그가 벌써 오래전부터 발간한 『흄Hume』, 『베르그송Bergson』, 『프루스트와 기호Proust et les signes』, 『니체와 철학Nietzsche et la philosophie』 등의 수많은 책을 통해서 이미 이름만은 파리에 있을 때부터 잘 알고 있었다. 하지만 데리다에 관한 한 사정은 달랐다. 앞서 언급한 그의 책을 파리에 직접 주문하여 받아보기 이전까지, 그리고 미국에서 데리다에 대해 발표된 논문들과 출판된 책들을 접하기 전까지 나는 나의 스승이었던 데리다의 철학이 무엇인지 전혀 몰랐고, 그의 철학의 중요성은 더더군다나 몰랐다.

이 당시까지 내가 전도유망한 젊은 철학자로서의 그를 처음으로 알 수 있었던 것은 1963년 프랑스 철학계의 원로의 한 사람이었던 장 발Jean Wahl이 회장으로 있는 '철학 서클Cercle de Philosophie'이 주최한 한 지식인들의 모임에서였다. 그 모임에는 누보로망Nouveau Roman의 한 대표적 소설가인 동시에 소르본대학 철학과 출신으로 그 서클의 총무를 맡고 있었던 미셸 뷔토르Michel Butor가 있었다. 그가 곧 발간할 예정이었던 작품 「당신의 파우스트Votre Faust」에 관해 할 강연을 들으러 몇십 명의 청중 속에 섞여 있던 나는 그 가운데에 데리다가 있음을 보았다. 이때 원로 장 발 교수가 옆에 서 있는 데리다를 보면서 "자크Jacques! 자네가 번역한 후설의 저서 『기하학의 기원L'origine de la geometrie』이 수상하게 된 것을 축하

하네" 하고 말하는 것을 옆에서 듣고 나는 데리다가 철학의 유망주라는 것을 비로소 눈치챘다. 데리다는 문제의 책을 1962년에 번역했던 것인데 그 번역본에 쓴 데리다의 서문은 원래의 텍스트보다 긴 것으로 유명하지만, 바로 그 서문이 후에 전개될 데리다 철학의 DNA였다는 것을 나는 그후에야 알 수 있게 된다. 그가 5년 후 유명하게 되기 전부터 데리다는 당시 서른둘의 나이에 이미 자신의 독창적인 철학적 패러다임을 거의 완결하고 있었던 것이다. 1967년 그를 혜성같이 하루아침에 유명하게 만든 세 권의 책 중 두 권의 내용들이 주로 천재적 소설가로 한때 촉망을 받던 필리프 솔레르스Philippe Sollers 주관의 《텔켈Tel Quel》이라는 전위적 문학 이론 계간지에 이미 발표되었던 것이었음을 감안하면 그의 철학이 탈강단적, 탈제도적, 반전통적 성격을 띠리라는 것과 동시에 그의 철학적 조숙성을 알 수 있다.

나는 1977년 봄호 《철학》에 발표한 「이념학과 현대사상」이란 제목의 글에서 푸코, 들뢰즈, 라캉, 바르트, 데리다 등 60년대 이후의 대표적인 프랑스 인문학자들을 소개하면서 그들의 글쓰기를 철학, 사회학, 심리학, 언어학, 철학이라는 학문적 분야의 범주 대신에 '이념학'이라는 새로운 학문적 분야의 범주에 묶는 것이 가능하며, 바람직하다는 제안을 한 적이 있다. 데리다를 비롯한 위의 프랑스 철학자들은 서로 약간씩은 다르면서도 분석철학을 포함한 기존의 여러 철학들이 했던 것과는 상당히 다른 작업을 하고 있다는 점에서는 동일하며, 그들의 공통점은 모든 사유, 이론에 숨어 있는 음침하고 응큼한 이념들의 음모를 폭로하고 고발하고, 더 나아가서는 그렇게 왜곡된 이념들을 분쇄하여 사실을 사실대로 보게 하겠다는 계몽적 의도가 깔려 있는 사실에서 찾을 수 있는 것이 아닌가 생각되기 때문이다. 이런 점에서 그들은 니체, 마르크스 그리고 프로이트의 후예들이라 주장할 수 있다. 데리다는 위의 여러 사상가들 가운데서도 더 급진적이고, 더 혁명적이며 더 보편적인 철학적 문제에 천착했던 것으로 보인다.

그가 무명의 철학자로서 그러한 전위적 실험 문학지에 글을 쓰고 나서부터 40년이 지난 지금, 철학계는 물론 지성계 전체는 이미 전과는 확연히 달라졌다. 그의 철학으로 전통적 사유와 질서의 많은 부분은 이미 해체되고 지금도 계속해서 해체 중이다. 이러한 가운데에 첨단 과학 기술의 비약적 발전과 아울러 혼란이 생기고 있지만, 그 가운데서 새로운 세계에서 새로운 문명이 창조적으로 재구성되어가는 중인 것 같다. 하지만 개인적으로 그의 제자인 나는 한 사람의 철학자이자 스승인 그의 철학적 의미론, 더 일반적으로 인식론에 아직도 완전히 동의할 수 없다. 그것은 아마도 나의 무지 때문인지도 모르지만 말이다. 그런데도 불구하고 그는 누가 무어라 해도 20세기, 아니 21세기의 위대한 철학자로 남을 것이며, 나는 그만큼 그를 존경하고, 그러한 스승의 제자였다는 것만으로도 자랑스럽게 생각한다. 그리고 나는 그의 '연습 세미나'와 그의 많은 저서들, 그리고 그에 대해 쓴 많은 책들을 생각하면서 제자가 이제 유명을 달리하게 된 스승에게 바치는 고별사로서 그의 명복을 빌며 이 글을 그의 영혼에 바친다.

《철학과 현실》 제63호, 2004.

04
지적 방랑의 변명

영국 낭만주의 문학을 장식한 키츠Keats는 22세에 요절했고, 프랑스의 현대시사에 빛나고 있는 랭보는 19세에 시작詩作을 그만두었다. 흄은 이미 26세에 유명한 철학 저서를 출판했고, 헤겔, 하이데거, 비트겐슈타인, 사르트르, 데리다는 모두 30대에 각기 『정신현상학』, 『존재와 시간』, 『논리철학논고』, 『존재와 무』, 『음성과 현상』을 출판했다. 나는 10대부터 세계를 매혹할 작가의 꿈을 꾸었고, 30대 중반에 뒤늦게 철학을 시작할 때는 세상을 바꿀 철학을 세워보겠다는 원대한 꿈을 남몰래 간직했었다. 지금까지 나는 이화여자대학교에서 불문학교수로 4년을 지냈고 미국에서 철학교수로 25년을 보냈으며, 현재 고국에 돌아와 철학을 가르치고 있다. 그동안 4권의 시집과 30여 권의 철학 저서, 그리고 적지 않은 양의 논문을 한국어와 영어와 불어로 써냈다. 그러면서도 나는 나 스스로를 시인으로나 철학가로 생각할 수 없다. 그렇다고 지금의 내 나이를 감안할 때 나를 시인이나 철학자로 새삼 부를 수 있게 할만한 시집이나 철학적 저서를 기대한다는 것도 어려울 것 같다. 그럼에도 불구하고 나는 그동안의 시작과 철학 저서들을 습작으로만 믿고, 날마다 세상을 매료할만한 철학적 시와 세계를 바꿀만한 시적 철학체계를 머릿속에서 창작했다가 구겨버리고, 구상했다가 허물곤 하는 망상적 시간에 잠기곤 한다. 이러한 자신을 의식할 때마다 나는 나 자신에게 물어보곤 한다. 나는 도대체 누구인가? 나는 어디서 와서 무엇을 찾아 어디로 가고 있는가?

나는 아산리에서 약 6킬로미터 떨어진, 30여 가옥이 모여 이루어진 창룡리라는 벽촌에서 한 유가儒家의 막내로 태어났다. 형들이 서울과 동경에 유학을 갔던 관계로, 나는 방학을 제외한 대부분의 날들을 언제나 탕건을 쓰고 계시던 한학자이신 조부, 신학문을 다소 익혀 '개화'한 부친, 일찍 부친을 잃고 집안이 기우는 바람에 외가가 되는 서울의 정승댁에서 성장했다가 시골 양반집 농가에 17세의 나이로 시집을 와야 했던 모친, 그리고 남녀차별로 높은 학교에 진학 못하고 집에 남아 있어야 했던 두 누이 틈에서 동네 사람들로부터 '애기 도련님' 대접을 받으며 자랐다. 장날 읍내에서 소를 몰고 장을 보고 돌아올 때에 마신 막걸리에 약간 얼근해진 우리집 일꾼들인 김 서방이나 오 서방이 신문지에 싸서 사다준 가래엿이나 눈깔사탕을 받았을 때 느꼈던 따뜻하고 기뻤던 기억은 아직도 생생하다. 조부는 약주를 즐기시면서도 한번도 언행을 흐트러 보이신 적이 없고, 엄하게 범절을 따지는 백발이었지만 심성은 고운 분이셨다. 부친은 천성이 가냘프다 할 만큼 마음이 여리셨다. 어머니는 소심한 아버지와는 대조적으로 꿋꿋하고 과묵하신 분이었으나 언제나 정성스러우셨다. 식구 가운데 영악하거나 극성스럽거나 강한 이는 아무도 없었다. 모두 마음이 착한 탓이었을까? 아니며 약한 탓이었을까? 아무튼 막내로 태어나 집안에서는 서열상 밑바닥에 있었으면서 나는 단 한 번 누구한테 맞아 봤거나 큰 소리로 야단을 맞았던 기억조차도 찾아낼 수 없다. 그러니 나중에 읍내에 있는 소학교, 그리고 그후 서울에 있는 중학교에 가서 거친 읍내 애들이나 서울 놈들의 상스럽고 거친 언행에 큰 충격을 받게 됐던 것은 당연하다. 이런 경험을 통해서 나는 내가 그때까지 얼마나 좁은 온실에 갇혀 있었는가를 깨닫게 되었다.

나는 일찍 학교에 다니고 싶었다. 책보를 들고 학교에 다니는 나이든 애들이 부러웠다. 그러나 부친은 내가 9세가 되어서야 입학시켰다. 학교가 십오 리나 떨어진 곳에 있는데다가 어려서부터 나의 몸과 마음이 남달리 유약한 탓이었다. 그러나 시골 통학길이 고되기는 했지만 나는 학교가 재미있었다. 언제나 선생님들한테 칭찬을 받고 우등상을 받았기 때문이다. 나 역시 머지않아 형들의 뒤를 따라 서울에 있는 높은 학교에 가는 것은 마치 자연의 법칙같이 당연한 것으로 여겨졌다. 4세 때 급성폐렴을 앓아 일꾼의 등에 업혀 온양에 있는 병원에 다녀왔었다는 말은 후에 들었지만, 내가 기억할 수 있는 한, 학교에 가기 전에 나는 한 번도 동네를 떠나본 적이 없다. 그러한 나에게 목조 현대식 소학교 건물이며, 콘크리트로 세운 교문과 거기에 붙은 동판 학교 이름이며, 현관에 붙은 학교 종이며, 교원실에 있는 오르간이며, 이 모든 것들은 무한한 호기심을 자극하고 동경심을 불러일으켰다. 어린 촌뜨기는 자기가 살고 있는 촌과는 다른 문명의 세계, 그가 전부인 줄로만 알고 있었던 농촌마을 너머, 보다 넓고 개명한 다른 세계가 있음을 막연하나마 의식했던 것이다. 다른 세계에 대한 의식은 5학년 때 그 지방에서 뽑혀 10여 일 일본 구경을 하고 돌아와서 더욱 분명해졌다.

그러나 서울에 있는 중학교에 입학할 때까지 작은 농촌과 학교가 있는 15리 밖의 읍내가 내 세계의 전부였다. 야산·산소·개천·논·밭 등이 나의 삶의 공간의 전부였다. 소·돼지·개·닭·참새·까치·잠자리·붕어·개구리·거머리·모기·배추·고추·참외·참깨·감자·고구마·옥수수 등이 농촌의 넉넉지 못한 양식이었다.

그러나 나에게는 부족함이 없었다. 나에게는 언제나 뒤에서 나를 든든하게 보호해주시는 조부, 모친, 특히 부친이 계셨다. 하루하루가 삶으로 역동했다. 여름이면 언제나 바빴다. 학교에서 돌아오면 책보를 내던지고 여름에는 동네 앞을 흐르는 개울에서 물장난하고, 논고랑에서 붕어를 잡았고, 겨울이 되면 얼어붙은 논바닥에서 미끄럼 타기에 열중했다. 때로는 소를 논두렁으로 끌고 다니면서 풀을 뜯겨야 했고, 때로는 빈 정종병을 들고 건너편 마을에 가서 술을 사와야 했다. 때로는 벼가 누렇게 익은 논에 날아오는 새들의 무리를 쫓기 위해 찌그러진 세숫대야를 몇 시간이고 두들기기도 했다. 그러면서도 어려움을 느끼지 않고 행복했었다. 모든 것이 자연스럽고 평화로웠다.

이러한 나의 세계에 금이 가기 시작했다. 내가 소학교를 졸업할 무렵부터였다. 그것은 내가 사춘기를 나도 모르게 느끼기 시작한 때와 일치한다. 나는 인간 간의 갈등, 주위 사람들에게서 볼 수 있는 가난함과 빈약함, 무지와 미련함, 고집과 억지, 때로는 악의와 잔인성, 인간 간의 불평등, 제도적 억압, 운명과 죽음에 대한 수수께끼, 특히 물질적 생활조건에 대한 불만을 막연하게나마 의식하기 시작했다. 이러한 의식은 큰형이 시골집에 두고 간 문학책, 서양문예사전, 그리고 일본 작가와 사상가들의 전기 등에 눈이 떠서 그 뜻을 잘 모르면서도 그것들을 몰래 열중해서 뒤적거려 보기 시작하면서부터 급격히 예민해지고 부풀었다. 아마 나는 이 당시 벌써 작가, 시인, 예술가, 아니 '사상가'가 되겠다고 막연하게 마음먹은 듯싶다. 아무튼 나는 무엇인지도 모르면서 지적·정신적 세계에 끌렸던 것으로 기억된다.

이제 내가 변하고 나를 둘러싼 세계가 달라지기 시작했다. 가정에 대한 자부심이 흔들리고, 포근했던 시골 마을이 어지러워지고, 멋있어 보이던 동네 사람들이 초라해 보이고, 무한히 넓은 줄만 믿었던 들과 산이 답답한 공간으로 변모했다. 내가 책에서 위인들을 만나고 난 후 집안 어른들이나 형들을 보는 눈이 달라졌다. 한문을 잘 하시고 보학譜學에 환하신 할아버지는 엄격한 뜻에서 학자는 아니셨다. 그는 가문의 체면을 잃지 않기 위해 전통적 예의범절을 지키는 것으로 만족하고 계셨다. 아버지는 신학문에 조금은 통하고 계셨지만 적극적으로 '개화'하려는 현대인은 아니셨다. 그는 어려움을 무릅쓰고 오직 4형제의 교육을 시키느라고 제대로 된 신사양복 한 벌도 장만하지 않고, 공무로 일본이나 다른 지방을 여행해야 할 때는 부잣집 내종 사촌 동생의 양복을 빌려 입어가면서 자신을 돌보지 않으셨다. 그는 그만큼 경제적이셨다. 형들은 중학교와 대학에 다니고 있긴 했지만 '사상가'가 될 만큼 도덕적 혹은 정치적 의식이 강했던 것 같지는 않았고, 큰 야심과 투지를 보이기에는 성격들이 너무 소극적이고 약했던 것 같다. 개인적이고, 가족적인 마을이라는 공동체적 차원에서만이 아니라 국가적, 아니 민족적 차원에서도 마찬가지이다. 알고 보니 우리는 주권을 잃은 식민지였으며, 어떤 한국인이나 어떤 한국적 문화유산도 세계적인 비중을 가졌다는 증거가 보이지 않았다. 충격적으로 박살난 자존심 뒤에 남는 것은 무한한 허탈감이다.

그럴수록 나는 나의 세계가 좁고, 어둡고, 답답하게 느껴졌다. 나는 보다 넓고, 환하고, 멋있는 세계로 떠나, 보다 높고 푸른 하늘을 향해 날아갈 준비를 해야 했다. 모든 것을 풀어 새로 밝히고 싶었다. 나의 운명과 세계를 바꾸어놓고 싶었다. 나는 나 자신과 세계에 대해 반항을 시작하고 있었던 것이다. 나는 그때 이미 분명히 환상에 빠진 낭만주의자였던 것 같다. 일흔을 넘긴 지금까지도 멋있는 철학적 시와 시적 철학을 창조하겠다는 꿈을 깨끗이 버릴 수 없는 나는 바보가 아니라면, 아직도 망상에서 깨어나지 못한 낭만주의자로 남아 있음에 틀림없다. 그 당시 이러한 허망한 망상에 빠져들어 갈수록 나는 그만큼 더 외로움을 느꼈다. 어디 가서 나의 상처받은 아픔을 호소하며, 누구한테 가서 허망스러우나 크나큰 꿈을 의논하고 도움을 청할 수 있겠는가? 나에게는 그런 곳이나 그런 이들이 전혀 없었다. 나는 혼돈 속에서 그지없이 외로웠다.

이러한 나의 정신적 상황은 해방 후 집안의 경제적 사정이 퍽 각박해진 가운데, 게다가 심한 사춘기를 거쳐가면서 더욱 고통스러웠다. 정치적 및 사회적 의식이 강렬했지만 정치적 행동에는 비교적 소극적으로만 참여했던 이유는 당시 나의 가정적, 신체적 및 정신적 상황 때문이었다. 나는 행동적이기보다는 사색적이며, 실용적이기보다는 관념적으로 되어가고 있었다. 나는 어느덧 우울한 내성적 문학소년이 되어 있고, 알지도 못하는 문학책을 닥치는 대로 읽으면서 혼탁한 가운데서나마 나름대로 세상과 인간과 삶을 보는 시야를 넓히고, 도덕적 및 미학적 감수성을 길러가고 있었다. 그와 더불어 세상의 부조리, 인간의 비리, 운명의 불평등성 등이 무력한 나의 분노와 반항심을 자극하고, 나를 빠져나갈 수 없는 혼돈 속에 몰아넣고 있었다. 이런 과정에서 나는 육체적으로는 어느덧 편두통과 신경성 위궤양에 걸려 그후 몇십 년간 고질적인 육체적 고통을 견디어가야 했고, 정신적으로는 염세적인 동시에 낭만적 이상주의자, 허무주의자인 동시에 심미주의자로 변해가고 있었다. 그러나 그럴수록 나는 역시 문학과 시에 끌려 있었고, 문필가, 철학적 사상가가 되고 싶었다. 나는 내가 빠져든 육체적 고통에서 해방되고, 정신적으로 어두운 수렁에서 빠져나가려고 몸부림치고 있었다. 한편으로는 모든 것을 투명하게 설명하고, 다른 한편으로 모든 것을 아름다운 것으로 만듦으로써 삶의 후끈한 의미를 발견하고 젊음의 환희를 체험해보고 싶었다. 당시 내가 의식했던 것은 아니지만 나는 막연한 대로 키르케고르가 말하는 '목숨을 걸고 싸울 수 있는 가치 있는 것'을 더 듣어왔었기 때문이 아니었던가 싶다.

대학 시절 보들레르의 삶과 작품이 나에게 충격을 주어 시로 유혹했고, 사르트르의 마술적 언어의 논리가 나를 실존적 문제에 눈을 뜨게 했고, 또한 철학적 세계를 엿보게 했다. 소르본대학에서 5년을 지내면서 나는 피상적이나마 방대한 지적 세계와 접하면서 사유와 학문의 세계에 한 발자국씩 끌려들게 되었고, 아무리 서정적 시라도 논리적으로 해석할 수 있고, 그러할 때에 비로소 논리를 초월한 시적 가치를 체험할 수 있음을 깨달았다.

미국 대학에 2년 반 동안 학생으로 있으면서 나는 처음으로 '분석철학'이라는 말을 들었고, 철학적 사고의 미시적 세밀성과 논리적 엄격성을 배우면서 그때까지의 나의 지적 수준이 얼마만큼 엉성했던가를 의식하면서 내 자신의 지적 미래에 대해 절망감을 자주 느끼곤 했다. 그러면서도 나는 내가 새로 접한 이 새로운 철학에 크게 반발을 했다. 나의 철학적 문제는 어떤 전문화된 특수한 영역에서 제기되는 언어적·개념적·논리적인 것이 아니라 세계와 우주를 총체적으로 설명하고, '인생의 의미'를 찾아내는 절실한 실존적인 것이었기 때문이다.

그후 25년간 미국 대학에서 직장을 갖고 있는 동안 나는 수많은 철학적 분야와 다양한 철학적 입장에서 쓴 책을 닥치는 대로 읽었고, 예술·

문학·형이상학·인식론·언어 등 다양한 주제에 대해 시시한 것이었지만 적지 않은 수의 논문을 썼다. 이러는 동안 나의 철학적 방법은 현상학도 아니며 분석철학도 아닌 것이 되어 있었다. 나의 철학적 관심은 어떤 한 가지 분야에 머물지 않았으며, 내가 즐겨 찾는 철학자는 플라톤도 칸트도 아니었고, 비트겐슈타인도 하이데거도 아니었고, 콰인도 데리다도 아니었다. 이러한 기간 동안 시간 관계로 잘 읽을 수가 없었을 때도 나의 관심은 문학과 예술에서 떠난 적이 없었다. 이러한 나의 지적 호기심과 방황, 회의와 반성 그리고 추구와 방랑은 백발이 된 지금도 끝나지 않고 계속되고 있다. 지난 40년에 걸쳐 내가 펴낸 40여 권의 한국어 책과 여기저기 발표한 수십 편의 영어·불어 논문들은 산만한 정신적 궤적을 따랐던 내 지적 방랑의 거칠고 어수선한 흔적들에 지나지 않는다.

나는 지금까지 어떤 철학자도 그대로는 추종하지 않았다. 그러나 수많은 철학자들로부터 무한한 지적 통찰력과 지혜를 배운다. 위대한 철학자, 작가, 혁명가는 물론 나를 가르쳐주신 시골 소학교 선생님부터 모든 스승에 이르기까지, 나와 가까웠던 모든 친지들, 수많은 책들, 세계, 자연, 그리고 나의 모든 경험이 나의 철학적 교사이자 교과서였다.

나는 어떤 특정한 종교도 믿지 않는다. 그러나 스스로를 누구 못지않게 종교적인 사람으로 자처한다. 나는 물리적 우주에 대한 과학적 설명을 신뢰한다. 그러나 바로 그러한 우주야말로 가장 신비스러운 것으로 본다. 나는 내세를 믿지 않고 누구나 한 번밖에 살지 못한다고 믿는다. 그러나 바로 이 세상이 곧 내세이며, 바로 이 삶이 영원한 삶이라고 믿는다. 나는 삶의 궁극적 허무를 의식한다. 그러나 이 허무감을 달랠 아무것도 눈에 띄지 않는다. 나는 인간이 자연, 지구, 우주의 주인이라고 믿지 않는다. 그러나 인간에게 자연, 지구, 우주의 운명에 대한 책임이 있다고 믿는다. 나는 인간보다 개나 새에 더 정이 간다. 그리고 인간이 물리적으로는 무한히 광대한 우주의 무한히 작은 일부분임을 안다. 그러나 또한 인간은 정신적으로 우주보다 크다는 것을 알고 있다.

나는 언어를 떠난 인식을 믿지 않는다. 그러나 인식은 역시 인간의 인식과 독립해 존재하는, 개념화할 수 없는 무엇에 대한 인식이지 인간의 상상물이 아니라고 생각한다. 나는 우리가 믿고 있는 모든 사실·현상·세계·우주 등등은 언어에 의한 인간의 고안품이라고 믿는다. 그러나 그러한 사실·현상·세계·우주는 단순히 인간에 의한 언어적 발명 이상이라고 확신한다. 나는 인식론적 관념론자이며 존재론적 유명론자이다. 그러나 플라톤이나 버클리적인 관념론을 배척하고, 존재론적 개념주의를 거부한다.

나는 궁극적으로 어떤 것이 선하고 어떤 것이 악한지, 궁극적으로 어떤 삶이 옳고 그릇된 삶인지를 알 수 없다. 그러나 선과 악, 옳고 그릇된 삶은 개인이나 집단의 의견에 달려 있지 않다고 확신한다. 나는 행복하고 싶다. 그러나 그냥 편함으로서의 혹은 쾌락으로서의 행복을 멸시한다.

나는 유토피아를 믿지 않는다. 그러나 인간사회는 꾸준한 개혁으로 개선되어야 한다고 믿는다. 나는 역사의 변증법에 따른 진보가 허구라고 생각한다. 그러나 인간의 지혜와 결단에 따라 역사는 진보해왔고, 앞으로도 진보할 수 있으며, 진보해야 한다는 신념을 갖고 있다. 나는 독재적 사회주의보다는 자유민주주의를 선택했다. 그러나 현재와 같은 물질적 가치만을 중요시하는 추악한 자본주의에 구역질을 느낀다. 나는 동구 사회주의 체제의 붕괴가 그곳 민중들을 위해서 다행스러운 역사적 사건이라고 여긴다. 그러나 사회주의가 지향하던 유토피아적 이상은 살아남아야 한다고 믿는다.

나는 소수 세련된 지배 귀족에 맞서 다수 소박한 민중의 편에 선다. 그러나 민중은 정말로 귀족적이어야 한다고 믿는다. 나는 문화가 대중이 즐길 수 있는 것이어야 한다고 생각한다. 그러나 오늘의 천박한 쾌락주의적 대중문화를 혐오한다. 나는 약빠른 자를 경멸한다. 그러나 위선자는 정말 참을 수 없다. 나는 조용한 것을 좋아한다. 그러나 나 자신에게 철저하고 싶다.

나는 이성이 정확히 무엇인지를 모른다. 그러나 이성의 존재를 확신한다. 나는 이성이 판단의 절대적 잣대라고는 믿지 않고, 이성을 무조건 의지할 수 있는 빛으로 신뢰하지 않는다. 그러나 이성은 역시 사유의 잣대이며, 이성보다 더 신뢰할 수 있는 빛은 아무데서도 찾아낼 수 없다. 나는 모든 사람들이 다같이 이성적 기능을 갖고 있다는 것을 안다. 그러나 그들이 또한 이성을 잃는 때가 흔히 있다는 것을 안다.

나는 철학이 이성적 활동의 가장 대표적 표현이라고 믿는다. 그러나 이성은 인간의 모든 활동에서 다소나마 발견할 수 있다. 나는 철학이 아무것도 생산하지 못하고, 세계의 어느 것도 바꾸어 놓을 수 없음을 안다. 그러나 철학은 세계를 밝히는 빛이다. 나는 철학의 실용성을 믿지 않는다. 그러나 철학이 세계의 창조자라는 점에서 철학은 가장 실용적이라고 생각한다. 나는 철학적 사유도 역시 자연의 일부로서 자연, 세계 속에 갇혀 있음을 안다. 그러나 철학적 사유를 하는 한 인간은 필연적으로 그가 태어나고 생존하는 사회, 세계, 자연을 초월하고, 우주는 그러한 철학적 사유 속에 들어 있음을 안다.

『이성은 죽지 않았다』(1996)

05
마지막 시작

꼭 30년 전이었다. 나는 이미 몇 년 전에 1년간 공부했던 파리를 향해 한국을 떠났었다. 명색은 '유학'한다는 것이었으나, 사실인즉 인생을 새로 시작하고자 하는 것이었다.

나의 결단은 퍽 무모했다. 지금 돌이켜보면 더욱 그렇다고 생각된다. 나는 이미 만 31세의 나이였다. 이미 이화여대에서 4년간의 교편을 잡고 조교수의 자리에 있었다. 이 점에서 당시 나는 '행운아'일 수 있었다. 그런데 인생을 처음부터 다시 시작하기로 결단을 내렸던 것이다.

여건이 좋아서가 아니다. 외국에서 공부할 수 있는 경제적 뒷받침도 막막했다. 게다가 건강마저 무척 나빴다. 공부하겠다고 떠나기로 했지만 정확히 무슨 공부를 한다든가, 아니면 어떤 학위를 따보겠다는 구체적 계획이나 목적을 세우고 있었던 것도 아니었다.

언제 돌아와서 자리를 굳히고 출세를 하겠다는 생각은 꿈에도 해보지 않았다. 나는 막연히 말하자면 덮어놓고 떠났다. 기약도 없이 막막한 객지 모험의 길로 나섰다.

당시 나는 막연히 모든 것을 '알고' 싶었다. 허황스럽게도 근본적인 문제들에 대해서 '투명'하게 알고 싶었다. 그러나 그 당시까지만 해도 한국은 정치적·경제적 그리고 사회적으로 질식할 만큼 각박하고 아팠을 뿐 아니라 지적으로도 한없이 침침하고 정신적으로도 믿을 수 없을 만큼 혼탁한 상황이었다. 나는 사회적·정치적 억압과 지적·정신적 어둠으로부터 해방되고자 하는 절실한 욕망에 사로잡혀 있었다.

뼈아픈 사실이긴 하지만 적어도 그 당시만 해도 이러한 해방은 이른바 선진국이라는 외국에서밖에 찾을 수 없었다. 내가 하필이면 프랑스로 가게 된 것은 나의 대학에서의 전공이 불문학이었던 사실에도 있었지만, 더 직접적으로는 그 몇 년 전 소르본대학에서 1년간 불문학 강좌를 들었을 때 특히 네세르라는 한 교수의 강좌에 반하고 압도되었던 경험이 있었기 때문이었다. 엉성하기만 하고 무슨 뜻인지를 알 수 없을 것만 같은 난해한 시작품까지도 황홀할 만큼 투명하고 시원스러운 설명이 가능함을 알 수 있었던 것이다. 나도 무슨 문학작품, 무슨 문제라도 그 교수처럼 해낼 수 있는 투명한 이해력을 배우고 싶은 욕망을 억제할 수 없었기 때문이었던 것이다.

나는 앎을 추구하고 있었다. 나는 앎의 투명성을 더듬고 있었다. 그러나 지금 돌이켜보면 내가 진심으로 저 깊은 속에서부터 갈구하고 있었던 것은 앎 자체, 앎의 투명성 자체가 아니었던 것 같다. 나는 영원히 해답이 없는 삶의, 그리고 모든 존재의 궁극적 의미에 목말라 있었다. 나의 근본적 문제는 지적인 것을 넘어서, 아니 그 이전에 종교적인 것이었다. 만약 앎 자체, 앎의 투명성 자체만이 나의 실존적 문제였다면 나는 문학 대신에 수학에, 철학 대신에 자연과학에 관심을 쏟았을 것이다. 물론 지적인 문제와 실존적 문제는 동일하지 않다. 그러나 깊이 따지고 보면 구체적인 한 인간에게 있어서 지적 가치와 실존적 의미는 서로 뗄 수 없는 역동적 관계를 맺고 있다. 한편으로 지적으로 투명해지지 않는 실존적 가치는 착각이거나 맹목적일 수 있고, 실존적으로 그 가치가 체험되지 않은 지적 투명성은 공허함을 극복할 수 없기 때문이다.

지적이고 실존적이라는 양면성을 띤 어쩔 수 없는 거의 본능적 욕구 때문에 나는 문학도 건드려보았고, 철학도 뒤적거려보았다. 무슨 학문을 하든 무슨 작업을 하든, 가능하면 전문화를 요구하고, 또 전문화의, 전문성의 필요를 절실히 요청하는 오늘날 사회적 또는 문화적, 아니 직업적 상황에도 불구하고, 내가 어쩌다가 철학 교수가 되었어도 나는 나의 내적 요청 때문에 어떤 특수한 철학적 문제에만 매어 있기를 스스로 거부했고, 다양한 문제에 다양한 각도로 접근하게 되고 말았다. 자기의 전공을 극도로 전문화하지 않으면 직업상으로 불리하고 철학이라는 학문 자체에도 획기적인 공헌을 하기 어려움을 알면서도 오늘날까지 다른 길로 철학을 하고 있는 이유도 바로 나의 궁극적 관심의 성격에서 찾을 수 있을 것이다.

지적이며 실존적 요청에 따라 나는 한국을 떠나 만 30년 동안 프랑스의 골목길에서, 또는 미국의 허허벌판에서 자주 좌절감을 느끼면서도 쓰러지지 않고 끝없는 추구와 방랑과 방황의 길을 헤맸었다.

이제 30년의 긴 외국생활을 청산하고 나는 지금 막 고국에 다시 돌아왔다. 30년 전 모든 것을 버리고 찾아갔던 나의 꿈은 이뤄지지 않았다. 나는 아직도 지적 혼란을 완전히 벗어날 수 없고, 솔직히 말해 실존적 허탈감을 극복할 수 없다. 30년의 세월이 엊그제같이 느껴지지만 나의 머리는 어느덧 남달리 유난한 백발로 변했다. 내 마음은 아직도 젊고 왕성한 의욕에 차 있지만 어느덧 나의 육체는 흘러간 긴 연륜의 둔탁한 물리적 무게를 느낀다. 그러나, 아니 바로 그렇기 때문에 나는 되돌아온 조국의 땅에서 다시 또 한 번의 인생을, 가능하면 또 한 번 30년의 삶을 새롭게 시작하려 한다.

30년 만에 돌아온 고국의 변화는 상상을 넘어설 만큼 크다. 30년 전 내가 알던 한국이 아니다. 우선 시각적으로 한국의 산천, 그리고 도시와 마을의 모습이 크게 변했다. 그 내막이 어떻든 간에 오늘날 한국인의 경제적 생활은 30년 전에 비해서 풍요하다는 정도를 넘어서 너무나 사치스럽다. 한국의 변화는 물리적인 것, 물질적인 것에 그치지 않는다. 한국의 지적·교육적·문화적·학문적 수준은 특히 지난 약 15년간 놀라운 도약을 성취했다. 앞으로는 더욱 나날이 달라지리라고 확신한다.

내가 피상적으로나마 느낄 수 있는 한도에서 말해도 나의 분야인 철학계도 예외는 아니다. 10년 전만 해도 외국에서 학위를 따고 돌아온 사람들을 여러 대학에서 서로 모셔가려고 했었다. 그러나 현재는 외국에서 돌아온 몇십 명의 이른바 일류 대학 철학박사들이 시간 강사 자리만이라도 얻으려고 경쟁적으로 여러 대학의 좁은 문을 두드린다. 이러한 사실만으로도 한국의 철학계가 눈부시게 발전하고 있음을 구체적으로 입증하는 것이다. 앞으로도 적어도 양적으로 더 많은 철학박사들이 쏟아져나올 것임에 틀림없다. 바로 엊그제 한 철학자들의 모임에서 몇 사람의 논문 발표를 들으면서 그들 논문의 높은 학술적 수준에 크게 감명을 받았다. 30년 전은 물론 15년 전, 아니 10년 전만 해도 한국에서 그와 같은 논문을 접하기는 어려웠을 것이라고 짐작된다. 철학에 관한 수많은 책들이 쏟아져나오듯 출판되고 있다. 다른 모든 분야와 다름없이 한국의 철학계도 급속도로 발전했음에 틀림없고 앞으로 더욱 성숙해질 것이다.

그러나 불행하게도 거의 모든 분야에서 '발전'이라는 개념은 우리에게 '서양으로부터의 수입'과 거의 동의어로 쓰여왔다. 현대적 의미로서 우리가 학문적으로 연구한다는 것은 서양에서 이뤄진 학설을 습득하는 일과 거의 다를 바가 없었다. 이러한 사실은 30년 전에는 두말할 필요도 없거니와 놀라운 도약을 성취한 오늘날에도 근본적으로는 크게 달라지지 않았다고 판단됨이 정직한 나의 고백이다.

동양적 학문과 대조해서 서양적 학문을 말하고 동양철학과 서양철학을 구별함이 타당하지만 사실상 오늘날 일반적으로, 아니 세계적으로 사용되는 '학문' 일반, '철학'의 개념은 대체로 서양적인 '학문', '서양철학'의 뜻을 갖게 되었다. 동양철학과 서양철학 간의, 동양적 학문과 서양적 학문의 우열을 가리기 이전에 이미 위와 같은 사실은 역사적 · 세계문화사적 사실이 되고 말았다. 싫든 좋든 우리들의 일상적 사고나 의식도 이미 여러 차원에서 서양화되어가고 있다. 우리 민족 고유의 사고와 가치관을 찾아야 함은 마땅하다. 그러나 우리의 고유한 사상적 전통도 위와 같은 사실에 비추어 이해되고 평가되어야 하며, 앞으로 우리 민족의 고유한 사상의 창조도 위와 같은 우리의 사상사적 사실을 냉정히 의식하고 그런 의식에 뿌리를 박을 수밖에 없다.

서양적 사고의 지배적 압력 때문에 우리는 완전히 자주적으로 생각하고 독창적인 사고를 펴나갈 수 없고, 우선 과거의 서양사상은 물론 오늘의 서양사상에 대한 정보를 흡수하는 작업부터 시작해야만 하는 사정에 놓여 있다. 이러한 사정은 철학에서도 예외는 아니다.

'한국학'을 제외하고는 한국인이 한국에서 학문을 한다는 것은 우선 서양에서 이미 존재하는 학문들을 습득하는 작업일 수밖에 없다. 이러한 일을 시작하기 위해서는 우선, 영어 · 불어 · 독어와 같은 외국어를 습득하는 데 엄청난 시간과 정력을 소비해야 한다. 이와 같은 상황에서 서양인들보다 서양의 학문을 옳게 소화하고 그것을 뛰어넘는 학설을 창조적으로 세워나간다는 것은 너무나도 큰 부담이 된다. 독창적인 학설을 세우려는 의욕을 갖기보다는 이미 존재하는 서양적 학문을 옳게 이해하고 해석하는 작업에 만족할 수밖에 없게 되는 것 같다. 그러나 문화적, 그리고 어학적 이질성 때문에 그러한 작업에서조차 자신의 문화 전통 속에서 자신의 언어로 학문을 하는 서양학자들과 경쟁하기가 어렵고 벅찬 과제가 아닐 수 없다. 이러한 괴로운 상황은 인문사회과학에서 더욱 두드러지게 의식된다.

그렇기 때문에 예를 들어 누가 한 철학자에 관해서나 또는 한 철학적 문제를 깊이 연구한다 할 때도 그 철학자의 철학사적 맥락과 그 철학 문제의 정신 문화사적 맥락이 분명히 파악되지 않는 경우가 대부분의 경우가 될 것 같다. 바꿔 말해서 그 철학자 혹은 그 철학적 문제의 깊은 '의미'가 파악되지 않고, 따라서 학문이 '단편적'이고 허공에 떠 있게 되는 성격을 띠게 된다. 서양에서 문제되는 새로운 사상이 한국의 역사·문화사·사상사적 맥락은 말할 것도 없고, 서양에서의 사상사·사회사 등의 맥락과도 상관없이, 지나가는 유행처럼 바람과 같이 스쳐가는 우리의 힉문 일반, 특히 인문사회과학의 아직까지의 풍토도 위와 같은 우리의 역사적 상황에서 이해된다.

그러므로 최근 '국적' 없는 학문이 의식되기 시작한 것은 충분히 설명될 수 있으며, 우리의 구체적인 역사와 삶과 관련이 있는 자주적 학문의 필요성과, 급변하는 정치 사회에서 의미를 가질 수 있는 학문의 필요성이 일부에서 주장되고 있음 또한 마땅한 움직임이다.

그러나 때로는 이러한 주장이 너무 성급하고 단순해서 철학뿐만 아니라 학문 일반이 지나치게, 그리고 사리에 맞지 않게 정치화, 아니면 사회화되는 위험성을 다분히 내포하고 있다고 본다. 사회적 요청이나 경제적 압력 또는 권력이나 허영심 때문도 있겠지만, 경우에 따라 학자와 정치가, 철학자와 목사나 사회운동가, 또 저널리스트가 분명히 구별되지 않는다. 사회 전체가 그러하지만 학계도 어쩐지 들떠 있다는 느낌을 준다. 모든 학문, 고고하기를 자처하는 철학도 궁극적으로는 사회·경제·정치 등의 구체적 삶과 뗄 수 없는 관계를 갖고 있다. 그러나 학문, 특히 철학이 곧 정치적 활동이 아니며 철학자가 곧 도덕적 사회운동가가 아니다. 만일 정치가와 사회운동가와 학자가, 그리고 목사와 철학자가 혼동되는 한에서는 한국의 학문적 발전과 철학적 성취는 전혀 기대할 수 없다. 그럼에도 불구하고 현재 전반적으로 급변하는 한국의 풍토에서 한 학자가 자신의 학문적 탐구에만 열중하고 한 철학자가 고독한 자신의 철학적 사색에만 몰두하기는 어렵다는 것을 잘 알고 있다. 그러나 학문을 위해서는 정치와 학문을 혼동해서는 안 되며 철학의 발전을 위해서는 설교적인 것과 철학적인 것을 분명히 가려야 한다.

한국을 떠나 30년을 객지에서 헤매다가 나는 다시 조국의 땅에 발을 디디고, 또 한번 돌아와 다시 삶을 시작하고자 한다. 그렇다면 나는 무엇을 할 것인가? 오늘의 한국에서, 오늘의 한국 철학의 상황 속에서 어떤 삶을 다시 시작하려는가?

무엇보다도 먼저 내가 맡은 강의에 충실하고 싶다. 내가 알고 있는 것을 내가 대할 수 있는 학생들에게 도대체 철학이 무엇인가를 전달하고자 한다. 그래서 그들이 비록 철학을 전공하지 않더라도 가능한 사고를 정리하고, 넓히고, 세계와 자신을 비판적으로 볼 수 있도록 도와주고 싶다.

외국 대학에서 은퇴하고 돌아온 나에게 좋은 물리적 환경 속에서 우수한 학생들을 가르칠 수 있는 기회가 주어진 것은 퍽 고마운 행운이다.

또한 가급적이면 한국에서 철학하는 많은 젊은 동료들과 접촉을 갖고, 그들로부터 여러 가지를 배우고자 한다. 비록 나이는 많은 편이지만 마음만은 누구보다도 젊다고 스스로 자부한다.

시간이나 능력이 허락하는 대로 많은 학회에 참여하고 싶다. 미국 생활을 청산했지만 미국을 비롯한 여러 곳에서의 국제적 학회와도 능력이 미치는 한 계속 유대를 갖고 논문을 발표할 계획도 세워본다.

나는 그동안 한국에서도 적지 않은 책을 냈다. 물론 계속해서 저서에 집중할 것이다. 우선 오래전부터 생각해오던 '합리성'에 관한 책과, 또한 '철학적 인간학'에 관한 저서에 손을 댈 예정이다. 공과대학에 있게 된 이유도 있어 '합리성'의 한 문제로서 '과학철학'도 내 나름대로 정리하고 싶다. 이밖에도 허다한 철학적 문제들이 나의 흥미를 끈다.

철학적 저서 외에도 나는 가능하면 자주 시작詩作에도 계속 손을 댈 욕심이다. 시인들은 시인들대로, 철학자들은 철학자들대로 다 같이 나의 지적 체험을 외도로만 간주할 것임에 틀림없다. 그러나 나의 지적·정신적 생활은 철학만으로는 또는 시작만으로는 채워지지 않는다. 사실 그 두 가지 작업은 궁극적으로 난 하나의 인간으로서의 똑같은 의욕의 두 가지 표현이라고 믿는다.

철학을 하든 시를 쓰든, 뜻대로 이루어지든 그렇지 못하든 간에 나는 그동안의 미약한 경험과 독서와 사색을 바탕으로 정말 나의 목소리를 찾아보고자 애써보겠다. 나의 지적, 그리고 실존적 삶을 정리해보고 싶은 것이다.

지금 시작하는 새로운 출발이 마지막 시작임을 의식할 때 내 목소리를 찾아보겠다는 욕망, 내 자신에 정말 정직하고 충실해보겠다는 내면적 요청은 더욱 절실히 느껴진다.

《출판저널》, 1992. 2. 20.

『하나만의 선택』 초판 서문

여기 모은 글들은 지난 몇년 동안 청탁을 받고 일간·월간·계간지들에 발표된 것들 가운데서 추린 것이다. 이처럼 이 글들이 쓰인 계기와 동기가 각기 달랐던 관계로 이 에세이집은 하나의 테마나 생각·주장에서 일관성이 부족하다. 다소 학술적 성격을 띤 글이 섞였는가 하면, 다소 시사적인 것들이 끼어 있고, 극히 자서전적인 글도 들어 있다. 시사적인 것들과 자서전적인 글들까지도 다시 여기에 모아둔 이유는 그동안 한국의 사정이 달라지고 나의 생각이 달라지긴 했지만, 역시 내가 이 글들에서 얘기한 문제들이 아직도 적용될 수 있으며, 아직도 나의 인생에 대한 태도는 근본적으로 다를 바가 없다고 믿기 때문이다.

이 글들이 쓰였던 몇 년 전까지만 해도 나는 아직도 새파란 젊은이로 스스로 믿어 의심치 않았고, 세상과 인생에 대해 다소 확고한 견해를 갖고 있었다고 자처해왔다. 그러나 나는 갑자기 내가 이미 젊은 소년이 아니며, 세상과 인생이 더욱 알 수 없게 된 것 같은 느낌이다. 소천 이헌구 선생님이 1957년 이화여자대학에서 처음 교편을 잡고 있던 나에게 K중학생이라고 놀려주시곤 하던 것이 엊그제만 같았다. 그런데 바로 그 소천 선생께서는 올해가 내게 네 번째 돌아오는 무오년임을, 즉 내가 적지 않은 나이배기가 됐다는 것을 상기시키면서 다음과 같이 위로와 격려의 글을 자필로 써보내주셨다. "연비려천, 어약우연(鳶飛戾天, 魚躍于淵)." 그러고 보니 나는 어느덧 조백하여 나날이 늘어가는 흰 머리카락을 아침마다 거울 속에 비춰보고 있지만, 나는 하늘을 나는 연이기는커녕 진탕 바닥에서 퍼덕거리고만 있으며, 연못에서 뛰는 물고기이기는커녕 메마른 흙바닥에서 허덕거리고 있는 스스로를 발견할 뿐이다. 삶을 보는 눈에 있어서나 삶을 살아온 결과로 보나 나는 내가 멍청한 열등아, 언제나 뒤떨어진 자임을 느낀다.

그러면서도 나는 모든 것을 알고 싶었고, 뜨겁게 살고 싶었고, 옳게 살려고 애써왔다고 믿는다. 여기 모은 글들이 산발적이긴 하지만, 다소나마 그러한 나의 모습을 반영해주고 독자에게 다소나마 참고가 된다면 나로서는 그 이상의 만족을 바랄 수 없다.

63

경제적인 고충을 무릅쓰고 이 글들을 모아 책으로 내주시는 문학과지성사 김병익 형이 고맙기만 할 뿐이다.

1978년 6월 미국 케임브리지 우거에서

2부

—

사물의 언어—실존적 자전

01
고향 얼굴들

동네 사람들은 우리 집을 기와집이라 불렀다. 우리 집을 중심으로 약 30호 정도 되는 초가집들이 동서로 이어져 있다. 조그마한 소나무와 참나무로 덮인 산이 마을을 지키듯 둘려 있었다. 기와집 담 뒤에 있는 팽나무, 그리고 그 옆에 있는 높고 푸른 전나무를 빼놓고는 마을은 변변한 나무 하나 제대로 없다. 몇몇 집 담 안에 더러 배나무, 감나무, 복숭아나무 등이 있어 마을의 삭막감을 깨뜨려줄 뿐이다.

마을 앞으로는 작은 냇물이 흐르고 15리 가량 떨어져 있는 영인산의 높은 봉우리가 기와집 사랑 마루턱에서 멀리 바라보이고, 왼편으로 약 5리 떨어진 곳의 고룡산이 약간은 웅장한 느낌을 준다. 그 산 한복판에 있는 사찰이 어린 동네 애들에게는 한없이 멀고 신비롭게 느껴진다. 아산만 쪽으로 통하는 동네 서쪽 끝 둑에는 여름이면 향기롭게 흰 꽃을 함뿍 피우는 해묵은 아카시아 나무의 대열이 시원하고 화려했다. 집 뒷동산과 고룡산이 봄이 되면 진달래 철쭉들로 그림같이 아름다워 보였다.

고향이라 하지만, 내가 태어나고 자란 마을이지만 결코 아름다운 시골이라 할 수 없었다. 시골치고는 시골다운 맛도 없을 정도로 초라하고 삭막했다. 15리 길이나 되는 곳의 소학교를 다니면서 다른 시골 마을들을 보았을 때, 더 나중에 기차를 타고 경부선을 통과했을 때 내 고향의 초라함이 더욱 느껴지기도 했다.

그러나 아름답지 못해서 시골이 아니며 가난했다고 해서 고향이 아닐 수는 없다. 삭막하든 빈곤하든 고향은 누구에게나 귀중하다. 그것은 반드시 고향이 그립다는 말은 아니다. 자기가 살던 고향이 그립지는 않더라도 그것이 잊혀질 수는 없다. 한 사람의 고향은, 한 사람이 자란 시골은 싫든 좋든 그의 보금자리이며 그의 경험의 살과 피이기 때문이다. 그러기에 어렸을 때 고향에서의 경험은 순수한 것이며 그만큼 진실한 것이다. 초라한 대로, 그리고 가난한 대로 고향의 모든 것들이 귀중함은 당연하다. 남들에게는 시시하고 뜻이 없는 모든 모습들이 그곳에서 자란 사람에게는 개인적이며 절실한 의미를 갖고 있는 것이다.

대청마루를 걸레질하는 식모 애의 긴 머리채를 끌어당기며 말 타기를 하고, 겨울밤이면 방에 깔아놓은 이불 위에서 갖은 재주를 피우다가 어느덧 잠이 든다. 제삿밥을 기다리느라고 눈을 비벼가며 잠을 참다가 깜박 잠에 넘어가 다음날 아침에서야 일어나 제사에 참석하지 못한 것이 분해 엄마한테 심술을 피운다.

개나리가 피는 때면 밖에 나와 담 밑에서, 또는 안마당에서 동네 애들과 사금파리를 깨뜨려 소꿉장난을 하며 시간을 보냈다. 개천에서 발가벗고 투당거리던 생각, 장마 후 논두렁에서 물고기를 잡거나, 가을에 메뚜기를 잡고, 우렁을 잡던 일을 어찌 잊으랴. 담배 꼬바리를 주워두었다가 엿 한 가락을 바꿔 먹던 일, 겨울이면 일꾼한테 졸라서 만든 담새기를 앞마당 눈 위에 갖다 놓고 약아빠진 참새가 치어 잡히기만을 기다리면서 시린 손을 비비며 해가 지도록 추녀가에 서 있던 일이 생생히 생각날 수도 있다. 거미줄로 채를 만들어 잠자리 잡던 일, 밀을 씹어서 나무막대기 끝에 붙여 미루나무에 매달려 우는 매미를 잡아서 보릿짚으로 만든 매미 둥우리에 가두어놓던 일, 산새를 잡아 아무렇게나 만든 새장에 가두어놓고 메뚜기를 잡아 먹이며 키워보려고 애쓰던 기억을 어찌 잊겠는가.

엿치기, 팽이치기, 제기차기, 자치기, 소구(구슬)치기에 시간 가는 줄 모르고 놀다가 어른들한테 혼나 보지 않은 시골뜨기가 어디 있겠는가. 남의 집 목화송이를 따먹다가 들킨 적이 있었다. 남의 집 콩밭에서 햇콩을 콩대째 잘라다가 밭도랑에 불을 놓고 입술이 까맣도록 콩서리를 해서 먹던 재미를 어찌 잊을 수 있으랴.

설날 아침이면 어머님은 이불 밑에 넣어 따뜻하게 데운 새 양말, 햇빛에 반짝거릴 만큼 다듬이질을 한 바지, 저고리, 파랑 조끼를 입혀주시곤 했다. 마치 왕자가 된 기분이었다. 괜히 면도까지 했던 그날이면 어쩐지 나도 멋쟁이가 된 기분이었다. 막내인 나는 집안의 잔심부름을 도맡곤 했다. 멀리 아버지의 담배를 사러 가야 하고 할아버지의 약주를 사러 술도가에 정종병을 들고 가야 한다. 갑자기 식구 중에 누가 아프게 되면 10리나 되는 이웃 동네로 땡볕을 쪼이며 한약을 지으러 간다. 고추를 따고 가지를 따야 하며, 땡볕에 마른 보릿짚도 거둬들여야 한다. 늦가을이면 목화를 따야 하고, 뒷동산에 자리를 펴고 참깨를 말려야 한다. 돼지 구정물을 구하러 이웃집에 양동이를 들고 가야 하고, 여물 솥에 불을 지피기도 하며, 여름에는 소를 몰고 풀을 뜯겨야 한다. 그뿐이랴. 서울에서 '높은 학교'에 다니는 형들이 돌아오는 방학 때면 항상 그들의 심부름에 바쁘고, 밥상에서나 잠자리에서 언제나 억울한 대우를 받는다. 동네에서는 우리 형들만이 '높은 학교'에 다니고 있었다. 구두를 신고 제복을 입고 돌아온 그들의 손을 잡고 동네를 거닐며 논밭으로 산책을 다닐 땐 자랑스럽기도 했지만, 한편 나는 초라한 심부름꾼으로 전락한 느낌을 지울 수가 없었다. 추수가 끝난 늦가을 밤, 늦게서야 익은 고사 시루떡을 들고 집집마다 싸리문을 두드리며 "아줌니, 떡 갖구 왔시유" 하면서 돌리는 일이 귀찮기만 했었다.

그러나 기와집 막내아들의 이런 불만은 오히려 사치에 가깝다. 동네다른 아이들은 땡볕 아래서 밭일, 논일을 해야 했다. 지게를 지고 콩·벼·보리·밀 등을 밭에서 날라들여야 한다. 그 애들 집에서는 가을 시루떡을 할 여유가 없다. 고작해야 기와집 막내 도련님이 갖다준 떡을 큰 별식으로나 먹을 수 있었을 것이다.

머리에 수건을 쓰시고 흰 행주치마를 두른 어머니가 아침부터 부엌일, 그밖의 큰 살림일로 바쁘게 지내시던 모습이 선하다. 여름이면 부채를 들고 참외밭, 수박밭을 다니시며 돌아보시던 모습, 잘 익은 김막가, 개구리참외를 함지박에 하나 가득 담아들여서 시원한 펌프물에 식힌 다음 대청에 앉아 참외나 수박을 벗겨 나눠주시던 어머님의 모습이 생생하다. 봄비가 내린 후면 바쁘신 틈을 내서 채송화·봉숭아·백일홍 등을 뒷간 화단이나 장독대 근처에 즐겨 심던 어머님의 모습이 지금 생각하면 더욱 아름답게 회상된다. 그러나 17세에 어쩌다가 서울 양가집에서 이 벽촌 농가에 시집와 농사일을 보살피는 어머니는 더러 자신의 운명을 한탄하기도 했다.

제일고보에 다니다가 돈이 없어 중퇴하고 고향에 돌아와 면장이 되었던 아버지는 15리 되는 읍내까지 자전거로 통근하셨다. 집에 돌아오시면 옷을 갈아입고 밭농사, 특히 논농사를 보살피시느라 밭둑이나 논둑을 돌아보셨다. 항상 생존경쟁이 심하다고 걱정이 잦으신 소심한 그분이 동경에 유학한 큰형으로부터 온 송금해달라는 편지를 등불에 대고 몇 번이고 읽어보면서 아들의 유학비 송금 걱정을 하시던 모습이 어린 나의 눈에도 퍽 수심스러워 보이곤 했다. 자신을 완전히 희생하시면서 아들 3형제를 서울과 동경으로 보내고 평생을 고달피 지내셨던 것이다. 벽촌에 살면서 아들들을 '높은 학교'에 보내고 자랑스럽게 생각하셨겠지만 자신에게는 그들의 교육이 너무나 무거운 짐이었음에 틀림없었다. 내가 소학교에 들어간 후, 흔히 아버지는 막내아들을 자전거 앞에 태우고 학교까지 데려다 주시기도 하고, 학교에서 집에까지 태워주시기도 했다. 아들을 앞에 태워 무거운 자전거를 아버지가 힘들여 끌고 언덕을 올라가실 때마다 나도 커서 아버지에게 보답할 수 있는 사람이 돼야겠다는 결심을 하곤 했다.

사랑채에서는 항상 탕건을 쓰고 계신 할아버지께서 낡은 한서漢書를 시간이 나는 대로 보시며 틈틈이 찾아오는 먼 곳의 갓 쓴 손님들과 바둑이나 장기를 두시는가 하면, 술상을 벌이고 한시를 쓰곤 하셨다. 아버지와는 달리 할아버지는 전혀 생활의 어려움을 모르실 뿐만 아니라 관심조차도 없으셨다. 제사 지내는 일, 술을 드시는 즐거움, 그리고 옛날 중국의 역사나 족보 얘기가 그분의 모든 관심거리이며 화제가 되어 있었다. 여름이면 사랑채 대청에 앉으셔서 동네가 흔들리게 한시를 외시곤 했었는데, 무슨 소린지 알 수 없을 뿐만 아니라 아무 흥미도 없었지만 그 음성이 근엄하고 아름답게 느껴졌었다. 모시적삼을 입으시고 책상다리를 하신 채 몸을 좌우로 흔드시며 한시를 읽던 백발 수염의 할아버지 모습은 지금 생각하면 점잖은, 이른바 동양적 선비의 모습을 상징해준 것 같다.

시골버스를 타고 내려와 방학을 보내던 형들의 모습이 희미하게 기억된다. 개학 때가 되면 어머님께서는 정성을 다하여 입을 것, 먹을 것을 마련해 고리에 묶어 일꾼들의 지게에 실려 신작로까지 가서 버스에 태워보내곤 하셨다. 버스를 타고 다른 세계로 떠나는 형들을 식구들과 함께 전송할 때마다 어떤 자랑스러움을 느끼기도 했지만, 시골집에 있는 알짜를 모두 들고 가는 것 같아 집에 돌아오면 어쩐지 텅 비고 허전한 생각이 들곤 했다. 어머니 몰래 곶감, 귤, 과자 등을 훔쳐 먹으러 기어 올라갔던 안방의 높은 다락, 윗짝으로 깨뜨려 먹던 참깨엿 맛, 겨울이면 추워서 불기가 남아 있는 부엌 아궁이의 잿더미 속으로 기어들어가던 어린 강아지, 외양간에서 막 태어난 송아지를 핥아주던 어미 소, 늦봄 달밤 불을 끄고 사랑방에 누워 있으면 마당 앞에 있는 논에서 요란스럽게 울어대던 개구리, 늦여름 뒷동산에서 들리던 뻐꾸기 소리를 어찌 잊을 수 있으랴. 늦여름 저녁을 먹고 벼 이삭이 한참 자란 논두렁을 서울서 온 형들과 산책할 때면 사방으로 뛰어 도망가던 메뚜기떼, 장마가 지난 다음 물장난하던 마을 앞 개울이 기억에 역력하다. 이뿐이랴. 생각하면 생각할수록 수없는 고향의 모습들이 생생히 떠오른다.

이처럼 헤아릴 수 없이 많은 가지가지 것들, 여러 사람들, 갖가지 경험들이 고향과 얽혀 있다. 그 모든 것들, 모든 경험들이 물리적으로만 생각할 수 없는 고향의 여러 얼굴들과 연결되고 있다. 그러나 이런 얼굴들을 떠나 어린 시절의 고향은 상상할 수 없다. 이런 얼굴들 중에서도 더 잊혀지지 않는 얼굴들이 있다. 그것들은 이상스럽게도 어머니의, 아버지의, 할아버지의, 언니들의, 누나들의 얼굴이 아니다. 그것들은 아름다운 얼굴도 아니며 따뜻한 얼굴도 아니다. 가장 잊혀지지 않는 사람들, 가장 마음속 깊이 무의식 속에 박혀 있는 얼굴들이 한결같이 슬픈 얼굴, 찌그러진 얼굴들이라면 단순히 이상한 일이라고만 던져버릴 수 있을까.

우리 식구들은 그녀를 오쟁 할머니라고 불렀다. 그녀 손자 이름이 '오쟁이'였다. 애를 낳기만 하면 죽곤 해서 미신에 따라 그 아이를 낳은 후에 오쟁이라고 부르기도 하는 망태기 속에 넣어 두었었기 때문이다. 그래서인지 그 애가 살아남고 오쟁 할머니는 단 하나의 손자를 얻게 된 것이다. 어머니와 아버지, 그리고 할아버지는 우리들에게 오쟁 할머니가 한없이 착한 사람이라고 늘 말씀하셨다.

우리 6남매가 태어날 때 한결같이 그 손으로 받았다는 그녀는 우리집에서 평생을 살면서 부엌일을 하고 있었다. 그녀를 도와주던 다른 식모들이 수없이 왔다가는 떠나곤 했지만 그녀만은 일생을 우리 집 부엌에서 살아왔던 것이다.

어려서 생각해도 비록 늙어 얼굴이 쭈글쭈글하고 걸음걸이가 느리며 말이 없었지만 곱게 생겼다고 생각되었다. 그녀가 어머니에게 더러 꾸지람이나 무안을 당할 때면 나는 속마음으로 은근히 그녀의 편을 들었다. 그녀가 나를 늘 '도련님'이라고 부르며 단 한 번도 야단해보지 않았기 때문만은 아니었다. 어린 소견이었지만 그녀가 너무도 착하고 또한 딱하기 때문이었다. 아버지와 어머니도 가끔 그녀의 말이 나올 때면 그렇게도 착한 사람을 불행하게 한 하나님이 야속하다고 지나는 말로 하시곤 했다. 죽어서 천당이 있다면 오쟁 할머니는 그곳에 갈 거라는 것이었다.

오쟁 할머니는 아들, 며느리 그리고 오쟁이와 우리 집 행랑채에 살고 있었다. 단 하나뿐인 아들은 착하고 손재주가 있었다. 이발기를 써서 우리뿐만 아니라 동네 사람들의 머리도 깎아주고, 탈곡기 기계도 만질 줄 알며, 두레가 설 때면 제일 앞장에서 상수上首 꽹매기를 멋지게 치며 우리 집 큰 사랑 마당에서 한바탕 신명을 돋우기도 했다. 그러나 게으르고, 몸과 마음이 약해서 남들에게 늘 당하기만 하고 경제력이 없었다. 한번은 돈을 벌겠다고 만주까지 다녀왔으나 오히려 고생만 진탕으로 하고 빈손으로 돌아와서 자기 어머니와 함께 우리 집 사랑일을 돌보고 있었다. 이런 아들 때문에 오쟁 할머니는 평생을 우리 집 하인으로 고생하고 있었던 것이다.

추운 겨울날 새벽, 부지런하시던 어머니도 언뜻 자리에서 일어나시지 않는다. 어머니와 나는 식어가는 방바닥에 이불을 푹 뒤집어쓰고 눈만 꿈벅거리고 있다. 그럴 때 틀림없이 들리는 것은 행랑채에서 오쟁 할머니가 집 안으로 들어오는 문소리다. 그럴 땐 그 문소리가 몹시도 차다. 오쟁 할머니는 아무리 춥더라도 꾀를 부릴 줄 모른다. 그녀는 우리가 누워 있는 안방에 불을 지피고 우선 솥에 물을 끓인다. 찬 부엌에서 장작 혹은 솔가지, 또는 마른 짚을 때면서 밥을 짓고 상을 본다. 오쟁 할머니가 끓여 놓은 물로 식구들은 세수를 하고 오쟁 할머니가 차린 아침을 먹는다. 식구들의 식사가 끝나서야 오쟁 할머니는 윗목에서 끼니를 때우고 다시 부엌일을 한다.

나는 흰 머리에 가린 곱게 생긴 그 얼굴에서 웃음을 본 적이 없다. 언제나 수심에 가까운 밋밋한 표정이었다. 남편을 일찍 잃고, 아들을 잘못 두어서 남의 집 식모로 평생을 보내는 그녀에게 삶이 즐거울 수 없다. 우리 형제들을 받고 우리들의 기저귀를 빨아대고 우리들의 밥을 지어준 오쟁 할머니는 우리 집 부엌에서 평생을 보내다 해방 후 세상을 떠났다. 세상을 떠나기 전 써늘하고 어둑어둑한 자기 방에서 손바닥만 한 이불을 덮고 혼자 앓고 누워 있는 오쟁 할머니를 찾아가보고 가슴 아팠던 생각이 지금도 생생하게 머리에 떠오른다. 어떤 운명의 장난으로, 어찌하여 그는 평생 가난 속에서 남의 하인으로 천한 일생을 보내야 했던가. 어찌하여 착한 그녀가 그렇게도 복을 받을 수 없었던가.

내 어릴 적 기억에 우리 집 부엌에서 일하던 하인은 오쟁 할머니 말고도 수없이 많다. 그들이 오쟁 할머니와 다른 것은 젊다는 것, 오쟁 할머니처럼 오래 있지 않았다는 것이다. 왔다가곤 했던 많은 식모들 가운데에 특히 기억에 남는 여자는 '석철 어멈'이라고 부르던 여자였다.

그는 누군가의 소개로 수십 리 떨어진 곳에서 왔었다고 기억된다. 성격이 명랑해서 깔깔거리기를 잘했고 얘기가 많아서 어머님한테 꾸지람도 잘 듣곤 했다. 나는 명랑한 그녀가 좋았다. 그녀가 마루나 방 걸레질을 할 때면 등에 올라타서 말 타기 장난을 했었다. 그녀는 어머니 몰래 누룽지도 주고 감이나 떡도 두었다 주곤 했다. 나는 그녀가 장사로 불려지던 김 서방이라는 일꾼과 부엌에서 낄낄대는 것을 더러 보곤 했다. 어머니는 그녀가 김 서방 밥을 지나치게 잘 차려준다고 주의를 주시기도 했다. 그녀는 사실상 주인 마나님의 눈치를 보아가며 일꾼 밥상에 극히 마음을 쓰고 있었던 것이다.

얼마 후 그녀는 속이 아프다고 하면서 병을 고치려면 고룡산에 있는 절에 가서 불공을 드려야 한다는 구실로, 마땅치 않게 생각하는 어머님의 허락을 받고 가끔 절에 다녀오곤 했다. 나중에 커서 들으니 그녀는 일꾼 김 서방의 애기를 배고 있었으며 그 애를 지우려고 애쓰고 있었던 것이다. 밤이 깊을 때 석철 어멈과 눈이 맞은 일꾼 김 서방이 담을 뛰어넘어 들어와 식모방에서 밤을 보내고 새벽이 되면 식구들의 눈을 피해서 다시 담을 넘어 사랑채 머슴방으로 돌아가곤 했던 것이다.

그러나 그들의 행위는 드디어 드러나게 되었다. 아버지와 어머니의 꾸지람을 맞고 동네 사람들의 망신거리가 된 애인들은 우리 집을, 그리고 우리 동네를 떠나야만 했다. 이 사건을 통해서 남자와 여자 사이에는 어떤 비밀이 숨어 있고, 그런 관계가 위험할 수도 있다는 것을 어린 마음속에 막연히 깨닫게 되었다. 그런 만큼 그런 남녀 관계에 호기심과 이상한 매력이 느껴지기도 했다. 나를 퍽 귀여워하고 어머님 몰래 누룽지도 마음껏 긁어주던 석철 어멈과, 그렇게도 씩씩하고 기운이 세었으며 겨울에는 새탑새기를 조르는 대로 만들어주던 일꾼 김 서방이 어느덧 죄인처럼 맥이 풀린 채 고개도 떳떳이 들지 못하고, 옷보퉁이를 하나씩 끼고 동네 앞 큰길로 나서서 어디로인지 남쪽으로 떠나던 모습이 잊혀지지 않는다. 그들은 나에게 소외된 사람들을 의미하였고, 다른 사람들에 의해서 제거당하는 딱한 사람들이 있을 수 있음을 알게 했다. 젊고 외로운 식모와 머슴은 주인 몰래 사랑했었고, 그만큼 그 사랑은 강렬했으리라. 그러나 그러한 사랑이 죄가 되고 나쁜 사람이라는 누명을 쓰고, 남의 집 하인에 불과했지만 그나마의 직업을 뺏기고 어디론가 떠나야 했던 것이다. 그들은 어디 가서 또 남의집살이를 했으리라. 그들이 어디로 갔었을까. 그들은 어떻게 살았을까. 지금 생각해도 궁금할 뿐이다.

'오 서방'이라고 부르던 머슴이 있었다. 나이도 많은 데다가 또한 술을 좋아해서 흔히 앓고 누운 날이 많아 어머니는 더러 불평도 하셨지만, 평소에는 일을 썩 잘했다. 소를 다루는 일, 논일, 밭일, 모든 농사일에 말하자면 선수였다. 그는 가끔 나를 업어주기도 했으며 소를 몰고 읍내에 가서 장을 보고 올 때는 나에게 엿이나 눈깔사탕 같은 것을 사다주기도 했다. 한번은 술이 얼큰히 취한 오 서방이 광목 바지저고리 한 벌을 더 해달라고 어머니에게 졸랐고, 어머니는 선뜻 그의 뜻을 받아주지를 않으셨다. 어머니는 큰살림을 꾸려 가시느라고 몹시 규모가 있으셨던 것이다. 오 서방이 몹시 불평스러운 표정으로 평상시엔 상상할 수 없는 음성으로 주인 마나님께 불만을 표시했다. 나는 은근히 오 서방의 편이 됐고 그가 딱해 보여서 어머니께 그의 청을 들어주라고 하소연한 적이 있었다. 그후 몇 년이 지나 그는 나이가 먹어 더 일을 할 수 없어지자 우리 동네를 떠나 어디론가 갔다. 그는 이미 오래전에 다른 세상으로 갔으리라.

자기 땅도 갖고 비교적 소작도 많아 동네 수준으로 보아 가난하지 않은 이웃이 있었다. 그 집 사랑방에서는 동네 노인들이 몰려 화투를 하고, 연방 긴 대꼬바리에 담배를 태우며 잡담을 하곤 했다. 그 옆방에서는 동네에서 일하는 일꾼들, 즉 머슴들이 모여 자곤 했다. 그 집에 벙어리가 있었다. 30세쯤 됐었다고 짐작된다. 그 집의 먼 친족이라는데 그 집에서 머슴처럼 일하고 있었다. 일을 잘한다고 알려져서 그만큼 더 그는 일을 많이 하게 됐던 것으로 생각된다. 그의 주인은 물론 동네 사람들까지도 그를 노예처럼, 아니 인간 이하로 취급했다. 누런 코를 흘리던 동네 애들까지도 말을 못하는 그를 골려먹곤 했었다. 화가 날 때면 까불며 골려대는 애들을 끙끙거리면서 쫓아가 잡으려고 애쓰던 분노한 그의 표정이 지금 생각해도 안타깝고 답답하다. 그러면서 때로는 동네 계집애들이 명절날 색동옷을 입고 낄낄대고 몰려다니면 그런 것을 멀리서 바라보면서 바보같이 웃음 띠고 좋아하던 그의 얼굴도 역력히 머릿속에 남아 있다. 그의 처지가 운명이라면 그것은 너무나 가혹하고, 아이들의 짓궂은 장난이 자연스러운 동심이라면 동심은 어쩐지 너무나도 비정한 요소를 지니고 있지 않은가. 그는 그후 어떻게 살았고 얼마나 더 살았으며, 어떻게 죽고 어디에 묻혔을까.

읍내에서 이따금 우편배달부나 순사가 자전거를 타고 마을 앞 큰길로 오면 동네는 큰 행사가 일어나는 듯한 기분이다. 애들은 그들의 자전거 뒤를 따라다니며 신기스럽고 부러운 듯이 바라본다. 그러나 순사가 올 때, 특히 일본인 순사가 올 때 어른들은 다소 긴장을 하게 마련이다. 어쩐지 경계가 되었기 때문이다. 순사는 동네에서 무슨 수상한 일이나 없었는가, 혹은 정부에서 지시한 대로 공출을 제대로 하며, 퇴비를 충분히 했는가를 검사하러 오는 것이다. 때로 그들은 투전하는 농민들, 혹은 밀주를 담았거나 밀주를 담그려고 몰래 누룩을 해두지 않는가를 조사하며, 쌀이나 벼를 감추어둔 것이 없는가 집집마다 샅샅이 조사하기도 했다.

어느 날 아침 나는 이웃집 주인이 밀주를 들켜 일본 순사한테 두 손이 끈으로 매여 순사가 타고 가는 자전거의 뒤를 따라 읍내로 끌려가는 것을 본 적이 있다. 또 한번은, 투전을 하다가 급습해온 순사한테 들켜 점잔을 빼고 다니던 동네 멋쟁이들이 한 집 마당에 무릎을 꿇고 앉아 발길에 채이고 순사가 차고 다니는 사벨 칼대로 얻어맞는 것을 보았다. 그들은 며칠 동안 읍내의 파출소에서 구류를 살고 돌아왔던 것으로 기억된다. 지금 생각하면 그 동네 사람들의 억울함과 그들의 처지는 너무나 불쌍하다. 그들이 겪은 모욕은 약했던 우리 민족, 남의 식민지 치하에서 가혹하게 학대받던 민족적 억울함, 민족적 치욕을 실증해주는 것이었다. 우리 동네 사람, 아니 우리들은 너무나도 힘이 없고 우리들의 억울함을 호소할 곳이 없이 그저 타민족에게 가혹하게 당하고만 있었던 것이다.

긴 겨울이 되면 가마니를 치든가 짚신을 만들거나 하지 않고, 노름을 하는 동네 사람들이 더러 있었다. 겨울이 지날 무렵이면 일 년 내 소작을 해서 어렵게 마련했던 쌀가마니들을 노름에 잃어버리고 거지꼴이 됐다는 소문이 으레 들려오곤 했다. 설날이나 추석날 모처럼 새 옷을 입은 가난한 농사꾼들 가운데는 술을 좋아하고, 게다가 시비를 좋아해서 남들한테 싸움을 걸고 으레 두들겨 맞는 사람도 있었다. 짚가리 위에서, 밭 바닥에서 혹은 심지어 퇴비 간 복판에서 동네 사람들이 닭처럼 엎치락뒤치락 붙어 싸우던 장면이 생생하다. 그럴 때면 동네 애들은 말할 것도 없고 동네 어른들도 둘러서서 구경하고 어떤 사람들은 그런 싸움을 뜯어 말리려고 애쓰곤 했었다. 얻어맞는 패자의 아내나 늙은 어머니가 나와 남편이나 아들을 살려 달라고 울며불며 그를 제쳐놓고 두들겨주고 있는 이웃 남자에게 달려들기도 일쑤였다.

우리 집 식구나 내가 동네의 남의 집에 놀러 간 적은 거의 없었던 것 같다. 그들이 '면장 나리댁'에 부탁을 하러 온다든가, 돈이나 양식을 꾸어 달라고 사랑방을 찾아오거나, 할아버지 생신이나 설날이면 막걸리 혹은 떡국을 먹으러 오곤 했을 뿐이다. 나는 이웃집 애들과 우리 집 앞마당 또는 뒷동산에서 놀긴 했지만 내가 그 애들의 집에 가서 논 기억은 없다. 양반을 몹시 따지던 할아버지, 그런 집에서 자란 우리들이 상인들로 도장 찍힌 동네 사람들, 동네 애들과 함께 섞여서는 안 됐던 것이다. 그뿐이랴. 우리 집만이 기와집이요, 우리 할아버지만이 한학에 능통하고 우리 아버지는 면장이었던 것이다. 다 같이 가난한 시골이었지만 그 가운데서도 계급이 엄연했고, 지배와 종속의 관계가 확고한 질서로서 있었던 것이다.

기와집에서 하루 종일 일을 한 어머니나 아버지를 따라 저녁이면 밥을 먹으러 동네 꼬마 동무들이 우리 집에 오곤 했다. 식구들의 식사가 다 끝난 다음 그 애들은 윗목에 마련해준 상을 받고 정신없이 저녁을 먹곤 했다. 밖에서는 그렇게도 까불고 나와 똑같이 뛰고 놀던 그들이 우리 집에 와서는 수줍어하고 내게 말도 안 하고 배만 채우곤 했다. 그들은 항상 배를 충분히 채우지 못하고 있었다. 그럴 때면 나는 어머니나 아버지의 무릎에 앉아, 그 꼬마 동무들이 딱하기도 했지만, 우리 집보다는 그들의 집에 가서 그들과 함께 맘껏 뛰고 놀았으면 하는 생각도 들었다. 동네 꼬마들의 수줍은 얼굴, 그들이 구부리고 앉아 말 한마디 없이 먹다 남은 상에서 배를 채우던 모습은 아직도 가슴 아프고, 한편 내게 어떤 부끄러움을 느끼게 한다. 그들과 마음대로 함께 놀지도 못했던 나는, 그들처럼 배고파 보지 않았던 나는, 상놈이 아니었던 나는, 기와집에 살았던 나는 어쩌면 그들보다 한결 외로웠던 것이다. 다른 점에서 보면 그들처럼 자유롭지 못하고 한마음으로 같이 어울릴 수 없었던 것이다.

나도 그 애들처럼 말도 막 하고 나쁜 욕도 실컷 쓰고 싶을 때가 있었다. 그들의 아버지나 머슴들처럼 논둑에 앉아 바가지에 보리밥을 담아 고추장, 조린 콩에 비벼 실컷 먹고 싶을 때도 있었다. 그 애들처럼 마음대로 들로, 산으로 혹은 냇가로 뛰어 돌아다니고 싶었다. 그 애들이 사는 싸리문 초가 안에는 무슨 비밀이 있어 보이기도 하고 때로는 기와집 안방보다 더 따뜻할 것같이 상상하는 때도 있었다.

동네 앞 우물에서 쌀을 씻고 물을 긷는 여인네들, 동네 앞 개울에서 빨래를 하던 여자들이 지금 기억 속에는 한 폭의 인상파 그림처럼 떠오른다. 새벽이나 저녁에 물동이를 머리에 이고 우리 집 사랑채 앞마당을 지나던 여인들 또는 허리가 휘도록 무거운 물지게를 지고 가는 동네 남자들도 아직까지 역력히 기억 속에 떠오른다.

일 년 내내 의식을 걱정하는 사람들이 대부분이었고 봄이면 굶기가 일쑤인 가난한 마을이었다. 어릴 적에는 궁전같이 컸고 화려했던 '기와집'이었지만, 지금 되돌아 생각하면 내가 나고 살던 집도 원시적인 상태를 벗어나지 못했다. 마을에서는 귀족 같은 양반집에서 태어나고 동네 애들에게는 귀공자같이 보였을 나도 사실은 극히 원시적 촌아이에 불과했다. 축음기 소리를 들어보기는커녕 라디오도 들어보지 못하고 자랐던 것이다. 보잘것없는 산, 들, 개울이 나에게 있어서는 그림들이었으며, 산새 소리, 매미 우는 소리 혹은 개구리 울음소리가 나의 음악이었다. 여름밤 마른 쑥을 태워 모기를 쫓고 멍석 위에 앉아 새끼를 꼬면서 일꾼들이 청승맞게 부르는 '석탄백탄' 같은 노랫소리가 유일한 예술의 세계였다. 우리 집안에서는 들을 수 없는 그런 노래가 듣기도 좋고 신명도 났다.

동네에서 일어나는 일은 계절을 따라 밭을 갈고 논을 가꾸며 농사를 짓는 일뿐이었다. 변하는 것은 오로지 어기지 않고 돌아오는 똑같은 계절의 반복에 따른 것뿐이었다. 그곳에서 산다는 것은 먹고 자고 일하는 것뿐이었다. 그러한 마을이나 마을 사람들이 결코 달라질 것 같지 않았다. 풀이나 나무와 똑같이 비옥하지 못한 땅에서 생겨나 비좁은 땅에서 가난 속에 변함없이 삶을 반복할 뿐이었던 것이다.

그러나 나는 불행을 느끼지 못하고 그곳에서 자랐다. 그렇다고 행복을 느낀 것도 아니며 화려한 기억을 가질 수 있는 것도 아니었다. 아무 데서나 볼 수 있는 시시한 풀처럼, 시시한 한 그루의 나무처럼 똥 냄새도 맡으며 비에 젖고 눈에 덮여가면서 하나의 자연처럼 존재하고 자연현상처럼 자라고 있었던 것이다.

평생을 우리 집 부엌에서 일하던 오쟁 할머니, 언제나 기운 옷을 입고 일하던 우리 집 머슴들, 타작한 쌀가마니를 싣고 오는 동네 소작인들, 장질부사에 걸려 갑자기 죽은 이웃집 아주머니, '기와집'과 초가들이 한결같이 자연스러운 것이었으며, 양반과 상인의 구별, 지주와 소작인의 차별이 다 같이 자연스러운 것으로밖에는 생각되지 않았다. 모든 마을이 한결같이 가난한 것도 자연스러워만 보였다.

우리가 일본인의 지배에 있었다는 사실, 그리하여 우리가 보이지 않는 힘과 폭력에 의해서 부당하게 착취를 당하고 있었다는 사실을 어린 내가 의식할 수 없었음은 두말할 필요도 없다. 자연의 현상으로서 전혀 의심하지 않았던 모든 사실, 모든 현상, 마을 사람들의 가난이 보이지 않는 지배와 복종의 인간적 원리에 의해서 통제되고 있다는 사실, 그런 자연현상의 밑바닥에는 보이지 않는, 사회적인, 즉 비자연의 힘이 깔려 있었다는 것을 깨달을 리 없었다.

어릴 적 고향의 여러 얼굴들이 새로운 의미를 갖고 고향의 모든 사물들이 자연현상이 아니라 어떤 의미를 갖고 있는 언어였음을 깨닫기 위해서는 나는 오랜 시간을 두고 그런 언어의 문법을 배워야 했던 것이다. 보금자리 안의 새 새끼가 언젠가는 날개를 키우고 그 보금자리를 떠나 어떻게 날아야 하는가를 배워야 하듯 나도 언제까지나 어린 시절이라는 보금자리에서 잠자고 있을 수 없으며 언젠가는 마을 밖으로 걸음마를 배워야 하게 된다.

내가 태어난 마을 밖의 세계는 포근하지만은 않다. 거기엔 거친 바람이 불고 그곳에서의 길목이 험악할지도 모른다. 그러나 내 고향 밖의 미지의 세계는 무한한 호기심을 일으키고 어쩔 수 없는 유혹의 마력을 갖고 있다. 나는 뒤뚱거리면서 그 유혹에 끌려 걸음마를 배우고, 뜀뛰기를 배워야 하게 된다.

《문예중앙》, 1984~1988

02
타자의 발견

여덟 살이 되던 해 학교에 가겠다고 부모님을 졸랐지만 15리나 되는 곳을 다니기에는 너무 어리다 하여 1년을 더 기다려야 했다. 형들, 누나들 그리고 삼촌들과 마찬가지로 아홉 살 되는 해 나는 부푼 마음으로 읍내에 있는 학교에 입학했다. 그 당시에는 열 살, 열한 살 되어서 학교에 가는 경우가 적지 않았다.

4월 초하루 아침 소학교에 입학하는 날, 새 바지저고리로 갈아입은 나는 아버지의 자전거 앞에 앉아 아산읍내로 향했다. 어려서 급성폐렴을 앓아 읍내보다도 훨씬 먼 온양온천의 병원에 갔었던 적이 있었다지만, 병원에서의 막연한 약 냄새만 기억이 날 뿐 그밖의 일은 생각나지 않는다. 그래서 실질적으로 내가 동네를 떠나 읍내까지 가는 것은 이번이 처음인 것이었다. 나를 자전거에 태워 읍내로 가시는 아버지를 보려는 아이들이 모두 뛰면서 따라온다. 읍내로 가는 길은 논두렁을 지나고 작은 산언덕들을 지나야 한다. 그 길엔 고랑이 패이고 냇물이 지나간다. 다리가 많다. 나는 그 다리의 수를 자전거 위에서 세었다. 스물네 개였다. 아버지는 그렇게 다리의 수를 세었던 내가 관찰력이 있다고 그후에 두고두고 말씀하시곤 했다.

읍내 입구에서부터 신작로가 시작된다. 가로수가 눈에 띈다. 왼쪽에는 큰 냇물이 흐르고 바른쪽 산언덕에는 해묵은 공덕비들이 신기롭게 서 있다. 양회洋灰로 만든 다리도 내가 다른 세계에 들어간다는 느낌을 준다. 다리를 건너 읍내에 들어가면 양철집과 기와집들이 양쪽으로 늘어서 있다. 그것들이 모두 가게들이다. 모든 게 신기하고 화려하다. 우체소와 파출소 앞을 지날 땐 내가 접한 세계가 내가 자라온 세계와는 너무나 다른 세계임을 느꼈다. 이러한 집들, 이러한 물건들, 이러한 동네가 있다는 것을 미처 알 수 없었다. 화려한 새로운 세계를 보고 그 속에 내가 참여한다는 생각에 가슴이 부풀어 올랐다. 읍내 중심에 들어서서 가게들이 끝날 때쯤엔 사철나무와 향나무로 담을 둘러친 학교가 보인다. 엄청나게 크게만 보이는 학교가 있다.

'靈仁尋常小學校영인심상소학교'라는 반짝거리는 구리간판이 붙은 교문을 들어섰을 때의 기억은 오로지 뛰어다니는 애들이 많았다는 것과 특히 와글거리는 소리였다. 무엇인지 전혀 구별할 수 없었던 그 와글거리는 소리는 지금도 내 귀를 가끔 울린다.

처음으로 운동장에서 줄을 서본다. 이리 밀렸다, 저리 밀렸다 하면서 양복을 입은 남자 선생님들과 양장을 한 여선생님들이 앞에 서서 손짓하는 대로 줄을 맞추려고 긴장한다. 작은 동네에서 도련님이라고 불리던 나는 이제 다른 애들, 낯모르는 애들, 기운이 세고 똘똘해 보이는 다른 동네 애들, 읍내 애들 속에 섞여 있을 뿐이다. 나는 그저 하나의 아이로서 남들 눈에 하나의 물건같이 있어야 하는 것 같았다.

교장선생님이 말씀을 했는데 무슨 얘기를 했는지 기억이 나지 않는다. 오로지 똑똑하게 보이려고 긴장하면서 차렷자세로 서 있었을 뿐이다.

처음 교실로 들어갈 때 신을 벗어 신장에 서로 먼저 넣으려는 애들 등쌀에 정신이 없었고 당황했다.

면도는 했지만 수염이 많아서 인상적이었던 야마자키 선생이 담임이었다. 교실에 양떼처럼 서로 밀고 뜀박질하며 들어가서 줄을 지어서 무릎 꿇고 앉은 시골 꼬마들에게 처음으로 일본어를 가르친다. 시간이 끝날 때마다 애들은 역시 양떼처럼 몰려나오고 신장에서 제 신발을 찾아 신는다. 그럴 때마다 신발짝이 없어질까봐 아니면 먼 데로 던져져서 찾지 못할까봐 마음이 졸여졌다. 심한 경쟁 속에 들어간 것 같았다. 아무도 사정을 봐주지 않는다.

학교 마크가 붙은 모자를 쓰고 이름표를 달고 특별히 운동화까지 신고 학생이 된 것에는 신명이 나기도 했지만, 극성스러운 애들 틈에 싸여 밀리고 밀고 하면서 선생님 말씀대로 왈가닥거리며 몰려다니는 일이 쉬운 일은 아니었고, 잠이 많은 내가 아침에 눈곱이 낀 눈을 비비고 억지로 잠을 깨어 도시락을 싸서 책보에 묶어 어깨에 메고 15리 길을 다니기란 퍽 고단한 일이었다. 더군다나 눈이 무릎까지 쌓이는 겨울이나 장마 때면 먼 길 통학은 더욱 고통스러운 일이었다. 어떤 때는 짚신을 신고 얼어오는 버선의 눈을 털면서 목도리로 머리를 둘러싸매고 상급생들의 뒤를 따라 괜히 소리를 지르며 뛰면서 통학했고, 장마가 심해 중간의 몇 개 다리가 냇물에 넘칠 때면 우산이 없어서 대신 시멘트 푸대를 둘러쓰고 20리가 넘는 신작로 자갈길로 돌아가야 했다. 그렇게 고달팠지만 그런 줄도 못 느낄 만큼 학교에 다닌다는 것이, 공부를 한다는 것이 재미가 나기도 했다.

일본어는 물론, 산술, 언문(한글)을 처음 배운 것도 그 먼 읍내의 학교에서였다. 내가 학교에 들어간 것은 1937년 지나사변支那事變이 터진 다음 해로서 일본 군국주의가 적극적으로 발을 뻗기 시작했던 해였고, 일본이 내선일체內鮮一體라는 명목 아래 한글을 없애려는 정책에 박차를 가하던 무렵이었다. 그리하여 2학년 때부터는 그나마 얼마 안 되는 '조선어'시간이 없어지고 나의 정식 한글 공부는 끝이 나고 말았다. '국어상용'이란 명목 아래 일본말을 모르는 시골뜨기 꼬마들도 된 둥 만 둥 일본말을 해야 했다. 우리말을 하면 벌을 받는다. 아침 조회마다 '황국신민선서'를 해야 했고, 동쪽을 향하여 궁성요배宮城遙拜를 해야 했고 교실마다 걸린 '가미다나神棚'에 죄인처럼 절을 해야 한다. 무엇이 무엇인지 도무지 알 수 없었지만 우리 시골까지, 우리들 시골뜨기까지 일제의 식민정책 속에서 노예민족으로 일본화가 강요되어가고 있었던 것이다.

이 읍내 학교에 가서 처음으로 일본인들을 보았다. 반 이상이 일본 선생이었다. 읍내에서 파출소장, 우편소장, 그밖의 일본인들이 사는 집을 보았다. 그들은 모두 일본말을 잘하고 그들은 우리 아버지보다, 우리 동네 사람들보다 잘나 보였다. 나만이 아니라 모든 사람들이 그렇게 생각하는 것 같았다. 그들은 우리 땅에 와서 우리를 지배하고 착취하고 상전 노릇을 하고 있었다. 내가 다니는 학교 옆에 작은 학교가 따로 있었는데, 그곳에는 말끔히 양복을 입은 일본 애들만이 따로 다니고 있었다. 우리들과는 달리 특별한 세계에 사는 것 같았다. 그들 일본인과 우리 조선인 사이에는 차별이 있다는 것을, 그들이 높은 위치에 있다는 것을 어리기는 했지만 누구나 피부로 느낄 수 있었던 것이다. 어린 마음에는 그 애들이 부럽고, 그들의 아버지, 어머니가 부러웠다.

입학식, 졸업식, 운동회 또는 정월 초하루에는 으레 큰 행사가 있었는데 그럴 때마다 학교와 붙어 있던 면사무소에서 면장인 아버지가 나타나서 교장 옆 상좌에 파출소장, 우편소장, 금융조합장, 소방대장 등의 지방 유지들이 늘어선 가운데 단에 올라가 연설을 했다. 연설에 앞서 가미나다에 손뼉을 치고 이른바 참배를 하기 마련인데, 아버지는 우리가 학교에서 배운 것과는 달리 엉터리로 장난처럼 해버리곤 해서 애들이 픽픽거리고 웃음을 터뜨리는 때가 흔히 있었다. 그럴 때마다 그렇게 엉터리 아버지를 둔 내가 퍽 부끄러웠다. 집에 돌아와 누나들과 내가 아버지께 창피하니까 다음부터는 잘해주십사 하고 말씀드리면 아버지는 들은 척 만 척하시고는 다음에도 여전히 엉터리로 해버리곤 했다. 아버지는 할 수 없이 그렇게 손뼉을 치고 참배의 시늉을 내는 것이지만 그따위 것을 무시하고 있을 뿐만 아니라 관심도 없었던 것이다. 한국인을 멸시하던 데라다寺田라는 고약한 교장이 있었는데 하루는 그가 우리 반에 와서 조선인 면장이 참배할 줄도 모른다고 애들 앞에서 대놓고 비난했을 때 나는 부끄럽기도 했지만 그자가 무섭고 미웠다.

우리말을 빼앗은 일본인은 우리 이름까지도 빼앗아갔다. 일본인들과 마찬가지로 이른바 창씨創氏를 하여 이름을 일본식으로 바꿨다. 일본은 이미 대동아전쟁이라고 불렸던 2차 세계대전에 깊이 들어갔던 때이다. 진주만 공격을 축하하는 축제가 있었던 일이 막연히 기억된다. 그후 사이공 함락, 싱가포르 함락 등 무슨 소린지 모를 새로운 지방의 이름과 이른바 일본군 승리의 축제 행렬, 궐기 대회가 자주 있었다. 이런 승리의 기념으로 고무공, 때로는 고무신과 같은 극히 귀한 물건들을 천황폐하의 선물이라고 나누어 받은 기억도 생생하다. 어쨌든 그런 물건을 받는 가난한 시골뜨기 꼬마들은 기뻐했다. 일주일에 한 번쯤 볼 수 있던《소학생신문小學生新聞》에는 천황을 위해 장엄하게 죽은 소년 항공대

원들, 어디선가 적을 공격하며 목숨을 바친 이른바 군신軍神들의 사진과 기사가 자주 나기 시작했다. 학교 곳곳에는 물론 시골 농촌의 기둥이나 흙벽에는 '鬼畜英米擊滅귀축영미전멸' 등의 포스터가 나붙고 우리들은 수없는 군가를 배우며, 이른바 목검으로 교련을 배우기 시작했다. 일본군이 영·미국과 전쟁을 시작하고 중국과의 전쟁 외에도 파도같이 전격적으로 수많은 남양 일대의 요새를 함락시키고 전승의 광기에 들끓고 있었던 때였다.

그러나 얼마 가지 않아 전세는 역전되어갔다. 솔로몬 군도에서 미국의 반격에 몰리기 시작한 일본은 날이 갈수록 모든 물자에 극심한 궁핍을 느끼기 시작했고, 그러한 사정은 날이 갈수록 극심해가고 있었다. 시골 사람들은 바쁜 농사일 외에도 신작로, 교량 공사, 저수지 공사 등에 계속 동원되어야 했다. 퇴비를 의무적으로 강요당하고, 쌀, 보리, 깨 등 모든 농작물을 공출해야 했다. 목화를 심어 바쳐야 했고 뽕나무를 심어야 했다. 동네 사람들이 보리 한 가마 혹은 쌀 몇 말을 마루 밑에, 짚둥우리 속에 감추던 모습, 칼을 찬 순사와 면서기가 자전거를 타고 와서 집집마다 뒤져 쌀과 보리쌀을 찾아내던 모습이 아직도 생생하다.

농사를 피땀 나게 지으면서도 시골 농민들은 끼니를 제대로 잇지 못했다. 부족한 것은 식량뿐이 아니다. 광목을 배급받고, 신발도 구하기 어려웠다. 등잔을 켤 석유는 꿀물보다도 귀했다. 성냥이 변변히 없어서 부싯돌을 쓰는 사람이 많게 되었다. 유기, 하다못해 수저마저 헌납하라 하고, 학교 유리창에 붙은 쇠의 레일을 떼어내고 대나무로 대신하게 했다.

물자에만 몰린 것이 아니다. 인력에도 몰린 것이다. 시골 젊은이들은 징용이라는 명목으로 강제로 끌려가서 일본에 있는 탄광이나 공장에서 노동을 하기 위해 고향을 떠나야 했다. 지원병이라는 이름으로 소학교를 나온 젊은 애들은 일본군 졸병으로 끌려가야 했다. 이렇게 군복을 입고 칼을 찬 시골 젊은이 가운데는 마치 큰 벼슬을 한 것같이 행세하는 이도 없지 않았다. 만주로 이민을 강요당하여 초가나마 정들여 살아오던 고향을 버리고 알 수 없는 막막한 곳으로 떠나던 몇몇 동네 사람들의 모습이 아직도 아릿아릿 머리에 떠오른다. 동경에 유학하던 큰형이 돌아와서 '학병'을 피하여 숨어 있었으며, 조선인에게도 적용된 징병에 일차로 걸린 형 하나가 머지않아 전지戰地로 떠나게 되자 송별회라고 하여 식구가 모여 음식을 차려놓고 우울하게 지냈던 저녁이 생각난다. 명분 없는 죽음의 그림자를 앞에 보고 있는 그 형의 모습이 어두웠다. 다행히 형이 떠나기 직전 일본의 패전으로 출전을 면하게 된 것은 정말 다행한 일이었다.

시골 소학교 교정에서는 일본인 우편소 소장 아들의 출전을 축하하기 위해서 큰 식을 하고 버스에 탄 그를 읍내 유지들은 물론 꼬마들까지 일장기를 손에 들고 "만세, 만세" 하며 전송하기도 했다. 그후에도 다른 일본인들의 자녀들과 우리 학교 일본인 선생님도 출정을 하게 되어 길가에 늘어서서 출정군인 송별을 하는 일이 가끔 있게 되었다.

당시 시골 학교에서는 꼬마들이 교실을 쓸고 걸레질도 치고 교정도 쓸어야 한다. '실습'이라는 명목으로 꼬마들은 학교 소속인 밭에서 일을 해야 하고 닭을 키우고 돼지도 먹여야 한다. 돼지를 먹이기 위해서 양동이를 들고 읍내를 돌아다니며 구정물을 구해야 하고, 학교 변소의 인분을 퍼서 어깨에 메고 학교 밭에 거름을 주어야 했다. 봄이 되면 산에 가서 소나무, 양목 등을 캐다가 학교 교정의 정원을 꾸미고 바위를 끌고 와서 그 정원을 장식했다.

이렇게 시골 꼬마들이 실습이라는 명목으로 공부 이외에 이런 노동을 해야 했었지만 전쟁이 심해지면서는 더욱 혹사를 당하게 됐다. 고약했던 데라다라는 교장이 전근해온 후로는 더욱 심했다. 그는 꼬마들이 가꾼 무나 배추, 호박 같은 것을 골라 꼬마들 손에 들려 우리 학교가 있는 아산리에서 30리나 떨어진 군청 소재지인 온양에 있는 일본인 시학관視學官 관사까지 날라다 바치게 했다. 그 교장은 어린 학생들을 그처럼 이용해서 상관에게 아부하고 있었던 것이다. 겨울에는 '토끼잡이' 실습을 해서 애들을 동원하여 주변에 있는 산에 가서 토끼를 잡아 그것 역시 시학관 집에 바치곤 했었다. 막대기를 하나씩 든 꼬마들이 얼어붙은 도시락밥이나 누룽지를 싸서 등에 메고, 나무가 많은 험악한 산을 밑에서 둘러싼 다음 신호에 따라 막대기로 나무와 눈 속을 두드리면서 소리를 함께 지르고 산언덕으로 몰고 올라가곤 했다. 애들에게 몰린 산토끼가 산꼭대기에 쳐놓은 그물 속에 말려 잡히면 그것을 나무막대로 두들겨 잡는 것이었다. '토끼잡이'의 명목은 토끼 껍질을 추운 만주와 중국 북부에서 싸우고 있는 군인들에게 헌납한다는 것이었다.

전쟁이 불리해지고 일본의 군국주의가 멸망의 내리막길을 달리고 있을 무렵 시골 꼬마들은 더더욱 혹사당하게 되었다. 송진을 따오라고 한다, 겨울에 난로에 땔 나무를 해가야 한다, 아들이 군인으로 나간 일본인 우편 소장네 과수원 풀을 여름방학 동안 뽑고 매어줘야 했다. 읍내에 있는 '일청전쟁기념비', '김옥균 묘'를 일주일에 두어 번씩 청소해야 한다. 농번기에는 보리를 자르고, 모를 심고, 벼를 베러 이 마을 저 마을로 다녀야 한다. 익숙치 않은 낫에 손을 베기가 일쑤다. 모를 심거나 논을 맬 때 그 숱한 거머리에 물려 다리에서 피가 흐르는 것은 예사다. 그 당시에는 이러한 상황들이 자연스럽고 당연하게 생각되고 고통을 각별히 느낀 것은 아니었지만, 지금 되돌아보면 어린애들이 어떻게 그런 환경 속에서 공부할 수 있었을까. 상상조차 하기 어렵다. 수십 년이 지난 얼마 전 버스를 타고 시골을 지나갈 때 땡볕이 쪼이는 시골길을 가는 꼬마들을 차창으로 바라보면서 어릴 적 내 자신을 회상하지 않을 수 없었다. 옷도 제대로 입고 신발도 제대로 신은 요새 꼬마들에게도 삶의 어려움이 나름대로 있을 테지만, 우리들이 자랄 때의 시골 꼬마들은 제대로 옷을 입지도 못했고, 흔히 맨발이거나 아니면 짚신을 신고 자갈밭 신작로나 풀밭, 시골 논두렁 길을 다녀야 할 만큼 어려웠다.

나는 평생 남과 때리고 싸워본 적이 없다. 할아버지는 그런 나를 착하다고 늘 말씀하시던 기억이 나지만 나 스스로는 나의 본성이 착해서가 아니라고 생각한다. 마음이 약해서다. 빙충맞아서라는 표현이 더욱 정확할지 모른다. 그러나 어렸을 때나 지금이나 남의 얼굴을 때리고 남을 두들겨팬다는 것은 본능적으로 불가능하다. 너무 가혹하고 잔인하게 느껴지기 때문이다. 소학교 때는 공부를 잘한다는 말을 들었고 급장으로 자주 뽑혀 졸업반 때는 대대장이 되어 교정의 단에 올라가 호령도 하며 기분도 냈지만, 나의 학교생활은 반드시 즐거운 것만은 아니었다. 시골 동네에서는 도련님이라고 떠받치던 나는 학교에 들어가자마자 내가 특별히 보호받을 수 없다는 것을 발견했다.

나는 극성스러운 다른 급우들의 놀림거리가 되기 일쑤였다. 대개 같은 반 애들이 나보다 나이가 한두 살씩 더 먹었을 뿐만 아니라 그 애들은 나보다 모두 기운이 세고 거칠어 보였다. 공부를 잘하니까 더 놀림을 받는다. 그 애들은 내가 면장 아들이라는 것을 무시하는 것이다. 나는 이 세상이 나를 위해서 있지 않다는 것, 남들이 나와 흔히 대립의 대상이 되고 남과 내가 경쟁, 더 나아가서는 적대적 관계에 있다는 것을 배웠다. 마음이 약한, 아니 기운이 없는, 아니 어쩌면 비겁했던 나는 애들이 싸움을 걸어오면 언제나 피하는 입장에 있었다. 어떤 때는 정말 잔인할 정도로 짓궂은 애들, 험악한 애들 틈에 끼어서 지내야 하는 학교가 싫기까지도 했다. 빨리 시골 학교에서 벗어나고 싶었다.

그러나 선생님한테 공부를 잘한다고 칭찬받고 학년말마다 상장을 여러 장 받는 재미도 있었다. 뿐만 아니다. 고약하게 집적거리는 애들이 몇몇 있었지만, 같은 반 애들 중에는 함께 잘 놀고 착하게 구는 애들이 많았다. 특히 상급반 애들은 나를 귀여워해주었고 모든 남과의 관계가 반드시 갈등이나 적대적인 것만이 아님을 알았다. 남을 도와주고 남의 사정을 알아주는 인간적 따뜻함을 꼬마들 가운데서도 일찍 발견할 수 있었다.

급우들은 거의 다 가난하고 무식한 농민의 자녀들이다. 그 가운데 읍내에서 다니는 몇몇 애들은 나처럼 농촌에서 다니는 애들보다 대개는 더 또릿또릿하고 옷도 잘 입고 다녔으며 계란 삶은 것, 장조림고기와 같은 고급 도시락 반찬을 마련해 갖고 오기도 했다. 읍내에서 학용품, 잡화상을 하며 담배도 팔고 덧붙여 버스표도 파는 가겟집 아들이 있었다. 3, 4학년 때부터 그 애는 일본 동화 같은 신기스럽고 이국적인 얘기를 능란한 말솜씨로 애들에게 들려주어 인기를 모으고 있었다. 그 애는 가끔 학교에《소년의 벗》과 같은 일어 소년 잡지나 그밖에 영웅전 같은 책을 갖고 와서 틈틈이 읽고 그 읽은 얘기를 들려주곤 했다. 알록달록한 그림이 그려진《소년의 벗》을 다른 애들은 물론 나도 가져보지도 읽어보지도 못한 것이다. 그런 책을 구해 읽을 수 있는 그 애가 부러웠다.

대전에서 중학을 다니고 있는 그 애 형이 사다준다는 것이다. 나도 그 책을 갖고, 보고 싶어서 일본에 유학 가 있는 큰형, 서울의 높은 학교에 다니는 형들에게 편지를 해서 부탁을 했으나 형들이 내게 그런 책을 사준 기억은 없다. 나의 실망은 컸다. 이 무렵부터 나는 책에 대해 막연한 관심과 흥미를 갖게 되었던 것 같다. 그후 상급반으로 올라가서 그 가겟집 애한테서 위인전 같은 것을 빌려 읽었다. 내가 알고 있는 세계와는 엄청나게 다르고 황홀한 세계가 있다는 것, 내가 알고 있는 주변의 사람들과는 너무나도 다른 사람들이 있다는 것에 크나큰 감동과 선망과 호기심을 가지면서 탐독했던 기억이 난다. 내가 잠을 자고 있고, 내가 사는 세계가 잠들어 있는 세계임을 발견한 것은 큰 충격적인 경험이었다.

읍내에 새로운 공의公醫가 왔는데 그 집 애가 전학해왔다. 깨끗한 양복을 입고 촌에서 자란 우리들과는 달리 어딘지 귀한 아이같이 보였다. 그 애를 사귀면서 내가 접촉하는 사람들의 한계가 그만큼 넓어지는 것 같았다. 또한 대전에서 우리 학교 교감으로 전근 온 선생의 아이가 전학해왔다. 그 애는 운동도 공부도 잘했다. 까불기도 잘했다. 요샛말로 되바라져 있었다. 이제까지 나는 이곳 면장의 아들로서 공부도 언제나 제일 잘하고 어떤 면에서는 특별한 존재였는데, 그 공의의 아들과 교감의 아들이 전학해온 후로는 내 자신이 꿀리는 것 같고 촌놈에 지나지 않는 것 같았다. 그 애들은 어딘가 이색적인 것, 이국적인 것을 갖고 있었다. 다른 아이들이 나보고 전학해온 애들에게 지지 말라고 격려했던 기억이 난다. 일종의 동지심리, 동향심리에서였던 것임에 틀림없다. 우리 시골, 우리 읍내를 대표하여 다른 읍내, 다른 곳에서 온 애들한테 져서는 안 된다는 경쟁심이 본능적으로 시골 촌뜨기 애들에게도 다 같이 있었던 것이다.

소학교에 들어와 발견한 남他人은 같은 반 애들, 같은 학교 상급생 그리고 하급생만이 아니다. 아마 더 중요한 것은 선생님들이었던 것 같다.

처음 입학하는 날 우리들을 인솔한 야마자키 선생이 인상에 남는다. 그는 눈이 크고 면도한 수염 자국이 인상적인 분이었다. 흑판에 그가 그린 말의 그림이 아직도 기억된다. 그 그림이 신기할 만큼 실재의 말과 똑같아 보였다. 그가 위대한 화가 같아 보였고 어딘가 다른 세계에서 온 사람 같았다. 키가 크고 음성이 좋고 웃는 얼굴이었다. 무슨 말을 하는지 몰랐지만 그는 일본어로 우리에게 무엇인가를 열심히 설명하고 있었다.

야마자키 선생 외에 2학년 때 담임선생이었던 마쓰이松井라는 여선생님, 3학년 때 담임선생이었던 가타부치片淵라는 여선생님이 아직도 좋은 인상을 남기고 있다. 4학년 때 나의 반을 맡고 있지는 않았지만 가네코金子라는 한국인 선생님과 5학년 때 우리 반을 맡던 다나카田中라는 일본인 선생님도 기억에서 잊혀지지 않는다.

뾰족구두에 까미(양장머리)를 하고 곤색 투피스에 흰 블라우스 칼라를 밖에 내놓은 마쓰이 선생님. 시골 아주머님들과는 다른 빠른 걸음걸이, 말할 때마다 눈에 띄던 노란 금니가 인상에 남는다. 웃는 모습을 본 적은 없지만 열심히 꼬마들을 가르쳤다고 기억된다. 옆에 있는 면사무소에서 가끔 아버지가 그 선생님을 찾아와서 당신의 막내아들이 어떻게 공부하느냐고 물어보면 그 선생님은 공부를 썩 잘한다고 늘 칭찬하는 말을 해서 아버지를 흐뭇하게 했다.

마쓰이 선생님이 아름다웠던 데 비해 가타부치 선생님은 투박한 편이었다. 두터운 로이드 안경을 쓰고 목소리가 탁했다. 걸음을 걸을 때는 몸이 옆으로 흔들거린다. 애기를 배서 망신스럽게 부른 배를 앞에 내놓고 교단에 선 그 선생님을 볼 때는 꼬마였던 내가 부끄럽기도 했다. 그 당시에는 무엇인지 전혀 몰랐었지만 지금 생각하면 그분은 불교신자였던 것 같다. 교실 청소가 끝난 다음 가끔 꼬마들을 정좌라 하여 무릎을 꿇어앉혀놓고 눈을 감기고 묵상을 시킨다. 부처 얘기, 염라대왕 얘기 같은 것을 들려주기도 했는데, 기독교는 물론 불교도 믿지 않는 유교 집안에서 자란 나에게는 그런 얘기가 너무도 허황한 것이었으며 이해가 되지 않았다. 이상하고 귀신딱지 같은 소리라는 느낌뿐이었다. 1년에 한번쯤 애들과 가까운 산에 있는 절에 가서 울긋불긋한 불상을 볼 때마다 나에게는 그런 것이 너무나도 이상하고 무서워 보였다. 기독교에 대한 나의 첫 경험도 비슷하다. 이웃 동네 구장집 사랑방을 동네의 성교당으로 쓰고 있었다. 우리 동네 근방에서 기독교를 믿는 사람은 그 구장집밖에 없었다. 언젠가 꼬마들과 그 집 안의 성당에 들어가봤다. 역시 울긋불긋한 그림이 벽에 붙어 있었는데 그림 속에 있는 사람들이 우리들과는 너무나 다르게 생겼다. 저런 사람들이 정말로 존재하리라고는 믿어지지 않았다. 그런 그림 앞에서 절을 하고 무엇을 외는 구장집 어른들이 나로서는 도무지 이해가 되지 않았다.

무엇을 하는 것인지도 알 수 없었다. 어쩐지 귀신에 홀려갈 것만 같고 무서웠다. 이러한 배경에서 성장한 내가 불교신자인 가타부치 선생님의 세계, 그가 들려주는 이야기를 알아들을 수 있을 리가 없었다.

방과 후에 가끔 그 선생님은 캔버스를 교정에 세워놓고 유화를 그리곤 했다. 그림도구란 크레용이 고작이었던 시골 꼬마들에게 그분이 그리는 유화는 신기하게만 보여서 그 선생님의 솜씨를 황홀한 눈으로 뒤에서 구경하곤 했다.

어느 날 방과 후의 일이었다. 반장이었던 나는 교실 청소가 끝나면 교무실에 엄숙하게 절을 하고 들어가서 담임선생님인 가타부치 선생님에게 보고를 하고 검열을 받아야 했다. 검열을 받으러 교무실에서 나와 복도를 지나가는데 그 여선생님이 나를 어깨 너머로 껴안아주셨다. 어머니 아닌 여자한테 껴안겨보기는 처음의 일이다. 그 선생님이 나를 껴안았을 때 분 냄새, 생전 느껴 보지 못한 여자의 냄새가 느껴졌다. 나는 극히 행복하면서도 부끄러웠다. 사람들한테서 땀 냄새만 맡아 오던 내가, 멋쟁이 양복을 입은 여자한테는 안겨보지 못했던 농촌의 내가 여선생님, 더군다나 이국적 신식 여인한테 이렇게 잠깐이나마 껴안긴다는 사실이 자랑스럽고 흐뭇하기도 했다. 그분이 나를 귀여워하고 있다는 것은 본능적으로 알고 있던 일이었다. 그러나 혹시 다른 아이들이 봤을까 봐 걱정도 되었다. 불행히도(?) 한 애가 그것을 보았고 다음날부터 나이가 많은 동급생들이 나를 골려먹게 되었다. 창피하기도 했고 귀찮기도 했지만 분 냄새가 나는 선생님이 껴안아주신 것이 나에게는 잊혀지지 않는 행복한 경험이었다.

다나카 선생님은 까만테 안경을 쓴 교감 선생님으로, 운동도 잘하고 글씨도 잘 썼다. 그는 이 시골학교에서 애들은 물론 다른 선생님들이 가장 어려워하는 존재였다. 무슨 행사가 있을 때면 오장伍長의 계급장을 단 군복에 사벨을 옆에 끼고 나타난다. 그의 군복 차림이 장엄했다. 운동을 좋아하면서도 그 역시 유화를 그리기도 했는데, 그의 가장 뚜렷한 관심은 화초였다. 방과 후에 그는 나뭇가지나, 꽃가지를 자르는 가위를 들고 다니며 교정의 화원을 가꾸고, 애들을 데리고 저녁 늦게까지 학교 실습지인 밭에서 채소, 꽃 등을 가꾸곤 했다. 그의 집은 교문 밖 바로 건너편 초가집이었다. 애들이 없이 부인하고 단둘이 살림하고 있었는데 아름다운 그의 부인이 게다를 신고 일본 옷을 입고 집 안에서 왔다 갔다 하는 모습이 담 너머로 보인다. 다나카 선생님 집에는 항상 꽃이 많았지만 특히 늦가을에는 그의 집 마룻가에 수많은 국화꽃 분이 나란히 놓여 있곤 했다. 다나까 선생님은 가지가지 국화꽃, 길게 늘어선 국화꽃을 예술작품처럼 만들어내는 것이었다. 물론 그는 애들을 데려다가 그런 꽃을 가꾸는 일에 도움을 받는다. 그런 일에 뽑혀 그의 집에서 일하던 몇몇 꼬마들은 마치 큰 특권을 얻은 것 같은 생각에 자랑스러움을 느낀다. 그렇게 아름다운 국화꽃을 많이 가꾸고 있는 한국인 집은 볼 수 없다. 그래서 그 선생님 집은 특별한 곳 같고, 그가 가꾼 꽃은 더 아름답고 더 귀해 보였고 마력적이고 심미적인 힘을 갖고 있었다.

내가 우리나라 사람 아닌 다른 나라 사람, 즉 일본인과 접촉하게 되고 그들의 세계를 다소나마 감각적으로 느낄 수 있었던 것은 위와 같은 소학교 선생님들을 통해서였다. 그들은 분명히 달랐다. 그들이 우리가 잘 알아들을 수 없는 일본말을 하고 있다는 점에서만 다른 것은 아니었다. 빈한한 시골 농촌에서 자란 우리들에게는 그들은 부유했고, 어쩐지 깨끗하고 여유 있게 사는 것 같았다. 그들은 바로 옆에서, 역시 초가에 살고 있었는데도 어쩐지 우리와는 다른 세계에 살고 있는 것 같았다. 물론 그들은 우리들과 잘 섞이지 않았고, 우리들은 물론 어른들까지도 그들을 달리 취급하고 어렵게 생각했다.

비록 생김새는 우리와 다를 바가 없지만 그들은 우리들을 지배하고 있는 이국인이었던 것이다. 어린 마음에는 그들의 위치가 선망의 대상이 되기도 했다.

철모르는 어린 마음에는 일본인은 결코 증오의 대상이 아니었다. 물론 아무것도 몰랐기 때문이지만, 그러나 설사 우리들이 역사를 알고 보이지 않는 일본제국주의의 악랄성을 배웠다 해도 그 당시 어렸을 때 개인적으로 접촉한 일본인 선생님들에게서 느낀 것은 대체로 호감이었다.

그러나 데라다라는 교장은 경우가 다르다. 그는 교실에서 내놓고 '조선인'을 멸시하고 욕하기가 일쑤였다.

그 당시 서울서 고상高商, 현재의 상과대학을 나왔다는 임林이라는 젊은 한국인이 금융조합 이사로 왔었다. 그는 체격이 좋고 유도를 잘한다는 소문이 있었다. 한국인을 무시하던 데라다 교장이 어느 자리에서 말을 잘못하여 임 이사한테 따귀를 맞았다는 소문이 들려왔다. 어른들은 뒤에서 그가 모욕을 받은 것을 두고두고 통쾌해했다. 오만한 일본인이 한국인에게 크게 당했기 때문이다. 고상을 나온 임 이사에게는 아무리 일본인이라고 하지만 시골 교장이 우습게 생각되었을 것이다.

데라다 교장은 애들을 늦게까지 잡아놓고 논일, 밭일을 시키기가 일쑤였다. 밭에서 혹은 논에서 해가 질 때까지 일을 하고 집으로 돌아가는 15리 길은 멀고도 무서웠다. 학교에서 떼를 지어 나와 하나둘씩 애들은 자기 동네로 돌아간다. 학교에서 제일 먼 곳에서 살고 있었던 나는 마지막 동무가 제 동네로 들어가고 나면 혼자 밤의 산길과 밭길을 지나가는 것이 무서웠다. 도깨비나 귀신이 금방이라도 나올 것만 같다. 가을 높은 하늘에는 별이 반짝인다. 바람에 높이 선 수수밭이 더욱 충충하다. 무서움을 달래기 위해서 목청이 터져라고 고래고래 노래를 부르며 나는 수수밭 사이를 혹은 소나무가 짙은 야산의 산길을 달리곤 했다. 지금 되돌아 생각하면 어린 소학교 꼬마들을 어떻게 그처럼 부려먹었을까 상상이 안 된다.

이 시골 소학교에는 한국인 선생님도 물론 있었다. 그 가운데서 창씨를 가네코라고 한 선생님이 있었다. 깡마르고 날씬한 체격에 병색인 창백한 얼굴이었다. 그 선생님은 엄격하기로 유명하고 그 앞에서는 애들이 다 같이 벌벌 떨었다. 지각을 한다든가 혹은 다른 잘못을 하게 되면 심한 벌을 받는다. 회초리로 종아리에 피가 맺히도록 때리는 일은 보통이고 겨울에 지각을 하면 교정에 있는 샘물가에 끌고 가서 냉수를 얼굴에 퍼붓기도 할 만큼 가혹했다. 어째서 가네코 선생님은 일본인 선생님들보다도 더 심하게 벌을 주고 더 엄격했을까? 교장한테 특별히 잘 보이려고 했을까? 한국인인 만큼 일본인들보다 더 '일본정신'에 충실함을 보여야 했던 것인가?

전쟁이 더 격렬해지고 일본의 전세가 결정적으로 불리해지기 시작할 무렵, 나는 도(道)에서 조직한 이른바 '성지참배단'에 뽑혀 일본을 구경하게 됐다. 한국문화와 민족을 일본에 동화시키려는 정책의 일환으로써 소학교 애들까지 일본에 데려가 일본의 소위 황국문화를 구경시키고, 제국주의 일본에 장구한 충성심의 씨를 뿌리자는 의도였다. 내가 우연히 군 대표의 하나로 뽑혀 도 대표단의 일원으로 일본이라는 나라를 구경하게 되었던 것이다. 5학년 되던 해 봄이었다.

흰 칼라가 달린 새 양복을 입고 등에는 류색을 메고 새 운동화를 신고 집을 나설 때 나는 무엇인가가 된 듯 자랑스러웠다. 이웃의 일본인 학교에 다니는 애들이 그런 칼라가 달린 양복을 입고 있어 부러워했지만, 나도 이젠 그 애들과 같이 된 것이다. 류색을 메어보는 것도 시골뜨기인 나로서는 처음이다. 그런 옷차림을 한 소학생들은 그림책에서나 구경할 수 있었던 것이다. 따로 주신 용돈도 챙겨넣고 아버지를 따라 버스를 타고 온양온천의 한 여관에 들었다. 그곳은 아버지가 사무적인 일로 군청에 올 때 자주 들르던 곳이라 한다. 내가 여관에 들기가 처음인 것은 두말할 필요도 없다. 여관 뜰에 마련한 화단, 여관의 유리창 달린 방, 여관에서 내놓은 음식들, 그리고 깨끗한 여관 변소가 모두 화려하고 신기해 보였다. 온양온천의 가게들, 전신주 등도 모두 새로운 별천지임을 말해준다. 여관에 묵던 날 밤 아버지께서 특별히 많은 고기요리를 시켜주시던 일이 기억에 새롭다. 대표로 뽑혀 일본을 구경하게 된 막내아들이 아버지에게는 꿱 대견했던 듯했다.

다음 날 군청에 다른 면에서 온 2명의 대표와 함께 시학관의 훈시를 듣고 대전으로 가는 기차를 탔다. 기차를 타고 내 고향에 비해 너무나도 화려하고 문명화된 이 온양읍을 떠나면서 내가 알지 못한 그런 세계에 끊임없이 감동하고 있었다. 이러한 놀라움, 새로움의 발견은 대전에 가서 더했음은 두말할 필요도 없다. 다른 애들과 함께 인솔자를 따라 도청문을 들어갈 때 그 건물이 엄청나게 웅장하고 화려해 보였다. 그 도청에는 다른 군에서 모여든 대표들이 이미 와글거리고 있었다. 그 애들은 나보다 훨씬 똘똘하고 일본말도 잘했다. 내가 제일 촌놈이라는 것을 의식하지 않을 수 없었다. 그저 얼떨떨했을 뿐이다. 잘못을 저지를까봐 잔뜩 긴장하면서 다른 아이들이 하는 대로 따라다니기에 바빴다.

경부선을 타고 남도를 지나갈 때 산과 들의 풍경에서 아름다움을 느낀다. 높은 산도 없고 큰 강도 없는 시시한 자연환경에서 자란 터라, 그러한 자연이 더욱 웅장하고 아름다웠던 것이다. 철도 연변의 시골들도 내가 자란 시골보다 풍성해 보였고, 비록 초가나마 뜰에 심은 큰 감나무, 그밖의 과일나무도 마음을 끈다. 시골집을 둥글게 싸주고 있는 돌담들도 보기에 좋았다. 자연에 대한 이러한 인상을 빼놓고 대전에서 부산까지 어떻게 갔던 것인지 자세한 기억은 없다. 막연하게 생각나는 것은 인솔 선생님을 놓치거나 같이 간 30여 명의 똘똘한 아이들을 놓치면 어떻게 하나 해서 긴장했던 생각, 그저 떠들썩하고 어리둥절했던 생각뿐이다.

부산항에는 '신코마루新興丸'라는 부산-시모노세키下關 간의 정기연

락선이 기다리고 있었다. 일본 순경들이 늘어서서 승선하는 여객들을 유심히 체크한다. 배 안에는 벌써 사람들이 와글거린다. 습기가 많다. 바다 냄새가 난다. 동그란 선창이 갑갑하게 뚫려 있을 뿐 전깃불이 켜진 선내는 충충하다. 다다미가 깔린 큰 선실에 우리 꼬마들을 앉힌다. 어느덧 배가 떠나기 시작하여 기적을 울리고 배가 옆으로 흔들린다. 미궁 같은 선내에서 겨우 화장실을 찾아 문을 닫고 앉아 있으니까 혹시 내가 그 속에서 혼자 남아 떨어지게 되지 않을까 걱정이 된다. 밖은 이미 어둡다. 이때는 미국의 잠수함이 일본 군함을 격침하기 시작할 무렵이어서 평소 같으면 열려 있어야 할 선창을 모두 닫아야 했다. 등화관제를 해야만 하는 긴장된 천시였던 것이다. 어떻게 밤을 지냈는지 알 수 없다.

해가 뜰 무렵 도착한 시모노세키가 푸르고 아름답다. 세퍼드 개를 끌고 있는 일본 옷차림의 사이고 다카모리西鄕隆盛의 동상이 우뚝 서 있는 공원을 우선 구경한다. 그는 정한론征韓論을 주장한 대표적인 정치가였다. 한국의 대표적인 적이었다. 아름답다는 느낌은 비단 이 공원만이 아니다. 모두가 공원 같다. 한국의 집들과는 다른 일본의 독특한 집들이 나란히 서 있는 이 항구는 문자 그대로 이국적이었고 깨끗해 보였다.

태평양 연안을 누비며 동해도본선東海道本線 위를 기차가 북쪽으로 달린다. 나무가 짙은 산과 들이 감명적이었다. 세도 나이카이戶內海의 흰 모래밭 해변, 그 위를 씻는 투명한 바닷물, 드문드문 떠 있는 작은 어선이 보이는 풍경은 그림보다 곱다. 지나가는 개울마다 물이 많아서 좋다. 차 안에서는 도시락을 나누어 받아서 요기를 했다. 어느 역의 플랫폼에서는 처음 보는 큰 대추만한 크기의 비파를 빨간 그물주머니에 넣어 판다. 그때 사먹은 비파의 맛이 아직도 혀끝에 남아 있다.

히로시마廣島라는 역에서 일본 옷차림의 한 여인이 차에 올랐다. 그

부인은 마침 비어 있던 내 자리 옆에 앉았다. 무슨 말을 그 부인과 나눴는지 기억이 나지 않지만 우리가 한국에서 온 소학교 대표라는 것만은 알게 됐으리라. 그 당시 생각에는 40여 세인 듯 보였는데 실제로는 30여 세쯤 되지 않았을까?

깨끗했던 그녀의 기모노 차림, 조리에 끼어 있는 흰 버선이 눈에 띈다. 부드럽고 고왔다고 느꼈던 그의 얼굴에서 품위를 읽을 수 있었고 화장 냄새가 좋았다. 그녀는 《부인의 벗》 같은 잡지를 꺼내어 뒤적인다. 그 잡지는 내가 갖고 싶고 읽고 싶어 하면서도 뜻을 이루지 못했던 《소년의 벗》과 비슷한 모양이다. 나는 그녀가 옆에 앉아 있는 것이 흐뭇했고, 그런 여인의 품에 안겨 보고 싶다는 생각이 은근히 들었다. 만일 분 냄새가 나는 그런 고운 여자의 품 안에 안길 수 있다면 얼마나 행복할까. 이렇게 생각했던 내가 너무 조숙했던 것일까? 동경에 도착하기 전 그 부인이 도중 어느 역에서 내렸을 때 나는 어쩐지 섭섭하고 아쉽고 허전함을 느낀다. 히로시마가 원자폭탄에 파괴됐을 때 나는 우선 그 부인을 생각했다. 다른 사람들에게 히로시마는 원자폭탄, 일본의 패전을 연상시키겠지만 나에게는 언제나 은은한 분 냄새를 피우던 그 부인이 연상된다.

우리는 이른바 성지를 참배하러 온 것이다. 가장 일본의 군국주의 정신을, 일본문화를 상징하는 장소와 물건들을 구경하고 그것을 존경하고 그러한 정신에 동화되기 위해서 왔던 것이다. 궁성의 니주바시二重橋 앞에서 사진을 찍는다. 야스쿠니신사靖國神社, 메이지신궁明治神宮, 노기신사乃木神社, 우에노공원上野公園을 구경했다. 나라奈良의 이세신궁伊勢神宮, 가스카신사春日神社, 그리고 후타미가우라二見浦 등을 구경한다. 가는 곳마다 절을 하는 일이 귀찮았지만 가는 곳마다 한국에서 내가 보아오던 환경에 비해 모든 것들이 예술작품 같았다. 사람이 이런 곳에서도 살 수 있다는 것, 사람들이 이러한 물건들도 만들 수 있다는 것에 놀랐다. 내가 살아온 곳과는 너무나도 다른 세계가 있다는 것을 깨닫게 됐다.

15일간의 '성지참배'에서 남은 전체적인 기억은 피로였다. 새벽에 일어나서 류색을 메고 하루 종일 무슨 의미를 가졌는지 잘 알지도 못하는 곳을 돌아다녀야 했기 때문에 저녁이면 녹아 떨어지기 마련이다. 거기다가 시간에 맞추어 세수도 해야 하고 이도 닦아야 하고 목욕도 해야 하고 밥도 먹어야 하는 긴장이 항상 있었고, 줄을 서서 가다가 혹은 잠깐 개인행동을 하다가 길을 잃거나 시간에 늦어 꼬마단체에서 떨어지게 될까봐 항상 불안했기 때문에 피로는 더욱 심했다. 기차에서나 버스 안에서 쏟아지는 잠을 깨려고 애쓰던 생각이 난다. 특히 후타미가우라에서는 바닷속에 있는 큰 '도리이鳥居' 건너로 아침 해가 뜨는 것을 보기 위해서 새벽에 일어나서 한참을 바닷가로 가야 했는데, 그때나 지금이나 잠이 많은 나는 늦게야 일어나 부어서 잘 떠지지도 않는 작은 눈을 비비며 당황하며 해 뜨는 곳으로 달려갔던 기억이 선명하다. 물론 해는 이미 높이 떠 있어서 나는 해 뜨는 장관을 감상할 기회를 놓치고 말았다.

시골 학교에 돌아와 일본 성지에서 산 그림엽서를 교실 벽에 진열하여 친구들에게 구경시키고 전교생들이 모인 강당에서 일본 관광의 보고도 했다.

15일 동안 아침부터 저녁까지 줄을 서서 낯선 여러 곳을 따라다니느라고 고단하고 졸렸던 생각, 그저 얼떨떨했던 생각만 나면서도, 그러나 그 짧은 기간의 일본 여행은 시골 벽촌에서 자랐던 나에게는 큰 충격적인 경험이 아닐 수 없었다. 고향의 농촌에서 읍내에 있는 소학교에 들어와 남들을 발견하고 내가 몰랐던 세계, 내가 알고 있던 세계보다는 화려하고 문명된 세계를 발견한 충격과 흥분을 경험했었다. 그러나 대전, 부산을 지나가면서 더 나은 문명을 실감했고 일본에 가서 우리들의 문명과 다른 문명, 우리 민족과는 다른 민족의 문화를 접했던 것이며, 그 문명이 이국적인 것이라는 사실, 보다 우수한 것이라는 사실을 발견했던 것이다. 짙은 숲의 일본, 아기자기한 일본의 공원들, 비옥하고 풍성해 보이는 산천, 높은 건물, 우아한 신사들과 궁성, 깨끗한 도시와 마을들로 마련된 세계를 발견했던 것이다. 이 여행이 일본의 목적대로 식민지의 한 벽촌에 사는 나에게 일본에 대한 충성심을 높혀주었는지는 모르지만, 내게 한 가지 확실했던 것은 일본이 조선과 다르다는 것, 일본인이 조선인보다 잘살고 있다는 것을 더욱 확신하게 되었다는 것이다. 또한 일본을 보면서 자연과 문화와 경제적인 차원에서 느낀 연속된 감동은 상대적으로 한국의 가난과 우리 마을의 후진성을 의식케 하고 나의 존재를 보다 더 객관적으로 볼 수 있게 했음에 틀림없다. 화려하게만 보였던 우리 소학교 건물, 정원이 갑자기 빈약하게 보였고, 면장 아들로서 자부심을 갖고 공부 잘하는 애로서 칭찬을 받아왔던 나의 존재가 우물 안의 개구리와 같은 것이었음을 의식하게 됐다.

문학·그림·음악 등 예능적인 것에 무척 흥미를 갖게 된 것은 이 무렵부터였다. 일본인 선생님들처럼 그림을 그리고 싶었다. 그 선생님들처럼 풍금도 치고 싶었다. 그러나 그러한 것은 꿈에 불과했다. 라디오나 유성기 하나 만져 보지도 못하고 자란 나에게 그런 것은 불가능한 사치다. 그러나 교과서에서 배우는 일본의 시 하이쿠俳句 등에서 매력을 느끼고, 나도 그런 시를 지어보고자 시도해봤다. 당시 일본에 유학 갔다가 학병을 피해 집에 온 큰형이 한국에 돌아올 때 가져온 꽤 많은 책들이 비어 있던 우리 집 건넌방에 쌓여 있게 되었다. 책을 그만큼 많이 보기란 처음이다. 나는 틈만 있으면 혼자서 건넌방에 들어가 오래도록 그 책들을 뒤적이곤 했다. 그때 미켈란젤로, 다빈치의 그림도 책에서 구경 하고 서양의 여러 도시 혹은 성 등도 구경했다. 그런 그림을 보고도 그 런 것이 실제로 있을 것 같지가 않았다. 그만큼 그러한 그림, 사진들은 나에게 큰 충격을 주었다. 일본에서도 보지 못했던 세계, 사람들, 일본 에서 본 것보다도 상상할 수 없을 만큼 화려한 세계가 어딘가 다른 곳에 실제로 있다는 것을 깨닫고 가슴이 두근거리곤 했다. 이때 랭보, 보들 레르의 시들, 니시와키 준자부로西脇順三郞, 다카무라 고타로高村光太郞 같 은 일본 현대 시인들의 이름과도 접하게 되었다. 막연하나마 내가 시인 이 되고자 했던 것, 작가가 되고자 했던 것도 이 무렵으로 기억된다. 미 켈란젤로가 살던 나라, 로댕이 있던 도시를 구경하리라. 베르사유 궁전 을, 아테네의 파르테논의 폐허를 가서 보리라 생각해본 것도 이 무렵이 었다고 짐작된다. 한없이 이색적인 나라, 무한히 신기하고 화려한 나라 가 나의 꿈속에 들어오고 있었다. 나는 건넌방에 있던 책들을 통해서 서 양을 발견하고 서양에 매력을 느끼고 은근히 동경을 갖게 됐던 것이다.

딱딱한 유교적인 집안에서 나는 씩씩하게 자라지를 못했다. 아버지 와 어머니는 내가 밖에서 뛰어다니며 노는 것을 좋아하지 않으셨다. 뜨 거운 햇볕에 나가 놀지 말라고 한다. 그렇지만 나의 고장은 시골이요, 내가 놀 곳이라고는 땡볕이 쪼이는 논과 밭, 산과 개울뿐이었다. 나는 아직도 뛰어다니지 않을 수 없는 애에 불과하다. 마당에 말리려고 널어 놓은 보리짚 위를 날아다니는 수많은 잠자리를 잡으려고 거미줄을 걸 어서 만든 잠자리채를 휘두르며 뛰어다닌다. 미루나무 가지를 꺾어 피 리를 만들어 나무 그늘에 앉아 불어본다. 소학교 3학년 여름이었다. 오 랫동안 날이 가물어 웅덩이를 파고 그곳에 고인 물을 말라가는 논에 두

레로 퍼부어야 했다. 그러자 큰 장마가 와서 냇물이 넘치게 되었다. 장마가 개인 어느 날 나는 아버지 몰래 동네 애들과 마을 앞에 있는 내에 발가벗고 물장난을 치려고 갔다. 헤엄칠 줄을 몰랐던 내가 다른 애들을 따라서 물이 넘치는 개천에 들어갔다가 깊이 파진 웅덩이로 빠지고 말았다. 나는 거의 죽어 있었다. 마침 다리 위를 지나가던 동네의 한 어른이 애들의 사람 살리라는 외침을 듣고 달려와 나를 물속에서 건져냈다. 얼마 후 집에서 겨우 의식을 찾았지만 그 여름 내내 기운을 못 차렸다. 몇 분만 늦었더라도 나는 물에 빠져 죽었을 것이다.

순한 성격에 몸이 약했던 나는 싸움을 할 줄 몰랐을 뿐만 아니라 운동도 못했다. 그래서 체조시간이 나에게는 괴로운 시간이기도 했다. 한번은 체육시간에 씨름을 하다 왼쪽 팔로 땅을 짚고 넘어졌다. 다행히 팔이 부러지지는 않았지만 팔을 움직이지 못하게 아프고 붓기 시작했다. 팔을 치료하느라 버스를 타고 온양온천에 있는 병원에 처음엔 아버지를 따라서, 후에는 혼자서 몇 달을 다녔다.

높은 학교에 갈 준비를 해야 했다. 위의 세 형은 이미 서울의 경복중학교를 나왔었다. 내 바로 위의 누나 중 하나는 소학교를 마치고 이미 출가했고, 또 하나는 집에서 어머님의 살림을 돕고 있었다. 아버지는 딸과 아들을 유별나게 차별했다. 이런 차별의식도 큰 이유가 됐겠지만 무엇보다도 경제적 여유가 없었기 때문에 딸들을 상급학교에 보내지 않았다. 그래서 아버지는 누이들한테서 평생을 두고 아들과 딸을 유난히 차별한 아버지로 원망받게 되었다. 나도 형들을 따라 경복중학교에 지원하기로 했다. 시골학교에서 높은 학교에 가는 수가 몇 명 되지 않았음은 물론이다. 설령 진학한다 해도 대개 공주, 청주 같은 곳의 중학교에 갈 뿐이다.

정규 수업을 마친 다음 몇몇 상급학교 지원생들은 학교의 숙직실에 남아서 저녁 늦게까지 과외공부를 한다. 읍내에 살아도 어려운 일인데 하물며 15리 떨어진 시골에 사는 나에게는 과외공부가 힘겨웠다. 저녁 늦게 친구 한 명과 함께 읍내를 나와 고래고래 소리 지르며 산길과 들길을 뛰어 집으로 돌아와야 했다. 겨울에는 할 수 없이 읍내에 있는 큰고모댁에서 신세를 졌다. 공부를 마치고 골목길을 따라 냇물을 건너 산언덕에 있는 큰고모댁으로 갈 때 가끔 밤하늘에 반짝이는 차가운 별들의 아름다움에 황홀해하기도 했다.

담임선생님은 나의 입학이 문제없다고 늘 말해왔기 때문에 입학시험에 낙방한 나는 큰 충격을 받게 되었다. 밭일, 논일을 해야 하고 그밖에 돼지, 닭을 키워야 했던 시골 학교에서 우등생이라 해봤자 그 실력이 뻔했기 때문이다. 경멸의 눈으로만 한국인을 보고 있던 데라다 교장이 시골의 몇몇 꼬마들이 상급학교에 가고 못 가고에 대한 관심을 가졌을 리가 없다. 그 꼬마들의 교육, 아니 한국인의 교육에 성의가 있었을 리도 없었다. 중학교 입시에서의 낙방은 나에게 있어서 남과의 경쟁을 의식한 계기가 됐고, 남과의 경쟁에서의 쓰디쓴 패배감을 의미했다. 그것은 나의 자존심에 큰 상처로 남는다.

이미 소학교 졸업식이 끝난 후 서울에서 집으로 돌아오니 부끄러움을 견디기 어려웠다. 나를 대신해서 아버지가 받아온 도지사 상장을 비롯한 여러 개의 상장을 보니 더욱 부끄럽고 쑥스러움을 느낀다. 낙오됐다는 생각을 얼마동안 이겨낼 수가 없었다. 부끄러움과 우울증에 사로잡히게 된다. 앞이 캄캄한 것 같았다. 무력감에 찌그러지면서 어쩔 수 없이 일 년을 다시 기다려야만 했다.

《문예중앙》, 1984~1988

03
해방

다음 해 동경하던 서울의 높은 학교에 들어갔다. 빤짝거리는 학교 마크가 붙은 전투모에 네모난, 학교 배지가 붙은 양복을 입고 서울로 가는 기차에 탔을 때 나는 한껏 가슴이 부풀었다. 아버지를 따라 북악산 기슭에 있는 학교 기숙사에 짐을 푼다. 유리창이 달린 현대식 집에서 이제 중학생으로서 서울 아이들과 단체생활을 하게 되는 것이다. 나도 서울 사람이 되고 문화인이 되는 것이다.

아이들이 모두 나보다 영리해 보였다. 똘똘하다. 그러나 한편 좀 경박해 보이기도 했다. 서울말이 어쩌면 그렇게도 빠르고 간사하게 들렸던가. 아이들이 버릇없어 보인다. 말끝마다 이 새끼 저 새끼 하는 그들에게 견딜 수 없는 모욕감과 저항감을 느낀다. 보수적인 시골 가정에서 어린 시절을 보낸 나는 아이들한테서는 물론 어른한테서도 그렇게 불려본 적이 없었다. 나로서는 그런 쌍스런 말은 남에게 해본 적도 없다. 용기를 내어 아무리 똑같이 대꾸하려 해도 되지 않는다. 나는 틀림없는 시골뜨기였던 것이다.

기숙사에 있는 아이들은 물론 지방에서 온 아이들이다. 들어보지도 못한 경상도, 함경도, 원산, 평양, 인천 등에서 온 아이들이다. 그런 곳이 나에게는 신비스럽고 이국적인 곳같이 생각되었고, 그런 곳에서 온 아이들이 나보다 훨씬 또리또리해 보였다. 그 아이들은 일본말도 나보다 잘했다. 기숙사에서 더러 모임이 있을 때면 나와 함께 입학한 아이들이 앞에 뽑혀나가 노래를 하고 박수를 받는다. 무슨 군학교에 입학하게 된 한 상급생을 환송하는 모임이 기숙사에서 있었다. 기숙사의 아이들은 그를 부러워하는 것 같았고, 그는 선택된 '황국소년'으로 일본에 충성하게 된 것을 자랑스럽게 여기고 있었다. 선생들이 그를 특별히 다루었고 아이들이 그를 특별한 존재로서 우러러보는 듯했다. 해방 후 그가 무엇을 했을까, 그는 지금 어디서 어떻게 살고 있을까가 궁금하다.

　기숙사 실장은 전라도에서 온 얌전한 3학년생 이은범, 그 밑에는 경상도에서 온 2학년생이 있었는데 몸집이 좋고 억세다. 바보 같은 데가 있으면서도 심한 사투리로 상급생 노릇을 단단히 한다. 나는 방걸레질을 도맡아 해야 하고 두 상급생 앞에서는 무릎을 꿇고 대해야 한다. 그의 이름마저 까맣게 잊은 2학년생은 나와 나이가 동갑이었지만 나는 이제 꼼짝 못하는 작은 계급사회에 끼어들고 만 것이다. 싫든 좋든 그것이 현실이고 어린 나는 그런 계급적 사회를 살아야 했다.

　새벽에 기상하여 기숙사 앞마당 조회에 참가해야 하는 일이 괴롭다. 정신없이 세수하고 신발을 찾아 신고 시간에 늦지 않게 뛰어가야 했다. 아침저녁 식당에서 먹는 콩밥의 양이 부족했다. 맹물 같은 국을 마셔야 했다. 취침시간이 지난 후면 배가 채워지지 않은 우리들은 다락 속에 감춰두었던 미숫가루를 나누어 먹기도 했다. 미숫가루를 급히 입에 털어넣고 물을 잘못 마시면 목이 메어 숨이 넘어갈 것 같은 때도 있었다.

실장은 가끔 무릎을 꿇고 눈을 감은 채 묵상을 하곤 했다. 그는 선불교에 관한 책을 자주 열중해서 읽는다. 종교와 멀었던 나는 고향의 산에 있는 절을 한두 번 가본 적이 있었지만 불교가 무엇인지 알 길이 없었다. 그런 것이 나에게는 이상스러운 것, 허황한 것, 귀신 딱지 같은 것으로만 생각되었다. 눈을 감고 실장은 좌선을 하고 있었던 것이다. 좌선의 의미는 물론 불교, 그리고 종교일반이 무엇인지 몰랐지만 그렇게 앉아 있는 실장에게 마음이 끌렸다. 그에게는 무슨 깊은 세계가 있는 것처럼 느껴지고 은근한 존경심이 생겼었다. 지금도 생각하면 무릎을 꿇고 기숙사 방에 앉아 있던 그의 모습이 떠오른다.

주말이 되면 군데군데서 방의 유리창 문을 열어 놓고 창문턱에 걸터앉아 유행가 군가를 부르는 일이 흔히 있었다. 짓궂은 상급생들이 차마 입에 담을 수도, 귀로 들을 수도 없는 외설된 가사로 엮은 노래를 고래고래 부르기도 했었다. 충족되지 않은 사춘기의 한 표현이 아니었겠는가. 상급생들은 한참 사춘기의 괴로움을 겪고 있었던 것이다. 사춘기에 이미 들어 있던 나에게도 스스로 표현은 못 했지만 그런 노래가 재미있게 들렸다. 막연하나마 그들의 풀지 못하는 본능적 욕망, 순수한 열정을 이해할 수 있을 것 같았다.

일본의 전세가 급격히 악화되고 있었다. 흔히 수업을 중단하고 동원되어 공장에 가서 일을 하고 교내 혹은 교문 밖에 이른바 방공호를 파야 했다. 일본이 그동안 점령했던 솔로몬 군도와 필리핀을 미군이 다시 빼앗고, 영국군에 의해서 싱가포르, 안남이라고 불렀던 베트남을 다시 빼앗고 있을 때다. 간후연락선關籤連絡船이 미국의 잠수함에 의해서 침몰됐다는 소문이 들렸다. 머지않아 미군이 일본을 폭격하고 점령하게 될지도 모르는 다급한 상황이었다. 나이가 많은 일본인 선생들이 다시 군복을 입고 만주 혹은 남양으로 출정하게 되었다. 이 무렵 교내에 보관돼 있던 교련용 총이 몇 자루 분실됐다는 소문이 학생들 가운데 무서운 비밀 얘기처럼 들려왔고, 어떤 상급생이 잡혀갔다는 얘기가 들려왔다. 분위기가 각박하고 삼엄해지고 있었다.

첫 학기 시험이 시작될 무렵 나는 심한 학질에 걸렸다. 고열로 몸에 땀이 비 오듯 하고 무더위 속에서도 부들부들 떨며 기숙사 방에 앓아 누워 있어야 했다. 의사를 찾을 여유가 있을 리 없다. 금계랍을 사다 먹고 열을 식힌다. 그래도 아침이면 기상종 소리에 따라 떨리는 몸을 끌고 조회에 나가고 청소도 해야 했다. 나에겐 가혹한 시련이었다.

8월 15일 오전 우리들은 교외에서 근로 작업을 하고 돌아와 교내에 있는 풀에서 바글바글 수영을 하고 있었다. 그날 아침 일본 천황이 정오에 극히 중대한 방송을 할 것이라는 광고가 군데군데 붙어 있었고, 심상치 않은 소문이 들렸었다. 정오가 되자 교사의 지시에 따라 교사 현관 위에 걸려 있는 마이크 앞에 선생들과 학생들이 모였다. 뜨거운 여름 하늘은 맑았다. 푸른 하늘 위로 비행기가 지나갔다. 그것이 미군의 폭격기라고 하여 갑자기 공습경보가 나고, 모두들 방공호에 숨는다. 비행기 소리가 멀어진 다음 모두들 다시 마이크 앞에 모였다.

천황의 목소리라는데 목소리가 몹시 떨린다. 마이크가 변변치 않은지 잘 들리지 않는다. 잘 들렸다 해도 그 말이 정확히 무엇을 뜻하는지 시골뜨기 중학 1학년생인 내가 잘 이해했을 리 없다. 마이크에서 방송이 끝나자 갑자기 웅성웅성해진다. 그 방송을 함께 들었던 일본인 선생들은 아무리 당황했다 해도 그 의미를, 그 방송이 무엇을 뜻하는지를 알았음에 틀림없다. 전교 학생들이 교정에 모이고 난처한 듯한 교장의 짤막한 연설을 듣는다. 모두 당장 집으로 각각 돌아가라 한다. 이때 벌써 교문 밖에는 꽤 많은 낯선 어른들이 활기 있게 들어와서 자기들의 아들 혹은 동생들을 찾고 있었다. "전쟁이 끝났다", "일본이 망했다"라는 소리가 여기저기서 들렸다. 마침 나의 큰형이 나타났다. "왜놈이 망했다" 면서 나를 데리러 왔다 했다. 그는 오랫동안 학병을 피해서 숨어다니고 있었던 터이다.

기숙사에 뛰어가 간단히 짐을 꾸려 형의 뒤를 따라 교문을 나왔다. 효자동 전차 종점에 나왔을 때 거리에는 이미 사람들로 뒤끓고 있었다. 전차에 매달렸으나 차표를 내라는 사람은 아무도 없다. 모두가 즐겁고 모두가 관용해졌다. 현재의 국립중앙박물관, 당시의 총독부까지 겨우 갔을 때 파도같이 밀려오는 사람들로 전차는 더 이상 갈 수가 없다. "만세! 만세!"라고 사람들은 서로를 보고 손을 흔든다. '독립만세', '일본 제국주의 타도', '해방 만세', '미군 환영' 등을 쓴 큰 플래카드가 광화문 통로를 채우고 있다. 사각모를 쓴 대학생들의 대열이 보인다. 거리에 있는 사람들 가운데에는 나로서는 처음 보는 작은 태극기를 손에 들고 흔드는 이가 많았다. 아! 우리는 이제 해방이 된 것이다. 36년간 일제의 지배와 착취로부터 정말 해방된 것이다.

너무나도 크나큰 변화가 왔다. 얼마 전까지만 해도 상상할 수 없는 현수막의 구호들, 만세 소리, 인파에 당황했고 겁도 났다. 현실 같지 않았다. 그러나 그것은 너무나도 생생한 현실인 것이었다. 너무나도 큰 변화가 현실로서 나타났던 것이다. 인간의, 민족의 흥망성쇠가 이렇게도 엄청날 수 있으랴. 그러나 그것은 꿈이 아니다. 사실이다. 부정할 수 없고 눈에 부닥친 현실이다. 얼떨떨하고, 한편 어떻게 되는가 다소의 공포감이 없었던 것은 아니지만 어린 나도 어느덧 막연히 흥분했다. 그 대학생들의 모습이 장엄해 보였다. 나도 그들의 대열에 뛰어 들어 그들과 함께 플래카드를 들고 시위를 하고 싶었다. 얼마나 신나는 일이겠는가. 엄청난 새로운 창조가 시작되고 태동하고 있는 것이다. 그러나 나는 아직 어린 소년에 불과하다. 형을 따라 종로를 지나 안암동에 있는 형네 집으로 걸어서 갔다.

거리마다, 골목마다 사람들이 어두울 때까지 와글거렸다. 어떻게 되어가는지 확실히 알고 있는 사람은 아무도 없었다. 이런 소문, 저런 소문이 파다하게 떠돌고, 이런 추측 저런 추측들을 저마다 하고 있었다. 밤이 됐다. 성북경찰서 쪽에서 총소리가 들리기 시작하더니 밤늦게까지 총소리가 고단한 잠을 깨운다. 다음 날, 그리고 또 다음 날 밤에도 총소리가 자주 들렸다. 무서웠다. 방안에서 형네 식구들과 긴장을 한다. 대학생들이 경찰서에 있는 총들을 빼앗으려 갔다가 아직도 그것을 지키고 있는 일본인 경관들과 총격전을 벌이게 되었다는 것이다. 그후 소문에는 대학생들이 몇몇 죽었다는 것이다. 내가 다니던 중학교에서도 상급학생들이 교장 사택을 습격했다는 소문이다. 이렇게 극히 수선스러운 며칠을 보낸 뒤 나는 시골 고향으로 내려가기로 했다.

읍내 장거리에서 닭 한 마리를 사들고 모교의 호리우치 교장을 찾았다. 그는 모교에 온 지 1년밖에 되지 않았지만 전임이었던 데라다 교장과는 정반대로 사람이 착하고 좋았다. 학교 정문 앞에 있는 관사에 그를 찾아갔을 때 그는 방안에서 쓸쓸하게 무엇인가를 하고 있었다. 소문에 의하면 그는 다소 반군국주의자였다는 것이다. 그러나 전쟁에 패배한 일본인으로서 그는 그가 살던 식민지 한국을 떠나야 하는 것이다. 비록 식민지의 일선에서 식민주의의 앞잡이 노릇을 한 격이 되었지만, 그는 인간으로서 좋은 분이었다. 그의 상황이 인간적으로 가여웠다. 그는 나에게 장래 훌륭한 학자가 되어 새로운 독립 국가로서의 한국에 기여하라는 말을 남겼다. 그후 그가 어떻게 일본에 돌아갔는지 알 수가 없다. 그는 어떻게, 어떠한 심정으로 일본에 돌아갔을까. 기가 죽어 보이던 그의 얼굴 표정, 그리고 그가 나에게 마지막으로 했던 일종의 가르침이 가끔 머리에 생생히 떠오르곤 한다.

시골 마을에는 아직 별로 큰 변화가 없다. 배운 것이 없고 우직한 시골 사람들이 세상이 바뀐 그 엄청난 의미를 제대로 파악했을 리 없고, 설사 그렇다 해도 무엇을 어떻게 할 수 있겠는가. 일본이 망했다. 우리가 해방됐다. 새 세상이 왔다는 사실만으로 우선 만족했을 뿐이다. 이제 그렇게도 무섭던 일본 순사를 두려워할 필요가 없다. 이제 밀주를 실컷 만들어 마실 수 있고 벼와 쌀, 보리와 밀을 감출 필요도 없다. 해방되던 해에는 유난히 농사가 잘 되었던 것으로 기억된다. 쌀밥을 지어 먹고 햇콩을 섞어 수수떡도 만들어 돌려먹는다. 아버지는 그후에도 얼마 동안 계속 읍내의 면사무소에 자전거를 타고 출근했다. 위에서, 아니 누군가가 지시를 내리기를 기다릴 수밖에 없었던 것이다.

어둑어둑한 저녁 사랑마루에 아버지와 큰형이 앉아 있었다. 동네 사람도 한두 명 와 있었다. 누군가가 미군이 비행기로 뿌렸다는 삐라 쪽지를 한 장 들고 왔다. 영어로 씌어 있었다. 큰형이 등잔불에 가까이 대고, 쌀라쌀라 읽어댔다. 그리고는 그 삐라 쪽지가 점령군의 지시가 있을 때까지 모든 국민은 잠잠히 있기를 바라는 것이라고 통역했다. 동네 사람들은 그 알 수 없는 수수께끼 같은 영어를 읽고 해석할 수 있는 큰형을 새삼 우러러보는 것 같았다. 일본에서 대학을 나왔다고는 하지만 그동안 학비 관계로 아버지를 몹시 괴롭히고, 또 몇 년 전부터는 학병을 피해 시골과 서울에 있는 집을 왔다 갔다 하면서 무위도식하고, 시골 오면 내게 심부름만 잔뜩 시키고 호강은 혼자만 하는 것 같던 형이었지만 영어를 읽고 해석하는 그에게 나는 감탄했다. 어떻게 저런 말을 읽을 수 있을까. 동네 사람들 앞에서 영어를 읽고 해석해준 형이 갑자기 그렇게 도 자랑스러웠다. 가을이 가까워올 때까지 나는 낮이면 앞 냇가에 가서 물에 풍덩거리고, 때로는 조금 떨어진 개펄에 가서 게도 잡고 벼이삭이 누렇게 여무는 논길을 멀리까지 가서 연못에서 낚시질을 하며 시간을 보냈다.

이 무렵 일본 탄광에 징용으로 끌려갔던 동네 농민의 아들들이 귀향 해왔다. 이와 반대로 일본 군복을 입고 휴가를 받아와서는 개선장군처 럼 뽐내고 다니던 시골 학교 졸업생 '지원병'은 고향에 돌아오긴 했지 만 기가 죽은 듯하다. 군복을 입은 그를 졸졸 따라다니던 동네 아이들 도 이젠 그의 뒤를 따라다니지 않는다. 어떤 마을의 구장은 동리 사람들 한테 매를 맞았다는 얘기가 들린다. 어떤 골의 면장이 같은 봉변을 당했 다는 소문이 들리고, 어떤 군수의 집이 습격을 당했다는 얘기도 들려오 기 시작했다. 친일파였다는 것이다. 일본 세력의 앞잡이 노릇을 했다는 것이 이유이다. 그러나 항상 타협을 주장하고 마음이 약했던 아버지는 오래 면장을 하고 있었지만 아무런 일도 없었다. 그는 생각하기에 따라 서는 좋기도 하고 나쁠 수도 있는 '좋도록 면장'이라는 별명이 있을 만 큼 모가 없는 분이었다. 동네 사람들하고도 잘 어울려서 사무실에서 돌 아오면 일꾼들 사랑방에 가서 농담을 하며 시간을 보내는 경우도 많았 을 만큼 소탈했었다. 그런 이유로 오래도록 면장을 하고도 아무한테도 인심을 잃지 않았다고 생각된다. 그러나 어느 날 저녁 이웃 동네에서 젊 은 청년이 술에 취해 고래고래 소리를 지르며 우리 동네로 들어오더니 우리 집 사랑채 대문 앞으로 다가왔다. 그 뒤를 동네 아이들이 호기심에 차서 큰 구경난 듯이 몰려 따라온다. 동네 어른들, 젊은이들이 역시 말

없이 따라오기만 한다. 아버지한테 행패를 부리러 온 것이다. 그의 동생이 지원병으로 남양南洋에 갔는데, 남들이 다 돌아왔는데도 그는 돌아오지 않았다. 전사했을 것이라고 판단이 됐다. 면장이 그를 억지로 지원병에 보낸 것은 물론 아니지만 그의 형은 똑똑했던 동생을 잃은 분풀이를 면장에게 하려 했던 것이다. 정세에 의해 면장은 극히 불리한 상황에 놓여 있었고, 또한 만만했던 것이다. 특히 몸이 나약한 아버지, 그리고 육체적으로도 변변치 못한 그의 아들들이 그의 눈에 만만하게 보였고, 분풀이의 대상으로 찍힌 것이다. 동네 사람들이 술에 취한 그를 말리고 달래서 그를 자기 동네로 돌아가게 한 것은 극히 다행한 일이 아닐 수 없다. 아버지와 아들들은 그 상황에서 그를 피할 수밖에 없었고 그와 덤벼들어 싸울 수도 없었다. 만약 동네 사람들이 말리지 않았더라면 아버지, 그리고 아들들, 우리 온 집안은 말할 수 없는 봉변을 당하고야 말았을 것이다. 욕을 하며 덤벼드는 술에 취한 그를 피하며 타일러보려고 하던 아버지의 비참했던 모습, 그런 정경을 바라보면서 창피하고 분하면서도 주먹으로 한번 치지도 못한 채 바라보기만 하던 때의 장면이 지금도 한없이 부끄럽게 떠오른다. 세상이 완전히 뒤집혔던 것이다. 얼마 전까지만 해도 동네사람들은 물론 그 아무도 아버지에게 덤벼들 사람이 있다는 것은 상상조차 할 수 없던 노릇이다. 그러나 그런 일이 현실적으로 생기지 않았던가. 인심의 간사함을 느끼지 않을 수 없었다. 인간관계가 사회조건에 따라 엄청나게 다를 수 있다는 것을 어찌 의식하지 않을 수 있었겠는가. 아버지 자신에게는 물론 나 자신에게 있어서도 그 사건은 놀라운 충격이었고, 지울 수 없는 크나큰 상처로 남게 된다.

동네 젊은이 가운데 몇 년 전 우리 집 머슴을 살던 이가 있었다. 똑똑하고 성실했던 그는 그후 이웃집 딸과 결혼하여 처가살이를 하고 있었다. 그가 해방 후 서울에 가더니 몇 달 후 순경복에 미군화를 신고 집에 다니러 왔다. 우리 아버지 어머니한테 인사를 온 그의 모습이 아주 당당하고 자랑스러워 보였다. 우리 동네에서 아직 순경복을 입은 사람은 없고 새 세상이 된 서울에 가서 감투를 쓴 사람도 물론 없었다. 그러기에 그의 제복이 더욱 빛나 보였고, 그가 신은 미군화가 극히 귀해 보였다. 누가 그렇게 좋은 구두를 신어본 적이 있었던가. 옛날 머슴이 이제 상전의 위치에 선 격이 된 것이다.

동네 사람들에게 할아버지는 '나리'였고 아버지는 '면장 나리'였으며, 어머니는 '마나님'이었고 나는 '도련님'이었다. 백발노인 말고는 어른들한테도 나는 으레 반말을 하는 것이 당연했었다. 수백 년 동안의 양반과 상인의 제도가 살아 있었던 것이다. 그러나 해방과 더불어 세상은 바뀌었고, 따라서 우리 집과 동네 사람들의 관계, 나와 동네 어른들 간의 관계가 갑자기 달라져야 했다. 그렇다고 하루아침에 몇 백 년의 관계를 바꾸고 말을 바꾼다는 것이 자연스러울 수가 없다. 여태까지 자연스럽던 관계가 부자연스럽게 되고 동네 어른들, 동네 아이들과의 관계가 퍽 거북해졌다. 거기다가 아버지는 면장직을 그만두게 되고, 토지개혁과 더불어 자작이 아니고는 농사도 지을 수 없게 됐다. 해방 2년 후 우리는 백 년 가까이 살던 고향의 살림을 완전히 정리하고 서울로 이사를 하게 된 것이다.

복학 후 한글을 다시 배운다. 대부분의 학생들에게 한글 공부는 실질적으로 처음이나 다름없다. 갑자기 일본말을 하지 않고 우리말을 주고받는 것이 서로 어색했고, 우리말로 가르치는 선생님들이 좀 촌스럽게 느껴지기도 했다. 이러한 상황이 역사적 사실이었다면 그것은 뼈아픈 역사의 아이러니, 희비극이 아닐 수 없다. 제 나라말을 그때서야 배우고, 제 나라말로 배우는 것이 어색했다는 것은 그 얼마나 쓰디쓴 아이러니였겠는가. 우리들은 그만큼 오랫동안, 그만큼 철저하게 자신의 말을 빼앗겼던 것이고, 자신의 문화를 잃었던 것이며, 자신의 주체를 약탈당했었다는 것이다.

서울이 왈칵 뒤집혀 있었다. 사람들은 공연히 활기를 띠고 부산스러웠다. 해방이 된 우리의 수도이다. 우리는 스스로의 주인이 됐고, 우리는 우리의 장래를 창조하기 위해서 모든 분야에서 새로운 출발을 해야하는 것이다. 정당들이 성명을 번갈아낸다. 김구, 이승만의 이름이 신문과 라디오에서 매일 들리고, 그들을 환영하는 벽보들로 서울 거리는 지저분할 정도이다. '임시정부환영'대회가 벌어지고, 미점령 사령관 하지 중장의 큰 사진이 신문에 찍혀 나오고, 그의 성명서가 사방벽에 붙어 있다. 여운형, 송진우의 이름도 들어볼 수 있다. '민주당' 혹은 '인민당' 또는 '남로당'이란 낱말도 들린다. 무슨 동맹, 무슨 협회 등에서 성명서가 나오고 집회가 이루어진다. 해방과 더불어 한국, 특히 서울에서는 이미 정치적 싸움이 벌어지기 시작했으며, 서로 갈등하는 세계관·문학관·사회관이 경쟁을 시작하고 있었다. 사회 전체와 모든 사람들이 이런 역사의 소용돌이 속에서 뒤끓고 있었다. 그곳에서 적어도 처음에는 힘찬 민족적 에너지, 다이너미즘dynamism을 실감할 수 있었다. 만약 그런 다이나믹한 에너지가 보다 이성에 의해서 사용되었더라면, 만약 그 당시의 정치인들, 지식인들이 보다 슬기로웠더라면 우리는 6·25의 쓰라린 비극을 겪지 않았을는지 모르며, 오늘과 같이 분단된 민족으로 남아 있지 않았을는지 모른다.

해방의 거족적 환희는 어느덧 민족적 갈등으로 변해가고 있었다. 그리고 그 갈등은 날이 갈수록 혼란에 빠지고 치열해져가고 있었다. 그 갈등은 비록 정당 간의 성명서에만 머물지 않는다. 거리에서 일어나는 패를 달리하는 당원들, 그리고 그 당에 동조하는 사람들 간의 격렬한 충돌에서 시작하여 그것은 중학교, 대학교에까지 연장되고, 각 학교에 벌써 정치적 손길이 뻗어들어와 서로 갈등하는 조직이 생기게 된다. 그것은 각 직장에서도 마찬가지였다. 그 갈등, 그 분열은 여기에서 그치지 않는다. 집집마다 가족끼리 토론이 벌어지고 형제간에 혹은 부자간에도 균열이 생기고 있었다. 나도 정치이념을 설명하는 어떤 정당의 모임에 갔던 적이 있었다. 마르크스주의의 잘못이 어디 있는가를 이론적으로 가르치려던 김준연의 강연을 듣던 생각도 잊혀지지 않는다. 학교에서 어떤 정치 서클에 가담하여 상대방의 이론이 잘못이라는 것을 주장해보려던 일도 있었다. 잉크가 얼어붙을 만큼 추운 방에서 겨울밤 늦게까지 의견을 서로 달리하던 형들이 서로 토론하고 따지던 모습을 열심히 보고 듣던 경험도 아직껏 생생한 기억으로 남아 있다. 해방이 됐다 하지만 38선에 의해서 지리적으로 갈라진 우리는 정신적으로도, 사회적으로도 둘로 갈라져가고 있었고, 그 분열은 날로 심화하고 극렬해지고 있었다.

민족적 갈등은 명목상 민족주의와 공산주의였고, 그것을 대변하는 조직체로 민주당과, 남로당으로 이름을 바꾼 공산당이 있었다. 각 직장에서도 이념을 서로 달리하는 두 개의 노동조합이 생기고, 문화계의 차원에서도 역시 마찬가지여서 가령 문학계에서는 문학가협회와 문학가동맹이 맞섰고, 학생계에서는 학생연맹과 학생동맹이 따로 서게 됐다. 이와 같은 민족적 분열은 단순히 자의적인 것만은 아니었다. 불행한 역사적 우연에 의해서 일본제국주의자들로부터의 해방과 동시에 남북이 38선을 경계로 미군과 소련군에 의해서 점령되었다는 사실, 위의 두 강대국이 근본적으로 서로 이해를 달리하는 격렬한 이념적, 경제적 대립 관계에 있다는 사실과 떼어 생각할 수 없다. 해방과 더불어 당장 독립자주국이 될 줄 알았던 우리들은 신탁통치라는 비독립국의 가능성과 금방 부닥치게 된 것이다. 미국을 배경으로 하는 민족주의 우익에서 그러한 연합군의 제안을 반대하고 나섰고, 반면 남로당에 의해 대표되는 좌익에서는 어떤 정치적 이유에서 원래의 입장을 바꿔 그 신탁통치를 지지하고 나섰다. 한쪽에서는 서울운동장에서, 또 반대쪽에서는 남산공원에 모여 큰 집회가 벌어지고, 그들이 각각 입장을 달리하는 구호를 내세워 서울 시내로 와 무수한 플래카드를 들고 구호를 지르면서 행진을 한다. 그러다가는 서로 충돌해서 격투가 벌어지고 때로는 서로 쏘는 총에 쓰러지는 사람도 있었다.

남북 간의 갈등, 우익과 좌익 간의 싸움, 미국과 소련 간의 세력 다툼이 조정되고, 그러한 갈등이 풀려 남북통일을 이룩해주기를 기대하던 '미소공동위원회'도 마침내 결정적으로 깨지고 말았다. 이와 함께 좌우익 간의 싸움은 날로 극렬해지고 있었다. 여운형, 송진우의 암살사건에 이어 남한 단독 독립을 반대하던 김구가 또한 암살의 권총에 쓰러진다. 좌익에 의한 폭발사건이 자주 일어나고, 거리에서 삐라가 뿌려지고 큰 건물 벽에 붙여진다. 노동자들의 파업사건, 학생들의 동맹 휴학으로 학업이 제대로 될 리가 없다. 그뿐이랴. 여순반란사건에 의해 시국은 극도로 험악해지고, 지리산 토벌작전으로 말썽이 자자했다. 테러사건이 빈번해진다. 테러는 학교에까지 들어와 있었다. 서로 이념을 달리하는 학생연맹과 학생동맹들은 반대되는 쪽에 소속한 학생들을 잡아다 마구 두드려 팼다. 서북청년단이 생기게 되어 좌익분자들을 잡아다 지하실에서 고문한다는 소문이 퍼졌다. 좌익학생들이 웅성거리고 험악한 분위기다. 이런 상황에서는 비단 어린 중학생들까지도 공포를 벗어나서 마음대로 거리를 다닐 수가 없다. 언제 어디서 다른 학생들한테 잡혀 끌려가 몰매를 맞을지 모르기 때문이다. 3학년 때 기운이 세고 공부도 잘했던 안성 산골에서 온 한 급우가 하숙집에 돌아가는 길에 다른 학교의 좌익학생 깡패에게 맞아 입술이 터지고 이가 부러져 피투성이가 된 채 집에 돌아왔던 사건은 지금 생각해도 잔인하고 분하며 공포심에 떨게 한다.

똑똑하고 우수하다고 생각되던 많은 사람들이 좌익에 속했다. 문단의 예를 들면 당시 가장 알려진 홍명희, 이태준, 김남천 등과 같은 소설가, 오장환, 김기림 같은 시인, 그리고 김동석 같은 평론가들이 좌익 편에서 활동하고 있었던 반면 우익 측에서는 김동리, 조지훈, 박목월 같은 소장파가 반발했을 뿐이며, 이헌구, 이하윤 같은 평론가들이 이른바 경향문학을 반대하여 순수문학을 들고 나왔지만, 크게 어필하는 것 같지는 않았다. 이런 상황에서 좌익에 속하고 싶은 유혹은 크며, 극히 쉬운 일이었다.

그러나 나는 구태여 소속을 강요당한다면 우익에 마음이 갔다. 민족에 앞서 계급타파를 주장하는 좌익사상보다 민족을 무엇보다도 앞세운다는 우익이 옳은 길이라고 믿었다. 살벌할 만큼 조직을 강조하는 공산주의자들보다는 자유를 구가하는 민족주의자가 옳다고 생각됐기 때문이다.

나의 입장은 위와 같은 이념적 고려에 의해서만 결정된 것은 아닐지도 모른다. 공산주의를 지지하는 것은 어쩌면 그 당시의 지식인들에게 일종의 은근한 유행인 것처럼 보였고 거기에 피부적으로 반발을 느끼기도 했던 것 같다. 내가 볼 수 있고 판단할 수 있는 좌경한 사람들에게서 어쩐지 위선성을, 말과 행동이 어긋나는 사실을 지각할 수 있는 것 같고, 그러한 위선성에 강렬한 저항감을, 경멸을 느낀 것도 나의 태도를 결정하고 지배한 중요한 이유가 된 듯도 하다.

형 둘이 대학에 다니고 어린 삼촌 둘과 내가 게딱지만 한 큰형 집에서 중학교를 다니고 있었다. 배고픈 때가 많았다. 여름이면 모기와 빈대, 벼룩에 뜯기며 좁은 방안에서 비비고 지내야 했고, 겨울이면 연탄도 제대로 때지 못하는 방 안에서 이불을 둘러쓰고 지내야 했다. 학교에 갈 때도 도시락을 제대로 마련하지 못했다. 당시 많은 사람들이 궁핍하게 지냈음은 사실이다. 그러나 학교에 가면 친구들은 멋있는 옷을 입고 맛있는 반찬이 마련된 도시락을 갖고 온다. 그 애들은 극장에도 간다. 테니스도 치고 야구를 하며 즐긴다. 레코드를 틀고 고전음악에 대한 신비스럽고 이국적인 얘기를 한다. 주말이면 몰려서 등산하고 놀러다니는 아이들도 있었다. 나는 이러한 세계에 남달리 관심이 있었다고 생각된다. 그러나 나에게 테니스를 칠 수 있는 여유가 있을 리 없다. 야구공을 살 수 있는 처지가 안 된다. 레코드를 사고 베토벤의 아름다운 음악 얘기를 한다는 것은 나에게 있어서 꿈같은 얘기다. 어쩌다 한번 영화를 보게 되면 나는 갑자기 문화인이 된 기분이 들었을 만큼 영화 구경은 나에게 크나큰 사치였다. 이러한 궁핍한 상황은 시골집을 정리하고 할아버지, 아버지, 어머니가 서울로 이사 와서부터 더 심했다. 아버지 직업이 없어진 데다가 그만큼 가족이 늘어났기 때문이다.

나에게는 사치스럽고 호화롭게 사는 것같이 보이는 서울 깍쟁이들이 그러한 사치 특권을 즐기면서 좌익에 붙어 평등이니 인민이니 혁명이니 하며 공산주의를 지껄이고 찬양하는 것에 나는 본능적인 반발을 느꼈다.

물론 좌익에 붙은 모든 학생들이 부유한 것은 아니며 우익에 가담한 모든 아이들이 다 같이 가난한 가정 혹은 시골 출신들만은 아니다. 좌익에서 앞장 역할을 하는 아이가 있었다. 그는 순 서울 태생이고 운동도 싸움도 잘하고 공부도 우수했으나 집이 몹시 가난했다. 나는 그와 오랫동안 가까운 친구로 사귀고 있었고, 그가 6·25 때 이북으로 넘어갈 때까지 그런 관계가 계속되고 있었다. 이념을 떠나서 우리는 친구가 될 수 있었던 것이다. 만약 그 친구가 아니었더라면 나는 인민군에 끌려갔든가 그 이전에 희생되었을 것이다. 6·25 때 북한의 상황을 잘 알고 있었던 그는 어느 날 저녁 우리 집에 찾아와서 학교에 나오지 말고 의용군에 잡혀가지 않도록 피하라고 몰래 일러주었던 것이다. 그는 의리가 깊은 친구였다.

　소박하고 순진한 생각에서 우익 아이들과 어울려 다녔지만 나는 차츰 환멸을 느끼게 된다. 우익이 무시무시한 서북청년단의 테러와 깡패가 많은 것으로 소문난 학생연맹과 밀접한 관계가 되어 있음을 차츰 발견했기 때문이다. 학교 안에서도 우익 편에 선 아이들 가운데는 대개 운동선수 아니면 깡패에 가까운 싸움패들이 주도적 힘이 되어 있었다. 환멸을 느낀 나는 모임에 차츰 나가지 않게 된다. 이 무렵 나는 문학과 예술에 매혹뇌고 사정이 허락하는 대로 그것에 몰두하게 된다. 이러던 어느 날 나는 교실에서 깡패 같은 상급생에게 끌려나갔다. 창고 같은 문예부실에 들어가서 나는 그 상급생 앞에 무릎을 꿇고 앉아 무수한 구타를 당하고, 말 한마디 못 한 채 터진 얼굴을 감추며 집에 돌아가야 했다. 본래 폭력이 싫었지만 폭력에 대한 증오심을 이때처럼 뼈저리게 느껴본 적이 없다. 모든 폭력적인 것에 대한 나의 멸시와 증오심이 아직도 나의 뼈와 피 속에 배어 있다면, 그것은 중학교 때 깡패한테 맞았던 사실과도 어쩌면 끊을 수 없는 인과관계가 다소 있는지도 모른다.

해방이 가져온 거족적 환희가 어느덧 남과 북, 민족주의와 공산주의, 우익과 좌익과의 분열을 일으키고, 그 갈등은 날이 갈수록 극렬해지고 혼란은 커갔다. 일본이 쫓겨간 자리에서 우리들은 미국이 아니면 소련이라는 새로운 외세에 의존되어가고 있었다. 우리들은 미국의 구호물자를 받아먹으면서 가난 속에서 허덕이고 혼란 속에서 우왕좌왕하게 됐다. 참다운 독립은 아직도 요원한 듯했고, 참다운 자유와 평등이 이상으로 남아 있을 뿐이었다.

발랄했던 어린 중학생의 가슴에도 어느덧 그늘이 지고 그의 감수성에는 깨어진 사기그릇처럼 갈래갈래 금이 가고 말았다. 그의 세계는 어둡다. 그의 눈이 밖으로부터 안으로 향하며, 뛰고 노는 소년이 아니라 몽상과 환상에 파묻히는 늙은이로 변한다. 그는 밖의 세계에서가 아니라 내면의 세계에서 해방을 구한다. 현실에 환멸을 느낀 그는 상상의 세계에로 도피처를 찾게 된다. 막연하나마 문학의 세계가 희미하게 보인다.

《문예중앙》, 1984~1988

04
아픔의 시

정치적 테러가 다반사였다. 좌우익의 정치적 싸움이 격화되고 있었다. 여수반란, 제주반란 사건이 사회를 흔들어놓고 불안 속에 몰아넣었다. 삐라가 자주 뿌려지고, 좌익의 활동이 격화되고 있었다. 신문지상에서나 정치가들 사이에서뿐만 아니라 집집마다 방 안에서도, 학교 안 학생 간에서도 좌익과 우익이 갈라지고 있었다. 김구의 암살로 이승만의 정치세력이 굳어가고 있었다.

　겨울에는 땔 것이 없어 떨며 지내야 했고, 입을 옷도 부족했다. 수돗물이 잘 나오지 않았다. 밤에도 자주 정전이 되어 촛불이나 등잔불을 켜야 했다. 무엇보다도 먹을 것이 넉넉지 않았다. 한창 자랄 나이였지만 나는 항상 배를 주렸던 기억이 난다. 치안이 제대로 잡히지 않아 도둑이 활개를 쳤고 신문에는 각종 부정사건이 다반사로 보도되었다. 신문에는 미군 사령관이나 미 대사의 발언이 언제나 대서특기되었고, 미 대통령, 혹은 미 국회의 결정을 눈치보고 있었다. 지프를 타고 서울 거리를 달리는 미군 장교, 이른바 고문단들이 새로운 주인이 된 것 같았는

데, 키 큰 미군사병들도 다른 세상에 온 사람들, 부러운 대상과 같아 보였다. 영어를 잘하는 사람들이 득세를 하게 되었고 그와 병행하여 교회가 빛을 보게 되었다. 제 나라에 살고 있으면서 남의 나라에 사는 것 같은 소외감을 느끼게 되기 시작했다. 나의 집에서 남을 주인으로 섬기는 것만 같았다.

나라도, 부모도, 형제도 굶주린 나의 배를 마음껏 채워주지 못했다. 표현할 수 없는 사춘기의 고민을 달래줄 따뜻한 손도 없었다. 젊은이가 느끼는 사회의 불의와 부정에 대한 분노의 호소를 들어주는 사람은 아무도 없었다. 젊은이에게 희망을 주고 희망을 이룩하기 위해 길을 인도해줄 아무것도 보이지 않았다.

현실에서 어둠만을 보았을 때 예술에서 그 대신의 빛을 찾으려 하게 된다. 현실에서 받은 상처를 문학에서 고쳐보려 하게 된다. 현실에 대한 분노와 고발이 시라는 방식을 요청하게 된다.

시에 마음이 끌렸던 것은 소학교 때였지만 내가 시인이 되겠다고 마음먹은 것은 중학교 2년 때 「낙엽」이라는 시를 학교신문에 발표했을 때부터였다. 중앙청 앞, 지금의 종합청사 모퉁이, 플라타너스 그늘에서 양담배개비, 껌 등을 놓고 파는 아주머니가 있었다. 학교에 가고 올 때마다 그 앞을 지나갔었는데, 플라타너스의 잎이 떨어지는 어느 쌀쌀한 늦가을, 그 아주머니의 모습이 더욱 아프게 느껴졌다. 그 아픔이 나의 아픔이요, 또 우리들의 아픔같이도 생각되었던 것이다. 이런 느낌이 정말 시적 모티브가 될 수 있을 것인지, 그리고 내가 발표했던 것이 정말 시인지 아닌지는 알 수 없다. 그 당시 내 생각에도 그 시가 만족스럽지 못했다. 아름답다고 생각되지 않았다. 그러나 그것은 그 당시의 나의 복잡한, 그리고 억압된 아픔의 표현이 되었으면 싶었던 것만은 사실이다.

같은 해 여름방학 고향에 돌아가 있는 동안 나는 「귀향」이라는 단편소설을 써보았다. 얼마 동안 갖고 있다가 찢어버리긴 했지만 그것은 내가 소설이라고 써본 처음 것이요, 또 1978년 또 한 번 손을 대본 단편소설을 빼놓고 마지막 것이기도 하다.

이 무렵부터 나는 시, 소설, 평론 등을 읽으려 애썼고, 문학이 무언가를, 예술이 무언가를 배우려 애썼다. 학교에서 집으로 오는 길에 종로 책방에 들어가 책을 뒤적이기도 했고, 다른 애들한테 빌려 읽기도 했으며, 어쩌다가 돈을 구해 사서 읽기도 했다. 문학 강연, 문화 혹은 예술 강좌, 또는 시 낭독이 있다면 학교 시간을 까먹으면서 찾아다니기도 했다. 좌익에서 하는 강연이고 우익에서 하는 강연이고 가리지 않았다. 미술 전람회에도 거의 빠지지 않고 다녔다. 영화, 연극, 음악회에도 물론 가고 싶었지만, 그것은 돈이 들어 여간하지 않고 갈 수 없는 아쉬움이 있었다. 강연을 듣고, 시 낭독을 들어도 그게 무슨 소리인지 알 도리가 없었다. 그저 막연히 흥분하곤 했다고 기억되는데 그 당시 이름을 떨쳤던 작가들과 시인들의 목소리를 직접 듣고, 멀리서나마 그들의 얼굴을 바라볼 수 있는 것만으로도 흡족했다. 옛날 YMCA에서 있었던 강좌에서 키 큰 김기림, 앙칼지고 깔끔하게 보였던 김동석, 그리고 「병든 서울」로 이름이 났었던 유진오의 시낭독이 기억된다. 부민관에서는 다른 세상의 미남으로만 보였던 이헌구, 그리고 막걸리 같은 인상을 준 이하윤 등의 얼굴, 또 어느 모임에서인가 「소월의 시」를 얘기하던 김동리의 빤빤한 얼굴, 뻔득뻔득한 대머리가 생각난다.

나는 거의 언제나 혼자였다. 아직 학교에서 나와 같은 흥미를 가진 급우를 발견하지 못했기 때문이다. 이러한 사실은, 내가 과히 내성적인 성격만은 아니어서 반장 노릇을 하고 여러 가지 일에 앞장을 서기도 할 정도였지만, 사실상 어딘가 고독한 소년이었음을 말해주는 것 같다.

그 유명한 이광수, 이태준의 이름을 알게 된 것도 이 무렵부터였다. 이름만을 아는 차원에서 좀더 나아가 한국문학을 알게 된 것은 백철의 문학사를 통해서였다. 문학이, 특히 시가 더욱 화려해 보이고 작가, 시인들이 우리들의 속세와는 다른 세계에 사는 사람들로서 더욱 우러러 보였다. 이효석, 염상섭, 한설야, 김남천, 김동인, 그밖의 작가들의 작품들을 닥치는 대로 읽으려 애썼다. 그러나 지금 되돌아보면 별로 구체적으로 남은 기억이 없다. 글씨는 읽었지만 나이가 어려 그 뜻을 잘 이해하지 못했던 것 같다. 작품을 재미로 한가하게 읽을 수 있는 여유를 갖지 못하고 문학수업으로서 교양을 얻기 위해 읽었다는 사실, 그리고 그 당시 나의 독서력이 미약하고, 특히 한글에 익숙하지 않았다는 사실, 또한 나의 내적 생활이 극히 긴장돼 있었으며 복잡하게 얽혀 있었다는 사실이 함께 어울려 책을 읽어도 읽은 게 아니라 책장만 넘겼다는 결과를 낳게 되었던 것이라고 생각된다.

이런 심리적 상황이었기 때문에 긴 소설보다 짧은 시가 읽기 쉬웠다. 더구나 원래 나는 시인이 되기를 원하고 있었기 때문에 자연 소설보다 시에 관심을 가졌던 것이다. 김소월, 임화, 이육사, 정지용, 김광균, 서정주, 조지훈, 박목월, 박두진 등 닥치는 대로 읽어보려 애썼고, 그들의 시를 이해하려 애썼다.

이른바 경향시인, 즉 좌익시인들의 작품이 직접적인 느낌을 주어 얼른 가슴에 와 닿기는 했지만, 어쩐지 선전구호 같고 선동적이어서 무엇인지 알 수도 없었고, 그게 정말 시인지 의심도 들었다. 그렇다고 이른바 순수파의 작품들, 시들은 어쩐지 내가 체험하는 것과는 먼, 나의 생활과는 전혀 다른 얘기를 하는 것 같아 실감이 나지 않았다. 정지용, 서

정주, 조지훈, 박두진의 시가 좋다는 느낌은 들었지만 왜 좋은지 그 이유는 알 수 없었다. 어째서 소월의 시, 그의 「산유화」가 그렇게도 유명한지 알 수 없었다. 그것은 지금까지도 알 수 없다. 한용운의 시가 불교나 우리의 민족과 관련되어 위대한 시인이라 하지만, 그것도 감이 잡히지 않았다. 김광균의 감각적 시, 김기림의 현대적 이미지, 이상의 「날개」에서 발견되는 감각적 허무주의가 나의 감수성을 자극하게 된다.

한국 작가에서 발견한 이러한 나의 문학적 기호는 일본 현대 시인들인 니시와키 준자부로, 하루야마 유키오春山行夫, 그리고 요코미쓰 리이치橫光利一 같은 소설가에게 흥미를 갖게 하기도 한다. 그렇다고 나의 문학적, 시적 방향이 결정된 것은 아니다. 나는 닥치는 대로 책을 읽으려 했다. 다카무라 코타로, 이시카와 타쿠보쿠石川啄木 등에 매력을 느꼈고, 아쿠타가와 류노스케芥川龍之介, 나쓰메 소세키夏目漱石를 열심히 읽었다. 그리고 세계문학에 눈이 돌아 수업시간에도 닥치는 대로 세계문학전집을 책상 밑에 놓고 몰래 읽곤 했다. 베를렌, 랭보, 보들레르와 같은 일련의 시인들을 알려고 애썼다. 천재 시인 랭보를 흉내 내려고 애쓰던 생각이 난다.

여러 세계 문학작품을 읽는답시고 뒤적거렸지만 아직도 생생하게 기억에 남는 것은 별로 없다. 그것은 잘 알지도 못하고, 마음의 준비도 되지 않았었기 때문이며, 또한 사실상 책을 읽으면서도 정신을 잘 집중할 수 없었기 때문이었다. 어쨌든 다 읽어야 하겠다는 욕심이 앞섰기 때문이었다. 톨스토이나 도스토옙스키 같은 방대한 작품을 대할 때 우선 압도감을 면할 수 없다. 그것을 언제 한 자 한 자 다 읽을 수 있겠는가? 언뜻언뜻 보고 줄거리만 찾으며 책장을 넘기고, 어떤 때는 몇 장을 뛰어, 읽는 게 아니라 읽는 시늉을 했던 것 같다. 지금 생각하면 이와 같이 보낸 시간, 알지도 못하고 욕심내고 책을 읽는 시늉만 했던 시간이 완전히 낭비였다고 생각한다. 양이 얼마 안 되는 정독이 중요하다는 것을 새삼 깨닫게 된다. 문학도 단거리가 없다. 반드시 오랜 기간의 수업이 필요한 것이다. 그러나 정독하려면 어떤 책을 읽을 만한 바탕이 있어야 할 뿐만 아니라 정신이 집중되어야 한다. 정신이 집중되려면 마음이 편해야 한다. 마음이 불행을 느끼고 고통을 느끼는 상황에서 문학작품도 읽혀지지 않으며, 씌어질 수도 없다.

창작품과 더불어 평론을 읽게 됐다. 김동석의 『생활의 문학』, 김기림의 『시론』을 읽으며 느낀 지적 쾌감이 아직도 기억에 남는다. 이러한 문학평론뿐만 아니라 『세계사상집』을 모두 읽어야겠다는 욕심도 해가 감에 따라 더해졌다. 읽을 게 너무 많고 알 게 너무 많은데 읽혀지지 않고, 알 수가 없다. 언제 그런 것을 다 읽고, 그들의 세계를 이해할 수 있을까? 마음이 초조하고 안타깝다.

문학적 욕구가 감수성과 떼어 생각할 수 없다면 평론, 사상집을 읽겠다는 욕구는 지성의 욕구일 것이다. 그러나 감수성과 지성은 떼어서 생각할 수 없다. 문학에 대한 감수성은 무엇인가 막연히 느끼고 있는 것을 알겠다는 욕망이며, 사상에 대한 욕구는 그러한 대답을 보다 냉정한 지적 차원에서 찾아보고, 해답을 구하자는 욕구의 표현이었다고 생각된다.

3학년 때 문학을 하겠다는 7인이 모이게 됐다. 이상李箱이 '구인회九人會'를 가졌듯이 우리도 그런 모임을 갖자는 것이다. 이름을 '처녀회處女會'라 붙이고 한 달에 한 번인가 두 번 각자 수필이고 시를 써서 돌아가며 어느 집에 모여서 서로 읽고 평을 하자는 것이었다. 아무것도 모르고 아직도 철부지인 애들이 문학을 논할 수 있는 건 아니었다. 우리들이 알고 있는 것이란 겨우 어떤 작가들의 이름, 아니면 책 제목이란 선을 넘지 못하고 있는 처지였기 때문이다. 그래서 그 모임은 얼마 지속되지 못한 채 흐지부지 깨어진 것으로 기억된다. 동인 일곱 명 가운데 나의 처지가 경제적으로 제일 어려운 편이었다. 다른 친구들의 집에서 모일 때 그들의 어머니가 차려주는 음식은 아주 맛이 있었다. 그들 집에서 레코드를 틀고 음악을 듣기도 했지만, 그런 것을 별로 들어보지도 못했을 뿐더러 만져본 적도 없는 나로서는 어쩐지 부끄럽고 불편함을 느끼기도 했다. 경향문학에 별로 흥미를 느끼지 못했고, 그 대신 이른바 순수문학에 마음이 끌렸지만 나는 한편으로 사회적 불만을 많이 느끼고 있었다. 원래 정치적인 문제에 관심이 없었던 것은 아니었지만 문학에 흥미를 갖게 되면서 그런 문제에서 차츰 직접행동을 하지 않게 되고 있던 중이었다. 나 자신의 실존적 문제에 더욱 절박한 심정이 되고 있었다. 그러면서 4학년 때 「생활의 시」라는 이른바 논문을 써서 두 번째로 학교신문에 발표했다. 문학, 시도 순수의 상아탑을 떠나서 생활에, 사회에 참여해야 한다고 소리쳤다. 김동석의 책 『생활의 문학』의 논지를 흉내 낸 셈이었다. 그후 나는 차츰 허무주의에 빠지고, 거의 자포자기하는 일종의 반항아, 시니컬한 소년으로 자라고 있었는데, 이러한 생각을 '허무론虛無論'이라고 이름 붙여 써서 다시 교내신문에 투고했다가 문예반 지도선생한테 대뜸 퇴짜를 맞고 말았다. 허무주의자로 알려진 쇼펜하우어가 말로는 허무주의를 떠들면서 페스트가 돌았을 때 제일 먼저 살려고 도망갔다는 사실은 말만의 허무주의자의 허실을 증명하는 것, 결국 삶이 가장 중요하다는 주장을 했던 것이다. 이러한 것은 그 당시 나를 사로잡고 있는 허무주의에서 스스로를 구원해보자는 몸부림이었던 것이었다.

나는 불만투성으로 커가고 있었다. 사회에 대해서, 가족에 대해서, 나 자신에 대해서 불만스러웠다. 운명이라는 것을 생각하게 되었다. 불만스러운 나의 사회, 불만스러운 나의 가족, 불만스러운 나를 떠날 수 없다는 것을 의식하면 할수록 세상은 더욱 어두워 보였다. 문학작품, 그 밖의 책을 통해서 알 수 있는 사회, 가족, 젊은이들에 비하면 그럴수록 나의 나라, 나의 가정, 나 자신은 그만큼 더 초라하고 보잘것없고, 안타까워만 보였다.

이 무렵부터 나는 골치를 앓게 되고, 조금 후에는 심한 편두통을 앓아 이 뒤부터 10여 년을 고통 속에 빠지게 된다. 그에 겹쳐 나는 소화불량으로 역시 고통을 앓게 되는데, 오늘날에도 소화불량은 완쾌되지 않아 항상 불편을 느낀다. 밤이 되면 악몽에 시달리고 건강도 몹시 약해져 식은땀이 날 때면 가끔 병원에 가서 링거주사를 맞고서야 견디곤 했다.

이러한 경험은 나의 일기로 나타났다. 몇 년 동안 일기를 썼는데 공책 한 권이 다 메꿔질 때면 '양노曠野의 슬픔', '허무의 노래' 등과 같은 제목을 붙여둔다. 인생이 허무하다는 것이다. 죽고 싶다는 것이다. 자살한 사람들, 자살을 찬양하는 넋두리를 계속 퍼붓고 있었다. 물론 내가, 이런 심정에 빠져가는 사실을 아는 가족도 없고 친구도 별로 없었다. 혼자서 자학에 가까운 고통스러운 싸움을 하고 있었다. 심한 두통이 축농증 때문일지도 모른다는 병원의 진단이 내려져 서울여의전女醫專병원에서 수술을 받는다. 수술을 받고 나서도 두통은 사라지지 않았다. 사라지기는커녕 수술했던 잇몸, 입속이 가끔 견디기 어려울 만큼 아팠다. 또 한 가지의 고통이 더 붙어온 셈이다. 온 골을 흔들며, 별안간 머리통을 빠갤 것 같았던 고통은 6·25를 겪고 대학을 졸업할 무렵에서야 사라졌다.

끊임없이 닥쳐오는 두통, 그리고 계속된 소화불량의 원인이 무엇이었는지를 알 수 없다. 어떤 의사도 확실한 대답을 해주지는 못했다. 그러나 지금 생각하면 그것은 순전히 의학적인 차원의 문제라기보다는 오히려 심리적인 차원의 문제였을 것이다. 꿈 많은 사춘기의 욕망과 현실과의 심한 갈등, 무질서하게, 그리고 잘 이해하지도 못한 채, 난독했던 문학작품을 통해 본 세계와 나의 구체적인 세계와의 갈등이 자아냈던 심리상태에 그 근본적인 원인이 있었던 듯싶다.

세상과 나 자신에 대한 불만이 싹트고, 그것은 더욱 커가고 있었으며 어찌할 수 없는 절벽에 부닥치곤 했다. 이러한 불만과, 현실과 이상의 얽히고설킨 심한 마찰이 나의 육체적 고통으로 나타나고, 그러한 육체적 고통은 다시 세상과 나에 대한 불만을 더욱 크게 만들고 있었던 것이다. 일종의 악순환 속에 휘말려 들어가고 있었던 것이다. 세상이 자꾸 어두워져가고 있었고, 인생이 깜깜해져가고 있었다. 이러한 상황에서 나는 차츰 더 허무주의자로 되어가고 있었다. 아무것도, 그 아무것도 궁극적으로 의미가 없는 것 같았다. 나 자신은 물론 모든 사람, 모든 업적, 모든 노력도 결국은 의미 없는 것 같았고, 차츰 모든 것이 우습게만 보였다. 결국 모든 사람이 언젠가는 죽어 흙이 되고, 먼지가 된다면 이 세상에서의 기쁨·성공·업적·명예·권력·부귀 따위가 근본적으로 무슨 의미가 있겠는가 하는 생각이었다. 내가 이러한 생각으로 끌려 들어가고 있었던 것은 나 자신에 대한 불만을 합리화하려는 극히 반동적인 태도였다고 생각된다. 내가 만족을 얻지 못하고, 내가 불행하다고 해도 남의 만족과 행복을 부러워할 필요가 없다는 것이다. 왜냐하면 그러한 만족, 그러한 행복은 결국은 의미가 없으니까 말이다. 그렇다면 나는 이제 불만도 불행도 느낄 필요가 없다는 논리가 선다. 왜냐하면 그러한 불만과 행복은 상대적이니까 말이다. 그러나 현실의 문제가 생각만으로 해결되는 것은 아니다. 나는 불만스러웠다. 나는 불행했다. 마음의 안정을 찾을 수 없다. 건강이 나빠짐에 따라 어떤 때는 그러한 고통에서 헤어나지 못하게 될 것 같았고, 때로는 육체적으로 살아남지 못하여 머지않아 생리적으로 죽을 것만 같은 예감에 더욱 공포를 느끼곤 했다. 그러나 나는 살고 싶었다. 그리고 나는 행복하고 싶었다. 나의 꿈을 실현시키고 싶었다.

세상이 어찌 이렇게도 불만스러운가? 어째서 부정과 불평등이 있는가? 어째서 악한 사람들이 득세를 하고 착한 사람들이 고통을 받는가? 어째서 어떤 이는 유복한 집안에서 처음부터 행복하게 자라나고 어떤 이는 불우한 환경에 태어나 고통을 받고 모욕을 받으며 살아야 하는가? 어째서 사람들은 태어났다가 죽어가는가? 도대체 이게 다 무엇인가? 나는 어디에 있는가? 무엇을 할 것인가? 어떻게 살 것인가? 도대체 인생의 의미는 무엇인가? 나는 '의미'를 찾고 있었다. 삶의 방향을 찾고 있었다. 아무도 말이 없다. 아무에게도 대답이 나오지 않는다. 인생의 의미에 대한 나의 이와 같은 물음은 그후에도 나의 관심의 초점을 이루게 된다. 대학에서 불문과를 선택했던 이유, 그후에 철학을 공부하게 된 이유, 그리고 메를로 퐁티를 읽고 언어철학의 문제에 관심을 갖게 된 것도 결국은 '의미', '삶의 의미'에 대한 나의 떠날 수 없는 물음과 관련되어 있다고 생각된다. 나는 항상 '의미?', '의미?', '의미?'를 생각해왔던 것이다.

삶의 의미가 무엇이냐? 어떻게 살 것이냐? 현실의 이해할 수 없는 부조리와 악을 어떻게 설명하는가? 내가 발을 디딜 곳은 어디인가? 나의 길잡이가 될 수 있는 사람은 누구인가? 나는 나의 빛을 찾고 있었다. 따뜻하고 믿음직한 구원의 손길을 찾고 있었다. 누구한테, 무엇인가에 기대고 싶었고, 의지하고 싶었다. 나는 누구인가를, 무엇인가를 애절하게 부르고 있었다.

동대문 언덕 뒤에 있는 붉은 벽돌집 감리교회에 나가기로 했다. 4학년 때였다. 싸움도 잘하지만 공부도 잘하는 윤ᆓ이라는 친구가 있었다. 그는 정치의식도 강해서 이른바 좌익에 속했다. 서울 종로바닥 가난한 집안 출신으로 야무진 데가 있었다. 나와는 여러 가지가 달랐지만 그와 나는 가장 가까운 친구였고, 인생에 대해서, 장래에 대해서 자주 심각한 얘기도 하고, 그가 주동이 되어 다른 애들과 가끔 일요일이면 교외로 피크닉을 가고, 절에 가서 밤도 새우며 술도 마시고 담배도 함께 피웠다. 그 애는 동대문 교회에 나가고 있었으며, 그곳에 나오는 여학생과 사귀고 있었다. 그의 권유로 나도 교회에 따라나가게 된 것이다.

교회라곤 구경해본 적도 없었을 뿐만 아니라 성서를 읽어본 적도 없고, 성서에 나오는 이상한 이름들, 이상한 얘기조차도 별로 들어본 적이 없었던 내가 십자가와 예수 그리스도의 상이 걸려 있는 예배당에 앉아 있는 것이 얼마나 거북했을까 하는 것은 쉽게 짐작될 것이다. 무슨 소리인지 알 수 없는 목사의 설교를 듣고, 한 구절도 모르는 찬송가를 흉내 내며, 혹은 머리를 구부리고 눈을 감은 채 기도하는 시간이 나에게는 거북함을 넘어서 고역이었다. 다른 학생들은 그러한 일을 자연스럽게 하고 있었으며, 얘기도 잘하고, 기도도 잘했다. 그 애들은 모두 명랑하고 재미있고 즐거워 보였다. 그러나 "하나님!", "하나님!" 하는 소리가 나에게는 무슨 소리인지 알 수 없었고, 교회에서 무엇을 하는 것인지 알 수 없었다. 예배가 끝나고 나면 말을 유장하게 하는 지도학생이 있어서 모임을 갖고 함께 놀곤 했는데, 그 틈에 끼어서 나는 정말 괴로웠다.

무엇인가 알 수 없는 이상한 곳으로 홀려 들어온 것 같았다.

나의 문제는 여학생을 만나는 것도 아니며, 애들하고 즐거운 시간을 지내는 것도 아니었다. 궁극적 문제를 알고자 했다. 나는 무엇 때문에 사는가? 나는 어떻게 살 것인가? 이 모든 것이 무슨 의미를 갖고 있는가? 하나님이 계신다면 어찌하여 나를 도와주시지 않는가? 어찌하여 세상은 불공평한 것인가? 어찌하여 우리나라는 이렇게도 가난하며, 어찌하여 우리나라 사람들은 이렇게도 남의 지배를 벗어나지 못하고, 서로 싸움만 하는가?

성서를 빌려 읽으려 했지만 무슨 얘기인지 알 수 없었다. 너무나 허황한 얘기, 나의 물음에 대한 대답이 아닌 것 같았다. 결국 나에게는 성서에 씌어 있는 것이 무슨 얘기인지 알 수 없었다. 나는 당장 대답을, 확실한 대답을 얻고 싶었던 것이다.

그 교회를 맡은 목사의 이름은 역시 윤이었다고 기억된다. 신학교神學校를 나온 지 얼마 안 됐지만 공부를 많이 했다는 소문이 자자했다. 미남은 아니었지만 날씬한 몸매에 키가 크고, 퍽 지적인 인상을 주는 이였다. 깔끔한 양복 차림인 그는 다른 세상에서 온 사람, 고통을 모르는 사람 같아 친근감이 얼른 가지 않았다. 그러나 모든 것을 알고 있는 것 같아 보였고, 모든 문제에 대해 모든 대답을 갖고 있는 것같이 보였다. 그는 학생들과 토론하기를 꺼리지 않았고, 학생들의 물음에 언제나 응하려 하며 성실해 보였다.

나는 그 목사에게 나의 문제, 나의 고민을 얘기하고, 하나님에 대한, 기독교에 대한 나의 회의를 제기했다. 그는 말로써 대답하기는 어려우니까 편지로 더 자세히 대답하겠다고 말했다. 어느 날 나는 집에 온 두터운 편지봉투를 받게 되었다. 작고 예쁜 여자를 생각케 하는 글씨로 가득 찬 몇 장의 긴 편지였다. 윤 목사의 편지였다.

잘 알 수도 없는 여러 철학자들의 인용이 많았다. 지금 기억할 수 있는 철학자의 이름은 헤겔이었다. 철학자들의 이름뿐만 아니라, 신학자들의 이름도 동원되었고, 성서의 많은 구절이 인용되었으며, 가끔 히브리어 혹은 그리스어의 원어도 인용되었다. 그의 해박한 지식에 우선 압도를 느끼고 존경심이 갔다. 아무리 해도 내가 그와 같은 지식을 갖출 수 있을 것 같지가 않았다. 그 편지를 이해할 수 없었지만 몇 번이고 되풀이해 읽은 다음 그분께 긴 답장을 썼다. 나의 답장이 동문서답이었음에 틀림없고, 내가 쓴 편지의 내용이 웃음거리조차도 될 수 없는 것이었으리라. 그러나 그 목사는 다시 긴 편지로 나를 가르쳐주고 하나님의 진리를 보여주고, 하나님에 의해 나를 구원하려 했다. 이렇게 목사와의 서신이 몇 번 오가는 동안 나는 더욱 혼란에 빠지게 되었다. 나의 물음에 대한 대답을 찾을 수 없었던 것이다. 목사의 대답, 목사가 하는 얘기, 목사의 해결이 나와는 별로 상관없는 대답이며, 얘기이며, 해결책으로만 보였다.

나의 문제는 인생의 의미가 무엇인가? 어째서 전지전능한 하나님이 가난한 사람을 당장 구하지 못하고, 부정한 사람들을 처벌하지 못하는 것인가 하는 것이었다. 그와 같은 엄숙하고 형이상학적인 문제는 더 알기 쉬운 말로 바꿔 놓을 수 있었다. 지금 생각하면 나의 문제는, '어째서 나는 돈이 없어 극장에 갈 수 없는가', '어째서 나에게는 매력이 없어 여학생이 따르지 않는가', '어째서 나는 늘 두통을 앓게 됐는가' 따위의 문제였다. 그러한 문제들은 나에게 가장 절박하고 가장 절실한 문제였다. 하나님이 계시다는 것, 죽어서 천당에 갈 수 있다는 것, 세상의 모든 고통이 우리로서는 알 수 없지만 하나님은 알 수 있다는 것 따위는 아무리 설명해야 소용이 없는 노릇이었다.

지금도 윤 목사의 날씬했던 모습, 그의 긴 편지, 그의 편지 속에 인용됐던 히브리어, 그리스어 등이 생생한 기억으로 남아 있다. 친절하고 자상하게 나에게 보여준 그의 관심을 아직도 고맙게 생각한다. 지금 그는 어디에 있을까, 무엇을 하고 있을까 하고 생각해보는 일이 자주 있다. 틀림없이 그는 지금 유명한 목사 아니면 유명한 신학자가 되었으리라. 불행히도 윤이라는 성만 기억할 뿐 이름을 기억하지 못하기 때문에 알아볼 도리가 없다. 그러나 지금이라도 한번 만나 이야기를 나누고 싶어진다. 60이 훨씬 넘어 백발이 되어 있을는지도 모른다.

어쨌든 그 목사와 몇 번 편지를 교환한 후 나는 교회에 발을 끊었다. 나와는 상관없는 곳 같았으며, 그곳 교인들은 나와는 상관없이 다른 세상에 살고 있는 것 같았기 때문이다. 나는 그곳에서 어쩔 수 없는 소외감을 느끼지 않을 수 없었다.

고등학교에서 문과와 이과로 갈라질 때 흔히 공부를 하지 않은 운동선수들이나 엉터리들이 문과를 택하고, 착실하고 시험성적이 좋은 애들이 이과를 택한다. 그러나 나는 문과를 택하는 데 조금도 주저하지 않았다. 문학 아닌 모든 것, 사상적이 아닌 모든 것, 정신적이 아닌 모든 것은 중요하지 않다고 생각했기 때문이다. 가장 중요한 것은 문학이요 시인 것 같았으며, 가장 보람 있는 인생은 위대한 시인, 위대한 사상가가 되는 것이라고 생각했기 때문이다. 문학만이 나를 구원해줄 수 있을 것 같았다. 오래전부터 불문학을 하겠다고 작정했던 나는 1년 전부터 광교廣橋 옆에 있던 '상록학원'에서 프랑스어를 배우고 있었던 터였다.

문과반에서 알게 된 박영호라는 애가 특히 기억에 남는다. 그는 나보다도 한 살인가 위였으며 딴 애들보다 조숙하고 세련된 것같이 보였다.

일제하에 만주의 여순旅順에서 살다가 해방 후 돌아와 우리 학교로 편입해 들어왔던 것이다. 그러나 학교 공부는 않고 어려운 책들을 갖고 다녀 많은 것을 아는 것 같았다. 발레리의 시, 문예부흥에 관한 책 등의 제목이 아직도 막연히 기억에 남는다. 그는 곧잘 음악에 관한 얘기를 늘어놓고, 콧소리로 명곡을 흉내 내곤 했다. 창백한 얼굴에 두터운 검은테 안경을 걸친 그의 모습은 이른바 전형적인 문학인, 인텔리 형이라는 인상을 줬다. 나에게, 그리고 다른 애들에게도 그 애는 어딘가 이국적인 냄새를 풍기고 있었다.

내가 그 애의 책을 빌려 보고, 그 애와 문학 혹은 인생을 심각하게 논했던 생각이 난다. 다른 몇몇 애들과 서빙고에 있던 그의 집에 가서 나로서는 알 수도 없는 명곡을 틀어놓고, 막걸리를 마시며, 담배를 피우고 놀던 일도 기억에 남는다.

학교 공부가 재미없다. 수업 중에도 책을 앞에 세워놓고 책상 밑에서 이른바 즉흥시를 써서 흔히 박영호와 돌려 보곤 했었다. 알지도 못하고 읽으면 혼돈만 가져왔던 책들, 유명하다는 랭보의 시, 특히 일본책들을 통해 알게 된 모더니즘 시의 흉내를 내는 것이었다. 물론 책상 밑에서 즉흥적으로 쓴 것이 시일 수 없다. 막연히 기억되는 바이지만, 그것들은 풀리지 못하고 억압된 젊은이의 심정, 반항심, 자포자기심, 삐뚤어진 시니시즘의 유치하기 짝이 없는 넋두리였을 뿐이다. 한마디로 어째선가 지울 수 없는 상처받음, 마음 아픔의 눈물 없는 고독한 울음소리, 하소연이었던 것이다. 6·25 직후 거리에서 우연히 만난 그는 일선에서 다친 다리를 절고 있었다. 그후 과음하다 죽었다는 소식을 들었다.

남북회담이 깨지고 김구가 암살됐다. 애국자의 억울한 죽음을 애도하는 수십만 시민들의 틈에 끼어서 서대문에 누워 있는 그의 관 앞에 서서 묵념을 하던 생각이 난다. 여순반란, 제주반란 사건으로 정국은 크나큰 파도를 일으키고 사회는 더욱 불안 속에 싸이게 되었다. 대학에서 중고등학교까지의 연이은 동맹 휴학, 좌익 학생과 우익 학생들 간의 싸움은 그치지 않았다. 남한만의 독립, 그 다음 해 북한만의 독립이 선언되자 서울에서의 좌익분자들이 더욱 탄압을 받고, 좌익학생들이 차츰 지하로 숨어가고 있었던 것은 자연스럽다. 이러한 상황에서 조국의 독립, 반쪽으로 갈라진 두 개의 조국의 독립이 석연할 수 없으며, 가슴을 뛰게 하고 큰 기쁨을 줄 수 없었던 것은 이해할 수 있으리라. 반으로 갈라 독립을 선언한 이북에서의 독립선언이 그 당시 이북에서 살던 사람들에게 기쁨보다는 아픔을 의미했었을 것이 사실이라면, 하나의 조국을 생각하는 사람들에게 독립을 선언한 남한이 정말 나의 나라, 우리들의 나라, 나의 조국이라는 기쁨을 불어넣을 수 없었을 것이다.

해방이 됐다지만 정말 해방보다는 혼돈만이 있었고, 독립이 됐다지만 남북으로 갈라진 조국은 찢어진 아픔만을 경험하고 있었다.

정국은 안정되지 않았다. 사회는 혼란을 벗어나지 않았다. 시골에서 서울로 이사 온 우리 집의 생활은 날이 갈수록 어려워지고 있었다. 나는 여전히 두통의 고통을 받고 있었고, 나의 소화불량증은 날이 갈수록 더해나가는 것만 같았다. 나는 이미 소년기를 넘어서 청년이 되어가고 있었다. 어쩐지 초조해지고, 세상은 어둡고 삶은 고통스러웠다. 어떻게 살 것인가? 사는 게 무엇인가? 대답이 없다. 방향이 잡히지 않는다. 나는 한편으로 막연히 세상에 대해서, 나 자신에 대해서, 아니 나의 운명에 대해서 하소연할 수 없는 분노를 느끼면서도 차츰 짙어가는 염세증, 허무주의를 극복할 수 없었다. 이것을 이겨야 하겠다, 살아야 하겠다 하면서도 이겨 넘을 수 있을 것 같지 않고 살아남을 수 있을 것 같지 않은 불길한 예감을 자주 느끼게 된다. 아무것도 의미가 없다는 확신, 인생은 의미가 없다는 막연한 형이상학적 확신을 갖게 됐으면서도 내가 이렇게 그대로 죽어 사라질 거라는 것을 상상하면 무서웠을 뿐만 아니라 분노가 터질 것 같았다.

아픔을 문학을 통해서 극복하려 했다. 무엇이라고 표현할 수 없는 상처받은 젊음이 아픔을 시로써 달래고자 했다. 지적, 감정적 소용돌이 속에서 나는 틈만 있으면 되지도 않는 시를 혼자 쓰고 또 썼다. 그것은 아무도 들어주지 않고 해결해줄 수 없는 아픔을 스스로에게 들려주는 고독한 제스처였다.

갈피를 잡지 못할 이런 삶의 말없는 혼자만의 소용돌이 속에서 헤매고 있을 때 사상적 소용돌이도 아니요, 시적 외침이 아닌 죽음과 삶의 소용돌이, 피와 살의 외침을 맞게 된다. 북쪽에서 대포 소리가 가까워졌다. 6·25 사변이 터진 것이다.

《문예중앙》, 1984~1988

05
6·25 전화(戰火)

1950년 6월 26일 아침 공산주의 북한이 38선을 넘어 침입했다는 소식을 학교에서 듣고 곧 귀가했지만 전쟁이 났다는 실감이 나지 않았다. 이 소식이 사실이라 해도 걱정할 것은 없을 것 같았다. 신성모 국방장관이 큰소리 했듯이 국군은 며칠이면 인민군을 격퇴하고 며칠 후면 평양에 태극기를 꽂을 수 있으리라고 믿었기 때문이다. 세계에서 가장 부강한 미국이 우리를 뒷받침하고 있지 않은가?

불행히도 실제의 상황과 우리가 바라는 상황과는 커다란 거리가 있었다. 북악산을 아슬아슬하게 날아온 인민군 폭격기가 이미 서울역 근처를 폭격하고 있었으며 지축을 울리는 대포 소리가 시간이 갈수록 가까워왔다.

일제시대에서 지나사변, 태평양전쟁을 합쳐 8년간의 전시를 살아왔던 우리 세대였지만, 폭격, 피난 등 전장의 비참한 경험은 먼 나라, 다른 나라에서 남들이나 겪는 것이었지 우리가 실감할 수 있는 고통은 아니었다. 신문을 통해서, 상상 속에서 그림이나 볼 수 있는 고통스러움에 지나지 않았다. 해방 후 4년, 6·25사변이 터지기 1년 전 마오쩌둥의 팔로군八路軍에 밀려 패배하는 장개석군蔣介石軍을 따라 등에 보따리를 지고 혹은 어린애를 업고 전화戰火를 피하는 사람들의 사진을 신문들은 보도했었다. 그러한 사실이 우리 자신에게 부닥쳐 오리라고는 꿈에도 생각지 않았었다. 그러나 그것은 남의 얘기가 아니었다. 종전 5년 후 우리는 다시 전쟁에 휩쓸려들고 있는 것이었다. 전쟁이 터진 다음날 피난민이 줄지어 미아리 고개를 넘어 서울로 들어오기 시작했다. 마차를 끌고 혹은 소와 짐과 아이들을 태우고 들어오고 있었다.

아이를 업고 보따리를 이고 다리를 절룩거리며 오는 여자들도 있었다. 돈암동 전차 종점 양쪽 길가에는 수많은 서울사람들이 아직도 남의 일인 양 구경만 하고 서 있었다. 의정부에서 오는 피난민들이 딱하다는 심정을 가질 뿐이었다.

그러나 곧 우리는 가혹한 현실에 부딪쳐 눈을 떠야 했다. 대포 소리가 차츰차츰 가깝게 들리기 시작했다. 미아리고개에서 국군 부상병들이 지엠 트럭에 실려 후송되고 있었다. 피를 흘리고 누워 있는 국군들을 봤을 때 사태가 어려워지고 있음을 알 수 있었다. 북쪽을 향해 군인들을 가득 태운 트럭이 올라가고 있었다. 그뿐만 아니다. 머리에 수건을 동여맨 학도의용군들이 만세 소리를 지르며 트럭에 실려 갔으며, 여자 의용 간호대가 애국가를 부르며 역시 트럭에 서서 손을 흔들고 북쪽으로 가고 있었다. 어느덧 돈암동 뒷산에는 군인들이 올라가 일선一線을 펴고 있었다. 인민군의 큰 포탄이 경동중학교 교사의 벽에 명중했고 그 근방에 계속 포탄이 터졌다. 어제까지만 해도 미아리고개를 넘어오는 피난민을 길가에서 구경만 하고 있던 서울 사람들이 뒤끓기 시작했다. 사람들이 거리를 우왕좌왕하고 짐을 가득 실은 트럭들이 종로 쪽으로, 남쪽으로 빠지기 시작했다.

27일 저녁부터 부슬비가 내리기 시작했다. 80세 되신 조부, 그리고 60세가 다 되신 부모만 남기고 형 둘, 누이들, 어린 숙부들이 집을 버리고 피난을 가기로 결정했다. 각기 등에 짐을 메고 할아버지, 아버지, 어머니와 작별하면서 어쩐지 인간관계의 가혹함을 느끼지 않을 수 없었다. 연세가 많으셔서 피난을 가실 수 없는 할아버지를 모시기 위해 남아야 할 부모님은 죽어도 좋고, 아직 젊은 손자와 자식들은 살아남아야 한다는 이치이다. 몸조심하라고 당부하는 그들의 손짓을 뒤돌아보면서 우리는 이제 피난민이 되어 거지처럼 보따리를 등에 메고 떠나 막연히 옛 고향으로 향했던 것이다. 어머니를 다시 보지 못할지도 모른다는 생각이 머리를 스쳐간다. 이제 사회적 질서가 무너지기 시작하여 우리를 보호해줄 사람은 아무도 없는 것 같았다. 생명의 위험에 직면하여 모든 사람들은 우선 자신의 생존만을 생각하는 이기주의자가 된다. 우선 나만이라도 살아야 하겠다는 것이다. 개인으로서는 어쩔 수 없는 어떤 힘, 세력, 조작에 의해서 내가, 우리 식구가, 그리고 우리 민족이 보따리를 등에 메고 피난길을 나서야 함을 의식할 때 인간적 위신을 잃고 일종의 동물로 변해가는 자신에 무한한 분노를 느낀다. 이러한 상황에 절대적인 작용을 한 미국과 소련, 이러한 상황을 조작한 김일성, 그리고 남북의 모든 정치지도자들에게 끝없는 울분을 느낀다.

종로는 발 디딜 틈도 없이 피난길에 나선 사람들로 가득 차 있었다. 대포 소리는 더 가까이, 더 자주 들려오고 어느덧 날은 어두워가는데 보슬비가 피난보따리를 적시고 있었다. 한강다리를 향해 무거운 발걸음을 옮기고 있던 피난민의 파도 속에서 한강다리가 끊어졌다는 소문이 번져나왔다. 이제 더 나아가도 소용없는 것이다.

마침 종로2가에서 단칸 셋방을 살고 있는 친척집으로 우리 식구는 몰려들어갔다. 이미 해는 지고 어두웠다. 식구들은 밤을 새우면서 좁은 방에 모여 앉아 공포에 떨고 있었다. 당장이라도 폭탄이 우리들 머리 위에 떨어질 것만 같았다. 그것이 떨어져서 우리들의 몸이 산산이 찢겨져 죽게 될지도 모르지 않는가?

포탄 소리가 커지더니 어느덧 땅을 진동하는 탱크 소리가 들리고 더구나 콩 볶듯 튀기는 따발총 소리가 들려왔다. 지붕 위로 횡횡 하며 나는 소총알 소리도 몸을 움츠리게 한다. 밤이 지나 먼동이 트고 창문이 밝아오고 있었다. 용기가 없는 우리들은 밖에 나가지를 못하고 앉아 있을 뿐이다. 그러는 동안 사람 소리가 종로 쪽에서 들려오고 있었다. 당장이라도 인민군이 와서 총을 쏠 것 같기만 했다. 사람이 무서워지기 시작했다. 우리들 가운데서 용기를 낸 둘째 형이 골목에 나가 보더니 이미 인민군이 서울에 들어와 있다는 것이다. 이미 해가 높이 떠 있었다. 28일, 사변 발생 3일 만에 서울이 공산군에게 함락된 것이다.

파고다공원 앞을 인민군 탱크가 지나가고 그 뒤로 따발총을 멘 인민군들의 대열이 따르고 있었다. 길 양쪽에는 '인민군 만세', '인민공화국 만세', '김일성 장군 만세' 등의 현수막이 높이 나부끼고 있었고, 붉은 기를 손에 들고 만세를 부르는 사람들로 가득 차 있었다. 흰 광목 잠방이를 입고 얼굴이 창백한 사람들이 손을 흔들며 사람들의 환호 소리에 답하고 있었다. 그들은 인민군이 들어와서 석방된 죄수들이었다. 강도, 절도, 사기범도 있었으련만 그들은 다 같이 정치범같이 행동했다. 가족들, 친지들의 부축을 받으며 그들은 마치 위대한 영웅, 위대한 애국자처럼 행세하고 대접받고 있는 듯했다.

그렇게도 위대해 보이고 그렇게도 힘이 컸던 이승만 대통령을 비롯한 한국정부의 내각, 고관들, 국군들이 폭파된 한강다리 남쪽으로 이미 후퇴하고 빈 수도 서울이 다른 정권의 손에, 괴뢰의 총칼에 의해 점령되었던 것이다. 서울은 이미 완전히 다른 세계로 바뀐 것이다. 어제 저녁까지도 원수로 부르던 공산주의자들, 어제까지도 적이었던 인민군들, 어제까지만 해도 범죄자였던 죄수들을 영웅이라 부르고 환영하는 인간의 간사한 태도에 어찌 환멸을 느끼지 않을 수 있겠는가. 어제의 위대한 애국자, 영도자가 인민의 원수요, 매국노로 변하는 인간사회의 덧없음을 어찌 의식하지 않을 수 있겠는가.

나는 고관도 아니었고 군인도 아니었고, 부유한 이른바 반동분자의 자녀도 아니었지만 한없이 불안하고 우울했다. 몇몇 공산 열성분자를 제외한 모든 사람이 그러했듯이 나도 어쩔 수 없는 공포에 싸이게 되었다. 그로부터 3개월 동안 계속된 공산군 치하에서 우리는 한결같이 어떤 정권 아래에서도 상상할 수 없는 공포를 벗어날 수 없게 된 것이다.

피난을 못 갔으니 우리는 괴뢰군에 잡힌 셈이다. 할아버지 그리고 부모를 버리다시피 하고 어제 떠났던 돈암동 집으로 우리는 다시 돌아갈 수밖에 없었다. 파고다공원 앞을 지나 종로4가를 지나가려니까 그곳에 있는 경찰서는 문이 깨지고 벽에는 무수한 총탄 자국이 있었다. 바로 그 앞에 있는 붉은 벽돌의 전매청 벽도 총탄 자국으로 무늬를 놓고 있었다. 예상 밖으로 빨리 침입한 공산군과 사격전을 벌이다가 다급한 나머지 그 붉은 벽 청사로 들어가 숨은 경찰관들을 잡아내기 위한 것이었다고 들 했다.

종로경찰서 앞에 두 구의 시체가 누워 있었다. 그중 하나는 등이 뚫리고 피가 흘러 말라 있었으며, 또 하나의 시체의 머리는 총탄에 맞아 바스라져 있었고, 머리카락이 붙은 살점이 아스팔트에 붙어 맑고 따가운

아침 햇빛에 냄새를 피우고 있었다. 전매청 앞에도 몇 구의 시체가 뒹굴고 있었다. 눈 뜨고 볼 광경이 아니었다. 대통령을 비롯해 고관들과 장성들이 말없이 먼저 도망했는데도 경찰관의 의무를 다하려고 끝까지 남아서 싸우다가 희생된 순경들의 죽음이었다. 어쩐지 그들은 보람 없는 희생자라는 생각이 들었다.

혜화동 쪽에서 창경원 앞으로 눈에 선 모자를 쓰고 눈에 선 계급장을 단 인민군들의 대열이 끝없이 서울 복판으로 들어온다. 대접을 붙인 것 같은 모양의 따발총이 눈에 띄고 그밖에 기관총, 대포를 끌고 진주한다. 당나귀마차, 소마차를 끌고, 역시 모양이 낯선 트럭들도 함께 굴러온다. 그들은 서울을 사흘만에 함락시킨 개선군인 것이다. 자신에 차 있고 자랑스러운 듯한 그들이었지만 그들을 바라보는 우리들 대부분은 오로지 공포에 떨고 있었다.

집에 돌아가 대문을 흔들었을 때 먼저 할아버지께서 나와 문을 열어주신다. 흰 수염, 그리고 높은 탕건을 쓰시고 언제나 아무 일에도 흔들리지 않으시던 그분의 모습이 아주 나약해 보였다. 역시 늙은 아들 며느리와 함께 할아버지께서도 거의 잠을 주무시지 못했던 것이다. 포탄 소리를 듣고, 적군의 침입을 받는 전쟁에 휩쓸려 보기란 그분들에게도 물론 처음 일이었던 것이다. 시간마다 사나워지는 침략군의 포격 소리, 이미 시내에 들어와 거리거리로 지프차를 타고 다니면서 따발총을 쏘아대며 서울시민에게 공포를 주는 인민군들의 동태를 창밖으로 엿들으면서 그분들도 생사가 달려 있는 전쟁이 어떻게 되는가를 걱정하며 공포에 떨고 있었던 것이다. 20세도 채 안돼 보이는 젊은 인민군도 그 하나하나가 마치 로마의 황제 못지않은 절대적 권력을 갖고 있는 듯했다.

국군은 어디로 갔는가. 그렇게도 믿던 미국은 무엇을 하는가. 우리는 이제 어떻게 되며 한국은 이제 어떻게 돌아가게 되는가. 새로운 상황에 마치 큰 벼슬이나 한 듯이, 혹은 영웅이 된 듯이 인민군의 지프차에 끼어타고 공산주의를 상징하는 빨간 끈을 머리나 팔에 두르고 다니는 사람들이 많았다. 그들은 북한에 의해 해방됐다고 하면서 며칠이면 이승만군을 격멸시키고 위대한 김일성 장군의 영도 아래 조국의 통일을 이룬다고 떠들었다.

그 이틀 후 친구 윤상기가 찾아왔다. 사상적으로는 입장을 달리했지만 다른 여러 면에서는 퍽 가까이 지내던 친구였다. 그는 불온분자로 몰려 퇴학을 당한 적이 있었으며, 그후로도 가끔 경찰에 불려가곤 했었다. 그러다가 한때는 이른바 우익으로 다소 포섭된 학생 중의 하나로 알려져 있었다. 그가 학교에 가보자는 것이다. 학교에는 꽤 많은 아이들이 어떻게 해야 좋을지를 몰라 하며 와 있었다. 급격히 변한 상황에서 대부분은 서로 서먹서먹한 입장이었다. 전에 불온분자로 점찍혔던 아이들이 활개를 치고 있었으며 더욱 놀란 것은 그전에는 무엇으로도 전혀 눈에 띄지 않았던 애들이 가장 무서운 힘을 갖고 있는 것 같았다. 무슨 인민회를 조직한다는 얘기가 들렸고, 강당에서는 미술교사가 스탈린과 김일성의 거대한 초상화를 열심히 그리고 있었다. 멋쟁이로 유명한 그 선생이 그와 같은 모습을 하고 있는 것이 거짓말 같기도 했다. 할 수 없이 그러고 있는가, 아니면 새로운 대세에 맞추자는 셈인가. 아이들은 물론 교사들도 서로 말하지는 않지만 공포에 눌려 모두가 서로서로를 의심스러워하고 있었다. 진실은 아무 데서도 보이지 않는다. 색시같이 얌전했던 교사가 학교의 책임자가 됐다는 얘기도 들려온다.

이른바 열렬했던 좌익학생들은 새로운 세상을 만났다고 활개를 치며 우리가 알 수 없는 어떤 큰일을 하고 있는 듯했다. 학생 의용군 얘기가 나오기 시작했다. 열성분자들은 이미 의용군으로서 인민군과 더불어 일선에 나가고 있다는 것이다.

윤상기는 어디론가 한참 갔다오더니 나를 한구석으로 끌고 갔다. 자기 자신은 사정에 따라 의용군으로 나갈 수밖에 없게 되었지만 상황이 급해지니 이제 곧 집에 돌아가서 학교에 나오지 말라고 귓속말로 알려준다. 더구나 내가 한때 우익학생 쪽에 가까웠던 만큼 학교에 나오면 곤란하다는 것이다. 그때 그 말을 일러주고 헤어진 윤상기는 다시는 만날 수 없게 되었다. 어쩌면 나는 그 친구 덕택으로 살아남아 있는지도 모르지만 그는 과연 어떻게 되었을까. 휴전 후 들려오는 얘기에 의하면 그는 인민의용군으로 갔다가 포로로 잡혀 거제도 포로수용소에 있다가 휴전과 더불어 포로 교환이 될 때 남쪽에 남지 않고 북쪽으로 갔다는 것이다. 북쪽이 꼭 좋아서가 아니라 자신의 과거를 생각하고, 또 자신의 집안 관계로 그렇게 결단을 내렸다는 것이다. 바른말을 잘했고 성미가 급했던 그는 이북에서도 숙청 대상이 됐으리라는 것이 그를 잘 알고 있는 몇몇 친구들의 의견이다.

며칠 후 다른 친구들 몇이 집으로 찾아왔다. 우익학생 간부 하나가 좌익계 동창, 학급생들에게 잡혀가 몰매를 맞고 사망했다는 것이며, 활동하던 우익계 학생들을 잡으러 다닌다는 것이다. 그리고 그들도 몸조심할 겸 어디로 숨어야 한다는 것이다.

이러는 동안 서울을 함락시킨 인민군은 커다란 저항 없이 국군을 계속 남쪽으로 밀고가고 있었다. 전격적으로 이루어진 UN 결의에 의해 미군을 비롯한 UN군이 공산군을 막기 위해 참전하게 되었다. 어느새 미군의 쌕쌕이 제트기가 하늘을 수없이 날고 있었고, 대열을 지은 아군 폭격기가 이북 하늘을 왕래할 뿐만 아니라 서울 인민군 진지를 폭격하기 시작했다. 남산과 북악산 꼭대기에서 쏘는 인민군의 고사포를 비웃듯이 미군 비행기는 높고 푸른 초여름 하늘을 유유히 난다. 그 푸른 하늘 중간에서 소용도 없이 터지는 고사포가 어쩌면 솜꽃 같은 무늬를 놓을 뿐이다.

마산에서 제일 처음 일선 전투에 참전했던 꽤 많은 미군 보병들이 인민군의 포로로 잡혔다. 인민군들은 키가 큰 그들을 결박한 채 종로 바닥을 끌고 다녔다. 몇 만 리 떨어진 이국에서 포로가 되어 마치 개처럼 끌려다니는 그들이 각별히 딱하게 느껴진다. 최신 기술과 최신의 무기를 가졌다는 미국이 저렇게도 약할 수가 있는가.

서울이 탈환되기를 기다리며, 공산주의 치하에서 체험하는 공포로부터 해방을 바라는 사람들, 언론과 행동의 자유를 조금이라도 귀중히 생각하는 모든 사람들은 방구석에서, 지하실에서 혹은 다락방에서 또는 이불 속에서 단파선 라디오를 숨겨놓고 전황의 뉴스를 안타깝게 듣고 있었다. 일본에 있는 UN군 사령부에서 머지않아 서울을 탈환하고 인민군을 격멸하겠다는 보도와 그런 희망을 갖고 참으라는 격려의 방송을 손꼽아 기다렸다. 특히 젊은이들은 인민의용군에 잡혀가지 않도록 조심해야 했다.

서울에서 가택 수색과 통제가 심해지고 상황이 어려워짐에 따라 서울을 빠져나와 다른 곳으로, 낯모르는 곳으로 피신해야 했다. 서대문 밖 홍제동 고개를 넘어 구파발 산골에 들어가 숨어 있었다. 밤이면 서쪽 하늘에서 불기둥이 번쩍거리며 땅이 흔들렸다. 미군의 폭격을 의미했다. 전선은 왜관, 진주 등 거의 남쪽 끝까지 밀려갔지만 그럴수록 싸움은 더욱 격렬해가고 있었다. 숨은 곳이 위험하다 해서 다시 서울로 돌아와, 멀리 남쪽 고향으로 피난을 하기로 했다. 당장 먹을 것이 없는 것이 문제였기 때문이다.

미군의 폭격은 날로 심해졌다. 그만큼 인민군, 공산주의자의 감시와 통제도 더욱 심해갔다. 반동으로 몰린 시민들이 동물처럼 떼로 묶여 끌려갔다. 그들은 어디선가 학살되고 말 것이다. 시골에서 서울로 쌀을 운반하는 농민의 행세를 하고 마차의 뒤에 실려 밤길로 서울을 빠져나간다. 미군의 폭격과 기관총 사격 때문에 낮에는 마차를 몰고 길을 갈 수가 없었기 때문이다. 요행히 몇 번의 아슬아슬한 고비를 넘기고 수원 교외까지 갈 수 있었다. 나는 거기서부터 마차꾼과 헤어져 혼자 도보로 아산에까지 가야 하는 것이다.

어느덧 날이 밝았다. 신작로에는 구루마를 끌고, 혹은 그냥 걸어서 덮어놓고 남쪽으로 내려가는 사람들로 가득 차 있었다. 갖고 있는 것을 모두 팔아 시골에 가서 무엇이든 먹을 것을 구하러 나선 서울 사람들이었다. 모두가 이제 굶을 판이 된 것이다. 피난민들은 모두 흰옷을 입고 있었다. 그렇지 않으면 미군 전투기의 사격을 받기 때문이다. 전투기가 아주 가까이 머리 위로 수직 비행을 하고 내려와 피난민들의 동정을 살핀다. 혹시 피난민이 인민군과 관계되지 않나를 확인하려는 것이었다. 그럴 때마다 금방이라도 내 등에 기관총알이 박히는 것 같았다. 그러나 그럴수록 정지하거나 숨지 말고 계속 행진해야 의심하지 않고 사격하지 않는다는 것이다. 미군은 무고한 시민들에게는 피해를 입히지 않으려고 애쓴다는 것이다.

무르익은 수수가 많이 심긴 콩밭 둑에 젊은 인민군 병사의 시체가 혼자 누워 있었다. 새까맣게 말라붙은 다리 위로 참새 한 마리가 날아가 꼬리를 흔들고 사방을 돌아보며 앉아 있었다. 미군 비행기의 기총사격을 받은 것이다.

죽어 혼자 콩밭 둑에 누워 있던 그 어린 인민군의 모습은 내게 잊을 수 없는 기억의 한 장면이다.

시골 고향에 돌아가서도 두 달 이상을 숨어 있었다. 옛날에는 그렇게 도 가깝던 동네 사람들이 무서워진다. UN군의 탈환이 멀지 않다는 소식이 들려오면서 날이 갈수록 폭격 소리가 더욱 가까이 더욱 심하게 들려왔다. 밤에는 아산만 바다 쪽 하늘에 불빛이 번쩍거리고 있었다. 인민군 몇십 명이 이웃마을에 주둔하고 있어 그들이 마을을 돌아다닐 때면 저절로 몸이 발발 떨린다. 전쟁이 하루하루 불리해짐에 따라 '빨갱이' 들, 즉 인민군 협조자들이 더 긴장하고 이른바 '반동분자'라는 비협력, 반공주의자들을 가려내기 시작했다. 옛날 지주들, 옛날 면서기, 무슨 조합의 사무원, 그리고 옛날 내가 다니던 소학교 선생들이 동리 사람들에게 끌려가 삽으로 찍히고 도끼로 맞아 학살되고 있다는 소식이 들렸다. 동리 사람들이 모여 꽹과리를 두드리며 마을을 한 바퀴 돌 때면 그들이 당장이라도 우리가 숨어 있는 곳으로 들어와 우리를 잡아 죽일 것 같고 아슬아슬하다. 순박한 시골 사람들이 갑자기 야만인이 되어 우리는 다 같이 몇천 년 전 원시적 무법사회로 돌아온 것 같다. 그러나 여기서 아무도 빠져날 수는 없는 형편이다. 오직 UN군이 하루바삐 밀고 올라와 수복되기만을 기다릴 뿐이다.

9·28 며칠 전 저녁 인민군의 대열이 동네 앞 신작로를 지나 서울 쪽으로 가고 있었다. 이웃 마을에 주둔해 있던 인민군도 철수했다는 얘기가 들려온다. 인천 쪽 하늘에는 큰 불이 난 듯 밤하늘이 타고 있었고, 폭격 소리가 진동하고 있었다. 이러는 동안 9월 28일이 되고 서울이 수복되고 있었다. 시골에서는 며칠이 지나서야 사람들의 입을 통해서 경부국도로 국군과 미군이 끝없이 진군한다는 것을 알았다.

방에 숨어 있던 여러 식구들은 마냥 기뻐했다. 해방이 됐다. 무시무시한 공포에서 벗어났다. 숨을 쉬게 됐다. 만세를 부르고 싶었다. 그러나 종숙모가 혼자 방 한구석에서 울고 있었다. 그분의 오빠가 공산군의 중요한 자리를 차지하고 있었기 때문이다. 종숙모 자신은 자기 아들, 그밖의 식구들과 함께 기뻤지만 오빠를 생각할 때 슬펐던 것이다. 많은 한국인들이 경험했을 조국의 분단에서 생긴 가혹한 인간적 갈등을 뼈저리게 느끼고 있었던 것이다. 눈물을 흘리는 종숙모 앞에서 다른 식구들은 자신들의 기쁜 감정을 너무 적나라하게 표시하지 않도록 조심해야 했다. 그분의 가슴을 다소라도 덜 아프게 하기 위해서다.

숨어 있던 동네 사람들이 활개를 치고 나타났고 활개를 치던 사람들은 초상당한 사람같이 초췌해지든가 아니면 크게 복수를 당하게 됐다. 다행히 우리 동네에서는 없는 일이었지만 읍내에서, 그리고 딴 동네에서는 인민군에 협조하고 거드럭대며 막판에 이른바 반동분자를 살해하던 빨갱이들이 동네 사람들에 의해서 다시 보복되어 학살당하고 있다는 소식이 들려왔다. 미처 상상할 수 없고 믿을 수 없는 끔찍한 얘기들이 들려왔다. 인간은 지독히도 잔인할 수 있는 동물임을 우리는 상호간에 입증한 것이다. 슬픈 일이지만 사실이었고 부끄러운 진실이 아닐 수 없다.

어둑어둑 해가 지고 있었다. 9월 말이지만 바람이 차다. 저녁 햇빛을 등에 지고 신작로 저쪽에서 어떤 사람이 혼자 절뚝거리며 걸어오고 있었다. 가까워지자 그가 인민군 낙오병임을 알 수 있었다. 아무 무기도 없이 찢어진 신을 끌고 있었다. 다리를 절고 있을 뿐 아니라 숨도 잘 못 쉬고 가끔 큰 경련을 일으키곤 했다. 기껏해야 17, 18세 되어 보이는 그는 어디선가 낙오하여 혼자서 적진에 남게 된 것이다. 그는 생명의 본능에 못 이겨 아무 생존의 희망도 없이 북으로 그냥 걸어가고 있었던 것이다. 곧 그는 숨어 있다 나온 동네의 한 청년에게 잡혀 돼지우리에 갇혔다. 그는 청년에게 심문을 받고 그날 밤 많은 구타를 당했다고 한다. 어쩌면 청년은 영웅이 된 기분이었을 것이고 맺힌 복수심을 갖고 있었을 것이다. 그러나 설사 인민군이라고는 해도 이미 낙오된 그 어린애 같은 부상병에게 그럴 만한 죄가 있었을까. 그 인민군은 콩밭 둑에 쓰러져 있던 인민군의 시체와 함께 6·25의 참혹한 기억에서 사라지지 않는 것 중의 하나로 남아 있다. 공산군이 낙동강에서의 피비린내 나는 결전에서 참패하여 북으로 후퇴하고, 승리를 거두고 서울을 다시 탈환한 국군과 UN군이 평양을 향하여 전진하고 있는 터였다. 공산주의자, 인민군에의 부역자들을 제외하고는 모두가 기뻐하지 않을 수 없었으며, 사실 많은 사람들이 흥분된 감정을 감추지 못하고 있었다. 그러나 좀 깊이 생각해 볼 때 어쩐지 서글픔, 안타까움, 아픔의 감정을 숨길 수 없었다. 수많은 사람들이 사상이라는 명목으로 서로 학살하지 않았던가? 보도에 따르면 패배 직전 공산주의자들은 수많은 사람들을 반동분자라 하여 방방곡곡에서 잔인하게 살해했다는 것이며, 수복 후에는 반대로 공산당에 동조했던 수많은 부역자와 그들의 가족이 역시 참혹하게 학살됐다는 것이다. 동족끼리, 서로 잘 알고 있는 동네 사람들끼리 서로 살육하게 된 이런 상황을 어찌 받아들여야 할 것인가. 해방이 된 기쁨과 더불어 어쩐지 우울하지 않을 수 없다.

　3개월간의 공포, 암흑, 굶주림에 떨다가 다시 서울은 숨을 돌린다. 서울은 사람들로 다시 법석대고 있었다. 미군들 또는 군복을 입고 권총을 찬 사람들의 세상이었다. UN군이 평양을 점령했다는 소식이 들려오고 공산군을 머지않아 밀어낼 거라는 것이다. 우리는 이제 통일이 되어 하나의 나라가 되는 것이다. 이제 금강산을, 평양을 나도 가볼 수 있을 것이다. 이런 축제의 기분 속에서 명동의 여러 다방에는 사람들이 무슨 큰일이나 한 듯 드나들며 수군거리고 북적거리고 있었다. 사기꾼 같은 사람들도 많았다. 양담배를 연기가 자욱하도록 피우면서 '토스트'니, '커피'니, '칼피스' 같은 낯선 것들을 먹고 마시고 있었다.

그러나 대부분의 시민들이 그러했듯이 우리 집에는 먹을 것이 모자라서 배가 고팠다. 살길을, 생활의 길을 어서 찾아야 했다. 그러나 내게는 아무 능력이 없을 뿐만 아니라 힘이 되어줄 만한 사람도 내 주위에는 없었다. 취직자리를 구하고 있던 중 11월 말 나는 군에 입대하라는 소집 영장을 받았다.

어느 날 비원에 집합시키더니 그 자리에서 어디론가 끌려가 입대하게 된 것이다. 날씨는 이미 쌀쌀했다. 얇은 학생복으로는 추웠다. 부모와는 다시 만나지도 못하고 근방 시장에서 광목 속바지를 사다 주며 전송의 손을 흔드는 형을 뒤돌아보며 대열에 끼어 서울역으로 갔다. 원래 몸이 약했고 인민군 점령 아래서 심한 설사로 쇠약할 대로 쇠약해진 나는 쓰러질 것만 같았다. 다 죽어가는 동물의 꼴이 되어 어디론가 저항 없이, 알 수도 없이 끌려가는 기분이었다. 이제 가족과 완전히 떨어져서 혼자 버티다가 그냥 쓰러져 죽게 될지도 모른다는 기분이었다.

불도 켜지 않은 캄캄한 화물열차에 실려 이틀 만에 도착한 곳은 부산이었다. 우리 일행은 임시로 동대신동의 고등학교 교사에 자리 잡은 '육군통신학교'에 입학하게 되었다. 나는 죽어도 잊어서는 안 될, 죽어도 잊혀지지 않을 나의 군번을 받게 된다. 나는 이제부터 육군 이등병 0033-70으로 통하게 된 것이다. 깔끔하게 옷을 입고 건강해 보이는 일등상사, 말채를 흔들며 교단에 올라가 연설하는 영관급 장교가 무섭기도 하고 부러워 보이기도 했다. 그들의 한마디 한마디에 따라 움직이면서 나는 어느덧 자유로운 의견과 의지를 가진 주체에서 벗어나 하나의 물건으로 변했다는 느낌을 갖지 않을 수 없었다. 이것이 바로 군인이 되는 첫걸음이 아니겠는가라는 생각이 들면서도 나에게는 군인이 근본적으로 기질에 맞지 않는 듯했다. 나와는 달리 함께 입대한 다른 사람들은 극히 명랑하고 비위 좋게 잘 적응하는 것 같았다.

기초훈련을 하고 있는 동안 나는 심한 설사, 그리고 심한 감기에 시달렸다. 정신이 없고 금방이라도 쓰러질 것만 같다. 얼굴이 썩은 호박처럼 부어 알아볼 수 없게 되고 기침을 몹시 해서 스스로 폐렴에 걸린 것이라고 믿었다. 12월 말 부산은 얼음이 얼고 날씨가 추웠다.

나는 결국 특별한 예외로서 위생실에 가서 누워 있게 되고, 그러다가 부산 부둣가에 있는 제5육군병원으로 실려가 입원하게 됐다. 폐렴뿐만 아니라 초기 폐병에도 걸려 있었던 것이다. 이 무렵 한국은 물론 미국이나 전 세계의 예상을 뒤집고 중공군이 대대적으로 참전하여 반격을 가하고 있었다. 낙관적으로 생각하여 평양을 점령한 다음 압록강 너머까지 쉽사리 쳐들어가 금방 조국의 통일을 이루게 되리라고 믿었던 UN군, 그리고 온 국민들은 인해전술 반격의 급습을 받고 참패를 당하고 있었던 것이다. 이제 전세가 급격히 바뀌어 UN군은 다시 서울까지, 그후에는 마산까지 후퇴하고 종전이 되는 1953년 7월까지 한국에서는 무수한 희생자를 내는 시소식 전쟁이 계속되게 된 것이다.

큰 병원에는 몇 백 명의 부상병들이 누워 있었다. 구역이 날 것 같은 냄새가 난다. 부상병들의 어디엔가가 썩어서 고름이 끼기 때문이다. 특히 밤이면 신음 소리가 사방에서 들렸다. 페니실린이 제대로 없어 환자들은 쉽게 낫지 않았고 그 때문에 하루에도 몇 명씩 신음하다가 죽어갔다. 가족이 어떻게 됐는지도 모르고 조국의 땅을 지킨다고, 자유를 고수한다고 싸우다가 그렇게 죽어가는 것이다. 부상을 당하지 않고 병으로 입원한 나는 상팔자로서 특별히 몇 개씩의 비타민까지 매일 받아먹고 있었다. 많은 부상병들에게는 그것이 부럽고 특권같이 보였던 것 같아 미안하기도 했다.

얼마 후 어떻게 알았는지 원형춘이가 깔끔한 미군복 차림으로 나를 찾아왔다. 그는 나와 가까운 동창이었다. 서로 소식을 모르고 있다가 반년 만에 만난 그가 반가웠다. 그러나 초라한 병자로 입원해 있는 자신을 그에게 보이는 일이 한편 부끄럽기도 했다. 그를 통해 우리들 모두의 친구, 나처럼 시골 출신인 김봉하가 수복 후 육군 헌병대에 들어가 훈련받다가 급사했다는 소식을 들었다. 그는 입심이 좋아 웃기기도 잘하고 공부도 우수하고 운동도 잘하는 걸작이었다. 다만 그에게 괴로웠던 것은 가난이었다. 그가 살아남았더라면 무엇이고 크게 되었을 인물이다. 그러나 하필이면 그가 일찍 전쟁의 소용돌이 속에서 무의미하게 희생된 것이다. 원형춘은 그 얼마 후 다시 찾아오면서 나에게 미제 군복 한 벌을 가져다주었다. 나의 꼴이 너무나 초라해 보였기 때문이었다. 씩씩하고 단순하나, 직선적이며 정직했던 그의 우정을 내가 어찌 잊을 수 있겠는가. 불행히도 그마저 마흔이 조금 넘어 서울에서 활동하다 죽었다.

외출은 허락되지 않았다. 몸이 다소 회복된 후 나는 가끔 병실에서 나와 제5육군병원 빌딩의 꼭대기 테라스에 올라가 멀리 바다를 바라보곤 했다. 광복동 네거리가 내려다보인다. 왔다 갔다 하는 거리 사람들의 자유가 부럽다. 멀리 바다의 수평선이 끝없이 뻗어 있고 그 위에 작고 큰 배들이 수없이 왕래한다. 역시 눈 아래 내려다보이는 부두에는 군수물자를 실은 화물선이 정박하며 하역을 기다리고 있었다. 밤바다는 화물선에 켠 전기불, 그리고 바다를 오가는 배들의 빛으로 화려하고 곱다. 갈매기처럼 높이 하늘로 날아가고 싶었다. 화려한 화물선 갑판 위에 실려 저 수평선을 넘어 이 답답한 땅, 이 불안한 그날그날을 떠나보내고 싶었다. 그러나 그런 생각이 하나의 망상에 지나지 않음을 어찌 모르랴. 그러한 망상에 젖을 수 있다는 사실은 내가 사실인즉 불행하기는커녕 운이 좋고 호강스러웠다는 것을 입증한다고 볼 수 있다. 나와 함께 육군 통신부대에 입교했던 사람들은 미처 충분한 훈련도 못 받고 파도와 같이 밀려오는 중공군과 싸우기 위해 일선에 파견됐다는 것이다. 그리고 그중 많은 수가 전사했다 한다. 답답하지만 나는 안전한 처지에 있었던 것이다. 아니 다만 생존해 남았다는 것만으로도 고맙게 여겨야 할 것이었다.

폐병이 대강 치료되자 나는 의병제대를 하게 됐다. 제대장을 받고 일반 시민이 되어 약 반년간 누워 있던 육군병원을 나올 때는 날아갈 것 같고 춤을 추고 싶은 기분이었다. 이제 나는 이등병으로서 수많은 상관·장교들의 명령을 들을 필요가 없어 좋았고, 경례를 하지 않아도 좋다는 사실이 나의 인간적 위신을 돌려주는 것 같았다.

제대를 하고 나서 관청을 따라 부산으로 피난 나와 있던 둘째 형을 만났다.

그때서야 비로소 부모와 형제 자매들이 뿔뿔이 헤어졌다는 사실을 알았다. 아버지, 어머니, 그리고 누이들. 누이들은 각기 남편들을 그 악명 높은 방위군에 보낸 뒤 모두 시골 고향에 피난 가 있고, 집안의 남자들은 다행히도 모두 살아남았다는 것이다. 딸과 며느리, 애들만 데리고 피난하던 부모들은 엄동설한에 도중에서 장질부사에 전염되어 거의 모두가 몰사 상태에서 겨우 옛 고향에 돌아가 모두 살아났다고 한다. 후에 어머니는 자신이 겪은 기구한 경험, 말할 수 없이 괴롭던 피난생활을 소설로 써야겠다고 자주 말하곤 했다.

　나는 부산 부두에서 12시간 교대로 부두 노동자들 사이에 끼어 일해야 했다. 제대 후 우선 먹고 살아야 했기 때문에 몸이 불편했지만 한 해운회사의 통역으로 취직했던 것이다. 극히 적은 임금을 받고 밤새도록 일하는 인부들이 딱했고 'MP'자가 붙은 헬멧을 쓰고, 'MP'라는 완장을 하고 권총을 찬 미군 헌병이 무서웠다. 지금 생각하면 20세 전후의 그들이 어쩌면 그렇게도 성숙하고 장사같이만 보였는지 알 수 없다. 밤새도록 탱크, 대포 등을 비롯하여 산더미같이 많은 시계·계란·초콜릿·담배·오렌지 등이 하역된다. 밤중에는 노무자들과 함께 소금밥 한 덩어리씩을 야식으로 얻어먹었다.

　그러나 하역 감독을 하던 헌병들은 저희들의 특별 콘셋트에 들어가서 커피 잔과 샌드위치를 들고 나오곤 했다. 그 커피 냄새, 그 샌드위치의 냄새가 어찌 그리 좋았는지…….

　20년 동안 미국에 살면서, 그런 샌드위치는 생각만 해도 입맛이 떨어지고 오직 밥만 찾게 됐지만, 그 당시 부두에서 맡아보기만 했던 그 냄새처럼 침을 돋우게 하는 것은 없었다. 부두의 노동자들이나 나나 다 같이 미군들을 두려워했고, 그들의 눈치를 봐야만 했던 것이 현실이었다. 우리 땅에서 우리가 주인 노릇을 못하고 말도 모르는 다른 나라 사람들이 와서 주인 노릇을 함을 감수해야 한다는 사실이 민족적인 울화와 슬픔을 느끼게 한다.

　서울대학이 부산에 전시戰時대학을 열게 되었다. 몇 달 동안 부두에서 고달픈 일을 하다가 나는 대학에 들어가기로 했다. 경제적으로 지극히 어려운 형편임에도 둘째 형의 뒷받침과 격려로 직장을 버리고 대학엘

다니게 된 것이다.

전황은 큰 변화가 없었다. 서울은 두 번째로 탈환이 됐지만 적군과 아군은 38선을 가운데 놓고 시소전戰을 계속하고 있었고, 우리 정부는 물론 모든 국민이 미국의 눈치만 보고 미국에 의지하고 있었다. 경제적으로나 군사적으로나 마찬가지다. 8·15 직후에서부터 우리들은 신물이 나도록 미국의 원조가 적어질까 혹은 끊어질까, 언제나 걱정하고 있는 형편이었는데 전시임에야 말할 것도 없다. 생각하면 이런 상황이 부끄럽기 짝이 없다. 만주와 중국 본토를 폭격하겠다던 우리들의 영웅 맥아더 장군의 파동도 그것의 한 예가 되겠다. 어찌 우리들 자신에 대해 울분을 느끼지 않을 수 있으랴.

이런 상황에서도 피난 온 이승만 정권은 계속 정치적 파동을 일으키고 있었다. 빨치산 토벌이라는 명목으로 무고한 농민, 그밖의 사람들이 정치적 이유로 학살당하고, 정권싸움으로 정국은 계속 흔들리고 있었다. 게다가 거제도 공산군 포로들의 폭동사건이 터지고, 이승만 대통령의 단독적 '포로 석방'의 파동이 커서 정국은 계속 불안을 거듭했다.

이런 혼란 속에서도 나는 문학공부를 한답시고 친구들과 어울려 다니며 술이나 퍼마시게 된다. 사실은 문학을 하고자 해서라기보다도 제대로 발 붙여 있을 곳이 없어서, 그리고 생각할수록 앞이 막막했기 때문에 자포자기로 시간을 잊고자 했었던 것이다. 술과 문학이 뗄 수 없는 관계가 있다고 생각하는 한국적 전통은 도대체 어디서부터 온 것일까. 어쨌든 이때 나는 시를 쓴다는 김원경, 이일과 어울려 다녔고, 평론을 한다는 정창범, 홍사중, 소설을 쓴다는 오상원, 안동민을 알게 돼 끼어 다녔다. 이 무렵 복학한 정명환과도 문학에 대한 얘기를 나누었고, 일본에서 얼마 전에 돌아왔다는 이봉래와도 안면을 갖게 되었다. 그는 당시 유행했던 일본의 육체문학을 떠들어대고 있었다. 김환기의 그림, 그것을 통해 이른바 추상화 전람회를 본 것도 그때가 처음이다. 광복동 네거리 어느 집 2층에서 김환기를 비롯한 3인전이 있었다고 기억된다. 나는 호기심에서 이해할 수 없는 추상화의 의미를 이해하려 했다. 반드시 무슨 의미가 있으리라는 생각을 했기 때문이다.

어쨌든 이런 전시에 나 같은 사람은 하루 먹을 것이 걱정이고, 하룻밤을 잘 곳이 걱정이었는데 그렇게 고상한 유화를 그리고 전람회까지 할 수 있었던 그 화가들은 별천지에 사는 사람들 같았다.

이 무렵 몇몇이 모여 동인지 《구도構圖》를 낸다고 광복동 네거리 다방 '태백' 혹은 '아리랑'에 모여 담배만 피고, 저녁에는 물론 대낮에도 뒷골목 포장집에 가서 막걸리 소주를 마시곤 했다. 때로는 몇 개 안 되는 책을 잡히거나 혹은 학생증 또는 시계를 잡히곤 했다. 표지는 당시 미대생이었던 나희균이가 그렸었다고 기억되는데 한 호만이라도 나왔든지 아닌지조차 기억이 희미하다. 우리와는 또 다른 한 패가 있었는데 그들은 부산역 앞 '돌체'다방에 모였던 것으로 기억된다. 이철범, 천상병 등인데, 이곳에서 안면만을 갖게 됐다.

불쾌했지만 틈틈이 가정교사를 해서 용돈을 벌었으나 나의 처지는 그것으로 만족할 수 없었다. 다른 친구들에 비해 나의 경제적 처지가 픽 궁핍했던 이유도 있어서 그랬던지 문학을 한답시고 함께 다른 친구들과 돌아다니면서도 어쩐지 나의 생활이 진실한 것이 아니라고 느껴졌으며, 그런 생활이 진짜 문학하는 태도가 아니라는 것을 의식하고 있었다. 그렇게 하고 다니기에는 나는 너무도 책을 읽지 않았고, 나의 건강은 너무도 나빴었다. 문학한다는 일에 완전히 도취될 수도 없었다.

나는 나의 힘으로 잠자리를 찾고 생활해야 할 상황에 있었다. 요행히 불문과 선배인 박옥줄이가 프랑스로 유학을 가게 됐기 때문에 그가 가르치던 동래고등학교 시간강사 자리를 물려받게 됐다. 한 칸 셋방을 얻어 살던 둘째형 집에 끼어 잤었는데 그곳을 나올 수 있었던 것이 말할 수 없이 다행스러웠다. 동래에 마루방을 얻어 살며 나로서는 첫 교편생활을 시작하게 되었다. 이곳에서 이미 교편을 잡고 있던 선배 이종근이 여러 가지로 도와주어 고마웠다. 그의 집 마루턱에 앉아 돼지고기를 새우젓에 찍어 먹으며 소주를 마시던 일이 지금도 생생하다. 휴전이 되어 서울에 올라오기까지 불어 A, B, C를 가르치면서 생존할 수 있었던 약 1년간의 동래생활은 피난생활의 밝은 경험으로 남아 있다. 의사이면서 불문학자로 알려진 양병식을 알게 된 것도 이곳에서다. 그는 동래에서 그때의 형편으로는 좋은 집에서 살고 있었다. 그는 일본어로 번역된 전후 실존주의 불문학 작품을 많이 구해 읽고 있었다. 그의 책을 빌어서 소문으로만 들었던 사르트르, 카뮈 등의 번역책을 접할 수 있었던 것은 나에게 큰 행운이었다. 그들, 특히 사르트르가 후에 나의 삶에 결정적인 영향을 주게 되기 때문이다.

조병화와 처음 만난 것도 이 무렵이었다. 어느 일요일 친구들하고 송도해수욕장에 갔었다. 이미 시인으로, 멋쟁이로 이름이 난 조병화가 해변에 자리를 잡고 술상을 벌여 놓고 있었다. 보통 때도 술에 얼근한 사람처럼 기분 내며 말하는 그가 맥주를 마시고 있었으니 더욱 멋있어 보인다. 그는 그 무렵 출판한 시집 『송도』를 펴 놓고 우리에게 읽어줬다. 듣던 말대로 멋쟁이다. 그러나 생활의 어려움을 모르고 피난살림에 시집을 자비 출판할 수 있는 그가 나로서는 오로지 부러움의 대상이었다. 그의 시는 상쾌한 맛, 달콤한 맛을 남겨준다. 그는 눈으로 보이지 않는 따뜻한 심성, 순수한 세계가 마음속에 비치는 듯 따뜻했다. 그의 시, 그리고 그 자신에게서 낭만적 감상주의가 넘쳐흐른다.

서대신동 바라크와 텐트로 지은 서울대 캠퍼스에서 두 가지 강의가 기억에 남을 뿐이다. 막걸리 같은 손우성 교수의 '불문학특강', 그리고 이양하 교수의 '현대영시특강'이 그것이다. '불문학특강'은 17세기 라신과 몰리에르, 코르네유의 희곡을 읽는 것이었는데, 책이 없어 그때그때마다 몇 페이지를 스텐실로 베껴서 복사를 하여 교과서로 썼다. 강의라고 해야 그냥 읽고 해석하는 것뿐이었다. 이와 같은 수준의 대학 강의가 무의미하다는 것은 오늘날 수준에서는 모두 알고 있을 터이다. 그러나 그것이 그 당시의 수준이었다. 그럼에도 불구하고 손 교수는 신명을 내며 정열을 갖고 열강을 하곤 했다. 그는 버릇처럼 자신의 감정을 마구 삽입하여 해석했다. 이런 그의 해석이 옳은지 어쩐지는 모른 채로 그의 정열적인 강의에 큰 인상을 받지 않았던 학생은 없었으리라 확신한다.

손 교수와는 정반대로 그의 수필 『신록예찬新綠禮讚』으로 알고 있던 이양하 교수는 어딘가 서울 냄새, 서구적 분위기를 갖고 있었다. 그는 마침 사전 관계로 하버드대학에 몇 년 있다가 돌아온 길이었다. 그는 17세기 시인 존 던John Done과 20세기 시인 T. S. 엘리엇 등의 작품을 가르쳤다. 영문학 책들은 불문학 책들과 달리 수많이 쏟아져 나온 포켓북을 구할 수 있어서 교과서부터 불문학강의 때와는 기분이 달랐다. 영어 실력이 형편없었고 술만 마시고 다녔던 그 당시의 내가 그들의 시를 이해할 수 있었을 리 만무하다. 내가 낙제하지 않았던 것은 오직 이 교수가 마음이 후해서였을 뿐이다. 그 당시 전시로서는 멋쟁이 중의 멋쟁이가 아니면 입을 수 없었던 바바리코트에 양복을 입은 그에게서 일종의 이질감을 느끼지 않을 수 없었지만, 그의 조용조용한 강의에서 막연하나마 어떤 신선하고 새로운 무엇을 배우는 기분이었다. 특히 존 단의 이른바 형이상학적 시들에서 나는 깊은 감명을 느꼈다.

　김붕구 교수와 술 마시던 일이 잊혀지지 않는다. 불문학 선배이며, 해군 장교복을 입고 문리대를 시간강사로 나왔던 것으로 기억한다. 인민군 의용군에 끌려갔다가 UN군의 포로가 되어 거제도 포로수용소에 있다가 반공포로 석방 때 빠져나왔다는 것이다. 그는 6·25 때 이렇게 사선을 넘었지만, 일제 때에도 일본에서 고학을 하느라고 험악한 젊음을 보냈었다는 것이다. 그는 삶의 밑바닥, 쓴맛을 본 사람이었다. 그러나 그는 연령에 맞지 않게 낭만적이고 술을 좋아했고 '기분'내기를 좋아했지만 어쩐지 지독히 쓸쓸한 구석이 있었다. 그러한 삶이 나의 기질에는 어울리지 않았을 것이지만 일상의 것을 잊어버리고 풍류를 내보려는 그에게서 어떤 신비감, 매력이 느껴졌다. 김붕구, 그리고 박옥줄, 정명환, 또 불어 잘하기로 이름이 났던 이형동 등의 선배를 따라다니며 자주 술자리에 끼곤 했다.

　김붕구는 살림을 하고 있었다. 부산시 서면 근처 산꼭대기에 문자 그대로 나뭇조각을 맞춰 지은 빈민굴 판자집에서 살고 있었다. 그는 더러 우리를 그곳으로 끌고 갔다. 바위틈을 꼬불꼬불 돌아 한참 올라가야 하는 그 집에 갈 때마다, 빈민굴 그의 단칸방에 허리를 구부리고 들어갈 때마다 말할 수 없는 비애가 느껴졌다. 한 대학교수의 이 가난한 살림, 그렇게도 가난한 한국의 경제적 상황, 사회적 불평등 그리고 그 속에서 떠들며 살아야 하는 우리들 자신의 모습이 슬프게만 비쳤다. 그러나 김붕구는 주머니를 털어 술을 사오게 하고 술상을 마련했다. 그리고 우리들은 큰 소리로 문학을, 인생을 떠들며, 노래를 부르곤 했었다. 우리는 우리가 온 민족과 함께 겪은 전쟁의 고통, 약소민족의 슬픔을 달래려 했던 것이며, 캄캄하기만 한 우리들의 앞길을 잠시나마 잊어보려 했던 것이다. 발랄한 우리 젊은이들의 호탕한 노래와 웃음소리에 감출 수 없는 불안, 아니 절망이 도사리고 있었던 것이다. 그것은 어쩌면 자포자기에 가까운 것이었는지도 모른다.

어느 하룻밤, 손 교수와 내가 유치장 신세를 진 일이 잊혀지지 않는다. 1952년 크리스마스가 가까운 때가 아니었던가 생각된다. 불문학 과장이었던 이휘영 교수가 프랑스 정부의 장학생으로 소르본대학에 가게 되었다. 그의 제자들인 우리들과 손우성 교수, 그밖에 몇 분이 시내 술집에서 유학환송회를 가졌다. 이 무렵 외국유학을 간다는 것은 대부분의 학생들에게는 천당 가기보다 어려운 일이었다. 미군부대를 따라다닌 운이 좋은 통역꾼들, 목사의 자녀들, 고관이나 부잣집 자녀들이 아니고는 외국으로 공부하러 간다는 생각은 할 수도 없는 처지였다. 동창이나 친지들 가운데 더러 미국으로 유학 가는 사람이 있었는데 그들이 부러웠고, 세상이 불공평함을 누구나 인식하고 있었다. 이리 부딪치고 저리 부대끼며 물도, 전기도, 식량도 넉넉지 않은 사회에서, 아니 언제 전쟁이 악화되어 죽게 될지도 모르는 상황에서 그날그날의 고달픈 삶을 보내야 하는 대부분의 우리들에게는 미국에 간다, 프랑스에 간다는 것은 꿈을 꾸어 보기에도 어울리지 않았다. 이런 상황에서 장학금을 받아 파리로 떠나는 이 교수를 축하하지 않을 수 없었으며, 특히 불문학을 하겠다던 우리에게 그는 선망의 대상이 아닐 수 없었다.

술잔이 오가고 횡설수설이 길어지니 조금씩 얼큰한 기분으로 우리가 술자리에서 일어나 헤어진 것은 거의 통행금지 시간이 가까워서였다. 환송회에서 헤어져 손 교수와 나는 같은 방향으로 가야 했다. 그는 동대신동에, 그리고 나는 서대신동에 살고 있었다. 손 교수는 이미 술이 꽤 거나했다. 그는 동네 가까이 와서 "박 군, 여기서 잠깐 또 한 잔만 하고 가세" 했다. 나는 정신이 말똥했고 언제나와 마찬가지로 위가 괴로워 빨리 집에 돌아가 쉬고 싶었다. 그러나 노교수의 말씀을 어기기가 어려웠고, 또 한편으로 그분과 단둘이 술을 나눈다는 일에 호기심이 났다. 초라한 포장 술집에 들어갔다. 횡설수설 떠들며 두어 잔을 더 마시고 집쪽으로 함께 걸었다. 이때는 마침 대통령 선거공약에 따라 휴전을 위해 아이젠하워가 비밀리에 한국을 방문중이었던 때다. 그래서 경찰들은 유달리 긴장하고 있었다. 사이렌 소리가 들렸다. 통행금지 시간이 된 것이다. 부지런히 파출소 앞을 지나는 데 순경이 우리들을 불러들였다. 아무리 변명을 해도, 손 교수가 서울대 교수증을 내보여도 통하지 않았다. 우리들은 돼지우리 같은 좁은 곳에서 이미 가득 들어와 있는 젊은이들 틈에 끼어 밤을 새웠다. 내가 그렇게 당하는 것도 부아가 나고 속이 터졌지만 얼굴을 줄곧 마주보며 나와 함께 그런 꼴을 당하고 있는 스승이 한없이 민망스럽기만 했다. 이런 사건을 통해서 그후 나는 손 교수에게 더욱 친근감을 느끼게 된다.

드디어 폭격 소리가 멈췄다. 북쪽 하늘로 나는 미군 폭격기도 뜨지 않게 됐다. 전화가 꺼졌다. 전쟁이 끝난 것이다. 드디어 휴전이 성립되고 전쟁 포로들이 교환됐다. 그렇게도 무시무시하게 보이던 스탈린이나 김일성의 초상화 앞에서 다시 떨지 않아도 좋게 되었다. 사상적 의심을 받을까봐 걱정하면서 이웃 사람들이나 친구들을 대하지 않아도 좋게 되었다. 우리는 살아남았다. 죽지 않고 이 전화에서 살아남은 것이다.

그러나 나는 살았지만 수백만 명이 전쟁으로 희생되었다. 조국은 남북을 가리지 않고 다 같이 폐허가 되었다. 아무것도 남은 것이 없다. 운이 좋았던 목숨을 빼놓고는. 전쟁의 포화에 산과 들이 쑥밭이 되고 마을과 도시는 재가 되다시피 했다. 전쟁에서 놓여난 기쁨이 터져야 할 것 같으면서도 그렇지 못한다. 휴전이 됐다지만, 조국은 3년간의 극렬한 동족살상의 전쟁을 겪고서, 그 무섭고 많은 희생을 치르고서도 그냥 다시 38선에서 두 개로 갈라져 남게 된 것이 아닌가. 전쟁이 남겨놓은 것은 결국 삼천리강산의 폐허뿐이 아닌가.

전쟁의 상처는 비단 물리적인 것만이 아니다. 수많은 사람들의 육체가 썩고 상하고 조국의 거의 모든 마을과 도시가 폐허로 부서졌다는 것 이상으로 우리들의 마음, 우리들의 영혼이 받은 상처 또한 깊고 컸다. 보이지 않으면서도 그 상처는 더 아프고, 더 아물기 어렵다. 우리들은 우리들 자신 속에 있는 인간성을 새로 발견해야 했으며, 우리들의 앞날이 아득하다는 것, 우리들의 장래가 아직도 보이지 않는다는 사실을 재확인해야 했기 때문이다. 3년 동안 조국의 땅이 초토가 되고 동포들의 영혼이 발기발기 찢어지게 싸우고 나서도 조국통일은 요원하고 앞으로 살아갈 일이 깜깜했다는 사실은 무엇보다도 뼈아픈 일이었다.

가장 강인한 본능은 생존 그 자체이다. 6·25의 전화를 겪으면서 염세주의에 빠져 있던 나도 본능에 따라 생존하려고 애썼다. 부산에서 시를 쓴다면서 혹은 불문학을 한다면서 적극적으로 살아보려고 애쓰고 있었다. 그러나 불행히도 냉정한 의미에서 나의 염세주의, 나의 허무주의는 전쟁을 통해서 더욱 굳어가고 있었다. 삶에는 궁극적으로 의미가 없는 것 같았다. 삶은 아름다워 보이지 않았다. 전쟁을 통해서 나는 이러한 생각에 더욱 확신을 갖게 된다. 술에 죽도록 취해보고 싶은 적이 얼마나 많았던가. 이렇게 괴로운 삶을 지속하느니 차라리 어서 아주 이 세상을 떠나고 싶은 충동에 나는 얼마나 자주 사로잡히곤 했던가. 지적으로 따져서 삶에는 의미가 없다는 사실, 이론적으로 죽고 싶다는 생각을 하면서도 한편 나는 살고 싶었고, 아니 뜨겁게 살고 싶었고 행복하게 살고 싶었다. 나는 행복하지 않았다. 행복해질 수 없을 것 같았다.

발레리가 그의 시 「해변의 묘지」에서 읊은 것처럼 나의 차가운 의식은 마치 사과벌레처럼 나의 삶이라는 사과의 살을 갉아먹는 것 같았다. 전쟁이 계속되고 있던 어느 겨울 부모님을 찾아보려고 나는 온양의 버스 정류장에서 아산으로 가는 버스를 기다리고 있었다. 나는 언제나와 같이 몹시 피로했고, 위궤양으로 인한 아픔과 싸우고 있었다. 나는 몹시 야위었고 외로웠으며, 나의 삶이 사막같이 메마름을 의식하고 있었다. 이때 나는 내 나이 또래인 한 젊은 농부와 그의 아내를 바라보게 되었다. 그들은 무식하고 가난해 보였다. 그러나 애기를 안고 있는 아내를 도와주며 촌스럽게 어릿어릿하고 있는 그는 행복해 보였고, 그의 삶이 따뜻하며 이성으로는 따질 수 없는 어떤 의미가 있는 것 같았다. 어찌하여 나는 그 농부처럼 행복할 수 없는가. 내가 그렇게 될 수 있을 것이라고 생각할 수 없으면서도 한편 그 농부가 부러웠다. 시를 쓴다, 외국문학을 공부한다 하는 나의 삶이 사실은 가짜가 아닌가 하는 생각이 들었다. 어쩌면 나의 삶이 근본적으로 병든 것이 아닐까.

치료될 수 없는 깊은 상처를 입은 의식과 영혼을 끌고 나는 수도首都로 돌아가는 수많은 피난민들의 틈에 끼어 서울로 가게 된다. 북쪽으로 달리는 기차에 몸을 싣고 새로운 재출발을 막연하게나마 계획해본다. 공산군, 공산독재를 물리치는 싸움이 일단은 끝났다. 그러나 나에게는 새로운 전쟁, 더 어려운 내 내적 전쟁을 시작해야 했고, 그 전쟁에서 반드시 이겨야만 했다. 나를 점령하고 있는 허무주의라는 적과 나는 이제부터 더 치열한 전쟁을 계속해야 되는 것이다. 이 전쟁에서 삶을 긍정적으로 볼 수 있는 승리의 고지를 점령해야만 하는 것이다.

《문예중앙》, 1984~1988

06
동숭동 캠퍼스

빌딩다운 건물이 원래 많지도 않았지만 서울의 건물들은 물론 도시 전체가 폐허였다. 암석같이 단단해 보였던 한국은행 본점도 앙상하게 껍데기만 서 있었다. 서울 전체가 마치 큰 화재를 겪고 난 산림 같았다.

3년간의 치열한 동족상잔의 전쟁은 헤아릴 수 없이 많은 사람들을 총으로 뚫고 폭탄으로 찢어 놨으며, 삽이나 도끼로 찍어놨다. 수많은 사람들이 어느 산골짜기에서, 어느 강변에서, 어느 길가에서 죽어 묻힌 채 돌아오지 않았다. 가정이 파괴되고, 집안이 몰살되고, 눈에 보이지 않는 상처는 아직도 생존해 남아 돌아온 사람들을 괴롭힌다.

구루마를 밀며 혹은 등에 지게를 지고 돌아와서 없어지고 남은 집안의 짐을 추려 살 자리를 마련하면서, 살아남아 서울로 돌아온 기쁨보다는 한없이 허무하고 피로한 느낌만을 갖게 된다. 살아남아 있음의 괴로움을 느낀다. 이런 나의 심리상태는 나의 개인적 건강상태 때문에 더욱 절실해지는 것 같았다. 사변 중에 얻은 설사병이 완전히 낫지 않고, 항상 위가 쓰리고 무거워서 지쳐 쓰러질 것 같은 기분이다. 무슨 희망이 앞에 보이는 것도 아니고 앞날의 계획을 세울 만큼 사회적, 정치적, 가정적, 그리고 개인적 상황이 안정된 것이 아니었기 때문에 더욱 그랬다.

건강상태를 보아서는 어느 곳에서 생활의 불안 없이 따뜻한 보호 속에 오래 쉬고 싶은 생각이 간절했다. 그러나 그럴 처지가 못 되었다. 경제적으로 궁핍한 형의 집에 붙어 의지하고 살아야 할 처지에서 사실 집에 들어가고 싶지도 않았다. 쉽게 지워지지 않을 전쟁의 상처가 보이지 않는 마음속에 더 깊게 나 있었으며, 서울의 폐허보다 마음속의 폐허가 더 황량했던 것이다.

얼마라도 생활비를 벌어야 했다. 개인교수 자리도 찾아봤다. 외국어 학원인 상록학원에 몇 시간씩 나가 강의를 했다. 불어 전문학원 '애 튜드 프랑스'에서도 시간을 얻어 가르쳐본다. 이런 아르바이트를 갖고 동숭동의 문리대 캠퍼스, 그 주변의 다방, 명동 골목길의 주점들을 드나들며 서울 수복 후 나머지 학창생활을 보냈다.

대학을 졸업하기까지 남은 1년 반 동안에 기억에 남는 강의는 별로 없다. 김태봉인가 이름이 잘 기억되지 않는 교수의 '자연과학사'가 인상적이었고, 이휘영 교수의 정확한 불어 실력이 감명적이었다. 박종홍 교수의 '철학개론'은 인기가 있었지만 나 개인에게 그 내용이 전혀 기억에 남지 않는다. 극히 심각해 보였던 그의 제스처, 웅변술이 아직도 머릿속에 남아 있다. 유명한 이병도 교수의 '국사'는 재미도 없는 옛이야기라는 느낌을 줄 뿐이었다. 영국 유학에서 막 돌아왔다는 정인섭 교수가 시간으로 나와 '영작문'을 가르치고 있었는데 유학을 갔다는 이유에서, 그리고 그의 달변 때문에 인기가 많았다. 수백 명을 놓고 외국어 작문을 가르친다는 것이 도대체 가능한 얘긴지 알 수 없지만, 그때 사정이 그럴 수밖에 없었으므로 할 수 없는 노릇이었다. 그는 엘리엇 등의 시를 녹음한 것을 들려주기도 했다. 하늘과 같이 위대하다고만 생각됐던 그 시인의 목소리를 처음 듣고 한국의 가난한 학생들은 감동하고 있었다. 그는 자신이 버킹엄 궁전 앞에서 여왕이 지나가는 것을 보았다고 했으며, 런던교, 템스 강변의 의사당, 빅벤 등의 얘기도 들려줬다. 모두가 꿈 같은 얘기였다. 마치 그림책을 뒤적거리는 것 같아 현실감이 나지 않는다. 우리에게는 정 교수가 마치 꿈나라에서 온 사람같이 보였다. 그런 곳에서 공부를 하고 온 그는 얼마나 행복할까?

문학 강의, 특히 외국문학 강의는 무슨 원서이고 간에 해석, 더 정확히 말해서 사전적 번역을 하는 것이 고작이었다. 대부분의 강의는 교수가 읽어주는 자신의 노트를 듣고 몇 장 받아쓰는 선을 넘어서지 않았다. 이러한 사실이 당시의 교수·학생·대학·학문의 수준이었다. 그러나 그것은 누구의 무성의 때문이 아니라 우리가 놓여 있던 엄연한 역사적 시점이었던 것이다. 그러니 이런 사실은 그 당시 우리들 대학·대학교수·대학생들의 수준이 얼마나 낮았던가를 입증한다. 30여 년이 지난 오늘, 선진국 대학에 비교하지 않고 우리 대학의 수준에 비해 봐도 이러한 사실은 충분히 납득된다.

그러나 가난하지만 우리들에게는, 거의 폐허가 된 그 당시의 서울에서 높은 플라타너스, 은행나무, 그리고 봄이면 라일락꽃이 향기로운 교정·황토빛 타일 빌딩들·대학원 본부·본관·도서관은 유일한 문화의 전당, 아니 어쩌면 궁전같이 화려한 특별한 보금자리 같았다. 엘리트 의식이 강했던 문리대 학생들, 특히 막연히 문학이네, 시네 하고 꿈속에서만 살던 문학도, 그중에서도 서양문학을 한다던 우리들은 동숭동의 이 문리대 캠퍼스를 이리 몰려다니고 저리 몰려다니면서 무슨 대단한 것을 배우는 양, 무슨 큰 지식을 갖고 있는 양 건들거리며 세월을 보냈다.

휴강하는 경우가 강의를 하는 시간보다도 많다고 할 만큼 휴강이 잦았던 이유도 있었겠지만, 그보다도 겉멋이 들어서 강의시간에 들어가는 것보다는 오히려 그 시간에 밖에 나와 다방에서 노닥거리든가 담배 꽁초를 손가락이 노랗게 되도록 빨면서 막걸리를 대낮부터 마시는 일이 많았다. 한편으로는 시를 쓴답시고 다른 '공부패'들과 몰려다녔다. 이 무렵 나는 한 살 위인 정명환이와 특히 가까워졌고 도움을 받았다. 그러나 공부패들도 모이면 으레 술 마시는 것이 관례였다. 김붕구 교수, 정명환, 그리고 이환 틈에 흔히 끼어다니면서 위가 아프면서도 미련하게 술을 마셔댔다.

이 무렵부터 나는 주간《대학신문》, 그리고 연간인《문리대학보文理大學報》에 글을 쓰기 시작했다. 지금 생각하면 내가 무슨 말을 하는지도 모르면서 어떻게 그런 것들을 써서 발표할 용기가 있었던 것인지 이해되지 않는다. 그러나 그러한 활동은 나의 문학적 발표욕을 다소 만족시켜주었고, 뒤범벅된 채 극복할 수 없었던 일종의 절망을 해소시켜주는 데 도움이 되었을 것이라고 믿는다.

이 당시 썼던 여러 글 가운데에 두 개가 특별히 기억난다. 거기에는 충분한 이유가 있다. 하나는《대학신문》에 발표됐던 에세이 「현대 작가와 윤리」라는 것이었고, 또 하나는《문리대학보》에 실렸던 「인습과 창조」라는 에세이였다. 전자는 이른바 실존문학의 특성이 윤리성에 있다는 얘기였는데, 그것이 '대학신문상'에 걸려들었기 때문에 잊혀지지 않는다. 후자의 에세이는 하나의 시론이라 말할 수 있다. 현대 영시와 불시들을 예로 들면서 시의 근본적 기능은 인습을 깨뜨리고 새로운 관점을 부단히 제시하는 데 있다는 요지이다. 그것이 발표된 후 친구들로부터 많은 호평을 얻었다. 10여 년이 지난 후 당시 정치과에 있으면서 문학에 열중하고《문리대학보》에 직접 관여하면서《사상계》에서 일하던 손세일이 나보고「인습과 창조」와 같은 에세이를 또 쓰라는 말을 했었다. 당시 그 에세이가 양주동 편『국문학독본 ― 현대편』에 나도 모르는 사이에 들어 있었다. 개인적으로 그 교수의 유명한 강의는 들어본 적이 없지만, 그가 자기 강의 시간에 알지도 못하는 나를 칭찬하더라는 얘기를 친구들로부터 듣고 물론 나는 으쓱한 기분이었다. 그러나 나는 누구보다도 나 자신을 잘 알고 있었다. 나의 글이 그런 책에 실릴 만한 것이 되지 않으며, 알고 있는 것이 전혀 유치한 것, 나의 수준이 원시적인 선을 넘지 못함을 너무도 잘 의식하고 있었다. 그러나 그 에세이에 발표한 나의 시에 대한 생각은 30년이 넘은 오늘에 와서도 근본적으로 변함이 없다는 것을 깨닫게 된다.

《문리대학보》에 원고를 자주 실은 편이지만 그것을 편집하는 데는 전혀 관여하지 않았다. 누가 주동이 되어 하고 있는지도 전혀 관심이 없었다. 틈 있는 대로 아르바이트를 가져야 하고, 또 다른 패거리와 어울려다녀야 했기 때문이다. 이 무렵 오상원이 신춘문예에 당선되어 큰 기세를 부렸고, 술자리에서는 가끔 심한 주정을 해서 술상이 뒤집히고 주먹이 오고가는 때가 있었다. 이 무렵에 중옷을 입은 시인과 한번 인사를 나눈 적이 있는데 그가 고은이었다. 그렇게 소위 문학한다는 사람들과 어울려다녀야 했을 뿐만 아니라 불어도 좀더 공부해야 했다. 이럭저럭하다 보니 벌써 졸업이 가까워왔는데 불문학은커녕 불어도 잘 모르며, 불어 책을 잘 읽을 만한 실력이 없었다.

유네스코를 통해서라고 기억되는데 외국서적이 수입되었다. 이때 불어 책들도 들어왔다. 지금 종로서적 근방의 어느 이층집에서 궤짝으로부터 풀어놓은 불어로 된 새 책들을 처음 봤을 때 몹시 흥분했다. 그런 책들, 종이 냄새, 잉크 냄새가 당장이라도 날 것 같은 그런 원서를 보는 게 처음이기 때문이며, 그만큼 많은 불어 책을 보는 것도 처음이었기 때문이다. 없는 돈을 짜서 사들고 온 몇 권의 책은 나에게도 큰 보물이었다. 그런 책을 만지고 팔에 끼고 다니며 뒤적거릴 때 나는 당장 큰 외국문학자가 되는 것 같았고, 큰 지식인이 된 듯한 환상까지 갖게 되는 성싶었다.

해석도 잘 못하면서도 2차 대전 전후의 프랑스 시를 장식하는 시인들의 시를 읽어보고 이해하며, 모방하려고 애썼다. 아라공·엘뤼아르·퐁주·프레베르·미쇼 등이 가장 알려졌었다. 아라공의 「엘리자에게」라는 시, 엘뤼아르의 「자유」라는 시가 알기 쉬웠고 매력적이었으며, 그밖의 대부분의 시들은 어학적으로는 해독이 되었어도 이해가 미치지 않았다. 그러나 그 시들이 좋은 시, 걸작이라는 것은 의심치 않았다. 오로지 그 시들이 시선집에 들어 있었다는 것이 이유였다. 과연 이것이 믿을 만한 것이었는지는 오늘에 와서도 의심된다.

위와 같은 시인들이 그들보다 좀더 이전의 아폴리네르들과 더불어 우리들의, 나의 무엇인가를 표현해주는 것 같았다. 그렇기 때문에 잘 이해가 되지 않는 위와 같은 현대시들이 베를렌, 라마르틴, 위고, 고티에 등의 19세기 낭만 시인들은 물론, 그렇게도 애호되는 보들레르의 시보다도 더 우리에게 가슴을 울리고 더 아름다워 보였다. 그만큼 우리의 시대는 달라진 것이리라.

프랑스 시와 함께 영시도 알아보려고 노력했다. 미군을 따라들어왔다고 생각되는 포켓북이 적지 않았다. 그런 책 한 권 사는 일이 쉽지 않은 경제력이었지만, 영시선집을 하나 구해서 엘리엇·오든·스펜서·크레인 등의 시를 알려고 애썼다. 우선 그들이 가장 유명한 시인들이라는 이유에서이다. 영어 독해력이 없어 무슨 소리인지 잘 알 수는 없었지만 오든의 몇 줄이 신선했고, 스펜더의 전쟁시가 특히 인상적이었다. 총알에 맞아 쓰러진 병사를 노래한 반전反戰시 때문이다. 그중에서 특히 엘리엇의 「프로프록의 연가」의 강력한 이미지로 시작되는 첫 연이 잊혀지지 않는다. 황량한 현대의 정신상황을 상징한다는 그 시구는 내가 느끼고 있는 세계, 나를 사로잡고 있는 어둡고 황량한 인생관을 대변해준다고 생각했다. 무서운 전쟁을 겪고, 가난에 허덕이던 우리 세대의 대부분의 젊은이들은 우리의 상황을 '황무지'로밖에는 달리 볼 수 없었다. 그렇기 때문에 내용은 모르더라도 「황무지」라는 제목의 장시를 쓴 엘리엇은 우리를 대변하는 시인이었다.

시에 심취하고 문학을 가장 중요한 것으로 믿고 예술에 깊이 끌린 이유는 무엇이라 규정할 수 없는 순수한 심미적인 것에 매력을 느꼈던 데 있을 것이다. 그러나 더 깊은 이유는 도덕적인 성질을 갖고 있었기 때문이라고 확신한다. 나의 가장 중요한 문제는 삶의 의미가 무엇인지를 아는 데 있었다. 나는 빠져나올 수 없는 염세주의, 허무주의에서 이미 오래전부터 허우적거리고 있었다. 22세의 젊은 키르케고르가 자기의 일기에서 말하고 있듯이 나에게 가장 중요한 문제는 '내가 목숨을 걸고 살 수 있는 어떤 이상, 어떤 가치'를 찾아내는 데 있었다. 달리 말해서 '어떻게 살 것인가'라는 것이 나에게 가장 절실한 문제였다. 이러한 문제가 무엇보다도 철학적·도덕적·종교적인 문제임은 두말할 필요가 없다. 낭만주의적 예술관이 주장하는 것처럼 나는 시가, 문학이, 아니 모든 예술이 그러한 문제를 가장 잘 밝혀준다고 믿었기 때문에 문학에, 시에 끌려들어가고 있었던 것이다.

어떻게 살 것인가? 인생은 의미가 있는가? 어째서 세상은 불공평하고, 사람들은 고통을 받아야 하는가? 나는 이러한 물음들에 대한 간단하고 설득될 수 있는 대답을 얻고 싶었다. 시가, 그림이, 음악이 그러한 종류의 대답이 될 수 없었다. 이러한 이유에서 문학작품 가운데에도 당시 유행되고 있던 이른바 실존주의 작가들, 특히 카뮈·사르트르·말로 등에 유난히 공감을 느꼈으며, 특히 말로의 작품에 깊은 감명을 받고 충격을 느꼈다. 그의 이른바 '앙티 데스탱anti-destin', 즉 '반운명'이란 개념이 가슴에 울려왔다. 인간의 위신을 무시하거나 의미를 약탈하는 '운명'과 맞부딪쳐 어떤 삶의 의미를 창조해보려는 비극적이면서도 영웅적인 투쟁가들의 삶이 가장 멋있고 보람 있는 삶이라고 느껴졌기 때문이다. 말로의 대표적 소설 『인간의 조건』에 나오는 주인공들인 첸, 기요 등과 같이 어떤 이상을 위하여 목숨을 바칠 수 있는 격렬한 삶, 생텍쥐페리의 소설 『인간의 대지』의 비행사 주인공처럼 어떤 난관을 무릅쓰고라도 자신의 의지를 살리고, 어떠한 비인간적 상황에서도 인간성을 잃지 않는 모험적 삶이 한없이 내 마음을 끌고, 한없이 아름다워 보였다. "도道를 깨달으면 당장 죽어도 한이 없다"라는 공자의 말대로 나도 소설에 나오는 그 주인공들처럼 산다면, 그들이 했던 경험을 했더라면 당장 죽어도 한이 없을 것 같았다. 그러나 나의 삶이, 내 생활, 내 행동의 하나하나가, 그리고 내 주위가 조금도 멋있어 보이지 않고 영웅적인 것 같지도 않았다. 오히려 너무나 시시하고 따분했다. 그것은 외적으로 보나 내적으로 보나 마찬가지였다. 적극적으로 살고 있는 것이 아니라 생명을 유지하기 위하여 본능에 질질 끌려 살고 있었다.

뜨겁게 살고 싶었다. 내가 목숨을 바칠 수 있는 어떤 이상, 가치를 잡아야 했다. 사회를 위하여, 어떤 이념을 위해서 목숨을 바치는 수많은 과거와 현재의 혁명가가 부러웠다. 그러나 나에게는 정말 내가 바치고 싶은 하나만의 이상, 어떠한 것과도 바꿔 양보할 수 없는 어떤 가치가 잡히지 않았다. 나는 어떤 이상 앞에서 어째서 그것이 가장 중요하며, 어째서 그것이 목숨을 희생해도 좋을 만한 가치가 있는가를 물어보지 않을 수 없다. 따지고 보면 이 세상에는 정말 아무것도 중요한 것이 없는 것 같았다. 시인 발레리가 말했듯이 지성, 냉철한 의식은 마치 모든 것을 부식해버리는 초산과 같이 모든 가치를 부정하고 있었다. 그리하여 나는 일찍 물들어버린 허무주의에서 아직도 빠져나올 수 없었다. 허무주의와 더불어 염세주의는 나의 건강, 그리고 나를 만족시켜주지 않았던 환경 때문에 더욱 굳어가고 있었다. 시인이 되겠다, 불문학을 깊이 공부해야겠다, 모든 것을 알겠다는 지적 충동, 아니 의욕이 무척 강렬했던 나였지만, 그와 동시에 그러한 의욕이 찾는 대상이 가치가 없다는 지적, 이론적 결론을 극복할 수가 없었다. 그래서 나의 내부에서는 강렬한 정신적 갈등, 아니 일종의 분열증 같은 것도 의식됐다. 어떤 때는 신부가 되고 싶었다. 어떤 때는 산속 승원僧院에 들어가 엄격한 규율에 따라 철저한 금욕생활을 한다는 승려들의 삶이 이상적인 것같이 보이기도 했다. 그들이 이 세상과는 다른 차원에서 살고 있다고 보였기 때문이다. 그날그날을 습관적으로 살아가면서 나는 사실상 크게 내적으로 방황하고 있었다.

사르트르를 좀더 알게 되었다. 그의 생각, 그의 말들이 빛이 되어줄 것 같다. 모든 것을 알고 있는 것 같은 사르트르, 한마디 한마디가 반짝거리고 독창적인 작가로서의 사르트르, 그렇게 독창적이면서, 정말 진정한 실존의 문제에 언급하고, 생각마다 신선하고 공감하게 하는 철학자 사르트르는 어떤 시인보다도 어떤 작가보다도, 어떤 철학자보다도 나에게 육박해온다. 그는 가장 멋있는 사람 같았고, 진정 나의 고통을 대변해주며, 그의 생각이야말로 나의 살길을 가르쳐줄 수 있을 것 같다. 내가 좀더 그의 책을 잘 이해할 수 있었다면 얼마나 좋았을까? 조금이라도 그와 비슷한 재주를 타고 나고, 그와 같이 책을 쓰고 그와 같이 살 수 있다면 얼마나 멋있으랴? 그러나 나는 불어를 제대로 읽기조차 못하고 있으며 나의 지적 수준은 그의 책을 이해하기에는 너무나 거리가 멀고 기초가 없었다.

나의 어려웠던 생활 형편으로는 사르트르가 부러운 존재에서 미움의 대상으로 변할 수도 있었다. 나 같은 사람들에게는 그의 자유, 그의 진실성, 그의 선택 등에 관한 주장은 오로지 한가하고 피와 고통을 느껴보지 않은 머리 좋은 학자들의 헛소리라고 생각하고 싶었다.

사르트르의 사상적 형식조차 제대로 이해할 수 없었으면서도 어찌 그의 사상을 알았다고 말할 수 있으며, 그의 사상을 잘 이해하지도 못하면서 어찌 그를 찬미하고 존경할 수 있었으며, 흉내라도 내보고 싶어 할 수 있었을까? 그러나 나는 그가 말하고자 하는 것이 무엇인지 알 수 있을 것 같았고, 그의 말이 옳다고 생각되었으며, 그의 철학, 그의 인간관이 나에게는 큰 용기를 주었다. "인간은 자유로울 수밖에 없다"는 그의 주장, "인간은 운명이 따로 있는 게 아니라 각자 자신이 만들어낸다"는 가르침이 나로 하여금 더욱 자유에 대한 갈망을 느끼게 했으며, 나를 허무주의, 염세주의로부터 해방케 해주었다. 나 자신의, 내 나라의 불행이 나를 눌러 찌그러지게 할 듯한 '운명', 아니 '숙명'을 느낀 나로서는 사르트르를 통해서 그 운명, 그 숙명의 쇠사슬을 의지와 용단으로 끊어버리고 새로운 삶을 스스로 만들어보겠다는 생각을 갖게 되었고 그런 생각에서 이미 삶의 실감, 살아 있다는 느낌, 아니 일종의 승리감을 느끼게 되었다. 사르트르를 통해서 나는 운명이 있지 않다는, 운명이 있어도 그것은 극복될 수 있다는 사실, 나는 내가 내 자신의 자유로운 주인이라는 것을 배웠다. 그후 내가 살아온 아픔이며, 때로 느꼈던 그 환희는 또한 나의 환희였다. 나의 삶이 전혀 보람 없는 것이라 해도 그 책임이 전적으로 나에게만 있다는 것을 나는 알고 있다.

독창적인 철학으로 무장하고, 문학작품을 통해서 예술의 의욕을 충족시키며, 하나의 이념을 위해 적극적인 사회적 참여 속에 살고 있는 사르트르야말로 가장 멋진 나의 삶의 모델이 될 수 있을 것 같았다. 지적으로나 도덕적으로나 그와 비슷하게나마 될 수 없으리라는 것이 너무나도 확실하지만, 적어도 그가 쓴 책의 뜻이라도 제대로 이해할 수 있고, 도덕적으로 보람 있는 삶을 살았으면 만족할 수 있을 것 같았다. 그러나 죽을 때까지 노력해도 그가 쓴 책의 의미를 이해할 수 있는 수준에 이를 것 같지가 않았다. 앞이 깜깜하다. 아무것도 모르고 이렇게 시시하게 살다 죽어갈 것이라는 생각을 하면 아찔해진다. 스스로 가엾게도 보인다. 앞을 봐도 그렇고 뒤를 돌아봐도 그렇고 보이는 것은 넘을 수 없는 장벽뿐인 것 같다. 모든 문이 나에게는 닫힌 것 같다. 그저 고래고래 고함이라도 지르고 싶은 충동에 사로잡힐 때가 있었다. 질식할 것 같았기 때문이다.

어느덧 나는 대학을 졸업하게 됐다. 그러나 속으로는 뒤틀리고 겉으로는 건달같이 갈피를 잡지 못하고 지낸 대학생활이 나의 지적, 학문적 성장을 담당하지 못했다. 대학이라고 나왔지만 아는 것이 없고, 무엇에 활용할 만큼 구체적인 지식이나 기술이 없다. 대학 4년 동안, 별로 배운 것이 없었고, 만족스럽게 가르쳐줄 교수가 많지 않았고, 성실하게 배우질 않았던 것이다. 특히 조숙한 서양문학생, 지식인에 비할 때 나는 나이만 유난히 많이 먹었을 뿐 너무나 무식하다. 무엇인가를 더 알아야 하겠다는 의욕, 이제부터라도 제대로 배우고 공부해야 하겠다는 생각, 그리고 지금 졸업장을 갖고 사회에 나가도 할 것이 없다는 판단 때문에, 마침 처음 생긴 대학원에 들어갔다. 돈이 있는 친구들이나 혹은 우수하여 장학금을 얻은 친구들이 프랑스 유학, 미국 유학의 길로 떠났지만 나는 그 어느 것에도 해당하지 않았다. 최선의 길이 대학원에 남는 길이었을 뿐이다. 2년간의 대학원 과정을 통해서도 공부다운 공부가 없었다. 무엇보다도 학생으로서의 우리들의 실력이 없었던 탓이 있겠지만 정말 대학원 강의다운 강의를 할 분도 없었고, 그렇게 공부할 수 있는 시설도 없었으며, 분위기도 조성되지 않았었다. 교수나 학생이 다 같이 전화戰禍에서 생존해가기에 우선 급했던 것이다. 특강을 하던 다른 과의 교수 몇 분이 기억에 남는다. 이상백, 최문환, 박홍규 교수가 그분들이다. 각 과목마다 한 학기를 통틀어서 한두 번 원서라고 하여 불어로 된 인쇄물을 몇 장 읽은 것이 고작이었던 것으로 기억된다.

이러는 동안 성신여고에 불어 시간강사로 취직한다. 큰 출세를 한 것 같고 몇 푼 안 되는 강사료가 나에게는 크게 생각된다. 이렇게 아르바이트를 하면서 조교라는 명목으로 1년 반 동안 연구실에 나와 책을 뒤적거리며 공부하는 시늉을 하면서 나는 마치 제법 지식인, 문학자가 되는 듯한 착각이 생긴다. 속 모르는 남 보기에도 무엇 같았을지도 모른다. 지금 뒤돌아 내 스스로의 그런 모습을 상상해보면 폭소가 터지고, 부끄럽기 한이 없다.

《한국일보》,《경향신문》 등에 잡글을 더러 쓰기 시작했다.《사상계》,《문학예술》에 자작시 몇 편과 번역한 시 두 개를 발표했었다. 학교신문, 학교잡지의 그러한 테두리를 떠난 발표기관을 찾게 된 것이었다.《사상계》에 발표했던 첫 번째 시나《문학예술》에 발표했던 시의 하나가 다 같이 이른바 전쟁시에 속하는 것이었다.《사상계》의 것은 휴전에 따른 수복 후 폐허가 된 서울거리, 폐허가 된 사람들의 내적 상황을 강력한 이미지로 그리려 했다. 시는 현대의 정신적 상황을 황무지로 본 엘리엇의 시를 다분히 흉내 낸 것이었다. 꼭 의식한 것은 아니지만 "부러진 전주電柱에 기대어 밤을 토하는 여인이 있고"라는 구절로 시작되는 '잃어버린 세대'의 이미지는 다분히 '마취되어 누워 있는 환자'에 비유된 현대의 저녁 풍경을 상기시킨다. 그 작품이 나온 후 당시 대학원 영문과에 다니던 한 친구가 나를 '한국의 엘리엇'이라고 진지한 칭찬의 말을 해서 당황하고 멋쩍고 부끄러웠다. 왜냐하면 나의 시가 잘 짜여진 것도 아닐 뿐만 아니라 아직도 너무나 거친 모방적 수준을 벗어나지 못하고 있음을 스스로 잘 알고 있었기 때문이다.《문학예술》에 발표됐던「상처」라는 시를 조병화가《경향신문》에서 극찬해주었다. 이 시 또한 좋은 작품이 아니었지만 앞서 말한 시보다 훨씬 짜임새가 있으며, 다소 감상적인 요소가 있었다고 기억된다. 후에 곽광수가 이 시를 좋아하여 암기하고 다닌다는 사실을 알고 기분이 나쁘지 않았지만 생각케 하는 작품은 아니라고 확신한다. 당시의 나와 같은 수준의 사람들의 글이, 나의 글들이 주요 신문이나 잡지에 발표되었다는 사실은 약 30년 전의 한국의 지적 수준이 얼마나 낮았던가를 입증해주며, 지난 30년 동안 우리의 지적 수준이 경제적 수준과 더불어 놀랍게 발전했음을 말해준다.

석사학위논문은 가장 투명한 지성의 시인으로 알려진 발레리의 시론을 다루기로 했다. 제목을「폴 발레리에 있어서 지성과 현실과의 변증법으로서의 시La Poésie en tant que la dialectique entre la réalité et l'intellect chez Paul Valéry」라고 붙였다. 발레리의 시의 기능, 시의 본질에 대한 입장을 밝히려 했다. 구체적인 대상으로서의 현실-실체와 그것을 표상하여 인식으로 전화시키는 주체로서의 지성과의 갈등을 극복하려는 의도가 시의 기능이며, 시의 본질이라고 주장하려 했다. 이러한 시론이 발레리에서 발견된다고 믿었지만, 그것은 또한 나의 관점이기도 했다. 30년이 지난 오늘날에 시에 대한 나의 견해는 그때의 견해와 근본적으로 달라지지 않고 있다.

학사증을 받고서도 그동안 배운 것도 없고, 정말 아는 것이 아무것도 없다는 것을 느끼고 초조했지만, 2년 후 한국에서 당시 최고의 학위였던 석사증을 받고 나서도, 정직히 말해서 아는 것이 거의 아무것도 없었다. 공연히 흥분만 하고, 기분만 내면서 시를 쓴다, 불문학을 한다고 떠들고 다녔지만 석사가 된 후에도 불문학이 무엇인지를 몰랐을 뿐만 아니라 불어원서, 영어원서를 제대로 읽을 만한 어학력조차도 갖추지 못했던 것이 사실이다. 그뿐만 아니라 30년 후 오늘의 한국학생, 한국대학의 학위에 비해서도 내가 갖고 있는 지적 내용은 빈약하기 그지없었으며, 내가 받은 학위증은 별로 내용이 없었다는 것을 인정해야만 한다. 따지고 보면 일제하에 중일전쟁 발발 후 소학교에 들어가, 태평양전쟁을 거치고, 해방, 남북분단, 좌우익의 극렬한 정치적 싸움, 6·25 사변을 거쳐야 했던 나의 세대는 제대로 교육을 받을 수가 없었다. 학교에서 배운 것이 사실상 거의 없었던 것 같았다. 그것은 선생들, 교수들만의 책임도 아니며 학생들만의 책임도 아니었다. 교수나 학생들은 다 같이 가난하고, 자유롭지 못하고, 피비린내 나는 격동기 속에서 고통 가운데에 무엇보다도 먼저 생존해야만 했기 때문이다. 1차 대전을 살았던 유럽의 젊은 세대들은 스스로를 '잃어버린 세대'라고 불렀으며, 2차 대전 직후의 세대는 스스로를 '분노한 세대'라고 불렀었다. 한국의 우리 세대는 '잃어버린 세대'인 동시에 '분노한 세대'라고 불러야 한다. 우리들은 일제의 압박, 해방 후의 혼란, 6·25 전쟁을 통해서 젊음을 잃었던 것이다. 우리들은 그렇게 심한 격동 속에서 가난 속에서, 불의에 대해서, 돌아오지 않는 자유에 대해서, 개인적·민족적 치욕의 경험에 대해 분노하고만 살아왔던 것이다.

석사증을 받고 났을 때 나는 이미 만 27세가 넘었다. 나는 이미 학생이기를 그쳐야 했으며, 나는 이제 성년으로서 독립을 해야 했다. 그러나 지적으로나 경제적으로나 정서적으로 나는 전혀 독립할 능력이 없었다. 잃어버린 청춘, 생존하느라고 이미 지치고 남은 기분에 사로잡혀 있는 20대 말의 나, 나는 잃어버린 시간과 청춘과 지식을 다시는 되찾을 수 없을 것 같았다. 그러면서도 나는 사회인으로서 자립해야 했다. 우리 세대는, 나는 정말 모든 것을 잃었던가? 우리 세대의 학창생활은 완전한 낭비에 지나지 않았던가?

모든 것을 잃은 것만은 아니다. 대학원 생활까지 포함한 긴 동숭동 문리대 캠퍼스의 생활이 그냥 낭비된 것도 아니며 전혀 무의미한 것도 아니었다. 설사 남들과 같이, 다른 세대의 학생들처럼 책을 많이 읽지 않았으며, 외국어 단어도 외우지 않았지만, 그런대로 우리 세대의 학창생활은 우리들의 삶에 있어서 중요한 거름이 되었으리라. 시를 쓴다면서, 문학을 한다면서 인생과 사회를 논하면서, 술에 취해 거리를 떠돌아다니면서 연방 꽁초를 목이 막히도록 피우면서 우리들이 보낸 동숭동 문리대 캠퍼스는 우리들에게 거칠게나마 실존적 경험을 마련해주었던 것이다. 그런 경험을 통해 책으로만은, 교실에서만은 발견할 수 없는 뜨거운 경험, '정말 살아 있다'는 체험을 마련해주었다.

나에게 운이 좋아 이화여자대학에 불문과가 생기고, 은사들, 그리고 선배들의 도움으로 나는 이화여자대학에 직장을 얻게 된다. 대학 선생이 된다는 사실에 흥분되고, 한국의 양가 따님들이 모인 꽃밭 이화여자대학의 캠퍼스에 들어가게 된 사실에 즐거운 호기심을 갖게 된다. 과장 최완복의 심부름을 하면서 이진구 선배의 각별한 옹호와 격려를 받으면서 풋내기 총각, 촌스러운 불어 선생인 나는 그 당시에는 귀족들이나 살 수 있을 듯한 성 같은 석조건물인 이화여자대학의 본관 계단을 피로한 줄 모르고 뛰어 오르내리면서 큰 열성을 보인다. 이때 나는 이미 한 학기 후 가을에는 꿈에 그리던 프랑스의 수도 파리로 유학 가게 되어 있었다! 하루를 멀다고 손꼽아가며 파리로 향하여 비행기를 타고 나는 날을 기다린다. 다른 세계가, 멋있는 세계가 있으리라. 책에서만 보고 듣던 곳, 책에서만 알고 있는 프랑스의 작가들, 그렇게도 멋있어 보이는 사르트르·카뮈·말로가 실제로 살고 있는 세상이 갑자기 더욱 궁금해진다. 나의 새로운 출발이 있을 것 같다. 몸은 아직도 쓰러질 만큼 괴롭고 마음은 긴장에 시달렸지만 나는 가슴을 울렁거리며 불안한 마음과 더불어 기다린다.

《문예중앙》, 1984~1988

07
3년 만의 결단

창고같이 작고 붉은 벽돌집이 비행장 건물이었다. 그곳에서 출국 수속을 밟고 활주로를 걸어 들어가 비행기에 올랐을 때 이제 정말 파리로 가게 된다는 실감이 났다. 엔진이 켜지고 비행기가 활주로를 달리다가 이륙하여 하늘로 올랐다. 그렇게도 복잡하고 어려운 수속을 끝내고 드디어 나는 동경하던 프랑스, 동경하던 파리, 동경하던 소르본대학으로 가고 있는 것이다. 당시 한국에서의 일이란, 실제로 실현되기까지는 확실한 것이 하나도 없었다. 신경과민이 생기지 않을 수 없었기 때문에 비행기가 하늘로 뜰 때까지는 안심이 되지 않았던 것이다. 그때까지만 해도 나는 프랑스가 가장 문명화된 나라이고 그곳에서는 모든 것이 프랑스 언어처럼 맑고 아름다우며 프랑스의 향수처럼 황홀한 것으로 믿었다. 파리가 세계에서 제일 아름답고 화려한 도시라고 믿어왔으며 소르본대학이 세계에서 제일 오래되었고, 따라서 제일 유명한 대학으로 확신하고 있었다. 당시에도 미국으로 유학 가는 학생은 비교적 많았고, 미국이 물질적으로 가장 풍요한 나라라고 알고 있었으면서도 유럽의 모든 나라, 특히 프랑스에 비해서 미국문화는 훨씬 열등하며, 프랑스의 소르본 대학에 비할 때 모든 미국 대학의 수준은 낮은 것이라는 근거 없는 독단적 편견을 굳게 갖고 있었다. 이런 생각은 불문학을 한다는 이유 때문에 갖는 나의 개인적인 생각만이 아니라, 일반적으로 당시 한국의 지식인, 그리고 대학생들이 갖고 있는 생각이었다. 이런 나라에 가고 싶고, 이런 대학에서 공부하고 싶었던 것은 두말할 필요도 없다. 그런 꿈이 이제 이룩됐으니 어찌 기쁘지 않겠는가.

그러나 비행기를 타고 김포공항을 떠날 때 다른 이유에서 숨길 수 없는 해방감을 느꼈다. 가정의 차원에서, 학교의 차원에서, 사회의 차원에서, 친구 간의 관계에서, 사제지간, 선후배 사이의 복잡하게 뒤얽힌 관계에서 빠져나오고 있는 것 같았고, 식량 부족 등의 가난이 가져오는 불안에서 해방되는 듯했다. 그리고 그때 느낄 수 있었던 가장 큰 해방감은 전쟁의 공포로부터의 해방감이다. 휴전된 지 벌써 4년이 지났지만 우리들은 아직도 전쟁의 공포, 북괴인민군의 또 다른 전쟁 도발을 은근히 두려워하고 있었던 것이다.

비행기를 타보기는 처음이었다. 김포의 하늘에 떠오른 비행기는 어느덧 동해에 접어든다. 그렇게도 고달프게 살던 땅, 그렇게도 고달픈 조국의 땅이 멀어진다. 아직도 폭탄의 자국이 산마다 큰 상처처럼 남아 있다. '가난한 우리 조국!', '역사의 진통을 앓고 있는 조국이여!', '거기서 가난하게, 남들에게 눌리고 시달리며 사는 우리의 겨레여!'라는 생각이 머릿속을 스친다.

흰 구름 위로 떠가는 비행기 창에서 내다보이는 시야가 한없이 넓고 아름답다. 눈에 덮인 광야 같기도 하며 목화의 바다 같기도 하다. 해가 저물어갈 무렵 비행기는 어느덧 일본의 상공을 날고 있었다. 항구들 주위에 수많은 배들이 떠 있고 육지에서는 이미 등불이 다이아몬드를 뿌린 듯 아름답게 빛난다. 정전이 자주 있었고 전기불을 아껴야 했던 서울에서는 상상도 할 수 없는 화려하고 사치스러운 풍경이다. 우리를 지배하다가 패망한 일본, 그러나 패전 후 얼마 되지 않아 재기하는 일본에 더욱 호기심이 가고, 더욱 무서워지는 느낌이다. 서로 비슷한 민족인데 어찌하여 그들은 이처럼 번영을 누리고 자존심을 갖고서 우리를 다시금 내려다보는 처지에 있는가?

하네다 비행장에 들어간 첫인상은 역시 깨끗하고 산뜻하다는 점이다. 물건, 건물 그리고 사람들이 다 똑같이 그런 인상을 준다. 비행장에서 일하는 일본인들의 얼굴은 건강한 색을 띠고 있고, 입은 옷들이 산뜻하고 깔끔하다. 고달프고 고달픈 서울 사람들의 얼굴에 익숙해오던 터였기 때문에 더욱 그런 건강하고 풍요한 모습이 눈에 띈다. 해방 후 12년 만에 처음으로 일본말이 들린다. 나 자신은 그 전과 같이 일본말이 나오지 않았다. 12년 동안 한 번도 쓰지 않았기 때문에 잊어버리고 있었다. 약 15년 전 한 번 와봤던 일본은 옛날에 느낀 인상과는 전혀 다르다. 전후 폐허였다던 동경은 현대적 고층건물이 즐비했고 온 도시가 휘황스러운 네온사인으로 야단스럽다. 투숙하게 된 제일호텔도 높은 빌딩이다. 그곳의 식당, 호텔방이 서울에서 보던 식당이나 침실에 비교할 때 전혀 다른 세상이다. 너무나 화려하고 부유해 보인다. 나는 해방 후 처음 6·25의 무서운 전화를 겪은 후 다시 일본을 보는 것이다. 이제 나는 한국인이고, 이곳이 외국인 것이다. 우리는 언제나 일본을 따라갈 것인가.

그러나 나는 일본을 부러워하거나 일본에 감탄만 한 것이 아니다. 나는 지금 프랑스로, 파리로 간다. 그까짓 일본과는 비교될 수 없이 화려

한 프랑스로, 동경과는 비교될 수 없이 아름다운 파리로 공부하러 가는
것이다. 이렇게 생각하면서 나는 일본을 무시할 수 있었으며, 그런 내
자신에 우월감마저 갖고 있었다.

공항을 벗어나진 못했지만 나는 사이공에 들어갔었고, 마닐라에 기
항했으며 홍콩, 카라치, 테헤란, 로마 등의 도시에 발을 디뎠었다고
기억된다. 잘해야 지리교과서 아니면 역사책이나 문학작품에 나타나
는 이 신비한 이름의 도시들. 가지가지 화려하고 이국적 상상력을 자극
하는 이름의 도시들, 그 도시들에 내가 실제로 발을 디뎌보고 있는 것이
다. 어디 가나 서울보다 화려해 보였다. 원시적으로만 생각했던 사이공
혹은 방콕의 찬란한 야경에 기가 죽는다. 중국인들, 일본인들, 그밖의
좀 모양이 다른 동남아인들의 모습을 직접 본다. 터번을 쓴 인도인들이
모습도 신기하고, 사막 같은 데 분수가 마련된 아랍권, 독특한 정원을
가진 테헤란, 카라치 등의 공항을 신기한 눈으로 구경하며, 치맛자락을
두른 듯한 아랍인들의 모습이 그저 이상스럽기만 하다. 드디어 프랑스
에 도착한 것은 10월 어느 날의 저녁나절이었다. 1년 먼저 와 있던 이환
부부가 자가용을 몰고 오를리 비행장에 나와 기다리고 있었다. 대학기
숙촌에 도착할 때까지 자동차 안에서 내다본 파리는 상상했던 것처럼
산뜻하지도 않고 화려하지도 않았다. 그것은 첫 여행에서 오는 긴장 때
문이거나 몹시 피로했기 때문만은 아니었던 것 같다. 나는 파리도 사람
들이 사는 곳에 불과하다는 것을 잊고 있었던 것이다.

석조로 된 집들이 질서 있게 늘어서 있고, 도시 전체가 하나의 조각처
럼 정돈된 회색빛 파리의 독특한 아름다움, 그리고 그 도시의 석조들이
상징해주는 유럽문화의 견고성을 의식하게 되고 찬미하게 되는 것은
좀더 시간을 기다려야 했다. 차츰 이곳에서 비로소 문화·문명이라는

개념의 뜻을 구체적으로 이해할 수 있을 것 같았다. 반만년 역사를 자랑해온 우리들의 문화적 유산은 파리가 입증해주는 문화적 유산에 비해 너무나, 정말 너무나 초라함을 의식한다. 프랑스인들, 아니 유럽인들은 많은 것을 잘 이루어놓고 살았구나 함을 느끼지 않을 수 없었다. 특히 6·25 전쟁 후 지극히 가난했던 우리들에게는 프랑스인들이 너무나도 사치스러워 보였고, 파리가 너무나도 화려해 보이기만 했다. 내가 이제 그러한 파리에서, 그러한 프랑스인들 틈에 끼어 소르본대학에서 공부하게 된 것이 생각만 해도 신기스럽고 어쩌면 현실 같지 않았다.

말이 소르본대학에 다닌다는 것이지 정말 대학공부를 하는 것이 아니었다. 말이 불문학을 공부하는 것이지 정말 그렇다는 말이 쉽게 나오지 않는다. 내가 공부하게 된 것은 1년 코스인 외국인 불어교사를 위한 소르본대학의 석사였지만, 불어를 알아듣지도 못하고 표현도 못하는 형편이었다. 이러한 처지에서도 1년 동안의 수강을 통해서 평생 처음으로 대학공부를 하는 것 같았다. 교수들은 자기들이 하는 말이 무슨 뜻인 줄을 확실히 알고 있었고, 대개는 모두가 앞뒤 정연한 강좌를 하고 있다. 무슨 소리를 하는지 구체적으로 다 알아듣지는 못했어도 그 정도는 충분히 짐작할 수 있었다. 그들은 모두가 정말 많은 것을 알고 있는 것 같았다. 그들은 박사가 아니었지만 정말 박사들이었다.

우리의 교육을 담당했던 몇몇의 교수 가운데서도 자크 네세르Jacques Netzer라는 교수의 강의는 나를 감탄시켰다. 그는 현대 프랑스 시를 담당했다. 내가 프랑스 시에 특별한 관심을 갖고 있기 때문만이 아니다. 그는 빈말 하나도 없이 처음부터 끝까지 한 시인, 그리고 한 시를 분석하고 설명해주곤 했다. 우리들은 지금까지 시, 그리고 문학작품 일반을 공부하고 연구한다 할 때도 대체로 '멋있다', '근사하다', '좋다'라는 식의 감탄사로서거나, 잘하면 막연한 무슨 주의 혹은 무슨 사상이라는 이름을 붙여 그것으로 끝냈다고 생각해왔다. 물론 이런 것에 다 같이 불만을 느껴왔다 해도 그 이상의 수준에서 한 문학작품을 설명하고 해석해줄 만한 교수도, 비평가도 있지 않았다. 그러나 프랑스인들의 강의, 특히 네세르 교수의 강의를 듣고 막연하게만 생각되던 어떤 소설, 어떤 시도 앞뒤가 정연하게, 논리적인 어떤 설명이 가능하고, 따라서 그만큼 더 작품의 의미를 이해하고 그만큼 더 그 작품의 가치를 평가·감상할 수 있다는 것을 확인하게 됐다. 이런 곳에서 이런 교수들한테 마음껏 오래도록 공부하고 싶었다. 정말 무엇을 배울 수 있을 것 같고 무엇인가를 알 수 있을 것 같았다.

한 학년이 너무나 빨리 지나갔다. 말이 1년이지 11월에야 강의가 시작되고 다음 해 5월이면 한 학년이 끝난다. 1년간의 유학이 너무 아쉽다. 공부의 냄새나 겨우 맡은 기분이다. 자비로 유학 온 다른 친구들은 시간을 정해두지 않고 더 남아 공부하려 하지만, 프랑스 정부에서 1년간의 약속으로 받은 장학금이기 때문에 나는 다시 고국을 향해 떠나야 하는 것이다. 남들처럼 윤택하지 못해 자비로 남아 있지 못하는 사실이 안타깝다. 그러나 이런 사정을 어떻게 하랴. 사회를 탓하고 운명을 탓한들 무슨 도움이 되겠는가. 다시 올 수 있을 것 같지 않은 프랑스, 다시 구경할 수 없는 유럽이기에 최대한으로 시간과 돈을 절약하여 프랑스의 르와르강과 성들을 구경하고, 독일의 라인 강변을 따라 본까지 뛰다시피 다녀와서 짐을 부치고 기선편汽船便 표를 산다. 마르세유 항에서 떠나는 프랑스 동남아 여객선의 하나인 '라오스' 호에 탄다.

화물칸에서 자면서 절약한 돈으로 일본 요코하마까지 약 한 달 동안 배를 타면서 도중 이집트의 수도 카이로에 들어가 하루를 묵으면서 피라미드 스핑크스를 구경하고, 이집트의 사막을 택시로 달려본다. 홍해를 빠지면서 당시 프랑스의 영토이던 지부티 항을 구경하고, 인도양의 거센 파도에 시달린 다음 현재의 스리랑카의 수도를 돌아보고, 인도에 와서는 봄베이 항에 내려 하루를 구경한다. 싱가포르, 사이공, 마닐라를 둘러서 일본의 고베를 거쳐 요코하마에서 드디어 배를 내린다. 일본에서 비행기를 타고 김포공항에 내렸을 때 겨우 만 1년이 지났음에 불과하지만 마중 나온 가족들, 택시를 타고 다시 돌아보는 서울, 그리고 서울의 우리 민족들이 눈물이 나올 만큼 초라하고 가난해 보이며 딱하다.

짧은 1년간의 유학, 그리고 그동안 본 여러 이국의 모습과 사람들이 모두 신기했고 자극적이었다. 무엇이라고 정확히 찍어 말할 수는 없지만, 교과서에서 배울 수 없는 것을 배웠으며 내가 알고 있는 게 너무나도 적다는 것을 뼈저리게 느낀다. 남들에 비해 가난한 우리들에게 분노를 느끼고 분발심도 생긴다. 다음 항구에 기항할 때까지 육지가 보이지 않는 대양 위를 3, 4주일씩 떠가는 여객선의 갑판, 책에 기대어 나는 몇 시간이고 이런저런 생각에 잠기곤 했었다. 만월이 비치는 밤, 바다 위에 기선은 감상적일 만큼 처량하게 아름답기도 했다. 전혀 낯모르는 수많은 외국인들 틈에 끼어 나는 나의 조국, 나의 서울을 생각하곤 했다. 나는 돌아가서 무엇을 할 것인가. 조국을 위해서 무엇을 할 수 있을 것인가. 외국을 구경하고 외국인들을 만나보니 새삼 애국심이 생기는 것 같다. 이러한 애국적 울분은 같은 배에 타고 일본으로 영어를 가르치러 간다는 영국인을 만나고서 더욱 짙어졌었다. 그는 한국전쟁 때 참전했던 미군 대령이 썼다는 포켓북을 읽어보라고 보여주었다. 동양의 후진국에 대한 책인데, 한국, 대만, 필리핀 등 후진국의 정치적, 경제적, 사회적 상황을 기술한 것이다. 그중에도 한국 얘기가 제일 먼저, 제일 절망적으로 기술되었다는 인상이었다. 정부가 부패하고 국민이 미개하다는 식이었다. 한 사람의 한국인으로서 어찌 부끄러움을 느끼지 않을 수 있으며, 한 사람의 공부했다는, 이른바 유학생으로서 어찌 우리들 자신의 이런 상황에 울분을 느끼지 않을 수 있었겠는가.

그런 내가 조국에 돌아가 구체적으로 무엇을 할 것인가. 시고, 불문학이고 집어치우고 정치운동을 해야 할 것인가, 그때 나는 조봉암이 언뜻 떠올랐다. 그는 부패한 이승만 정권과 대항하는 용기 있고, 양심적인 정치가로 인식되어 있었다. 한국의 여러 정치가 가운데 유일한 희망은 조봉암일지도 모른다. 서울에 돌아가면 그를 찾아가 그의 일을 도와주겠다고 해볼까. 이렇게 나는 바다 위에서 달빛을 받으면서 갑판의 책에 기대어 혼자 물어보곤 했다. 그것은 홍콩을 지나 마닐라로 향하는 해상에서였다. 원래 정치를 싫어하고 정치가들을 경멸했던 나는 이런 정치적 생각, 위험한 정치적 참여를 남몰래 혼자 생각하면서 서울에 돌아왔던 것이다. 때는 1958년 9월 말이었다.

정말 그렇게 행동을 할 수 있었을까. 그러나 내가 돌아왔을 때 조봉암은 공산주의자로 몰려 체포되었고, 그후 머지않아 사형이 집행되고 말았다. 이러한 사실을 목격하기만 하는 것으로도 당시 내 등은 싸늘해졌다. 생각만 해도 아찔했다. 잘못했다가는 나도 공산주의자로 몰려버릴 수 있었던 것이다. 이때에도 이승만의 국민의 현실에 대한 무지는 여전하였고 그의 망령에 가까운 독재성은 커져 굳어가고 있었던 것 같다. 정치적 싸움이 치열했고, 정치적으로나 사회적으로, 그리하여 경제적으로 한국의 사정은 아직도 암담했다. 여전히 서울은 폐허로 남아 있었고, 몇몇 특수계급을 빼놓고는 누구나 배고팠고, 겨울이면 떨고 살아야 할 판이었다.

만 1년도 채 되지 않는 동안이었지만 스팀이 들어오는 방의 침대에서 자다가 구공탄을 때는 찢어진 장판방에 누우니 한심스럽고, 더운 물로 방 안에서 세수하다가 우물물을 퍼서 손을 닦아야 하니 맥이 풀린다. 우리의 가난, 우리의 후진성을 더욱 느끼게 된다. 그러나 나를 반겨줄 곳은 나의 나라, 나의 집뿐 어디 또 있겠는가. 나를 생각해줄 사람이 부모 형제, 그리고 다 같이 가난한 내 나라 사람들밖에 더 어디 있겠는가. 무한히 초라해 보이기만 하지만 그만큼 더 내 나라, 내 부모, 서울의 친구들에게 새삼 친밀감을 느낀다.

1년 전 떠났던 이화여자대학으로 다시 돌아온다. 나는 이제 프랑스 문학가의 취급을 받게 되었고, 프랑스 시의 권위라는 식으로 생각하게 되었다. 내가 1년 후 돌아온 1958년 한국에서 처음으로 번역붐이 일어나고 있었다. 동아출판사에서 내는 세계문학전집 가운데 한 권인 『세계 현대시선』에 프랑스 시를 통틀어 내가 맡아 번역하게 되었다. 지금 돌이켜 생각하면 내가 프랑스 시의 권위처럼 취급되었던 그 사실이 우습기도 하면서 슬퍼지고, 그런 취급을 받고 잘 소화도 못하면서 많은 시를 번역했었던 내 자신의 만용에 부끄러워진다. 그러나 그 당시 그것이 한국의 사정이었고, 또한 나는 그런 번역을 통해서 책을 낸다는 허영, 그리고 또 한편 번역료를 받는다는 유혹을 거부할 수 없었다. 얼마 되지 않았지만 그 당시 나에게는 그만큼 큰돈을 한꺼번에 벌어본 적이 없었다.

성의껏 강단에서 가르치면서 나는 위에 말한 프랑스 시 말고도 로브그리예의 『질투』, 아나톨 프랑스의 소설 『무희 타이스』, 졸라의 소설 『테레즈 라캥』, 그리고 이진구와 공동으로 알베레스의 평론 『20세기 문학의 결산』을 번역했다. 이만큼 많은 번역을 주문받아 밤잠을 자지 못하며 입술이 터지게 해냈지만 불행하게도 번역료는 거의 받지 못했다. 출판사들은 이런 핑계 저런 핑계를 대며 원고료를 끝내 주지 않았다. 사기를 당했다는 느낌이었다. 출판사를 한다면 문화사업을 하는 셈인데, 그런 것을 한다는 사람들도 결국 돈만 생각하고 바보 같은 번역자들을 착취하는 격이었다.

파리에서 돌아와 1년이 좀 지난 후 나는 이화여자대학 뒤 봉은사로 올라가는 언덕 위에 지은 게딱지만 한 시영주택을 사서 어머님을 모시고 살림을 차렸다. 오랫동안 의지해오던 둘째형으로부터 독립하게 된 것이다. 결혼도 하지 않은 채 독립해나가는 마음이 어쩐지 갑자기 고독해지는 것 같았다. 그러나 무엇보다도 독립한다는 사실, 이제 형의 눈치를 보지 않아도 된다는 사실, 형에게 경제적으로 의지하지 않고, 형의 짐이 되지 않게 되었다는 사실에 날아갈 것만 같은 해방감을 느낀다.

독립하게 되자 나는 30이 거의 다 된 나이에 바이올린을 배우겠다고 개인교습을 받았다. 아코디언, 피아노, 바이올린 등을 중학시절부터 무척 배우고 싶었지만 그런 것은 생각할 수 없는 처지였다. 바이올린을 시작한 것은 우선 이 악기가 피아노 값보다 쌌기 때문이었다. 불가능한 일, 특히 재능이 없음을 알고서도 이렇게 악기를 만지려 했던 것은 어려서 채워지지 않은 소원을 풀어보자는 것이었으며, 또한 내 마음 한구석이 몹시 허전했기 때문이다. 아마 그밖에 한 악기를 만짐으로써 좀더 문화인이 되겠다는 허영심을 갖고 있었던 것도 또한 그런 무모한 짓을 시작한 이유였던 것같이 생각된다. 다시 파리로 떠날 때까지 약 2년 동안 바이올린 레슨을 받았고 그렇게도 갖고 싶었던 레코드 플레이어도 구하여 내 딴에는 문화생활을 해보자는 것이었다. 틈틈이 잡글을 써서

신문에 혹은 잡지에 기고했다. 어머님을 모시고 공기 맑은 산기슭에서 1961년 10월까지 살던 2년 가까운 생활이 오래간만에 나에게 삶의 따뜻함을 경험케 했다. 이때의 짧았던 살림, 사실상 소꿉장난 같은 살림이었지만 흐뭇했던 그때가 잊혀지지 않는다. 그후 파리에서, 로스앤젤레스에서, 그리고 보스턴 등에서 줄곧 혼자 살면서 특히 쓸쓸할 때면 나는 어머님을 모시고 꾸몄던 잠깐 동안의 장난감 같은 살림을 자주 머릿속에서 더듬곤 하게 되었다.

그 당시 이화여자대학은 상대적으로 화려한 세계를 상징할 수 있었다. 그곳은 대개 가정이 윤택한 양가집 따님들이 모일 수 있는 곳이었다. 적어도 멀리서 봤을 때 서양식 교사校舍나 아담한 캠퍼스, 그리고 그곳에 다니는 학생들, 그곳에서 가르치던 교수들, 특히 여교수들은 화려할 뿐만 아니라 어떻게 보면 우아한 세계를 상징했다고도 볼 수 있다. 아직 30이 채 넘지 않은 나에게는, 선술집에서 막걸리나 마시며 집에서는 양식 걱정, 땔감 걱정을 해야만 했던 나에게는 그 세계가 너무나 화려하고 어울리지 않게 우아한 것이었다. 젊은 여교수들, 더 젊은 멋쟁이 조교들, 뿐만 아니라 모든 학생들이 나보다 어른 같았고, 정말 풍만한 여성 같았다. 꽤 자주 국가대표로 외국에 다녀오곤 하던 김활란 여사, 그 낭시 그렇게도 좋아 보이던 지프차를 타고 학교를 오가던 김 총장은 어떻게 보아도 우아하고 교양 있어 보였다. 그는 나와는 전혀 다른 세계에 살고 있어 보였다. 더욱이 강제로 채플 시간에 들어가야 하고 밤낮으로 예수네, 하나님이네, 기도네 하며 기독교의 분위기에 젖어 있는 이화여자대학은 기독교인이 아닌 나에게는 더욱 이질감을 주었다.

그러나 나는 파리유학을 하고 온 젊은 총각 불문학 교수로 여러 선배, 동료들의 아낌을 받았었다고 믿는다. 나도 최선을 다하여 불문과를 위해, 학생들을 위해 애를 썼다. 비교적 빠른 나이에 이런 대학에서 직업을 얻고 일할 수 있는 나는 행운아였다. 이대를 고맙게 생각하지 않을 수 없다. 지금 뒤돌아보아도 이화여자대학에서 내가 지낸 햇수는 4년, 만 3년에 지나지 않았지만 아주 여러 해를 지냈다는 느낌이며, 나의 생애에 있어서 잊혀지지 않는 즐거운 시간이었다. 나에게 이화여자대학보다 정이 든 학교는 아직도 없다.

그렇다고 내가 행복에 도취해 있었던 것은 아니었다. 오히려 나는 불만스러웠고 괴로웠다. 사회 전체가 부패하고 이승만 대통령의 독재가 더욱 심해져서 이기붕이 정계에 군림하게 되었다. 이성이 통하는 사회가 아니라 권력이 횡포를 부리고, 정의로운 것이 평가되기는커녕 부정이 당당할 수 있는 사회였다. 이웃 일본은 나날이 경제적으로 발전한다는데 우리는 언제 가난으로부터, 정치적 불안으로부터 해방될지 앞날이 아득했다. 정치인들 혹은 경제계의 사람들을 비난할 것만은 아니다. 학교 가까운 주위에서도 헤아릴 수 없이 많은 행위, 태도, 생각들이 내 마음을 거슬리게 했다. 휴강이 예사였다. 공과 사가 여러 차원에서 구별되지 않았다. 상대적으로 초년생인 나 혼자 어떻게 할 수 없는 사회의 정치적 상황, 학교 안의 문제, 가까운 친척들 간의 복잡한 관계가 괴로웠다. 그러나 내가 살고 있는 한 어찌 내가 그런 사회, 그 학교를 떠날 수 있을 것인가. 다른 곳에 가면 더욱 심할 것임에 틀림없지 않은가. 그러면서도 나는 그런 속에서 살아야만 하는 것이 괴로웠다.

파리에서 말도 잘 못하면서 1년을 지내는 동안 그곳이 외국이라는 것, 내가 이방인이라는 것을 절실히 느끼지 않았었는가. 교과서에서만 보던 프랑스를 실제 가서 눈으로 보고 우리들의 문화적 열등의식을 벗어날 수 없지 않았는가. 그러나 불행히도 내가 이방인이라는 의식, 내가 살고 있는 곳이 이방이라는 느낌이 바로 서울 복판에서 느껴지며, 그런 의식과 더불어 생기는 열등감은 비단 외국에서뿐만 아니라 바로 우리가 태어나고 살아가야 하며 죽어야 하는 이 땅에서도 느껴진다.

우리의 경제는 미국으로부터의 원조에 의존되고 있었으며, 국가적 결정이 실제로는 미국 정부의 정책에 크게 좌우되고 있었다. 얼마큼의 원조를 요청하러 누군가가 미국에 간다 하고, 얼마큼의 구호물이 나오니 살게 됐다는 상황이었다. 미국의 이른바 고문관이 각계각층에서 한국인들을 통제하고 있었다. 미국 대사관의 지위가 어떤 면에서는 경무대보다 높았다고 할 수 있었다. 문교부 장관이 미국 대사관 문정관의 눈치를 봐야 하는 형편이었다. 미국 공보원이 문화계에서 큰 비중을 갖고 있었다.

잘살려면, 출세를 하려면, 영어를 해야 하고 미국인, 미군과 교제해야 하며, 교회에 나가야 했다. 문화인 행세를 제대로 하려면 외국 대사관에 들락날락해야 했다. 학문을 하려면 외국에 가야 하며, 외국에 가려면 외국공관의 문앞에서 기웃거려야만 했다. 우리는 우리 자신의 땅에서까지 주인이 아니었다. 실질적 주인은 외국인들이었음을 어떻게 부정할 수 있으랴. 한마디로 살기가 어렵고, 복잡하고, 더러웠다. 이러한 의식은 짧은 기간이나마 프랑스에 다녀와서 더욱 절실해졌다. 이런 의식이 커지면서 프랑스에서 돌아온 지 얼마 되지 않았을 때 나는 이미 이곳을 다시 빠져나가고 싶은, 이런 곳으로부터 해방되고 싶은 생각을 은근히 하게 되었다.

그러나 다시 프랑스로 가야겠다는 마음은 위와 같이 사회적·정치적·경제적·심리적 불만에만 그 원인이 있지는 않았다. 더 근본적인 이유는 이 소르본에서 잠깐 동안이나마 맛보았던 학문의 환희를 끝까지 찾아보자는 데 있었다. 한국에서 그 당시 나는 불문학 교수의 행세를 떳떳이 할 수 있었고, 불문학자의 역할도 맡을 수 있었다. 그러나 말만 교수요, 겉으로만 불문학자이지 내가 사실상 그런 이름에 해당할 만한 지식이 없었다는 것, 자격이 없다는 것을 스스로 너무도 잘 의식하고 나 자신이 부끄럽고, 말할 수 없이 거북스러웠다. 파리에서 내가 잠깐 배웠던 교수들이 생각나며 진짜 불문학자들이 쓴 책들을 생각하지 않을 수 없었기 때문이다. 나도 한번 어엿한 교수, 명목에 어울리는 불문학자가 되어보고 싶었다. 나도 한번 모든 문제에 대해서 의견을 내고 내 논리를 펴며, 내 주장을 할 수 있는 지적 수준에 도달하고 싶었다. 사르트르처럼 모든 것에 대하여 명석한 입장을 말할 수 있기를 바라게 되었다. 이러한 욕심을 억제할 수 없게 되면서 나의 마음은 자신도 의식하지 못하는 사이에 어느덧 다시 파리로, 다시 소르본대학으로 기울어지고 있었다. 이러한 생각은 사르트르의 책 『20세기 문학의 결산』을 번역하면서 서신으로 알게 된 알베레스로부터 격려의 편지를 받고 더욱 굳어갔다. 서울대에서 썼던 발레리의 시에 관한 석사논문을 그에게 보냈는데, 그것을 읽고 난 알베레스는 그것을 조금 고쳐서 출판해도 좋겠다는 답장을 보내왔다. 예의상 그렇게 칭찬할 수도 있다는 것은 알았지만, 그러나 그것은 나의 지적 가능성에 다소간의 자신감을 심어주기에 충분했다. 나도 공부만 더하면 프랑스어로 책을 쓰고, 새로운 학설을 내며, 세계적 차원에서 학계의 주목을 받을 수 있을지도 모른다는 막연한 몽상을 혼자 하곤 했었.

이런 생각을 하고 있는 가운데 이승만 정권에 대한 국민의 불만은 나날이 커가고, 자유당 정부에 의해 조작된 부정선거가 결정적 계기가 되어 4·19 학생혁명이 일어나고 말았다. 전국적으로 일어난 학생 데모, 그리고 그런 학생들에 호응한 국민들의 의거로 이승만 정권은 무너지고, 국부라고 불리던 이승만 대통령의 동상이 박살이 나고 그의 가장 큰 보호를 받고 있던 이기붕 가족의 집단자살 사건이 일어나게 됐다. 이러한 사건은 그의 부인이며 내적으로 큰 세력을 행사하던 박마리아가 이화여자대학의 부총장이었던 관계로 더욱 큰 충격을 받았다.

국민의 뜻에 눈이 어둡고 부패한 독재정권이 넘어간 것까지는 좋았다. 그러나 그후에도 정계는 혼란했고 하루도 빠뜨리지 않고 일어난 수많은 데모로 사회적·경제적 불안이 팽배해갔다. 윤보선과의 세력 다툼에서 승리하여 새로 국사를 맡게 된 장면 정권은 사회적 혼란을 수습하기에는 너무나 무력했다. 그렇기 때문에 4·19 후 정식으로 집권한 후에는 이승만 정권보다도 더 혼란한 생활은 물론 사회 전체가 안정을 찾지 못하고 있었다.

이 무렵 나는 다시 프랑스로 유학을 가기로 결심했다. 집에서 경제적인 도움을 받을 수 있는 처지도 아니고 무슨 장학금을 받을 수 있는 가능성도 전혀 없었다. 그러나 나는 1년여 전에 마련했던 집, 그리고 얼마 되지 않았지만 내가 갖고 있던 책들을 모두 팔기로 하고, 죽이 되든 밥이 되든 떠나기로 혼자 마음먹고 이미 복잡한 수속을 시작하고 있었다.

이미 70에 가까운 부모나 형들은 나의 계획을 간곡히 반대했다. 이미 30세가 됐고, 당시의 사회적 상황에서 볼 때 좋은 직업을 갖고 있던 나는 가정을 갖고 행복한 삶을 즐길 수도 있었기 때문이다. 부유하지도 않고, 이미 젊은 편이 아닌 나로서 다시 막연히 외국으로 유학을 간다는 것은 나의 분수, 나의 처지를 모른다는 것이다. 이제 부모에게 효도를 해야 할 때인데, 떠나면 언제 다시 뵐지도 모르는데 이기적 생각만 해서는 안 된다는 것이다. 나의 계획은 부모나 형들의 반대에 부딪쳤을 뿐만 아니라 선배 혹은 친구들로부터도 터무니없는 잘못된 생각이라 하여 비웃음까지 받았었다. 지금 이화여자대학에서 갖고 있는 귀한 자리를 떠나면 돌아와도 쉽사리 다시 자리 잡기 어려우리라는 것이며, 무엇 때문에 그 나이에 외국에 가서 고생을 하느냐는 것이다.

그러나 나는 행복을 바라지 않았다. 안이한 생활을 원하는 것이 아니었다. 오직 나는 모든 것을 투명하게 알고 싶었다. 뜨겁고 짙게 살고 싶었다. 서울에 남아 있으면 나는 교수 노릇을 계속할 수 있을는지 모르나 지적 어둠에서 벗어날 수 없음이 너무나 확실했다. 결혼을 하고 애를 낳고 남 보기에 따뜻한 가정을 갖고 그러다가 편안히 죽게 될 것이 분명하다. 결혼하여 가정을 갖고 싶지 않았다. 결혼이 꼭 얽매임과 같이 생각되었으며, 가정을 갖는 것이 나의 지적 추구에 방해가 될 것이 틀림없었기 때문이다. 나에게는 결혼보다도 가정보다도 더 중요한 것이 있는 것 같았다. 남들처럼 일정한 틀에 박혀 틀에 맞는 일생을 보내고 싶지 않았다. 누구나, 언제나 자신의 인생을 선택할 수 있으며 사실상 싫든 좋든 꼭 선택해야 한다는 것을 사르트르로부터 배웠다. 내가 내 자신, 나의 부모, 나의 형제, 내가 사는 사회, 내가 태어난 시대에 대하여 불평을 갖고 있더라도 나는 그러한 여건들을 완전히 운명으로만 받아들여서는 안 된다는 것을 배웠다. 나는 내가 나 자신의 운명을 스스로 만들 수 있다는 것과 나는 자유롭고, 나의 운명은 오로지 내가 책임져야 한다는 것을 역시 사르트르로부터 배웠다.

이러한 확신을 가질 때, 아니 이런 확신을 갖지 않으면 심리적으로 살아날 수 없음을 의식할 때 나에게는 큰 정신적 힘이 생겼다. 사르트르가 가르쳐준 대로, 내가 믿는 인생 철학대로 살아야 한다고 확신했다. 나는 말로의 『인간의 조건』에 나오는 비극적 주인공들에 무한한 매력을 느겼고, 여러 소설 혹은 영화에서 그와 비슷한 주인공을 만나 감탄했었다. 이제 내 자신도 실제로 그러한 실존적 주인공처럼 살아보고 싶었다. 이러한 심리적 배경 속에서 나는 여러 가지 갈등되는 가치 가운데 하나만의 가치를 선택해야 했다. 그것은 모든 것을 버리고, 모든 위험을 무릅쓰고 다시 파리로 가는 것이었다.

당시 위장병이 악화되어 틈만 있으면 집에 누워 쑥찜질을 하고 있었는데, 그렇게 고질적인 위장병도 결단을 내려 파리에 가서 전혀 다른 생활을 하면 오히려 고쳐질 수 있을 것 같았다.

파리로의 출국수속이 끝나갈 무렵 5·16 군사혁명이 일어났다. 새벽 조용한 산기슭 신촌집에서 총소리에 잠을 깼다. 꼭 인민군이 다시 침입한 줄 알았다. 그렇지 않다는 것이 정말 다행스러웠다. 모든 외국으로의 출국이 금지되고 나의 수속도 중단되었다. 여러 모로 주선해보았지만 문교부에서 말썽을 부려 새학년에 맞추어 파리로 갈 것 같지 않았다.

난관에 부딪쳐 초조했는데 다행히 수속이 다시 계속되어 끝이 났다. 그러나 혁명 직후 집값이 똥값이었다. 어떤 군인에게 당시 돈으로 7백 달러에 집을 팔았다. 갖고 있는 책도 팔았다. 여비와 당장 가서 필요한 학비를 준비해야 했기 때문이다. 나를 아껴주었고 짧은 기간이나마 극히 정든 이화여자대학에 사표를 제출했다. 미련을 남기고 싶지 않기 때문이었다. 한편으로는 허전하기 그지없었지만 또 한편으로 후련했다. 그만큼 자유로워진 것 같다. 그때까지 발표했던 글들을 모아 당시 동아출판사에 있던 박은애 교수가 나의 처녀 저서를 맡아 내주기로 했다. 그것은 1977년에야 『파리의 작가들』이라는 제목으로 출판되었다.

그러나 나는 아는 사람도 없는 객지에 가서 돈도 없이 어떻게 살아야 할는지, 또한 무엇을 할 수 있는지도 막연했다. 명색은 박사학위를 한다고 구실을 댔지만 사실 내가 그것을 바라고 있었던 것은 전혀 아니다. 오히려 나는 1차 대전 이후 파리의 작가들, 화가들의 낭만적 생활을 막연히 동경하고 있었다. 부모한테는 3년 만에 돌아오겠다고 했지만 속으로는 무작정 떠나는 것이었다. 떠나는 곳, 뒤에 남긴 사람들이 별로 아쉽지 않았다. 그러면서도 한편, 몸이 몹시 약했고 돈마저 없던 나는 그곳에서 비참하게 될지도 모른다는, 그곳에서 죽게 될지도 모른다는 생각에 무척 겁도 났다. 그러나 이미 결단은 내려졌고, 발길은 정해졌으며 발걸음을 내딛게 된 것이다. 나는 막연하게나마 남들이 할 수 없는, 서양인들이 하지 못한 나의 얘기, 우리들의 얘기가 있다는 것을 믿고, 그 얘기를 꼭 하고 말리라는 생각을 혼자 해봤다. 나는 내가 보고 느끼고 알고 있는 것을 바탕으로 발견한 아픈 진리를, 또는 참을 수 없는 분노를 온 세상 사람들을 향하여 소리소리 고함지르고 싶었다.

초라하게만 보이는 노부모와 식구들의 전송하는 손짓을 거듭 뒤로 돌아보며 1961년 10월 9일 해질 무렵 나는 김포공항에서 홍콩으로 가는 비행기에 몸을 실었다. 홍콩에 가서 마르세유로 가는 여객선을 타자는 것이다. 3등실 여객선이 비행기보다 값이 싸기 때문이었다. 자그마한 비행기가 남서쪽으로 날자 가을이 되어 벤 벼를 세워놓은 한국의 논들이 어둠 속에서 한없이 멀어지기만 했다.

이제부터 객지에서 살아남을 생각을 해야 할 판이었다.

《문예중앙》, 1984~1988

08
소르본대학에서의 4년간

여객선이 드디어 수에즈 운하를 통과하여 지중해에 떴다. 바닷물이 한 없이 푸르고 맑지만 내 마음은 닥쳐올 여러 가지 상황에 어떻게 도전할 수 있을까의 문제로 불안에 휩싸였다. 프랑스 남단의 기항지인 마르세 유가 가까이 보이기 시작했다. 뚜렷하고 구체적인, 가능성 있는 목적을 정하고 낯선 객지를 찾아가는 것이 아니기 때문에 더욱 초조했다.

마르세유 항에 내려 기차를 타고 밤새껏 달린 후 파리의 리옹 역에 도 착하니 날이 밝고 있었다. 거기서 메트로, 즉 지하철을 타고 예정했던 대학 기숙사에 가면서 다시 피부로 만나는 파리는 결코 명랑치 않았다. 그것은 이미 때가 10월 말이었기 때문만은 아니고 내 마음이 밝지 않았 기 때문이다. 쌓인 피로, 앞으로 살아갈 걱정 때문에 나의 마음은 이미 회색 하늘로 덮여 있었던 것이다. 멋있는 삶을 한번 시작해보기 위하여, 멋있는 일을 한번 이루어보기 위해서 오긴 했지만 그러한 생각, 그러한 계획이 너무나 허황스러웠던 것이었음은 새삼 말할 필요도 없다. 그러 면서도 나는 한편 발자크의 소설에 나오는 야심 많은 시골 청년처럼 내가 다시 찾아온 파리를 나의 것으로 정복해보겠다는 망상을 억제할 수 없었다.

나의 목적은 대학에서 공부하여 박사학위를 받자는 것이 아니었다. 나는 학자가 되고 싶은 생각이 전혀 없었다. 꼼꼼히 남의 책을 많이 읽고 도서관에서 곰팡이 냄새 나는 책을 뒤적거리며 베끼는 식의 학자가 멋있다고 생각해본 적은 한번도 없었다. 그보다는 자기 작품만을 가지고 이야기하는 예술가·작가·시인이 나에게는 가장 멋있는 인간상으로 비쳤다. 내가 파리에 온 것, 소르본에 온 것도 그러한 삶을 흉내 내어보고자 하는 구실이며, 수단이었다. 한번 멋있게, 삶다운 삶을 살아보고 싶었던 것이다. 그러나 당장 무엇을 할 수 있겠는가? 합법적 체류를 위해서만이라도 나는 우선 소르본대학에 등록을 해야 했다. 기분이 나는 대로 듣고 싶은 강의를 들으며 지식을 넓히면서 주로 기숙사에 들어앉아 책을 낼 원고를 써보고자 했다.

1920~1930년대 파리에서 살면서 작품을 쓰던 헤밍웨이 같은 작가들의 생활을 상상하면서 나는 타이프라이터를 하나 사서 그 앞에서 몇 시간이고 시간을 보냈다. 남들이 경험해보지 못한 아픔을 나는 혼자 체험했고 남들이 하지 못한, 아니 아직도 하지 않은 어떤 체험의 진리를 내가 갖고 있다고 믿었다. 나는 꼭 무슨 할 말, 엄청나게 중요한 할 말이 있다고 생각해보기도 했다. 6·25의 혼란을 겪은, 일제의 치욕을 경험했던 내가 아니었던가? 찢어질 듯한 그 진리를 듣는 독자들이 감동하지 않고는 못 배길 것이라고 추측해보기도 했다. 그러나 깊은 생각이 솟아나고 멋있는 문장이 곧 쓰여질 듯하면서도 몇 시간 동안 애꿎은 담배만 태우면서 타이프라이터 앞에 앉아 있기만 했다. 머릿속이 텅 빈 듯했고, 멋있는 문장은커녕 가장 일상적인 간단한 문장조차 찍혀지지 않았다. 억

지로 몇 장, 몇십 장을 찍어보았다. 며칠 밤을 꼬박 보내면서다. 그러나 내 자신이 읽어봐도 그것은 내용에 있어서 지극히 평범하고 유치할 뿐만 아니라 문장에 있어서도 엉망이었다. 많이 갖고 있다고 스스로 믿었던 생각들이 실상은 별것이 아니었으며, 깊이가 있다고 믿었던 나의 체험이 결국 평범하기 그지없는 것들이었기 때문이다. 내가 얼마나 무식한가를 새삼 의식하지 않을 수 없었다. 따지고 보면 밤낮 흥분만 하고 의욕만 가졌었지 내 독서량이 너무나 적었다. 더구나 겨우 기초적 문장밖에는 제대로 소화할 수 없었던 내가 외국어, 즉 불어로 글을 쓰겠다고 나선 것이 얼마나 어리석었으며 얼마나 큰 망상에 빠져 있었던가를 스스로 깨우치기에 이르렀다. 처음 한 달 동안 이렇게 헛된 시간을 보내다가 그동안 찍어두었던 원고를 찢어 쓰레기통에 던져넣어 버렸다. 도대체 그런 터무니없는 생각을 했던 내가 스스로 우습고 부끄럽기 짝이 없었다. 남들이 나의 터무니없는 생각을 어떻게 생각할 것인가는 너무나 뻔했던 것이다.

우선 공부를 해야겠다. 우선 많은 책을 읽고, 생각하는 방식, 글쓰는 훈련을 해야겠다. 그러기 위해서는 계획적이어야 했고 공부의 구체적인 목표가 있어야 했다. 이러한 수단으로 '대학박사'학위를 따보기로 결심했다. 그 학위가 당시의 나의 분수에 가장 적당하다고 계산했기 때문이다. 전부터 서신으로 알고 있었고 파리에 다시 와서 이미 만나본 적이 있었던 대학의 평론가이며 당시 제네바대학 교수인 알베레스의 소개로 소르본대학 비교문학과장인 데데이앙 교수를 논문지도 교수로 삼았다.

논문의 주제를 19세기 상징파 시인 말라르메로 잡았다. 아마 말라르메의 시는 아직도 세계문학사상 가장 난해한 것으로 알려져 있다. 프랑스인도 그의 시를 읽어도 전혀 무슨 말인지를 모르는 경우가 대부분이다. 불어도 잘 모르는 내가 그의 시를 이해하며 그것에 대한 학위논문을 쓰겠는가? 지도교수는 물론 주위의 여러 친지들도 그의 시보다도 다른 것을 하라고 권고했다. 불가능하다는 것이다. 동양인으로서 더 쉽게 쓸 수 있는 작가, 혹은 문제들이 얼마든지 있다는 것이다. 그러나 나는 끝내 고집을 부렸다. 나의 목적이 박사라는 간판만을 따는 데 있지 않는 한 내가 하고 싶은 것, 좀더 야심적인 문제를 다루고 싶었기 때문이다. 그럼으로써 나는 나의 인생관을 정리해보고 대학의 의미 등 큰 문제를 생각해보고자 했었기 때문이다. 바로 난해하다는 점이 나의 흥미를 더욱 끌고, 그것을 이해하고자 하는 욕망을 일으킨 것이다.

논문의 제목을 「말라르메가 말하는 '이데아'의 개념」이라 붙이고 부제를 '논리정연성에 대한 꿈'이라고 했다. 이 시인은 '이데아'라는 말을 자주 썼는데, 그 개념이 말라르메의 시적 세계를 총괄적으로 설명해주는 것으로 보자는 것을 주장하려 했다. 종래 그 '이데아'가 헤겔의 형이상학적 존재개념으로서의 '이데아'와 동일한 것으로 보려 했다. 그것을 미학적 개념으로 봐야 한다는 것을 작품, 그리고 그밖의 그의 전기를 통해서 입증하려 했다. '이데아'는 별것이 아니라 논리적으로 실현될 수 없는 말라르메의 미학적 이상을 지칭하며, 그 내용은 우주적이고 형이상학적인 완전무결한 일관성이라는 것을 입증하려 했다.

일단 위와 같이 가설일 수밖에 없는 것이지만 직관으로 얻은 비전이 뚜렷했을 때 그런 가설을 입증하는 것은 노력과 시간, 인내심과 끈기만 있으면 충분했다. 문제는 그러한 입증의 논지를 어떻게 논리적으로 잘 구성하느냐에 있었으며, 그것을 어떻게 쉬운 불어로 쓰느냐에 있었다. 2년 후에는 어쨌든 간에 일단 초고를 끝내고 다시 그것을 그곳에서 알게 된 프랑스 고등학교 여교사의 불어 수정을 받아 끝을 냈다. 다시 파리로 온 지 채 3년이 못된 1964년 6월 소르본대학의 화려한 중강당에서 지도교수를 포함한 3명의 불문학 교수의 질문을 받으며 논문심사를 끝냈다. 공개 논문심사였기 때문에 많은 공청인들이 참석했는데 그 가운데는 전에 이화여자대학에서 나한테 불어를 배우고 벌써 나와 함께 유학 온 옛 이화여자대학 제자들도 몇 명 끼어 있었다. 마치 죄인처럼 심사위원들 앞에 나가 되지도 않는 불어로 겨우 끝을 내긴 하였다. 주임교수, 아니 두 심사위원은 모로 교수와 쉐레르 교수였는데, 나의 미숙한 말주변에도 불구하고 대학박사논문으로는 의외로 좋은 인상을 받았다고 칭찬해주었다. 대학 박사이긴 하지만 어쨌든 나는 이제 박사가 된 셈이다. 그리고 인문계에 있어서는 그 질이 어쨌든 간에 한국인으로서 소르본대학에서 박사를 따기란 내가 처음이었던 것으로 알고 있다.

당시 프랑스에는 세 가지 종류의 박사학위가 있었다. 그것은 각기 국가박사, 전문계박사, 대학박사라고 불린다. 첫째는 프랑스인들이 그곳 대학의 정식교수가 되기 위해서 교편을 잡고 가르치면서 40세 가량 되어 따내는 것이며, 학위가 그곳 문교부장관의 이름으로 수여된다. 두 번째의 학위는 극히 기술적인 문제를 취급하며 프랑스인이면 2년 정도면 해낼 수 있는 학위이다. 그 학위는 대학총장의 이름으로 수여된다. 마지막으로 대학박사는 주로 외국인이 와서 따가는 학위로서, 일반적으로 인문과 계통에서 많이 수여된다. 두 번째 학위보다 원칙적으로 고증이 덜 요구되는 것으로 알고 있다. 국가박사를 제외한 두 가지 학위는 프랑스에서 별로 실질적 효용성이 없다. 그러한 학위는 아무 특수한 직업적 자격을 부여받지 못한다.

한국이나 미국의 학제에 비춰보자면 석사학위 이상의 수준을 지니고 있는 프랑스의 리상스licence, 즉 학사증만 가지면 누구나 어떠한 종류의 박사학위를 준비할 원칙적 자격이 있다. 한국이나 미국같이 대학원이라는 제도가 따로 있어 거기서 박사학위를 위한 특별한 대학원 과목의 수업이라는 것이 프랑스에는 없다. 한국과 같은 외국에서 대학을 나온 사람이라도 간단한 불어 테스트와 자신의 분야에 있어서의 극히 상식적인 기본지식의 테스트만 통과하면 프랑스의 학사증이 없더라도 박사학위 논문을 대뜸 쓸 수 있는 자격을 받을 수 있다. 대학원 박사학위 과정의 수업이 없을 뿐만 아니라, 명색이 지도교수이지 수많은 학생을 대하는 교수들은 실제로 거의 지도해주는 것이 없다. 적어도 나의 경우는 그랬다. 단 한마디도 논문의 내용을 구체적으로 토론하여 지도받고 수정한 적이 없다. 혼자 긴 논문을 써서 제출했을 뿐이다. 이와 같이 하여 그 논문만 어느 정도 수준에 닿으면 통과되는 것이다.

이러한 박사학위 과정을 고찰할 때 설사 한 특수한 문제에 대한 논문을 우수하게 써서 학위를 받더라도 대학강단에서 교수로서 갖춰야 할 방대한 지식이 갖춰지지 않는다. 프랑스인은 그 정도의 지식이 갖춰진 것으로 전제되지만, 외국인으로서는 사정이 다르다. 가령 나의 말라르메에 대한 학위논문이 독창적이었다 해도 그 논문으로써 내가 박사학위를 따는 데는 성공했지만, 나의 불문학 전반에 걸친 포괄적 지식, 그리고 나의 정신사·역사·철학 등에 대한 지식은 전혀 더 늘어난 것이 아니다. 한마디로 불문학 박사가 되어도 스스로 불문학을 안다, 불문학 교수라고 할 만한 학문적 교양이 갖춰졌다고 보기는 어려운 것이다. 박사학위를 준비하면서, 그것을 따면서도 하고 있는 나의 공부가 허전하게만 느껴졌다. 정말 공부를 하려면 정말 지식을 얻으려면 프랑스인들이 따야만 하는 학사 학위증을 위한 공부를 해야 한다는 사실을 나는 이미 알고 있었다.

이런 의도에서 파리에 머문 지 2년째부터 박사논문을 혼자 준비하면서 본격적으로 학사학위증을 따기 위한 공부를 병행했다. 많은 강의를 들어야 하고 광범하고 정확한 독서의 능력을 길러야 했다. 정식 학사가 되려면 이른바 '증명서'를 4개 따야 한다. 수많은 '증명서' 가운데에서 학생들은 각자 자신의 필요에 따라 마음대로 선택할 수 있다. 나는 '불문학 증명서', '철학일반 증명서', '미학 증명서', 그리고 '윤리사회 증명서'를 따냈다. 3가지는 내가 불문학 박사학위를 수여받게 되던 1964년 6월까지 따내고, 나머지는 1년을 더 남아 '미술사 증명서'를 겸하여 청강하면서 겨우 따냈다. 그 가운데 두 개는 한 번씩 낙방하여 재시험을 치르고서야 겨우 통과될 수 있었다. 박사학위를 받았을 때도 싫지는 않았지만 그다음 해에 학사학위증을 끝마쳤을 때 더욱 만족스러웠다. 왜냐하면 외국인으로서는 전자보다 후자가 훨씬 어려웠으며, 따라서 내가 그런 공부에 몇 배의 시간과 정력을 쏟았었기 때문이다. 그 학사학위증을 준비하면서 박사학위를 준비할 때보다 사고의 훈련을 더욱 많이 받았고, 지식의 수평선을 훨씬 넓힐 수 있었다. 시간과 돈만 있으면 소르본대학에서 딸 수 있는 수십 가지 과목의 '증명서'를 따보고 싶었다. 그만큼 나는 그 당시 지식에 굶주려 있었고, 어디에서도 어떤 방법으로도 찾을 수 없었던 희열감, 환희를 앎을 통해 느끼고 있었다. 모든 것을 알고 싶었다. 노력만 하면 그렇게 될 수 있으리라 믿었다. 당시 시간만 있으면 나는 도서관에 들어가서 그곳에 있는 책을 모두 읽고 싶어 했고, 소르본대학 근처의 수많은 서점에 들어가서 옛날 책들, 새로 나오는 책들을 허기진 사람처럼 뒤적거리곤 했었다. 배우는 재미, 하나씩 무엇을 알아가는 작업에서 나는 혼자 흥분하고 있었다. 아니 도취하고 있었다.

20년이 지난 지금 돌아봤을 때 그 당시의 나는 아무것도 모르고 있었음을 고백하지 않을 수 없지만, 그때 나는 많은 것을 배우고 있으며 배웠다고 얼떨결에 믿고 있었다. 이러한 심리적 상태에서 나는 누가 나를 당장 대통령으로 모셔간다 해도 대뜸 거절할 마음이었다. 그 따위 직업을 가지면 뺏겨야 할 그 많은 시간에 읽고 싶은 많은 책들이 있었기 때문이었다. 대통령의 권리를 즐기는 것도 불쾌한 일은 아니겠지만 영원한 진리, 영원한 아름다움을 발견하고 경험하고 소유할 수 있는 기쁨에 비할 수 있을 것인가?

몸이, 특히 위가 계속 나쁜 상황에서 박사학위와 학사증을 동시에 준비하고 있었던 나는 육체적으로 무리가 컸고, 심리적으로 몹시 긴장 상태 속에 놓여 있었다. 나는 귀신같이 말랐었다. 박사학위를 통과시킨 다음날 나는 학사학위증을 따기 위해 '철학일반 증명서' 필기시험을 4시간 동안 봐야 했다. 그 시험을 치른 날 밤 기숙사 내 방에는 옆방 친구 몇이 와서 자정 가까이까지 놀고 있었다. 그때 갑자기 내 오른쪽 가슴이 숨이 막힐 듯 아프기 시작하며 시간이 갈수록 움직이지 못할 만큼 숨이 차고 아팠다. 의대생 하나가 옆방에서 뛰어와 청진기를 대어보더니 폐 한쪽이 터진 것 같다는 것이다. 친구들은 나를 업고 요행히 건너편에 있던 대학병원에 긴급 입원시켰다. 나는 스스로 꼭 죽는다고 믿고 있었다. 폐가 절대적으로 중요하다는 원시적인 의학적 상식만을 갖고 있었기 때문이다. X레이 등의 복잡한 진단 결과, 자발성기흉이라는 것을 여의사가 알려줬다. 오른쪽 폐에 구멍이 나서 공기가 빠져 그것이 가슴 벽과 떨어져 쪼그라졌다는 것이다. 폐에 구멍이 났으니 죽게 된 것은 뻔하지 않은가? 의사가 죽진 않을 거라 했지만 그것은 위안의 말로만 들렸던 것이다.

이제 죽어간다는 것을 의식하니 그동안 내가 살아온 길이 머리에 떠오르며 나를 담은 관을 받아보고 슬퍼하실 서울의 노부모의 모습이 떠올랐다. 나는 지금까지 열심히 살았다고 자부했다. 무엇인가 하겠다고 큰 뜻을 품고 멀리 파리에 와서 박사학위를 막 따고 난 참에 그것도 보람 없이 나는 죽게 된 것이다. 그렇지만 과히 슬프지 않았다. 내가 애써 살아왔기 때문이다. 죽음 자체가 무섭지도 않았다. 내가 찬미하는 소설 속의 인물들처럼 당당하게 위신을 갖고 죽음을 맞아보려 애썼다. '나의 죽음이여 오라!' 하고 속으로 혼자 말하면서 나는 병원의 침대에 누워 있었다. 정말 괴로웠던 일이라면 나의 관 앞에서 통곡하실 부모의 아픔을 상상하는 것이었다.

다행히 나는 살아났다. 혼자 추측으로 결론지었던 것과는 달리 나의 병은 당장 죽음을 가져오는 악성이 아니었다. 나는 20여 일 후 병원에서 퇴원했다. 얼굴이 몹시 창백했다. 거리에 나서니 어질어질했다. 오른쪽 가슴은 아직도 아팠을 뿐만 아니라 그후 몇 년을 두고 나를 괴롭혔다. 이 무렵 김활란 여사가 유네스코 한국대표로 파리에 와 있었다. 내가 직장을 갖고 있던 대학의 총장이니 만나봐야 했다. 그때 그녀는 중국집에서 저녁을 사고, 나중에 50달러를 나에게 주었다. 죽는 줄 알고 있던 병을 치르고 퇴원하여 심신이 피로하고 기가 죽어 있었으며 외롭기 한이 없을 때였다. 그뿐이랴. 그동안 버스값 혹은 지하철값도 아끼면서 살아야 했던 나에게 50달러는 매우 큰돈이었다. 돈의 액수가 크게 생각되었을 뿐만 아니라 그것이 상징하는 따뜻함에 나는 크게 감동되었다. 그녀는 자신의 학창시절의 예를 들면서 인삼닭을 해 먹으면 기운이 날 것이라고 말했다. 인삼이 없을 테니까 그냥 닭고기를 사서 몸을 보하라는 것이었다. 개인적으로 친분이 없는 그녀였지만 나는 그때의 김활란 여사에 대한 고마움을 잊을 수가 없다. 김 총장의 50달러는 그후 회상만 해도 언제나 따뜻하고, 기운을 북돋아준다.

장학금을 받고 있던 학생들이나 집이 부유한 자비 유학생들과는 달리 나는 스스로 학비를 보충해야 하는 처지에서 물질적으로나 심리적으로 끊임없는 긴장 상태에 있어야 했다. 학비 조달의 방법으로 서울에서 파리로 떠나기 전《경향신문》과《사상계》에 통신원, 특파원이라는 명목으로 글을 쓰기로 약속되어 있었다.《경향신문》에는 홍콩에서부터 주 1회 통신을 보냈고,《사상계》에는 월 1회 원고를 보냈다. 약 1년여의 기간 동안 나는 어려운 틈을 내어 충실히 원고를 보냈다. 원고를 쓰는 시간이 아까웠을 뿐 아니라, 얼마 안 되지만 원고를 보내는 우편요금도 나에게는 아까웠다. 이런 상황에서 약속을 지키고 원고료를 받아 학비로 쓰려고 열심히 글을 써서 약속대로 보냈으나《경향신문》에서는 신문 한 장도 보내주지 않았을 뿐만 아니라, 일전 한 푼의 원고료도 지불하지 않았다. 책임을 맡고 있던 기자가 고료를 받아쓰고 말았다는 것을 몇 년 후에 가족을 통해 들었다.

《사상계》의 원고에는 8명인가의 프랑스 작가들과의 인터뷰 기사도 있었다. 모두 비평가 알베레스의 편지 소개로 만날 수 있었던 작가들이다. 그들은 로브그리예, 엠마뉘엘, 로슈포르, 봐아데프르, 보스케, 사로트, 모르와, 그리고 알베레스 자신이었던 것으로 기억된다. 이들과 인터뷰를 위해서는 알베레스한테 소개를 부탁해야 했으며, 또 본인들에게 편지를 보내 만나줄 것을 청해야 했다. 그리고 약속에 따라 그들의 사무실 혹은 집으로 찾아가야 했다. 이처럼《사상계》를 위한 인터뷰 기사는《경향신문》에 보낸 글보다 훨씬 부담이 갔다. 그러나 여러 번의 요청에도 불구하고《사상계》에서도 원고료는 물론 그밖의 명목으로도 단

돈 일전 한 푼을 받지 못하고 말았다. 9년 만에 서울에 돌아와서야 그 월간지가 소유권을 놓고 말썽이 많았었고, 한때는 정간되었다는 것을 알았다. 그러나 명색이 특파원인 나로부터 계속 원고를 받아 싣고도 원고료는커녕 일언반구도 없었다는 것은 사무적인 관점에서는 물론, 도덕적인 입장에서도 이해가 가지 않는다. 더구나 고학의 한 수단으로써 경제적인 도움을 받기 위하여 시간과 우표값을 써가면서 써보낸 글이었다는 것을 알고 있었음에도 그러했다는 것은 변명의 여지가 있을 수 없다.

《사상계》의 김준엽 간사가 파리에 본부를 두고 있는 '자유회의'라는 단체를 방문했을 때 통역까지 해주었음에도 불구하고 그를 통해서도 나의 건에 대한 한마디 말도 들어보지 못했다. 세상이 차게 느껴졌다. 나에게는 나의 문제가 심각하지만, 남들에겐 전혀 관심사가 되지 않을 수 있었다.

이런 상태에서 나는 서울에 있는 형들이 몇 번 보내준 돈과 다행히 파리 어느 기관의 요청으로 일본 잡지, 그리고 한국 잡지의 내용을 더러 번역·요약해줌으로써 경제적으로 다소 도움을 받으며 견디고 살았다.

경제적으로는 이렇게 어려운 환경이었으나 내가 지금까지 살아온 가운데서도 가장 행복했던 시절이 그때의 4년간이었다고 믿는다. 편해서가 아니라 오히려 고통스럽고 외로워서였는지 모른다. 나는 거의 세속적인 가치를 초월하고 있었다. 오로지 배우는 기쁨, 더 알고 싶은 의욕, 진리를 찾아 참다운 삶의 의미를 발견할 수 있었기 때문이다. 나는 정말 지적 환희에 도취하고 있었다고 회상된다. 학교에서의 강의뿐만 아니라 그밖에 특별한 강연이 있으면 빼놓지 않고 쫓아다녔다. 도대체 무엇이 어떻게 돌아가고 있는가를 알고 싶었고, 그리고 나 자신도 세계적 차원에서 가장 첨단적인 지적 논쟁에 참여하고 싶은 은근한 꿈을 갖고 있었기 때문이다.

소르본 강의실에서는 불문학 계통의 강의보다는 철학 시간들이 더 기억에 남는다. 그 가운데 리쾨르, 발, 아롱, 수리오, 기유르비치 등의 강의와 들뢰즈, 데리다 등의 연습시간이 머리에 남는다. 그 당시 조교였던 들뢰즈, 특히 데리다가 오늘날 세계적 명성을 누리게 되리라고는 그 당시에 전혀 생각지 못했다. 나와 동년배라고 짐작되는 그들의 강의를 듣고 지도를 받으면서 열등생 노릇을 해야 했던 나는 말할 수 없이 괴로운 열등감을 느끼지 않을 수 없었다. 중학교 때부터 다른 동급생보다 항상 나이가 많은 축이었기 때문에 나는 항상 내 자신이 지각생임을 부끄럽게 의식하고 있었지만, 당시 소르본대학에서 학사 강의를 들으면서 나는 더욱 그런 의식으로 낯이 뜨겁고 초조감을 느끼곤 했었다. 나는 나와 동년배의 강의를 20세 되는 젊은 학생들 속에 끼어서 따라가려고 애쓰고 있었던 것이다. 그러나 어찌하랴. 늦게라도 배워야 했다. 부끄러우면서도 20세 학생들의 지적 수준을 따라가는 데 나는 무한한 즐거움을 경험하고 있었던 것이다.

학사과정에서 주로 철학 과목을 들음으로써 나의 학문적 관심이 문학에서보다 철학 쪽으로 나도 모르는 사이에 돌아가고 있었다. 결국 문학에서 철학으로 방향이 바뀌긴 했지만 그것은 우연이 아니다. 한국에서 대학에 들어갈 때 나는 작가가 되고자 해서 불문과를 택했지만, 그것을 결정할 때 사실은 철학과에 가볼 생각도 했었다. 문학에 도취한 이유는 어떤 궁극적 진리를 찾고 그것에 따라 멋있고 참되게 살아보자는 막연한 의욕이 큰 동기였다고 회상된다. 그런 의미에서 나는 문학을 멋있는 철학으로 보고 있었던 것이다. 문학을 한답시고 대학을 나오고 또 대학원을 마치고 대학에서 교편까지 잡아 보았지만 학문으로서의 문학이 너무나 허황스럽다는 느낌을 감출 수 없었다. 문학은 정확한 문제를 분명하게 제시하지도 않고 그 문제에 대하여 투명하고 조리 있게 설명하지도 않는다. 그러나 나에게는 수많은 문제가 있었다. '문학이 무엇이냐', '어떤 것이 가장 좋은 작품이라는 것은 무슨 근거에서 말할 수 있느냐' 등의 문제를 포함한, '인생의 뜻이 무엇이냐', '어째서 인간사회가 불평등하며 부정한 일이 사회에서 아무렇지도 않게 통하여야 하느냐' 등의 문제가 있었다. 이러한 물음은 자연 나를 본격적인 철학 쪽으로 몰고 가고 있었다. 발레리에 관한 박사논문의 주제, 그리고 그 당시 준비 중이었던 말라르메에 관한 석사논문의 주제도 사실은 철학적인 경향을 많이 띠고 있었다. 철학공부를 통해서 문학을 보는 눈, 도덕적 문제를 보는 눈, 사회를 보는 눈, 인생을 보는 눈이 보다 체계적으로 정리되는, 아니 정리될 것 같은 기분이었다. 그리고 철학공부를 통해서만 보다 논리적으로 사고하며 어떤 주장을 밀고 나갈 수 있을 것 같았다. 당시의 나의 생각은 옳았다고 지금도 믿고 있다.

철학공부를 하면서 나는 처음으로 나를 막연하게나마 매혹했던 사르트르의 생각, 그의 주장을 처음으로 조금 이해할 수 있게 되었다. 그런 사르트르를 나는 멀리서나마 직접 눈으로 볼 수 있었고, 그의 강연을 직접 내 귀로 들을 수 있었다. 소르본대학 근처에 있는 시립강당에서 '문학이란 무엇인가'라는 주제를 갖고 사르트르 외에 몇 사람들이 공개강연을 했었다. 엄청나게 큰 강당에 청중들이 미어지게 차 있고, 길바닥에서 들을 수밖에 없는 청중들을 위하여 마이크를 사방 나무 위에 걸어놓고 있었다. 그러나 대부분의 청중들은 강연을 들으러 온 것이 아니었다. 그들의 유일한 목적은 사르트르의 얼굴을 보고자 하는 데 있었다. 나는 그 틈바구니에 끼어 강당 안으로 들어갔다. 나의 유일한 목적은 그를 한 번만이라도 직접 보고 그의 목소리를 직접 듣고, 그의 강연하는 모습을 직접 관찰하는 데 있었다. 그 당시까지만 해도 사르트르는 수많은 젊은 이들에게 지적으로 거의 신에 가까운 존재였다. 그의 실존주의는 갈 길을 모르고 있던 전 세계의 수많은 젊은이들, 아니 모든 지식인들에게 등불이 되고 희망이 되었던 것이다. 마이크 앞으로 사르트르가 나오자 박수갈채가 거대한 강당을 진동했다. 멀리서도 그의 작은 키, 애꾸눈이 눈에 띈다. 그의 쉰 목소리가 특유하게 들려온다. 그 뒤에 시몬 드 보부아르가 유명한 자기의 애인이 원고 읽는 것을 기특한 듯이 바라보고 있었다. 나도 사르트르처럼 모든 것을 설명할 수 있고 시몬 드 보부아르같이 자신의 지적 세계를 이해하고 동조하며 뒷받침해주는 애인이 있었으면 얼마나 좋으랴 생각해왔다. 30이 넘은 나이에 아직도 어린애들과 학사 공부에 부대끼고 있는 자신, 가난하고 애인 하나 없이 고독한 가운데 객지에서 전전긍긍하고 있는 자신의 모습이 초라해 보였다.

대학 기숙사촌에는 이미 7년 전에 와 있는 선배 이형동과 후배 한재경이 있었다. 이형동은 넉넉한 국비장학금을 받고 있었고, 한재경은 여유 있게 집에서 학비를 받고 있었다. 둘은 한국인 중에서 월등하게 불어를 잘했다. 그들 앞에서 나는 주눅이 들 수밖에 없었지만 이형동이 가끔 너무나 프랑스화한 척하는 데는 속으로 질색이었다. 얼굴이 밝고 마음속이 꼭 소녀 같은 한재경은 여학생들에게 인기가 있는 듯했다. 소르본에서 독문학을 공부하던 그는 파리로 공부하러 온 독일 여학생과 만나 결혼하게 된다. 속도위반이었지만 얼마 후 '나탈리'라는 예쁜 이름을 갖게 된 딸을 낳는다. 가정이 생겨 생활이 어렵게 된 그는 독일 처가妻家 가까이 가게 된다. 나는 주로 이들과 자주 만나 밤이 깊도록 잡담을 하고 시간을 보내곤 했었다.

스스로 초라하게 느껴지며 주눅이 든 것은 개인으로서의 나 자신뿐만이 아니었다. 한 한국인이 다른 한국인에게 아무리 잘난 척해도 우리는 다 같이 동양인으로서, 그리고 한국인으로서의 초라함을 의식하고 서양인들 앞에서, 그리고 중국이나 일본과 같은 다른 동양인 앞에서도 주눅 들었다. 어느 국제적 모임에 가면 은근한 가운데에 우리가 동양인이라는 것, 그중에도 우리가 중국인이나 일본인과 똑같은 대우를 받지 못함을 느낀다. 프랑스인들이 같은 동양인 가운데서도 중국이나 일본에만 관심이 있지, 한국에는 거의 무관심하다는 사실을 늘 의식하지 않을 수 없다. 서양인들에게는 동양이 으레 뒤진 문화요, 다른 민족들에게는 고대 중국문화나 현대 일본문화의 선진성이 부인될 수 없는 대신 과거 한국의 문화는 그에 비해 보잘것없고, 오늘의 한국은 잘해야 6·25전쟁을 겪은 가난하고 약한 후진국으로 인식되고 있었기 때문이다. 외국인들의 한국에 대한 이와 같은 인식을 잘못이라고 부정할 수 없을 때 약소국 국민으로서의 나의 서러움과 분노는 억누를 수 없었다. 초토가 된 한국의 강산, 서울시의 초라한 풍경, 서울서 내가 살던 집의 빈약함 등을 어찌 머리에서 지워버릴 수 있었겠는가.

6·25의 민족적 비극을 겪고서도 우리는 아직도 남북으로 갈라져 있으며 생존 자체에 허덕이면서 언제 다시 전쟁을 겪어야 할지도 모른다. 불안에 싸여 있는 처지였다. 얼마 안 되는 수의 한국 유학생들도 모이면 반드시 우리나라의 분단 상태를 개탄하기가 일쑤였으며, 박정희 정권의 정책에 대해 의견이 교환되고 토론이 벌어지는 수가 흔히 있었다. 이런 가운데서 어떤 학생들은 북한에 마음이 끌리는 듯한 입장이었으며, 또 어떤 학생은 정부의 어느 고관이 지나가기만 하면 그를 공항으로 마

중 나가 권력과의 연맥을 외국에 와서도 계속 찾고 있는 것 같았다. 서울에 가서 빨리 자리를 잡아야 한다는 현실에 밝은 생각을 하고 그런 준비를 하는 학생들이었다. 이런 분위기 가운데 한국 유학생 간에도 서로 경계하는 경향이 있었다. 북한의 정책이 옳다고 정말 생각한다는 데는 아무 할 말이 없다. 각자의 판단에 맡길 수밖에 없기 때문이다. 그러나 문제는 입으로만 사회주의, 노동자의 이권을 주장하면서 본인은 특권층으로서 멀리 파리까지 와서 남들보다 구경도 더 많이 다니고, 편하게 살려고 급급한다면 그러한 인간은 타기의 대상밖에 될 수 없는 것 같았다. 정말 옳다고 믿는다면 북으로 가든가 아니면 어느 곳에서든지 보다 철저하게 언행을 함께했으면 했다.

공부하러 온다면서 공부의 목적이 권력을 장악하여 잘살겠다는 데 있다면 그러한 입장을 개인의 자유에 따라 택할 수 있겠지만, 나의 관점에서는 너무나 천하고 더러워 보였다. 유학이라는 혹은 박사라는 학위를 오로지 출세를 위한 간판으로 전제하고 있는 그들이 쓰는 학비가 낭비인 것으로만 보였다. 유학이란 간판만 가지면 아직도 통용되고 사회에서 특별한 빛을 보게 될 수 있는 우리들의 조국, 한국이 초라하게만 생각되었다.

말라르메에 관한 나의 학위 논문을 읽어본 미학교수 로보 다롱은 그 논문을 요약해서 자신이 관여하는 미학 계간지 《미학》에 싣자고 제의해왔다. 이리하여 2년 후 「말라르메의 딜레마Le dilemme Mallarméen」라는 제목으로 나의 첫 불어 논문이 프랑스의 미학지에 실리게 되었다. 예상 외로 좋은 인상을 받은 논문 지도교수와 학위 심사위원이었던 P. 모로 교수는 그 논문을 몇 군데 출판사에 가져가보라는 것이었다. 출판이 될지도 모른다는 것이다. 그런 권고를 받고도 나는 그들의 말이 믿어지지 않았다. 공연히 마음만 들뜨게 하고 구차한 일만 더 마련해주는 것 같았다. 그래도 그들의 권고대로 나는 그 논문을 우선 뢰상부르 공원 옆에 있는 죠세 코르티라는 출판사에 가져가봤다. 작기는 하지만 비상업적이며, 말라르메의 작품, 그에 관한 평론을 전문적으로 출판하기 때문이었다. 당장 퇴짜 맞을 줄로만 알았는데 자꾸 날짜를 연기시키며 더 고려해볼 시간을 달라는 것이다. 그러나 3개월이 지나서야 겨우 대답을 받았다. 퍽 주저했지만 전문가들과 의논한 결과 출판하지 않기로 했다는 것이다. 전혀 바랐던 것은 아니었지만 거절을 당하니 일단 섭섭했다. 바라지 않으면서도 혹시나 했었기 때문이다. 다음에는 유명한 갈리마르 출판사에 가져가보라는 것이다. 프랑스에서 첫째, 둘째로 유명한 큰 출판사이다. 그 본사옥을 찾아 안내하는 대로 2층에 올라가 원고를 접수시켰다. 어느 사이에 나는 이 출판사에서 나의 책이 나올지도 모른다는 생각을 은근히 하고 있었다. 첫 번째 부닥친 출판사의 태도에서 나의 논문이 내가 생각했던 것보다도 좋게 보였던 것 같기 때문이다. 어느 정도 가망이 있으니까 교수들도 출판을 시도해보라고 추천해준 것이 아니겠는가. 그러나 사실 예상했던 대로 나의 원고는 한 달 가량 후에 되돌아왔다. 이런 결과를 들은 지도교수는 다시 한 번 시도해보라고 했다. 소르본대학에 거의 붙다시피한 곳에 'Centre de Documentation Universitaire'라고 하는 작은 출판사가 있었다.

그곳에서는 주로 소르본대학에서 한 교수들의 강의를 다듬어 책으로 내고 있었다. 약 한 달 가량 후에 나는 통지를 받았다. 나의 논문을 출판하겠다는 것이다. 그 편지를 받고 나는 뛰고 싶을 만큼 기뻤지만, 한편 잘 믿어지지 않았다. 내가 쓴 말라르메론이 파리 한복판에서 출판된다는 것은 정직히 말해서 꿈도 꾸지 않았다. 더구나 파리에 온 지 3년 만에 쓴 서투른 나의 글이 나오게 됐으니 말이다. 몇 달 후 미국으로 떠나기 바로 전날 그 출판사에서 출판계약서에 사인을 끝낼 때까지 혹시 출판사에서 마음을 바꿔 출판을 하지 않겠다고 할까봐 다시 걱정스럽기도 했다. 계약서에 서명하고 나는 그 당시 파리에서 함께 공부하고 있는 이형동, 허문강, 배효선과 만나 소르본대학 가까이 있는 유명한 학문의 전당, 코레쥬 드 프랑스 옆 작은 카페에 앉았다. 송별회 겸 출판계약 축하 겸 맥주 한 잔씩을 마시고 파리에서의 마지막 저녁을 보냈다. 그때의 놀라움, 흥분을 지금도 가끔 상상 속에서 다시 느껴보곤 한다. 미국에 와서 쓴 철학 박사 학위논문의 주제도 바로 그때 이미 결정되어 있었다.

뜻밖에 위와 같은 흥분도 가져오게 했지만, 박사학위를 받고 나도 막막했다. 나의 지식이 더 크게 늘어난 것은 아닌 것 같았다. 나 자신도 뭐가 뭔지 갈피를 잡을 수 없었다. 그 다음에 철학계통으로 어렵다는 학사증도 완전히 끝을 냈지만, 나의 지적 세계는 너무나 좁고 어두운 채 머물러 있었다. 게다가 그와 같은 증명서를 갖고 있어도 취직을 해서 생활할 수 있는 것이 아니었다. 솔직히 말하면 너무나 허전하고 섭섭할 뿐이다. 지적 뿌리를 빼자면 파리에 남았어야 했다. 국립과학연구소에 들어가 더 남아 있어 보려고 했으나 뜻대로 되지 않았다. 나는 경제력이 없으니 서울로 돌아가거나 어디론가라도 떠나야 했다. 한국에 가면 다시 교단에 서서 박사 행세를 할 수 있을 것이며, 사회적으로도 의젓한 대접을 받게 될 것이다. 그러나 한편 그러한 위치에서 나의 지적 모험, 앎에 대한 추구는 끝을 맺게 될 것이다. 나는 어른의 지위에서 점잖을 빼야 할 것이다. 그러나 나의 지적 욕망은 그러한 길을 택할 수 없었으며 나의 기질은 점잖은 교수가 되어 빼고 있기를 거역하고 있었다. 장래에는 한국에 가서 활동하고 싶지만 아직은 더 젊음이 가기 전에 배워야 하겠다는 것을 너무나도 절실히 느꼈다. 이러한 나의 욕망을, 나의 추구를 다소라도 만족시켜보려면 미국으로 가야 하겠다고 생각했다. 미국은 우수한 사람에게는 많은 기회가 있다는 것을 들어왔던 터이기 때문이다. 우수한 점이 하나도 없지만 그곳에 가면 혹시 나에게도 무슨 기회가 있을지도 모른다. 미국에 가서 철학공부를 본격적으로 해보자고 마음먹었다.

요행히 로스앤젤레스에 소재하는 서던캘리포니아대학 대학원 철학과에서 완전한 장학금을 주겠다고 답장이 왔다. 그러나 신청이 늦어서 1966년 봄학기부터 장학금이 준비되었다는 것이다. 1965년 6월 말경에 이런 결정적 통지를 받았다. 경제성을 고려하여 10월이나 돼서 떠나기로 결정하고, 미국비자를 신청하여 기다리며 나는 어떤 보험회사에서 말단직 일을 하며 여비를 보태려고 출근하고 있었다. 미국이라는 또다른 이국 땅에 가게 되어 호기심도 났지만 우선 두려움이 앞섰다. 우선 영어도 모르고 다시 학생생활을 시작할 생각을 하면 막막해지는 때가 한두 번이 아니었다. 나의 마음은 여러 가지로 착잡했다. 속으로는 파리를 정복하겠다고 마음먹었는데, 그곳에서 작가로서 알려지고 싶었는데 떠나야만 할 자신이 마치 패잔병과 같은 느낌이었다. 이런 심정을 달래기 위하여 일을 하지 않는 주말이면 1년 전부터 살고 있던 파리 교외 다락방에 박혀서 타이프라이터 앞에 앉아 시간을 보냈다. 그동안의 느낌, 그동안 파리생활을 하면서 경험한 흥분, 그리고 내가 오래 전부터 느낀 나 자신에 대한, 나의 조국에 대한, 아니 운명이라는 것에 대한 분노를 즉흥적으로 쏟아놓았다. 두 달 동안 찍은 양이 약 80장가량 됐던 것으로 기억된다. 단 한 자도 다시 읽어보지 않고 수정도 하지 않은 채, 「돼지의 소리를 듣지 말아라 N'écoutez-pas la voix d'un cochon」라는 제목을 붙여

두었다. 이렇게 씌어진 글이 앙드레 지드가 창간한 프랑스의 월간문예지인《NRF》, 즉《누벨르뷔 프랑세즈Nouvelle Revue Francaise》에 실리게 됨을 미국에 간 다음 해에 로스앤젤레스의 하숙방에서 알게 된다.

할 수 없이 미국 쪽으로 머지않아 떠나야 했기 때문에, 그리고 다시는 돌아올 수 없을 것 같은 유럽이기 때문에 가능한 대로 이곳의 많은 명소를 구경하고 싶었다. 두 번의 유학을 통해 만 4년 동안 파리에서 살았지만 공부에 밀리고 시간에 쪼달리며 돈에 여유가 없었던 나는 유럽은 물론 프랑스도 별로 구경한 곳이 없었다. 여름방학에 우연한 기회가 있어 프랑스 친구들과 스페인을 거쳐 북아프리카의 모로코까지 여행한 적이 있지만, 그밖의 여러 명소를 거의 볼 기회가 없었다. 로마제국의 수도는 꼭 봐야겠다고 생각하고 기차를 타고 2천 년의 고도 로마와, 또한 같은 이탈리아의 르네상스문화의 중심지 플로랑스 시를 꿈같이 돌아봤다.

문명 혹은 문화라는 말의 뜻을 피부로 이해할 수 있는 것은 내가 조금 구경한 유럽, 내가 5년 동안 살았던 프랑스에서였다. 나는 유럽의 문화에 압도되고 프랑스의 문화에 매혹된다. 그곳에서 처음으로 인간의 힘, 휴머니즘의 의미를 알게 된다. 그곳에서 자연을 정복한 인간의 승리를 눈으로 볼 수 있었으며 한국에서는 상상도 할 수 없는 물질적 부유를 목격하면서 우리 자신의 후진성, 우리 자신의 빈곤을 더욱 의식하지 않을 수 없었다.

알면 알수록, 오래 있으면 있을수록 나는 서양의 문화를 더욱 찬미하지 않을 수 없었으며 유럽, 특히 프랑스에 더욱 애착심을 갖지 않을 수 없었다. 소르본 주변과 대학 기숙사촌을 발가락에 피가 맺히도록 바지런히 돌아다니며 나는 스스로의 지적 성장에 희열을 느껴보기도 했으며, 실존적 삶과 젊음의 뜨거운 긴장을 체험했던 것이다. 그러나 나는 그곳을 떠나야만 했다.

귀중한 젊음의 한때를 쏟아놓았던 곳이기에 파리를 떠난다는 것이 한없이 아쉬웠다. 그러한 곳을 뒤에 남기고 다시 미지의 나라, 전혀 낯선 또 하나의 이국을 향하여 막연히 떠나야 하는 자신의 마음이 허전하고 무거웠다. 나의 나이는 벌써 만 35세가 넘어 있었다. 남들은 뚜렷한 직장을 갖고 가정을 이루어 사회적으로 활동하고 행복하게 살고 있는 연령이다. 그럼에도 불구하고 나에게는 아무것도 없었다. 몹시 약해진 몸, 아직도 삶의 뿌리를 박지 못하고 혼자서 들떠 떠돌고 있는 형편이었다. 4년 전 서울에서 떠날 때 나는 내가 꼭 할 수 있는 말이 있었고 그 말을 파리에서 외치고자 생각했었다. 그러나 그동안 공부를 하면 할수록 내가 하고자 했던 말이 무엇이었는지도 알 수 없게 됐다. 나는 아무것도 아닌 것 같다. 박사학위, 학위를 땄다 하지만 그것들이 무슨 뜻이 있는가? 자신에 대한 이런 회의 속에서 나는 다시 다른 나라에 가서 새로운 출발을 하고자 하는 것이었다.

그동안 나를 성심껏 도와준 시인 엠마뉴엘의 부인 쟈닌느 엠마뉴엘 여사의 격려를 받으면서, 만 4년 만인 1965년 10월 9일 나는 낡은 트렁크 하나만을 들고 파리에서 대서양을 건너 미국을 향하여 하늘에 떴다. 또 어떤 모험이 기다리고 있는가? 또 어떤 싸움이 벌어질 것인가? 스스로와의 실존적 싸움에서 나는 과연 승리할 수 있는가? 패배해서는 안 된다라고 나는 스스로에게 일러보면서 뉴욕으로 날고 있는 비행기 에어프랑스 기 안에서 눈을 감고 생각에 잠겼다.

《문예중앙》, 1984~1988

09
직업적 학생

출발 시간을 초조하게 기다리고 있으려니까 마리 클레르 파티에 양이 상자곽같이 가벼운 자동차, 회색빛 두슈보를 몰고 내 아파트 앞에 나타 났다. 짐을 싣고 함께 비행장까지 전송해주겠다는 것이었다. 그녀는 지난 두 학년, 미학과 고대서양미술사를 나와 함께 수강했었다. 파리를 떠나는 것이 한없이 서운했고 쓸쓸했지만 그래도 얌전하고, 똑똑하고 예쁜 파리지앵의 마지막 전송을 받게 되어 다소 위안이 되었다.

오를리 국제공항에서 출국수속을 마치고 있으려니까 파리에 유학하고 있던 옛 제자 전혜정, 그리고 파리의 아시아 학생들을 위해 봉사하고 있던 르누 신부와 토그의 비서로 일하고 있던 할머니 오스레 여사가 전송하러 나와 있었다. 뜻밖에 네 사람의 전송을 받게 된 것이다. 1965년 10월 9일 오후 한 시. 나는 에어프랑스 기에 몸을 싣고 대서양 건너 신대륙, 미국을 향해 구름 위로 떴다.

미국이 물질적으로 무한히 풍부하다는 것은 해방 직후의 그 많은 구호물자, 그리고 6·25 때의 그 많은 비행기, 트럭, 무기 등을 통해서 알고 있었다. 2차 대전 후 세계를 거의 먹여 살릴 수 있을 만큼 풍부한 나라이기 때문에 능력만 있으면 누구나 기회를 갖고 성공할 수 있다는 말을 막연하나마 주워듣고 있었다. 그러나 그 이상 나는 미국에 대해 별로 아는 바가 없었다. 나도 열심히 노력하고 운만 좋으면 그곳에서 성공하여 안락한 생활을 할 수 있게 될 것인가? 그곳에서 세계적으로 이름을 날리는 작가 혹은 사상가로 살아남을 수 있을 것인가? 이렇게 갖가지 생각이 스쳐가기도 했지만 사실 나에게는 아직 아무런 확실한 계획이 없었다. 당장 어떻게 그곳 생활에 적응하며, 무엇을 할 것인지조차 막연하기만 했다.

서던캘리포니아대학에서 다음 학년에 장학금을 주겠다고 말했지만 그것도 확실한 것은 아니었다. 4년 전 서울을 떠날 때와 마찬가지로 당시 나는 체중이 50킬로 정도밖에 안 될 만큼 허약했다. 그렇지만 나는 아직 젊었고, 기개는 갖고 있었다. 남들이 할 수 있는 것이라면 나도 할 수 있다고 믿었기 때문에 어떠한 고난도 이겨나가며 공부해야겠다는 다짐만을 막연히 하고 있었다. 나는 영어도 거의 못하면서 막연한 희망과 낙관, 막연한 불안과 공포를 더불어 갖고 뉴욕으로 날고 있었다.

뉴욕! 나를 태운 보잉 707기가 뉴욕에 가까이 접근하고 있었다. 뉴욕 주변의 섬들이 보인다. 멀리 그 유명한, 상상할 수도 없었던 높은 고층건물들로 숲을 이룬 뉴욕이 마침 기울어지는 석양에 반짝거린다. 말로만 듣던 뉴욕! 모든 부와 권력을 상징하는 뉴욕! 교과서에서만 보던 뉴욕! 나는 좌석에서 벌떡 일어나 고개를 빼고 비행기 창문 밖으로 보이는 뉴욕의 섬들, 항구, 그리고 고층건물들을 바라보면서 생각에 잠겼다. 미국은 도대체 어떤 나라일까? 뉴욕은 도대체 얼마나 화려할까? 이때 스튜어디스가 와서 어깨를 누르면서 좌석에 벨트를 매고 앉아 있으라 한다. 내가 얼마나 촌스러워 보였을까?

　뉴욕 케네디공항에 착륙한 것은 같은 날 오후 5시였다. 8시간을 날아왔지만 파리와 뉴욕의 시차 때문에 아직도 같은 날짜였다. 모든 것이 깨끗하고 단정할 줄로만 알았는데 모든 것이 크다는 인상을 빼놓으면 어쩐지 모든 것이 거칠어 보였다. 공항은 지저분하고 권총을 차고 있는 경관들의 모습이 삼엄하고 폭력적이라는 인상을 준다. 유엔 본부 옆에 있는 버스터미널에 도착해, 대합실에 앉아 있을 때 뉴욕은 더욱 험악해 보였다. 브루클린대학에서 수학을 가르친다는 곽노섭 교수가 마중 나와주어서 그를 따라 지하철을 타고 브루클린에 있는 그의 아파트로 갔다. 셔츠만 걸치고 있는 미국 대학교수의 모습은 항상 정장을 하고 있는 소르본대학의 교수들에 비하면 교수라는 인상을 주지 않는다. 징그럽다할 만큼 낙서로 얼룩진 지하철, 큰 소리를 내며 미친 듯 달리는 지하철은 뉴욕이 어쩐지 말할 수 없이 거친 곳, 모두가 살기 위해 극성스럽게 싸워야 하는 곳이라는 인상을 준다. 파리의 지하철이 조촐하고 인간적이라면 이곳의 지하철은 거칠며 야성적이다, 콘크리트와 쇠로 이루러진 험악한 정글에 들어온 느낌이다.

　이미 해가 지고 어두워 있었다. 브루클린의 복판에 있는 곽 교수의 아파트에 들어갔을 때 넓은 공간, 응접실 한구석에 있는 피아노, 응접실에 깔려 있는 카펫, 한구석 벽에 가득 차 있는 레코드들이 이곳 생활의 풍요함을 말해준다. 궁상스러운 생활에 익숙해왔던 나는 곽 교수의 아파트에서 미국생활의 윤택함을 처음으로 실감할 수 있었다. 다음 날 곽 교수의 아내, 유 여사가 마련해준 아침식사, 오렌지 주스, 스크램블 에그, 캔타로프 등이 다시금 미국생활의 고유한 감각과 풍요함을 코와 혀로 체험할 수 있게 해주었다.

뉴욕주와 뉴욕시가 다르다는 것을 뉴욕시에서 만나볼 줄 알았던 옛 친지 강명자를 뉴욕주의 수도 알바니시까지 버스를 타고 가서 만나보고서 알았다. 나는 그만큼 미국에 대해서 알고 있는 것이 없었다. 알바니시의 그레이하운드 버스정류장에는 강명자의 남편, 뉴욕 주립대학의 이학종 교수가 폭스바겐을 끌고 와 그들을 따라 처음으로 슈퍼마켓에 들어가보았다. 냉방이 되어 시원하고 깨끗한 슈퍼마켓 안의 풍성한 식료품, 그 속에서 카트를 끌고 다니며 겁 없이 물건을 사는 그들의 모습에서 이곳 생활의 풍요함을 다시 느꼈다. 가난하기 짝이 없었던 나에게는 그들이 지불하는 몇십 달러가 거액같이만 보였다.

다음 날 뉴욕시로 다시 돌아와 안내 지도만을 들고 혼자 맨해튼을 돌아다녔다. 컬럼비아대학, 할렘, UN 본부, 현대미술관을 발바닥에 피가 나도록 돌아다니며 수박 겉핥기로 구경했다. '할렘' 거리를 돌아보고는 오히려 흑인들의 빈곤에 충격을 받는다. 할렘을 혼자 구경하고 왔다는 얘기를 들은 곽 교수는 얼굴이 새파래지다시피 하면서 내가 살아 돌아온 것이 다행이라고 한다. 미국의 한구석이 이렇게 험악한 줄을 나는 꿈에도 몰랐던 것이다. 마침 유니온신학교에서 공부하고 있던 서광선을 만나 컬럼비아대학 학생식당에서 샌드위치를 얻어먹고, 신학교 안에 방을 얻어 신혼생활을 하고 있는 그의 숙소에 가서 맥주를 마신다. 저녁 늦게 이대에서 가르쳤던 김학숙의 연락을 받고 그녀의 안내로 라디오시티에서 쇼를 보고, 어리둥절한 채로 자정이 넘어 차이나타운까지 구경한다. 옛 선생이었다 하여 그녀로서는 돈을 쓰며 나를 정성껏 기꺼이 안내해주던 정에 깊이 고마움을 느꼈다. 이틀 동안 뉴욕시에 머물러 구경하면서도 나는 미국에 대해서 전혀 감탄하지 않았을 뿐만 아니라 호감조차도 느끼지 못했다. 뉴욕시는 파리와 너무나도 달랐다. 매력이 없다. 세련된 데가 있는 것 같지 않다. 모두가 시장이요, 사무소이며, 모든 사람들이 장사꾼만 같다. 이러한 나의 느낌이 다분히 내가 갖고 있었던, 그리고 많은 파리지앵이 갖고 있었던 미국에 대한 편견 때문이었다는 것은 몇 년이 지나서야 의식하게 된다. 파리지앵도 아니고 프랑스인도 아니며 유럽인도 아닌 나였지만, 마치 세련된 파리에서 온 교양인인 듯 착각하고 미국을, 미국인을 처음부터 멸시하려는 태도를 갖고 있었던 것이다. 이러한 그릇된 착각에서 깨어나기 위해서는 아직 몇 년이 더 필요했다.

13일 오후 다시 그레이하운드 버스를 타고 워싱턴 D. C.로 간다. 서부로 가는 길에 적어도 미국의 수도는 보아야겠다고 생각했기 때문이다. 이틀 동안 발바닥이 닳도록 지도를 들고, 백악관, 국회의사당, 링컨기념관, 미술관을 둘러보았다. 뉴욕에 비해 훨씬 안정되고, 전체가 하나의 공원같이 푸른 워싱턴시가 마음에 든다. 다시 버스를 타고 시카고시로 떠난다. 마침 그곳에 형수 한 분이 머물고 있었기 때문에 그 아주머니가 귀국하기 전 만나보기 위해서였다. 그곳 버스정류장, 그리고 내가 들렀던 YMCA호텔 주변은 시카고가 도살장의 도시, 그리고 마피아 갱의 대장, 알 카포네의 도시라는 것을 상기시켜준다. 시카고 근방에는 형수 외에 이대 불문과를 졸업하고 유학 와 있던 허영자, 그리고 강수원이 있었다. 그들은 나를 몹시 반겨주고 그곳을 안내해주며, 남편까지 동원하여 자기 아파트에서 맛있는 저녁을 차려준다. 4년 만에 서대문 밖 신촌에서가 아니라 멀고도 방대한 이국에서 다시 만나는 반가움이 새삼 복받쳤다. 미국인에게는 상상되지 않는 제자의 덕을 또 한 번 크게 본 셈이다.

20일, 시카고에서 버스에 다시 올라 목적지인 로스앤젤레스로 직행

한다. 낮과 밤을 가리지 않고 비좁은 버스의 좌석에 앉아 미국 대륙횡단을 강행한다. 사흘 만인 22일 저녁 로스앤젤레스의 버스정류장에 도착하여 시내로 들어가면서 처음 놀란 것은 사방으로 뻗은 고속도로에 빽빽이 밀려가는 한없이 많은 자동차였다. 자동차 한 대 값이 얼마라는 것을 생각하면 이곳에 사는 사람들이 모두가 정말 부자만 같았다. 허허벌판 같은 이 도시에 내려, 영어도 잘 모른 채 우선 안형주의 자당慈堂 댁을 찾았다. 아들은 물론 어머님도 나는 개인적으로 아는 바 없었다. 내가 이대에 있었던 연고로, 전에 이대에서 영어를 가르치신 바 있던 자당을 파리에서 만난 제자 서경옥의 소개로 찾게 된 것이다. 택시를 타고 밤중에 그 댁을 찾아가 그로부터 2년 반 동안 그곳에서 학교를 마칠 때까지 나는 그 댁 모든 식구의 극진한 도움을 받게 된다. 안형주의 조부께서는 일찍이 일제시대에 그곳으로 망명 오셔서, 당시 얼마 안 되는 한국교포 가운데 크게 성공하여 농장까지 갖고 있었다. 그분은 한국이민의 개척자이며, 한국인 사회에 크게 봉사하고 있었다. 안형주는 막 펜실베니아 대학 경제학과를 졸업하고 집에 돌아와 취직을 하고 있었는데, 나이도 차이가 나고, 전공도 달랐지만 문학을 좋아하고 멋을 아는 사람이었다. 그래서 문학이나 예술 혹은 철학에는 아무도 흥미를 갖지 않는 이 세계에서 언제나 믿을 수 있는 말벗으로 남아 가까이 지내게 된다.

다음 날 임시로 셋방을 얻어 들었는데 그다음 날 교외에 사는 김하태 교수가 찾아와주었다. 1960년 이대에서 만나고 5년 만에 다시 이곳에 폐를 끼치게 된 것이다. 그분의 주선으로 학교에서 가까운 일본 이민 1세의 집에 하숙을 정한다. 2세인 아이들은 이미 변호사가 되고 의사가 되어 따로 살고 있지만, 70이 가까운 '히가'라는 할아버지는 아직도 정원사로서 아침이면 트럭을 몰고 배우들이 산다는 할리우드에 가서 날마다 잔디를 깎고 돌아오곤 했다. 정직하고 한없이 착한 분이었다. 그는 현악기 '고도'를 배우기 시작한 눈이 둥근, 늙은 아내와 단둘이서 단층으로 된 오래된 단독주택에서 살고 있었다.

내가 이곳에 온 것은 취직하기 위해서도 아니고 돈을 벌어 잘살기 위해서도 아니다. 오로지 공부를, 철학공부를 하기 위해서였다. 남들 같으면 이미 오래전에 가정을 갖고, 사회적으로 한창 활동할 나이인 만 35세가 넘어서 학생으로 온 것이다. 나에게 중요한 것은 오직 학교요, 공부였다. 지금 돌이켜 생각하면 어이없고 아찔하지만, 그 당시까지만 해도 나에게는 공부 외에 아무것도 관심이 없었다. 나는 아직도 젊다고 자부, 아니 착각하고 있었고, 늦은 나이의 학생 생활을 부끄럽게 생각지 않았다. 가정을 갖고, 취직하여 화려해 보이는 집에 살고 있는 모든 사람들을 나는 은근히 경멸의 눈으로 보곤 했었다. 이런 판에 나는 하루바삐 학교 사정을 알아봐야 했다. 나의 대학원 입학, 그리고 장학금 관계는 아직도 막연한 처지에 있었기 때문이다.

궁금하고 서먹서먹하고 불안한 마음으로 서신연락이 있었던 서던캘리포니아대학 철학과장인 워크마이스터 교수를 찾아갔다. 이곳에 도착한 지 나흘째인 10월 25일이었다. 영어를 잘 못하니 답답하고 송구스러웠지만 체격이 좋고 백발인 교수는 사방 벽에 책이 가득 꽂혀 있는 자기의 연구실에서 반갑게 맞아주었다. 더듬거리며 겨우 말이 통했다. 뜻밖에도 그는 나를 기다리고 있었다고 했다. 오히려 어째서 이렇게 늦게 왔느냐는 것이다. 가을학기가 시작된 지 이미 두 달이 가까워지고 있었기 때문이다. 가을학기부터 등록금 면제는 물론 한 달에 3백 달러의 생활비를 준다는 뜻밖의 얘기를 들었다. 20년 전 3백 달러는 꽤 큰 금액이었다. 그만큼의 돈을 나는 만져본 적이 없었다. 대뜸 부자가 된 셈이다. 평생 처음으로 경제적으로 여유 있게 공부하게 된 의외의 행운에 나는 당황하고 기뻐서 가슴이 울렁거렸다. 19세에 독일에서 이민 와 고학하면서 공부했다는 그 교수는 체격에 비해 여성같이 높고 속으로 들어가는 목소리로 아직도 외국인의 심한 악센트를 버리지 못하고 있었다. 그는 자기의 여비서를 시켜 사방으로 전화 연락을 하더니 봄학기까지 외국인 학생들을 위한 영어교육반에 등록을 시켜주고, 봄학기부터의 장학금 수속을 친절히 주선해주었다. 운이 좋아 다음 해 가을부터 장학금을 받게 되면 그때까지는 일을 하여 생활을 해볼 각오였던 차에 한 학기 앞서 받게 된 장학금은 나에게 있어서 뜻밖의 행운이 아닐 수 없었다.

영어반에 들어가고, 영어를 빨리 익히기 위해서 잘 알 수는 없었지만 특별히 양해를 받아 두 개의 철학강의를 청강하면서 봄학기까지 학교 도서관에서 일을 시작했다. 장학금의 혜택을 받으면서 워크마이스터 교수의 기대에 어긋나면 어떻게 하나, 날이 갈수록 걱정이 쌓였다. 어서 봄학기가 오기를 기다리면서도 그와 함께 다가오는 불안도 커진다.

한편 모든 것이 번쩍거릴 것으로만 상상했던 로스앤젤레스, 화려하기로 이름난 할리우드의 로스앤젤레스는 나에게 말할 수 없는 실망을 준다. 대부분의 집들은 이른바 판자집 같았고, 다운 타운, 그리고 할리우드 근방에는 최신 빌딩들이 있었지만 로스앤젤레스는 도시라기보다 하나의 개척단지, 하나의 커다랗기만 하고 산만한 시골 같은 인상을 줄 뿐이다. 대학 캠퍼스도 마찬가지다. 최신 빌딩들이 서 있고 그 안에 들어가면 은행같이 청결하고 에어컨으로 시원하지만 어딘가 촌티가 난다. 문명의 도시라는 느낌이 오지 않는다. 매그놀리아꽃이 항상 피어 있고 높은 야자나무 가로수들은 이곳이 열대지방임을 말해주면서, 열대지방은 어쩐지 원시적이라는 연상을 일으키게 한다.

촌스럽다라는 생각, 아니면 상스럽다는 느낌은 자연환경·기후·도시의 구조 그리고 주택들의 모양에서뿐만 아니다. 그곳에 살고 있는 주민들이나 학생들에게서도 같은 느낌을 받는다. 남방셔츠와 반바지를 입고 자동차를 몰고 다니는 그들, 즉 직업 얘기, 월급 액수만을 화제의 중심으로 삼는 그들은, 얄밉도록 항상 정장하고 깔끔한 파리지앵들, 문학·영화·그림·정치를 화제로 카페에 앉아 노닥거리기를 좋아하는 소르본 학생들에 비하면 아무래도 천하고 교양 없어 보인다. 흑인들·남미계인들·동양계인들이 많이 눈에 띄는 이곳은 가장 세련되고 고도한 현대문화를 가졌다는 서양의 일부라는 감을 갖게 하지 않는다. 모두 무엇보다도 돈만 벌면 편하게 살려는 데 급급한 인상이다. 나는 가능하면 하루라도 빨리 이곳을 떠나고 싶었다. 뒤에 두고 온 파리가 아쉽고, 뒤에 남기고 온 파리의 친구들 생각이 간절하다.

이후 2년 10개월 동안 한 간 방 하숙집에서 밥을 끓여 먹고 살면서 나는 외롭기는 해도, 학교공부에 말할 수 없이 긴장을 했으며, 나의 인생에 대해 부득불 심각한 반성도 해보게 된다. 때로는 내가 하고 있는 철학공부에도 흥미를 잃을 때가 있었고, 모든 것을 집어치우고 서울로 돌아가고 싶은 생각이 들기도 했으며, 남들처럼 아내를 얻고 평범한 가정에서 삶의 진짜 행복을 맛보고 싶은 유혹을 받기도 했다.

나이가 들도록 학교에만 붙어서 공부한답시고 캠퍼스를 왔다 갔다 하는 사람을 비웃는 말에 '프로페셔널 스튜던트', 즉 '직업적 학생'이라는 표현이 있다. 학교공부를 어떤 직업의 수단으로 하는 것이 아니라 학교생활 그 자체를 직업으로 삼는다는 말이다. 학교에서 장학금을 받는다면 최소한도의 생활은 될 수 있으니 불로소득의 장학금은 '학생직업'의 수입이 되는 셈이다. 학생직업을 갖는다면 그것은 사실상 공부를 계속할 자격이 없는 사람이거나, 혹은 사회의 일선에 나가 해야 할 책임이 있고 생산적인 생활을 기피하는 사람들에 어울리는 생활일 것이다. 빠르면 20대 중반에 대학원을 마치고 사회생활을 해야 하는데, 35세가 넘도록 잘하지도 못하는 언어로 잘 알지도 못하고, 별로 실용성이 없는 철학공부를 시작한 나 자신이 어쩐지 학생직업을 택한 것이 아닌가 싶은 생각이 든다. 그럴 때면 등에 식은땀이 나고 소름이 오싹 들 때가 더러 있다. 어떤 때는 공책을 들고 도서관을 드나들며 궁상스럽게 하숙방에서 핫도그나 구워먹는 스스로가 측은하게 의식되기도 했다.

이 무렵 여러 대학광고를 통해서 1950년대 초반에 와서 공부를 끝마치고 이미 교편을 잡고 있는 서울의 옛 친지들을 알게 됐고, 혹은 소문을 통해서 대학에서 공부를 끝내가고 있는 사람과도 연락이 닿게 되었다. 서울대 불문과 후배인 김재권이 미시간대학 철학과에서 교편을 잡고 있음을 알게 되었다. 그의 학술논문도 잡지를 통해 접했고 김재권 본인한테서 자기가 주로 하는 공부에 대한 편지도 받았다. 서울대 선배인 조가경이 버팔로에 있는 뉴욕주립대학에서 역시 철학을 가르치고 있었고, 중고등학교 후배인 이광세가 켄트대학에서 역시 철학 교수로 있었으며, 하버드대학에서는 서울대에서 알게 됐던 이인호가 학위논문을 끝마쳐가고 있던 때였다. 나도 자칭 공부한다는 사람, 나도 철학을 한다는 사람이니만큼 공부하는 친구, 특히 철학공부를 마친 친구들에게 각별한 관심을 갖게 된 것은 당연한 심리다. 편지를 통해서 그들과의 연락이 맺어지고, 그들의 격려를 받으면서 지치고 지친 심신에 다시 용기를 내어 참고 견디어보기로 한다.

이 무렵 파리 문학지《NRF》에서 뜻하지 않은 교정물이 날아왔고, 소르본에서 쓴 학위논문이 출판되어왔다. 뿐만 아니라 프랑스의 미학계간지에 내 논문이 실려 도착했다. 《NRF》지의 일은 정말 뜻밖이었다. 파리를 떠나기 직전에 써놓은 나의 글, 「돼지의 소리를 듣지 말아라」가 그 잡지에 실리게 됐던 것이다. 이러한 몇 가지 일들이 지적 자신을 잃어가고 있던 나에게 큰 격려가 되고, 사라져가는 용기를 북돋워주는 듯했다.

그러나 다른 한편으로 나는 계속 괴롭고 외로웠다. 서울에서 고생하고 계신 부모님께 도움이 되기는커녕 아직도 정신적인 짐이 되고 있는 나 자신에 대한 도덕적인 괴로움 때문이었다. 옛 동창들이 서울에서 활동하며 사회에 이바지하고 있는 데 반해, 아직 학교수업을 받으면서 시험공부를 해야 하는 나의 인생에 회의가 더욱 커가고 있었다.

이런 가운데 나를 잊지 않고 꾸준히 편지에 답장을 해주고 격려해주는 정명환을 친구로 가질 수 있었던 것은 고마운 일이었고, 멀리서나마 정신적으로 큰 의지가 되고 있었다. 프랑스에 두고 왔던 친구, 낭트대학 University of Nantes의 불문학 교수 쇼보, 그리고 소르본대학의 수학 강사 마리크로드 리오레, 고등학교 역사 선생 H. 콜팡드레르, 프와티에대학의 그리스 문학 교수 모니크 알렉산드르, 문학평론가 알베레스, 시인 엠마뉴엘의 부인 쟈닌느 엠마뉴엘 여사, 1957년 처음 프랑스에 갔을 때 만났던 독일 친구 프리베, 그리고 소르본대학 미학 교수 장 그르니에와 계속 서신을 교환하며 격려를 받을 수 있었던 것 또한 큰 정신적 도움이 되었다.

현지 로스앤젤레스에서는 김하태 교수와 안형주 외에 중학동창으로 직장을 갖거나 장사를 하고 있는 윤명현, 김대영, 이대에서 안면이 있던 지정자 등의 집에 더러 가서 불고기 혹은 나물들을 먹을 수 있고, 얘기를 나눌 수 있었던 것도 마음에 크게 위안이 되었다. 20년이 지난 지금도 그들의 나에 대한 호의를 잊을 수가 없다.

이 무렵 영화감독 하길종(그는 후에 아쉽게도 요절했다)의 아내가 되어 막 첫아들을 분만한 전채린도 만나게 되었다. 그녀는 내가 이대 불문과에서 가르쳤던 제자의 하나였다. 하길종은 UCLA에서 영화를 공부하고 있었으며, 전채린은 내가 다니는 학교 USC에서 불문학 석사과정을 하고 있는 중이었다. 이따금 그들의 하숙방에 가서 맥주를 마시고 노닥거리고 나면 그동안 쌓였던 스트레스를 다소 풀 수 있는 것 같았다.

위와 같은 교포, 한국 친구들이 없었더라면 나는 더욱 외로웠을 것이며 그만큼 더 괴로웠을 것이다.

강영훈 장군을 만난 것은 다행한 일이다. 5·16 혁명 당시 육군사관학교 교장이었다가 혁명 후 추방되다시피 하여 미국에 와 있던 그는 나와 같은 학교에서 정치학 박사학위를 준비하고 있었다. 군인, 특히 별을 단 장군이라면 건장하고 딱딱하고 뻣뻣한 이미지를 연상시킨다. 그러나 몸이 날씬하고 얼굴의 선이 여성적으로 섬세한 강 장군은 오히려 전형적인 선비나 학자의 인상을 남긴다. 외모뿐만 아니라 말소리, 표정도 그가 세 개의 별을 달았던 장성이었다는 것을 믿지 못하게 한다. 시퍼런 권력을 행세하고 호화롭게 살았으리라고 짐작되는 강 장군은 옷은 신사복으로 단정하게 입고 있었지만 매일같이 피넛 버터를 바른 샌드위치를 점심으로 가방에 싸들고 철학과 도서관에 와서 책을 보고, 노트를 하고 있었다. 그리하여 약 1년 동안 강 장군과 나는 같은 도서관에서 시간을 보내고 점심도 자주 함께 나누었다. 강 장군은 조용한 목소리로 차근차근 얘기를 잘한다. 가벼운 농담, 유머러스한 그의 얘기를 들으면 재미가 났다. 일본서 고학하던 얘기, 연애하던 얘기, 만주군학교에서 일어났던 우스운 얘기들을 듣고 있으면 시간 가는 줄을 모른다. 어쩌면 그는 군인으로보다는 소설가로 태어났었던 것인지도 모른다. 그의 필재筆才, 그의 다양한 교양도 의외였다. 심성이 선천적으로 한없이 착한 사람이었다고 확신한다. 엊그제만 해도 화려하고 분주한 생활을 하던 그가 극히 따분한 학생생활을 해야 하는 것이 불가능한 일은 아니라 해도 괴로운 일이었음에 틀림없지만, 그에게서는 그러한 괴로움은 적어도 밖으로 전혀 나타나지 않았다. 어쩌면 학자생활이 그의 태어난 천직이었을지 모른다. 나보다도 나이가 많은 강 장군과 함께 도서관에서 시간을 보낼 수 있었던 사실이 직업학생을 괴롭게 의식하고 있던 나에게 얼마간의 위로가 되고 외로움을 덜어주는 것 같았다.

서던캘리포니아대학 철학과에는 과장인 워크마이스터 교수 외에 런던대학에서 교환교수로 와 있던 60세가 넘은 존 위스덤 교수를 비롯하여 10명가량의 젊은 교수들이 있었다. 과장은 많은 저서로 잘 알려져 있었고, 위스돔 교수는 과학철학으로 이름이 다소 나 있었다. 그밖의 교수들은 학문적으로 아직 풋내기에 불과했다. 서던캘리포니아대학, 그리고 그 대학의 철학과가 일류급에 속하지 못한다는 것을 알게 됐을 때 자존심이 상했고 섭섭했지만, 따지고 보면 오히려 나에게는 다행한 일이었다. 일류대학의 철학과에서 과연 나의 철학적 경향으로, 그리고 나의 철학적 실력으로 살아남기가 어려웠을지 모르기 때문이다. 논문도 시원치 않고, 세미나에서는 발표력이 부족했을 뿐만 아니라 도대체 기본적인 영어 실력도 충분히 갖추지 못하고 있었던 나를 교수들이나 그곳 대학원 학생들은 극히 존중해주고 잘 돌봐주었다. 내가 영어는 잘 못하지만 불어를 할 수 있고 소르본대학에서 이미 하나의 문학박사 학위를 땄다는 사실을 그들이 의식하고 있었기 때문인 것으로 짐작된다. 어쨌든 교수들이나 미국인 학생들, 특히 보스턴에서 온 제임스, 나이가 제일 어렸던 버틀러, 예일대학에서 전학했다는 크레이톤 등이 각별히 나의 어학적 어려움을 이해하고 여러 가지로 친절을 베풀어 도와주었다. 박사학위를 준비하고 있던 학생들 가운데에 나보다도 나이가 훨씬 많은 만학도들이 있었던 것도 직업학생에 심리적 압박을 느끼고 있던 나에게 위로가 되어주었다.

세미나 형식의 수업을 받은 것은 이곳에 와서 처음이었다. 10여 명, 때로는 5명 정도의 학생들이 모여 큰 테이블을 둘러싸고, 수업을 받는다기보다 토론하는 세미나에서는 교수로부터 무엇을 배운다는 생각이 들지 않는다. 교수와 학생들 간의 가까운 관계에서 학문의 엄숙성도 느껴지지 않는다. 교수가 체계적인 설명을 하고 그것을 알아들어 새로운 것을 배우는 것이 아니라, 교수도 극히 단편적인 생각을 두서없이 던진다는 느낌이다. 교수가 정말 큰 철학적 이론을 갖고 있는 것 같지도 않고 해박한 지식을 머리에 지니고 있어 보이지도 않았다. 이러한 인상은 젊은 교수들에게 더욱 그러했다. 학생들과 관련 없는 질문을 던지기 일쑤여서 세미나는 번번이 두서없는 잡담으로 끝나는 것 같아 이곳에서의 공부에 대하여 실망을 느낀다. 교수와 학생들 사이가 권위주의적인 한국적 전통에서 성장해왔으며, 1백 명 때로는 몇백 명이 들어가는 강당에서 교수의 일방적인 강연을 노트하는 유럽식 교육을 소르본에서 받아왔던 나는 미국 교수들에 대하여, 미국 학생들에 대하여, 그리고 미국 대학교육에 대하여 멸시하는 눈으로 보는 자신의 태도를 의식하게 된다. 미국 대학에 대한 초기의 나의 이러한 어긋난 태도에는 그만한 근거가 있었던 것이다. 돌이켜 생각하면, 나의 이곳 대학에 대한 부정적인 태도는 무엇보다도 나의 영어 실력이 부족해서 세미나에 적극적으로 참여할 수 없었던 사실, 그리고 나의 철학, 영미철학에 대한 지식이 백지에 가까울 만큼 바탕이 없었기 때문이었으며, 또한 그때까지만 해도 내가 소르본대학에 대한 과대한 평가와 미국에 대한 편견에서 해방되지 못했기 때문이었던 것이다.

소르본대학에서 석사에 해당되는 철학과정을 거치고 왔다고는 하지만, 일상언어철학자의 대표격인 라일, 오스틴 등의 이름은 물론, 포퍼Popper· 카르납Carnap· 프레게Frege· 에이어Ayer, 콰인, 무어Moore 등 논리실증주의자들, 혹은 이른바 분석철학자들의 이름조차 한 번이라도 들어본 적이 없었다. 이곳에서는 하나님같이 존중되는 비트겐슈타인과 러셀의 이름만은 겨우 알고 있었으나, 그것조차도 소르본대학 강의실에서나 학생들 사이에서조차 상관없이 어떤 책을 혼자 읽다가 알게 되었거나, 혹은 전문적 철학과는 상관없는 정치적, 혹은 사회적 에세이를 읽어서 알고 있었을 뿐이었다. 나는 이곳에 와서 처음으로 논리실증주의며, 분석철학이라는 말을 듣게 됐던 것이다. 과학철학이 한창 전성기에 오르고 있었는데 그러한 개념조차도 들어본 적이 없었다.

분석철학자들이 형태를 갖추고, 단행본의 형식을 갖추는 경우에도 대부분 그 분량이 적다. 세미나에서는 흔히 단편적인 논문들을 읽고 그것을 돌려가며 설명·비판하고, 그후 다른 참석자들이 토론한다.

궁극적 진리가 무엇이냐, 인생의 의미가 무엇이냐에 대한 문제를 다루거나 그런 문제에 대답을 하기는커녕, 분석철학들은 어떤 낱말 혹은 명제의 언어적 의미, 그리고 그러한 것을 따져가는 논리적 세밀한 관계에 초점을 두고 있다는 인상뿐이다. 내가 그때까지만 해도 막연히 기대했던 것과는 달리 철학은 나의 실존적 문제와는 아무 상관없이 시시하고, 아주 작은 언어적 문제를 갖고 말장난을 하고 있는 것만 같았다. 내가 처음에 이러한 철학자들의 논문, 책을 읽고, 그런 것을 갖고 토론하는 세미나에서 극히 극렬한 반발을 느끼게 됐다면 그러한 사실은 자연스럽다. 왜냐하면 도대체 내가 철학에 관심을 갖게 된 것은 그 따위의 시시한 말장난을 하기 위해서가 아니라 정말 실존적 고민으로 고통을 받고 있는 나에게 어떤 궁극적인 대답을 찾기 위해서였다. 분석철학은 철학이 아닌 것만 같았다. 그런 철학을 가르치는 사람이나 그런 것을 배우는 학생들은 정말 철학적 깊이, 즉 인생의 깊은 체험을 모르는 피상적인 사람들만 같았다. 유명한 분석철학자들이란 머리가 명석할 것임에 틀림없지만 마치 개념, 논리의 세공기술자로만 보였다. 나는 철학자에게서 종교가·예술가·사상가·시인을 기대하고 있었기 때문이다. 나 자신이 작가·사상가·시인이 되고자 꿈꾸어왔던 것이 아니었던가?

'이 따위 것을 공부해서 무엇하겠는가'라고 나는 여러 번 내가 시작한 철학공부에 크게 회의를 느끼기 시작했다. 내가 철학을 하고자 했던 것은 학위를 따서 직업을 얻고자 해서가 아니지 않았던가. 이때까지도 나는 철학을 장래 작가로서, 혹은 그냥 저술가로서, 그리고 넓은 의미에서의 사상가로서 활약하기 위한 지적 교양, 지적 무기로만 생각하고 있었다. 학자나 교수는 물론 직업적 철학자 교수가 되고 싶은 생각은 추호도 없었다. 30대 후반이었던 나는 이미 문학작품은 물론 많은 저서를 낼 수도 있는 연령인데, 나의 실존적 문제와 전혀 상관없는 분석철학의 말과 논리의 게임, 즉 놀이를 하면서 정력과 시간을 보낸다는 것이 나로서는 큰 낭비가 아닌가 하는 생각이 들었다,

그러나 이왕 시작한 것이니 자신의 의지, 그리고 자신의 지적 능력의 테스트로서 좀더 참아보기로 했다. 만약 경솔하게 공부를 중단하면 나 자신의 패배를 의미하는 것 같았기 때문이다. 모든 학문이 그러하지만 철학은 극히 가라앉은 마음에서만 가능한데, 이처럼 나는 정신적으로

항상 격동하고 있었던 것이다.

서던캘리포니아대학에는 전국적으로 유명한 철학도서관이 따로 있었다. 그 속을 매일같이 드나들며 그 많은 책들, 그렇게도 딱딱한 책들을 볼 때마다 압도감이 앞섰다. 정말 철학자로서 일인자가 되려면 그 많은 책을 다 이해할 수 있어야 할 것인데, 그것들을 언제 다 읽겠는가? 그렇지 못한다면 무엇부터 읽어야 하는가? 분석철학만 해도 헤아릴 수 없이 많은 책들이 있다. 그것을 읽어야겠다는 생각을 하기만 해도 미리 지쳐버린다. 쉬운 것부터, 짧은 것부터, 개요적인 것부터 읽어야겠다. 초보자로서 개요적인 것이 중요하다고 생각한 것은 어떤 특수한 철학적 문제를 파악하려면 어떤 일반적 문제의 테두리, 그리고 철학 일반적 문제의 테두리에서 다른 문제들과 관련하여 볼 줄 알아야 된다는 것을 의식하고 있었기 때문이다. 많은 철학적 문제의 숲속에 내가 서 있는 자리를 알았을 때 비로소 나는 내가 숲속에서 빠져나갈 수 있는 방향을 찾을 수 있기 때문이다.

수많은 책을 뒤적거리는 중에 에이어의 짤막한 저서 『언어 논리 진리』를 읽었을 때 나는 철학적 문제를 새로운 눈으로 볼 수 있었다. 이 책이 20대 중반의 젊은 철학자에 의해서 씌어졌다는 사실에 더욱 놀랐다. 서울에서 대학을 다닐 때 사르트르를 발견하고 큰 충격을 받은 바 있었으며, 파리에서 칸트의 인식론을 발견하고 그의 놀랍게도 독창적인 생각에 무릎을 치고 감탄한 바 있었다. 그와 비슷한 충격을 나는 영국의 젊은 철학도의 저서에서 또 한 번 느꼈다. 이 책은 이른바 분석철학의 원동력의 하나가 되었다고 볼 수 있는 논리실증주의철학을 가장 종합적으로, 그리고 가장 명료하게 요약한 것이었다. 위의 책과 더불어 라일의 『마음의 개념』이라는 책을 통해서 철학적으로 많은 그릇된 문제가 언어의 용도를 착각함으로써 생기게 된다는 사실도 깨달을 수 있었다. 콰인의『논리적 관점』에서라는 저서 속의 몇 가지 논문들에서 철학적 담화의 수학적 정확성도 다소 깨달을 수 있었다. 한편으로 코플스턴의 철학사 여러 권을 훑어 읽으면서 서양철학의 총괄적 전망을 파악하려 했으며, 또 한편으로 분석철학의 입장에서 쓴 프린티스 홀 출판사의 전집들을 거의 다 속독하면서 큰 주제별로 철학적 문제들과 그에 대한 해답들을 배우려 하였다. 방향을 잡을 수 없는 철학적 정글에서 나의 위치를 파악하고 그곳에서 빠져나오려고 했던 것이다. 위의 전집 가운데서 올스턴Alston의『언어철학』, 힉Hick의『종교철학』, 테일러Taylor의『형이상학』, 올드리치의『예술철학』, 프랑케나Frankena의『논리학』, 그리고 드레이Dray의『역사철학』등이 철학이 무엇인가를, 그리고 내가 관심을 갖고 있었던 문제에 대하여 어떤 철학적 해결이 나올 수 있는가를 배우는 데에 결정적인 도움을 주었다. 돌이켜보면 위와 같은 책을 통해서 할 수 있었던 경험은 일종의 지적 계시라고 부를 수 있었다. 이런 책을 대할 때마다 그 저자들의 해박한 지식, 깊은 사고력, 투명한 논리와 표현력, 즉 그들의 지적 능력에 압도되고 감탄하지 않을 수 없었다. 가슴과 손등까지 털이 수북이 나서, 때로는 원숭이를 연상시키는 백인들, 언뜻 보면 생각을 별로 할 것 같지 않은, 일상의 즐거움만을 추구할 듯한 그들이 어떻게 그만큼의 공부를 했고, 그만큼의 지적 투명성을 갖고 그같이 사고를 할 수 있는가가 의아스럽기까지 하다.

나에게는 그들만큼의 철학적 수준에 올라간다는 것이 도저히 불가능할 것 같았다. 영어가 불편하니 그들과 맞서서 자유자재로 논쟁을 벌이고 논문을 쓰며 저서를 쓸 수 있기에는 전혀 가망이 없다는 생각이 든다. 혼자서 밤낮 흥분만 하고 무슨 큰소리를 할 수 있으리라고 막연하게 믿고 있었던 나는 갑자기 기가 죽고 자신이 없어진다. 뒤늦게야 철이 나서 나의 분수를 깨닫게 된 것이었다. 나는 언제나 그들의 지적 수준에 도달할 수 있겠는가? 언제 그 많은, 그렇게도 딱딱한 책들을 읽어 소화할 수 있겠는가?

처음에는 부정적으로 반발만 하고 경멸의 눈으로 보고만 있던 철학자들, 특히 분석철학자들을 통해서 나는 그때까지 어디서도 배울 수 없는 사고하는 방법을 배우고 있었다. 분석철학에 대한 나의 태도는 거의 180도로 바뀌어가고 있었다. 분석철학이 철학의 전부가 아님은 물론이요, 분석철학에 크나큰 한계가 있음은 그 당시에도 느끼고 있었고, 오늘날 많은 분석철학자 자신들이 시인하고 있는 바이지만, 분석철학을 통해서 나는 피상적이었고 짧은 기간 동안이었지만 극히 귀중한 것을 배웠다고 고백해야 하겠다.

영어를 어느 수준까지 사용하려면 전적으로 영어공부만 한다고 해도 몇 년이 걸릴 것이며, 분석철학을 어느 정도 소화하려면 또 몇 년을 집중적으로 노력하고 싸워야 했으며, 철학을 어느 정도 알려면 또 한 몇 년을 전심전력 노력해야 했었다. 그러나 나는 직업학생으로서 피로를 느꼈고, 학교에서 받는 장학금도 한계가 있다. 무엇보다도 나는 나이가 많았다. 인생은 짧다. 머뭇거리고 있을 수가 없다. 안타깝지만 나는 하루라도 빨리 학생생활을 끝내고 일선에 나가고 싶었으며, 또 그럴 수밖에 없었다.

소르본대학에서 철학을 했던 덕택으로 스스로는 불만스럽기 한이 없었지만, 1년이 지난 1967년 봄학기까지는 형식적인, 이른바 수강 필수과정을 끝냈다. 그다음 학기에는 그저 심심풀이로 청강만 하고, 불어 외에 치러야 할 독어시험 공부와 박사학위 자격 종합시험을 준비하여,

이 대학에 정식으로 등록한 지 1년 반 만에 학위논문을 제외한 모든 과정을 끝마칠 수 있었다. 이제 장학금도 여름학기를 포함해서 2학기 이상을 받을 수 없게 되었으니 어떻게 해서라도 그때까지는 논문을 끝내야 할 처지에 있었다. 프랑스에서 논문을 써보았던 경험도 있고 하니 장학금이 끊어지게 될 여름학기가 끝날 때까지는 써낼 수 있으리라고 생각하고 있었다.

막상 논문을 쓰자니 막막하다. 나는 프랑스의 현상학자인 메를로 퐁티에 관해 쓰기로 결정했다. 이 철학자를 각별히 공부해서도 아니며, 그를 위대한 철학자로 믿고 있어서도 아니다. 나의 관심은 존재 일반에 대한 문제였다. 존재 일반이 '표현'이란 개념을 통해서 가장 적절히 밝혀질 수 있다고 막연히 생각하고 있었던 것이다. 이러한 생각은 이미 그로부터 2년 반 전에 파리를 떠나기 직전 소르본대학 근처의 어느 카페에 앉아서 갑자기 떠올렸었던 것이다. 하이데거가 『존재와 시간』이라는 각도에서, 그리고 사르트르가 『존재와 무』라는 관점에서 존재에 대하여, 그리고 자연과 인간의 관계를 보았고, 그러한 관점이 다 같이 문제를 남기고 있다면, 그 문제는 '존재와 표현'이라는 각도에서 해명될 것이라는 직관을 갖게 되었던 것이다. 그럼에도 불구하고 하필 메를로 퐁티라는 한 현상학자를 붙잡은 이유는 그가 지각적 인식을 분석하면서 '표현'이라는 개념을 핵심적인 개념으로 도입하고 있기 때문이다. 메를로 퐁티에 있어서의 '표현'이라는 개념을 이해하고 설명하면서 나는 내가 생각하고 있는 존재의 문제를 나름대로 파악해보자는 것이었다. 즉 혁명적인 주장을 해보자는 것이다. 되지 못하게 엉뚱한 야심을 은근히 품고 있었다. 돈키호테 같은 환상에 잡혀 있었는지도 모른다.

하나의 직관을 갖고, 논리로서 옳다고 해도 그것을 빈틈 없는 논리로

써 뒷받침하기란 쉬운 일이 아니다. 철학은 시가 아니기 때문에 확고하고 섬세한 기술적 지식과 차분하고 정연한 논리적 전개가 절대적으로 필요하다. 나의 경우 우선 메를로 퐁티의 저서를 자세히 읽고 완전히 이해해야 했으며, 뿐더러 나의 주제와 관련된 여러 가지 중요한 입장과 주장들을 메를로 퐁티 아닌 다른 철학자들, 그리고 철학 아닌 인접학문도 어느 정도 알고 있어야 한다. 막상 메를로 퐁티의 주요 저서, 『지각현상학』을 읽는 것만 해도 막대한 노력이 필요했다. 마지막 봄학기, 그리고 여름학기 동안이면 써낼 수 있으리라고 생각했지만, 막상 닥치고 보니 그 기간이 지나도 윤곽조차 구체적으로 잡히지 않았다. 문제를 영어로 생각하고 영어로 표현해야 하니 어려움은 더욱 절실하고, 절박했다. 막상 초고를 잡으려 하니까 나의 철학적 교양은 물론 영어 실력이 얼마나 빈곤한가를 새삼 뼈저리게 의식하게 된다.

예정대로 끝을 내지 못하게 되었고 장학금은 끊어지게 됐으니 직장을 구해야만 했다. 철학 교수가 되겠다는 생각은 처음부터 해본 적이 없었고, 더군다나 미국대학에서 철학 선생이 되겠다는 마음을 먹어본 적이 없었지만, 내게 가장 적절한 직업은 당시 철학을 강의하는 일 뿐이었다. 그러나 나는 영어도 잘 못하지 않는가? 어떻게 내가 대학에서 영어로 철학을 강의할 수 있겠는가? 1960년대 초반과는 달리 1960년대 후반기를 깊이 접어들어 있었던 당시에는 철학 교수라는 직업을 갖기가, 하늘의 별 따기라고 할 만큼 어려운 오늘날 상황보다는 다소 용이했으나 이미 경쟁이 심해지고 있었다. 그러나 요행히도 나는 뉴욕주에 있는 렌셀러폴리테크닉대학에 철학과 전임강사로 직장을 갖게 된다. 많은 미국인 후보자들을 제쳐놓고 말도 잘 못하는 나를 선택한 그 대학의 철학과 교수들이 어리석었던 것으로 판단할 수도 있었지만, 그렇다고 그러한 자리를 수락한 나 자신은 내가 생각해도 어이없는 웃음이 터질 만큼 똥배짱이었던 것으로 반성된다. 나중에 어떤 무안을 당하게 되든지 간에 미국 대학에서 철학 선생이라는 직업을 갖게 된 것이 당장은 다행한 일이었으며, 더군다나 내가 결코 좋아하지 않는 서부 로스앤젤레스에서 정반대쪽인 동부의 전통 있는 대학에서 첫 직업을 갖게 된 것이 한없이 요행스러운 일이었으며 즐거웠다. 미국에 온 지 약 2년 반 후인 1968년 7월부터 뜻하지 않게 철학 교수로서 교단에 서게 된 것이다.

학생의 입장보다 선생의 입장이 훨씬 어렵다. 학생일 때는 강의실에서 수동적으로 머물러 있을 수 있다. 싫으면 공부하지 않아도 되고, 강의를 빼먹어도 된다. 자신의 운명에 대한 것을 제외하고는 남들에 대한 책임이 없기 때문이다. 그러나 선생은 싫든 좋든 알건 모르건 일정한 시간에 강의실에 들어가 시간을 채워야 하고 무엇인가를 가르쳐야 한다. 그렇다면 그는 가르치는 내용을 어느 정도까지는 파악하고 설명할 수 있어야 할 책임이 있다. 모른다고 시간을 빼먹을 수 없기 때문이다. 부유한 미국 대학에서는 교수의 대우가 좋고 화려할 것으로 막연하게 생각하고 있었다. 그러나 모든 것이 각박하게 기계적으로 돌아간다. 연봉도 형편없이 낮고 창고 같은 교수실을 동료와 함께 써야 하며 커피를 끓여줄 비서 같은 것은 상상도 못 한다. 주 9시간, 3가지 다른 과목을 가르쳐야 한다. 그 시간을 채우자면 많은 분량의 교재뿐만 아니라 많은 참고서, 연관된 문제도 읽고 알아야 한다. 영어가 부족한 나에게는 더욱 큰 부담이 간다. 벌써부터 학생들에게서 내 영어를 잘 알아듣지 못하겠다는 코멘트도 들려온다. 흔히 밤늦게까지 남아 다음날 강의를 준비해야만 했다. 그래도 강의실의 문을 열고 들어갈 때마다 몹시 긴장이 된다. 갑자기 어딘가로 도망가서 살고 숨어버리고 싶은 충동도 났다. 그뿐이

라. 강의 준비에도 벅찬 데다가 나는 다른 동료들과는 달리 아직도 끝내지 못한 학위논문을 써야 한다. 어느덧 말할 수 없는 긴장 가운데에 1년이 지났다. 일단 방학이 되어 강의실에 들어가지 않아도 되니 해방된 기분이었지만, 그동안 나는 로스앤젤레스로 날아가 논문을 마치고 심사를 받아야 했다. 나는 아직도 한편으로 학생의 신분을 완전히 벗어나 있지 못하고 있었던 것이다. 서던캘리포니아대학에서 2개월을 지냈지만 끝을 못 내고 또 다음으로 미루어야 했다. 동부에 다시 돌아와서는 게다가 치질수술을 받고 며칠 동안 병원에 누워 있어야 했다. 2년째의 교편 생활이 다시 시작된다. 개학이 되어 한 달도 못 되었을 때 갑자기 신장 통증을 겪고 신장결석으로 판명되어 다시 얼마 동안 입원하여 누워 있어야 했다. 모든 게 어렵고 괴로웠다. 이러는 중에도 다음 학기가 시작될 때까지 틈틈이 시간을 짜내어 학위논문을 일단 끝냈다. 이제 여름방학 동안 날짜를 정하여 서던캘리포니아대학에 돌아가 형식적인 심사를 받으면 되게 되었다.

이곳 동료들은 모두 친절했고 나를 도와주려고 애썼다. 그 가운데 특히 미학을 가르치는 콜러와 햄머는 나에게 정신적인 친구가 되어 언제나 큰 힘이 되어 주었다. 특히 햄머가 더욱 그러했다. 예일대에서 학위를 받고 이미 5년간 교편을 잡고 있던 그는 나와 마찬가지로 독신이었고, 철학을 전공했다곤 하지만 분석철학을 몹시 싫어하고 철학보다는 문학과 그림에 더 관심이 컸고, 이미 시집도 내고 있었다. 그의 집에서 혹은 나의 아파트에서 번갈아 저녁을 만들어 다른 친구들을 불러 식사를 하곤 했다. 내가 그곳에 가서 아파트를 얻기까지 얼마 동안 그는 전혀 알지도 못하는 나를 한방에서 자도록 권하기도 했다. 내게 불문학의 배경이 있었다는 사실, 내가 프랑스에서 공부하고 왔다는 사실에서 처음부터 호감과 친근감을 갖고 있었던 것으로 짐작됐다.

그 대학에는 나와 같은 해에 민공기가 버지니아대학에서 물리학 부교수로 오게 되었다. 미국에 이미 오래 살고 있었고 이곳 생활에 익숙한 한국동포가 하나 있었던 것은 마음에 의지가 되었다. 또 바로 근방에 알바니시의 뉴욕주립대학에 있는 이학종, 그리고 그의 아내 강명자를 2년 반 만에 다시 만나 가까이 살게 된 것도 퍽 잘된 우연이었다. 더러 주말에 그들의 집에 가서 맛있는 한국음식을 먹고 얘기를 나누며 보낼 수 있었던 것은 극심하게 긴장되고 외로운 생활을 하고 있던 나에게 정신적으로 크나큰 휴식이며 위로가 되었다.

이미 분석철학계에서 알려지고 있는 김재권을 철학과를 통해서 초청 강연하도록 했었다. 그가 강연을 마치고 약 20년 만에 다시 만나 나의 작은 아파트에서 늦게까지 서울대 시절 얘기를 하며 함께 하룻밤을 보낼 수 있었던 것도 심리적으로 격려가 될 수 있었다.

1960년대 초반 미국에는 정치적, 사회적, 그리고 도덕적 폭풍의 구름이 끼기 시작했고, 1960년대 후반에는 그 거센 파동이 미국 각층, 특히 젊은층과 여성층에 파동을 치기 시작하고 있었다. 1964년 로스앤젤레스의 흑인가에서 폭동이 일어나 시가에 불이 붙었고, 흑인 지도자 마틴 루터 킹 목사에 의한 평화적이지만 대대적인 흑인 인권 데모가 이미 워싱턴에서 벌어져 흑인들의 지위향상에 결정적 역할을 거두었다. 버클리대학 캠퍼스에서 시작된 반反월남전쟁에 대한 운동이 태풍처럼 일어, 전국적으로 모든 대학가에 불꽃처럼 번져가고 있었다. 대통령 후보로 나섰던 로버트 케네디가 선거연설을 하다가 전 국민이 보고 있는 TV스크린에서 암살됐고, 그후 얼마 안 되어 1968년 초여름에는 흑인 지도자 마틴 루터 킹 목사가 모텔에서 역시 암살되어 그것을 계기로 디트로이트의 흑인가에 폭동이 일어 흑인가가 거의 다 불에 타버리고 말았다. 컬럼비아대학이나 위스콘신대학 등 수많은 대학에서 학생들이 총장실을 점거하거나 과학연구실을 파괴하기가 일쑤였다. 막대한 군사력을 투입하고 미국은 월남전쟁에 나날이 깊이 끌려들어가서 수많은 젊은 미국군이 전사하고 무고한 월남인들을 살해하게 됐지만, 펜타곤이나 장군들의 큰소리에도 불구하고 미군은 계속 군사적으로 패배하여 망신만을 당하고 있었다. 그래서 젊은 학생들, 그리고 진보적 지식인들은 불의의 미군참전에 폭력으로 반대하고 나섰던 것이다. 이와 때를 같이하여 남녀평등을 부르짖는 여성들이 가슴을 가려주던 브래지어를 내던져버리고, 큰 젖가슴을 내놓고 해방을 외치는 여성해방운동이 급속도로 번져가고 있었다.

사회정의를 호소하는 젊은 양심의 소리는 미국의 외교정책은 물론, 미국의 정치, 더 나아가서는 사회체제를 고발하고 이른바 반체제운동으로 확대되어 미국뿐만 아니라 전 세계적으로 확산되어 가고 있었다. 그것은 마침내 물질문명, 서구문명을 뒷받침하는 가치관에 대한 근본적인 비판으로서 반문화적 가치관, 반사회적 성공을 대변하는 소위 히피운동으로 발전하고 있었다. 기존의 성도덕이 깨어져 남녀 학생들의 기숙사는 완전히 개방되어 성적 자유가 용납되고 반물질적 가치, 향락주의적 인생관에 따라 젊은이들이 큰 도시의 화려한 고층 건물 안의 사무실을 떠나거나 대학을 그만두고, 시골에 가서 농사를 짓고 극히 원시적인 공동생활을 하는 바람이 불기 시작하고 있었다. 모든 캠퍼스에는 곳곳에서 머리를 길게 기르고, 넝마 같은 옷을 입은 학생들이 대마초를 피우며 기성세대의 가치관에 대해 적극적으로 반항을 하고 있었다. 기성의 척도에서 볼 때 미국의 이런 젊은 세대는 완전히 데카당으로밖에 볼 수 없었다. 이와 때를 같이하면서도 위와 같은 풍조와는 정반대로 중공에서는 도저히 이해할 수 없는 광신적 문화혁명의 소용돌이를 일으키고 있었던 사실은 극히 대조적인 아이러니다.

퇴폐적 풍조는 비단 철모르는 학생들에게만 있었던 것은 아니다. 기성세대, 특히 지식층의 기성세대에는 히피가 담고 있는 가치관과 학생들의 주장에 어느 정도 타당성이 있다고 여기는 풍조가 흘렀다. 불법적 행위지만 우리 대학, 우리 철학과 교수들 속에도 장난삼아 혹은 재미로 남몰래 대마초를 피우는 친구들이 있었다. 내가 교편을 잡고 있던 대학의 철학과에는 내가 그곳에 간 지 2년째 되던 해, 영국의 옥스퍼드대학에서 철저한 분석철학을 몸에 지니고 온 젊은 영국인 교수 반스라는 친구를 과장으로 맞게 되었다. 세상의 어려움을 모르고 평탄하게 자라 일찍 결혼했던 그는 히피의 가치관에 크게 흔들리고 있었다. 그의 집에서 혹은 다른 교수의 집에서 몇몇 교수들과 학생들이 자리를 함께하면 장난삼아 대마초를 피우는 일이 있었다. 어느 눈이 쌓이는 밤, 나도 한번 그런 자리에서 친구들의 권고에 따라 호기심으로 대마초와 하시시를 피웠다. 멋도 모르고 한 짓으로 인해 나는 며칠 동안 시간과 공간에 대한 감각이 흐려지고 어리벙벙한 의식 상태에서 고생을 했던 기억이 생생하다. 결국 그 과장은 아내와 두 애들을 버리고 언어학과 교수의 부인과 바람이 났다. 몇 년 후 그는 그 학교를 떠났고 직장을 못 얻어 남부 어느 주에서 주유소를 경영한다는 소식을 듣게 된다.

변화가 크고, 몹시 긴장되고 정신적으로뿐만 아니라 육체적으로 말할 수 없이 스트레스가 많았던 2년간 렌셀러폴리테크닉대학에서의 강의를 마친 즉시로 나는 끝을 마친 학위논문을 들고 3명의 심사위원 앞에서 마지막 구두 테스트를 받으러 로스앤젤레스의 서던캘리포니아대학으로 다시 날아갔다. 1970년 초여름 나는 정식으로 철학박사가 되고 기나긴, 그리고 즐겁기도 했지만 나중에는 피로로 지치게 된 '학생직업'을 마지막으로 떠나게 된다. 어둡고 긴 터널을 뚫고 나온 기분이었다. 고달프고 높기만 했던 하나의 고지에 마침내 올랐다는 느낌이었다. 별로 기쁨도 없었고 담담할 뿐이었다. 다음에 무엇을 할 것인가, 어디로 갈 것인가가 확실하지 않았지만 나는 잠깐 동안이나마 고지 위를 불어오는 깨끗하고 시원한 바람을 한숨 크게 마실 뿐이었다.

내 학위논문의 요지는, 존재에 대한 메를로 퐁티의 직관은 옳았으나 그의 관점은 아직도 전통적 이원론을 완전히 벗어나지 못하고 있으며, 그의 직관을 일관성 있게 밀고 나갔더라면 이원론의 난점을 극복할 수 있는 존재론을 낳을 수 있었다는 것이었다. 의식과 대상, 인간과 자연은 존재론적으로 볼 때 궁극적으로는 서로 대립되지 않을 뿐만 아니라 엄밀히 구별될 수 없이 지속적 관계를 갖고 있다는 것이다. 위와 같은 것들 간의 구별, 즉 단절은 존재적인 성질이 아니라 오로지 개념적인 것일 뿐이라는 주장이다. 이러한 그 당시의 나의 생각은 그후 내가 여러 곳에서 주장해오고 있는 철학적 매트릭스, 즉 모체개념구조로서의 존재차원과 의미차원과의 구별, 더 간단히 말해서 존재의미구조로 변형·발전되게 되지만, 아직 아무도 이런 주장을 이해하지도 않고 들어주지도 않는 것 같다. 어쩌면 나의 주장이 철학적으로 극히 트리비얼한, 즉 무의미한 것이기 쉽다. 그런 것을 내가 혼자서 새롭고, 깊이 있다고 어리석게 착각하고 있는지도 모른다.

다음 학년도인 1970년 가을부터 보스턴시에 있는 시몬스대학에 조교수로서 자리를 옮겨, 학생직업을 완전히 청산하고, 오로지 철학교수의 입장에만 서게 된다. 서울을 떠난 뒤 9년이 지났다. 서울에 두고 온 부모, 형제들을 본 지 10년 가까운 세월이 흘러간 것이다. 나는 벌써 40세가 되어 있었다. 그들이 보고 싶었고, 서울이 궁금했고, 친구들이 그리웠다. 고향에 가보고 싶은 마음이 간절하다. 보스턴으로 새로운 대학에 부임하러 가기 전에 여름방학을 이용하여 서울로 날아가는 노스웨스트 기에 몸을 실었다.

《문예중앙》, 1984~1988

10
상전벽해

하네다 공항에는 5년 전 미국으로 떠나는 나를 만나보려고 독일 비스바덴에서 일부러 파리까지 와 하루를 보냈던 친구 프리베가 아들을 데리고 나와 있었다. 독일에서 고등학교 불어 선생인 그는 나를 흔히 '파우스트'라고 부르곤 했다. 지적인 추구를 하는 점에 있어서, 나의 인생에 대한 태도가 파우스트같이 철저하다는 뜻이었다. 나와 같은 사람들이 살고 있는 나라인 한국은 아름다운 나라임에 틀림없다고 하면서 나에게 극히 친밀감을 갖고 있는 친구였다. 그는 대체로 동양에 친근감을 갖고 있었는데, 특히 일본에 매력을 느끼고, 일본인을 높이 평가하고 있었다. 그가 드디어 뜻을 이루어 1년 전부터 동경에 있는 독일인 학교에서 교편을 잡고 살고 있었다. 동경의 중심가이면서도 옛 일본의 모습을 그대로 간직하고 있는 오타구大田區의 고급 주택지에서 조용한 단독주택에 살며 독일 유학까지 했었다는 일본 여인을 파출부로 고용하고 있을 만큼 윤택한 생활을 하고 있었다. 동경에서 하루를 지내고 그가 여름 방학 동안 세를 내고 빌린 유명한 피서지인 가루이자와輕井澤로 그의 가족과 함께 갔다. 이렇게 여유 있는 생활을 하는 그와 지내면서 그의 팔자가 부럽기도 했다. 그전에도 그러했지만 깨끗한 일본, 조용한 일본, 친절하고 싹싹한 일본인들, 그리고 비교적 윤택해 보이는 일본인들에 은근히 선망을 느끼지 않을 수 없었다. 내가 살아왔던 우리나라, 내가 지금 9년 만에 찾아가는 조국의 상황과는 너무나 큰 격차가 있음을 의식하면서 가슴이 무겁고 아파진다. 우리는 일본만큼 될 것인가? 우리는 아직도 멀었다는 생각에 미리부터 기가 죽는다.

오사카大阪에서 세계박람회가 있어 전 세계에서 관람객들이 모여들고 있었지만, 나는 그러한 것에는 아무런 관심조차 없었다. 하루 바삐 집에 돌아가 서울의 땅을 다시 밟고, 부모와 가족들을 보고 싶었을 뿐이다. 게다가 나는 몹시 피로해서 조용히 쉬고만 싶었다. 3일 후 나는 서울행 비행기에 오른다. 박람회 구경을 하고 돌아간다는 한 떼의 떠들썩한 한국 여인들이 이삿짐만큼 큰 보따리를 하네다 공항에서 싣는다. 그 당시만 해도 한국에서는 구할 수 없었던 물건들을 최대한으로 사갖고 가는 것이다. 그러한 모습이 보기 싫어진다.

그 당시에 외국을 관광할 수 있는 사람들이면 어느 모로든지 특권층에 속해 있음에 틀림없다. 1970년 한국은 겨우 산업화가 시작되어가고 있었고 아직도 극히 가난했었기 때문이다. 그럼에도 불구하고 그러한 여인들, 한국 특권층의 여인들이 교양 있어 보이지 않는다. 그들이 물건에 대하여, 특히 외국제 물건에 대한 애착이 컸다는 것은 우리들의 빈곤성, 우리 조국의 후진성을 입증해주는 것으로 보였기 때문이다.

일제 때는 가난한 농촌에서, 해방 후 끊임없는 정치파동과 6·25 전쟁을 통해서 빈곤과 약소국의 슬픔을 뼈저리게 느낀 바이다. 5·16 군사혁명 후 유럽과 미국에서 보낸 9년 동안 그와 같은 슬픔은 더욱 절실하게 의식되었다. 조국에서 계속 파동을 일으키면서 변하고 있다는 것은 알고 있었지만, 외국에서 보는 한국의 사회적·정치적·경제적 상황은 아직도 어둡기만 했다. 내가 태어나고 자랐으며 나의 조상이 수천 년 동안 살아왔던 조국, 나의 가족이 있고 내가 돌아가 살아야 할 내 나라, 한국은 아직도 풍요하고, 평화롭고, 아름다워 보이지 않았다. 비행기 위에서 내다보이는 헐벗은 산들, 메마른 하천들, 게딱지같이 초라한 촌락들의 초가들이 조국의 그러한 상황을 다시 한 번 확인해주는 것 같다.

9년 만에 아버지 어머니를 다시 뵙고 서울에 다시 발을 딛고 싶은 생각에 가슴이 뛰기는 했지만, 나의 마음은 가볍고 기뻤다기보다 착잡하고 우울했다. 그것은 내가 찾아가는 조국이 화려하지 않고 나를 기다리는 식구들이 아직도 가난에 허덕이고 있다는 사실 때문만이 아니었다. 나는 오로지 나 자신만의 욕구를 추구하려고 모든 것을 버리고 떠났었다.

10년에 가까운 긴 세월을 낯선 외국에서 고생하다가 어느덧 40세의 나이에 이르렀다. 형식상으로는 두 개의 박사학위라는 간판으로 남들 보기에는 다소 대단해 보였을지도 모르지만, 사실 그때까지만 해도 나는 아직 아는 것이 없었을 뿐만 아니라 나의 삶의 자세를 제대로 갖추지도 못하고, 삶의 뿌리를 아무 데도 박지 못하고 있었다. 나에게는 아내도, 자식도, 애인도 없었으며, 집은 물론 돈도 한 푼 없었다. 그렇다고 남들을 위해서는 물론 가난한 노부모를 위해서도 도움이 될 일을 한 것이라곤 하나도 없다. 정신적으로나, 지적으로나, 경제적으로나 한없이 빈곤한 스스로를 절실히 의식한다. 나는 무엇을 하고 살아왔던가? 나의 젊음이 낭비된 것이 아닌가? 내가 했다고 하는 공부, 내가 알고 있는 티끌만큼의 지식이 무슨 의미가 있는가? 나는 너무나도 보잘것없는 인간이 아닌가? 나는 애꿎은 담배연기만 연속 내뱉으며 어금니를 깨물면서 김포공항에 접근하고 있었다. 금의환향이라는 말이 있지만 나는 때가 묻은 헌 양복을 걸치고 있을 뿐이었다. 나는 오로지 피로했었고, 메말라 있었다. 내가 정신적으로마저 그저 텅 빈 깍지일 뿐이라는 생각이 나를 괴롭힌다.

9년 만에 조국의 땅을 밟는다. 공항의 지붕 위 송영대에는 가족이나 친지를 기다리는 사람들이 가득 가물거리고 있었다. 세관 건물 쪽으로 걸어가며 혹시 가족이 보일까 하고 그쪽을 바라본다. "인희야" 하고 내 이름을 목메이듯 크게 부르며 손짓하는 둘째 형의 모습이 보였다. 뒤에 가린 키가 작은 어머니, 아버지의 모습도 언뜻 눈에 띄었다. 거의 반사적으로 손을 흔들며 공항 건물 속으로 들어가는 나의 가슴은 어느덧 뛰고 있었다. 나를 진심으로 생각하고 있는 가족들을 보고 그들에게서 말로 표현할 수 없는 혈육의 정을 피부로 느낀다. 객지에서 외롭게만 살다가 오래간만에 다시 확인해보는 순수한 정에 가슴이 처음으로 훈훈해진다.

입국수속이 끝나 대합실에 나온다. 아버지, 어머니, 그리고 형들, 그밖의 가족들이 목을 빼고 초조하게 기다리고 있었다. 아버지와 어머니의 손을 잡는다. 허리를 꺾고 절을 한다. 목이 막힌다. 오래간만에 다시 부모를 만나는 당연한 감정일 것이다. 자연스러운 일이다. 나의 가슴은 착잡하고 아프다. 눈물이 핑 돈다. 80이 가까웠으니 노인이라는 것은 알고 있었지만 막상 다시 뵙는 노부모의 모습이 너무나도 애처로웠다. 서울을 떠날 때 이미 연로하셨지만 여름 모자에 흰 모시 두루마기 한복 차림의 아버지는 너무나도 마르시고, 기운이 없는 노인이셨다. 키가 작은 어머니는 이미 허리가 꼬부라져 더욱 빈약해 보였다. 아버지의 손이 차

갑다. 어머니의 메마른 손에서 울퉁불퉁한 힘줄만이 두드러지게 느껴진다. 그분들이 고생하고 있었다는 것을 눈으로 볼 수 있었고, 지나간 세월이 길었다는 것을 피부로 느낄 수 있었다. 공부한다는 구실로 노부모를 버렸었다는 죄책감을 느끼지 않을 수 없다.

한참 젊음에 차 있던 형들, 누나들, 형수들의 얼굴에서 이미 젊음의 그림자라곤 찾아볼 수 없다. 삶의 고달픔에 깎이고 지친 듯했다. 피부에 생기가 없고 어쩐지 모두 후줄근해 보인다. 언뜻 보아도 모습들이 달라졌고 모두가 고생하고 살아온 흔적을 한눈으로 볼 수 있었다. 콧물을 홀리며 재롱을 떨거나 방 안에서 뛰어다니던 조카들이 이미 중학교에 다니고 있었다. 그애들에게서도 귀여운 모습이 없어졌다. 전혀 알아볼 수 없을 정도여서 거리에서 그냥 만났더라면 조카라는 것을 몰랐을 정도였다. 나 자신은 학생이었기 때문에 아직도 학생 기분으로 젊은 패기를 갖고 있었고, 내가 이미 중년에 들어섰다는 것을 절실히 의식하지 못했고, 밤낮으로 들여다보는 내 자신의 얼굴에서 큰 변화를 감각하지 못하고 있었지만, 헌 양복을 걸치고 돌아온 나의 메마른 모습에서 부모님은 물론 가족들까지 내가 그들에게서 느낀 것 이상으로 내가 이미 젊음을 잃고 초라해졌음에 가슴 아픔을 느꼈을 것이다. 그동안 긴 세월이 흘렀던 것이다. 10년이면 강산도 변하여 상전벽해가 된다는 말이 가슴에 찌르르 울려온다. 많은 것이 변했다. 되찾을 수 없는, 그러나 어쩔 수 없는 긴 시간이 흘러갔던 것이다. 삶의 무상을 다시 한 번 느낀다.

상전벽해가 된 것은 가족들의 얼굴만이 아니다. 서울 전체가, 한국 국토 전체가, 아니 한국사회 전체가 그러했다.

1961년 혁명 후, 특히 지난 5년 동안 한국은 정치적·경제적·사회적으로 급격히 변화하고 있었던 것이다. 내가 외국에서 책과 싸우고 있는 동안, 조국은 땀을 흘리고 용기를 내어 '우리도 잘 살아보자'라는 민족적 결단으로 일을 하고, 무엇인가를 부수고, 고치고, 만들어가고 있었던 것이다. 가난했던 긴 역사, 자신이 없었던 긴 역사를 박차고, 이제 용기와 자신을 얻은 조국이 활기를 띠고 있었던 것이다. 그러나 선진국에 비할 때는 아직도 모든 것이 초라하기만 하다. 가난이 서울 거리에서, 서울 사람들의 옷차림에서, 그들의 표정에서 느껴진다. 김포에서 서울로 들어가는 풍경, 화려하다는 서울시 전체가 아직도 한없이 삭막한 막사촌같이 거칠고, 황량해만 보였다. 그러나 김포에서 서울로 들어가는 길이 이제는 도로다운 도로로 바뀌었고, 도로 양변, 그리고 서울의 곳곳은 하나의 거대한 작업장, 건설공사장 같아 보인다. 사방에서 뜨거운 땡볕 아래, 먼지를 일으키는 불도저들이 붉은 땅을 뭉개고, 헌 집들을 부수고, 새로운 집들을 세우는 모습이 크게 눈에 띈다. 500년 묵은 수도 서울 전체가 개발지로 보인다. 나와 함께 차를 타고 제2한강교를 지나가면서 이젠 어른 목소리를 내는 중학생 조카가 자랑스럽게 말한다. 한국인에 의해서 처음 성공적으로 세운 대교라는 것이다. 전혀 알아볼 수 없게 많은 집이 섰고, 전에는 들어보지도 못한 서교동에는 제법 현대식 주택이 가득 들어서 새로운 마을을 이루고 있었다. 그해 여름 마침 개통한 경부고속도로를 지나 모처럼 경주 불국사까지 다녀오면서 내가 오래간만에 돌아와 느낀 한국, 조국의 발전된 인상은 더욱 굳어갔다. 내가 한국을 떠날 때는 물론 외국에 있는 동안에도 상상조차 하지 못했던 자동차, 트럭, 특히 자가용들이 눈에 크게 띈다.

아버지와 형들, 그리고 어린 조카들까지 한국 제품의 수출 얘기, 무역 얘기를 자랑스럽게 한다. 이것도 국산, 저것도 국산이라는 것이다. 이러한 얘기는 친구들에게서, 그리고 신문광고를 통해서도 자주 듣게 된다. 서울 사람들은 아직도 가난하고, 그들의 얼굴은 아직도 생활고에 시달리고 있음을 숨기지 못했지만 그들의 땡볕에 그을은 얼굴, 그들의 반짝이는 눈에서는 유럽인이나 미국인의 얼굴에서 볼 수 없는 의욕, 생기, 그리고 이제서야 다소나마 갖게 된 자신감을 읽어볼 수 있다. 한국은 살아 있었다.

누구는 집을 새로 짓고, 어떤 친구는 아파트로 이사했다 한다. 무역을 해서 돈을 벌고, 사장이 되고, 사업을 한다는 친구들이 있었다. 고급관리가 되어 운전수를 두고 세단을 타고 다니는 친지도 있었다. 누구네는 냉장고를 샀다고 부러워하는 얘기도 들려온다. 모이면 화제는 돈 얘기, 출세했다는 얘기, GNP 얘기가 중심이 된다. 노골적인 물질주의를 느낄 수 있었으며, 그러한 분위기에서 천박한 속물성을 의식하지 않을 수 없었다. 이러한 분위기에 본능적인 거부감과 반발을 억제하지 않을 수 없었으나, 냉정하게 생각할 때 나는 그러한 분위기, 기질을 충분히 이해할 수 있었다.

우리는 너무 가난했고, 너무 빈약한 민족으로 살아왔다.

우선 가난이 가져오는 모욕감과 고통에서 해방되어야 하지 않겠는가. 우선 경제적으로 부유해서 짓밟힌 민족적·인간적 위신을 찾아야 함은 마땅하다. 프랑스에 비하면 한반도 전체는 공사장같이 험악하고, 고색창연한 파리에 비하면 뒤죽박죽된 서울은 노가다 판 같았다. 거칠고, 도전적이고, 부산하고, 불친절한 한국 국민은 미국의 푸른 뉴잉글랜드의 조용한 시골도시 사람들에 비하면 너무나 비문화인적인 것 같다.

그러나 이곳, 나의 조국에 돌아와 스릴을 갖는 생명력, 삶의 무한한 에너지를 느낀다. 록 음악과 청바지, 섹스 등 향락주의적인 젊은 히피들의 퇴폐적 풍조에 비할 때, 일류학교 입학 경쟁에, 돈 벌기에, 출세하기에 치열한 경쟁을 벌이고 있는 한국의 젊은이들은 무한히 건강해 보였고, 그러한 한국은 아직 가난한 후진국이면서도 장래가 있음을 느낄 수 있었다. 아직도 조국은 분단되어 통일이 요원하기만 했지만, 적어도 남한의 한국인들은 국민이 총동원되어 활발히 움직이고, 아직도 조잡하지만 무엇인가를 만들어가고 있었다. 내가 없던 약 10년 동안 한국은 긍정적인 방향으로 움직이고 있었으며, 급속도로 크게 변하고 발전하고 있음을 부정할 수 없었다.

1961년 내가 서울을 떠날 때만 해도 변변한 출판물이 거의 없었다. 잘해야 번역물이 나오기 시작했고 몇몇 작가의 소설과 잡글을 빼놓고는 한국인에 의한 저서가 거의 출판되지 않았었다. 책방을 들러보고 놀란 것은 그동안 많은 사람들, 특히 나의 동년배되는 친구들의 소설, 시, 평론집 신간들이 책방을 가득히 화려하게 장식하고 있다는 사실이었다. 보지도 못하고 듣지도 못한 새로운 소설가들, 시인들, 평론가들, 그리고 학자들의 이름을 듣지도 못했던 잡지에서 볼 수 있었다. 그동안 어려운 환경에서나마 많은 지식인들의 놀라운 노력과 지적 발전이 실감된다.

여름에는 모기에 뜯기고 겨울에는 추운 구들방에서 무엇인가를 꾸준히 생각하며, 정신적 창조를 하고 있다는 사실에 경탄하고 존경심이 갔다. 가난했고, 아직도 가난한 가운데에도 한국의 정신, 지적 생명은 살아남아, 그들의 에너지가 마치 산과 들을 뭉기고 공장을 짓고 있는 노동자들이나, 무역을 하여 한국의 상품과 경제를 개척하는 사업가들의 에너지에 못지않을 만큼 왕성함을 볼 수 있었다. 서울과 한국 전체의 산천이 변했듯이 한국의 지성계도 상전벽해를 이룰 만큼 변했음을 눈으로 볼 수 있었다. 이처럼 한국을 움직이고, 바꾸어놓고 새로운 한국을 만들어내고 있는 이곳의 모든 사람들의 삶에 진정한 뜻이 있고, 보람이 있어 보였다.

그동안 나는 무얼하고 있었던가? 나 나름대로는 열심히 살아왔다고 하겠지만 내가 그동안 보낸 세월이 무의미하지는 않은 것인가? 한때는 남들 못지않은 애국심에 불탔었고, 조국을 위하여 남들을 위하여 봉사하는 삶을 살아보려고도 생각했던 나였지만, 이제 상전벽해로 달라진 조국에 와서 나의 삶을 다시 반성하게 되고, 내가 살아온 삶의 의미에 회의의 그림자가 짙어감을 느끼게 된다. 나는 나라를 위해서는커녕, 남들을 위해서, 아니 가난한 노부모를 위해서 한 일이 전혀 없지 않은가? 나이 40이 되도록 내 것이라고 내놓을 만한 시 한 편을, 논문 하나를 쓰지 못하고 있지 않은가? 남들이 직장을 갖고 재산을 모으고 있는 동안 나는 장학금이 떨어질까봐 걱정해왔었지 않았던가? 남들이 문학작품 혹은 평론을 써가면서 자신들의 목소리를 던지거나 논문이나 저서를 내서 자신의 주장을 펴고 있는 동안 나는 남이, 그것도 외국인이 쓴 시를 해석하는 데만 급급했고, 외국 철학에 관한 시험을 보기에 땀만을 빼며 지내오지 않았던가? 나의 삶이 낭비가 아니었던가 하는 의심이 깊어간다. 남들을 위하여, 조국을 위하여 조금이라도 도움이 될 일을 하지 않았다는 사실이 부끄럽기도 했다.

그러나 서울은 나의 감탄사만을 나오게 하지는 않았다. 조국은 아름답고 힘차게만 보이지 않았다. 눈에 거슬리는 상황, 마음에 걸리는 모습이 한두 가지가 아니었다. 오랫동안 남의 세계에 떨어져서 살아왔던 나는 남의 눈으로 세월을, 조국을, 그리고 우리 자신의 모습을 보다 객관적으로 볼 수 있는 듯했다. 아버지와 형들은 말조심을 하라고 조용히 주의를 준다. 어딘가 서먹서먹하고 조심스러운 긴장감에 억압을 느낀다. 요정 앞에서 자가용의 문을 열어 놓고 무더위에 부채질을 하며 한없이 주인을 기다리는 운전수들의 모습이 눈에 띈다.

그 운전수들은 시원한 요정 안에서 접대부를 끼고 호화판으로 놀고 있는 그들의 주인, 예를 들어 고급관리, 사장들이 나올 때까지 기다리고 있는 것이란다. 파리의 어느 귀부인들보다도 요란하게 치장을 한 그들의 주인 유한부인이 나타나면 너무나도 비굴하게 굽실거리면서 깨끗이 닦아 반짝거리는 자가용의 문을 열어주는 모습이 눈에 몹시 거슬린다. 빈부의 격심한 차이, 그리고 그 차이에 따른 비인간적 인간관계에 은근한 도덕적 분노를 느낀다. 어딘가 도덕적으로 잘못된 점이 있었다. 그러한 사실보다 더 괴로운 것은 그런 사회적 비도덕성에 모든 사람들이 무감각해 보이는 사실이다. 자가용 주인들이 더러워 보인다. 인간의 존엄성을 잃은 듯한 운전수와 더불어 속에서 치솟는 울분을 감추기가 어려웠다. 어느 틈에 축재하여 얼굴에 기름이 번질거리는 벼락 사장님들의 꼴을 보기만 해도 구역질이 났다. 시퍼런 감투를 쓰게 되어 어깨를 올리고 다니는 권력자들의 꼴이 우스워 보였다. 인간의 존엄성에 대한 의식이 전혀 있는 것 같지 않았다. 인간적 품위에 대한 감각이 마비되어 있어 보였다.

안하무인으로 아무 데서나 자동차의 경적을 크게 울리며 사람들로 북적거리는 좁은 골목을 밀고 들어서는 검은 세단들이 너무나도 포악해 보였다. 서울 어느 구석은 썩고 있었으며, 한국 사회의 어느 부분에는 병이 들어가고 있는 듯이 보였다. 들뜬 서울, 난장판 같은 사회라는 인상을 피할 수 없었으며 막돼먹은 곳, 마피아 같은 패들이 판을 치고 있다는 감도 속일 수 없었다.

한국에 산업화의 불길이 붙기 시작했다. 많은 한국인의 생활이 개선됐으며 좋아지고 있었다. 삶의 생기가 역동하고 있었다. 그러나 아직도 서울은 초라했고, 한국의 현대화는 요원했고, 아직도 한국인은 가난에 허덕이고 있었다. 남 앞에 내놓고 보이기에 떳떳하지 못한 데가 너무나도 많았다. 내가 귀국한 지 며칠 만에 동경에 살고 있는 독일 친구가 가족을 데리고 서울에 왔다. 내가 서울에 와 있는 동안 친구의 나라 한국을 관광하자는 것이었다. 나는 이미 독일에 있는 그의 집에 몇 번 놀러 간 적이 있었고, 한국에 돌아오는 길에 그가 임시로 와 있는 동경에서도 신세를 진 바 있다. 나는 마땅히 그들을 우리 집에 머물게 해야 할 처지였으나 언제나 가난했던 우리 부모, 나의 형들은 그들을 재울 만한 방이 없었다. 민망하고 부끄럽지만 그들을 부득이 호텔에 투숙하게 해야 했다. 당시까지만 해도 대수도 서울에는 반도 호텔, 조선 호텔, 사보이 호텔, 그리고 최근 지었다는 워커힐 호텔 등 고급 호텔을 빼놓고는 호텔다운 숙소가 없었다. 생각 끝에 서울의 여관 가운데서 제일 좋다는 서린 여관을 찾았다. 지금은 고층 호텔이 올려진 그 자리에 있던 집들은 거의 쓰러져가는 납작한 기와집이었다. 안내를 받아 들어간 온돌방에는 냄새가 나는 이불, 더러운 베개가 놓여 있었다. 아무리 생각해도 그들을 그곳에 묵게 할 수가 없었다. 값이 비싸지만 할 수 없이 찾아간 곳이 종로 중심지에 있는 YMCA 호텔이었다. 당시 한국인의 안목으로는 고급 숙소였지만 에어컨도 가동되지 않았고, 몇 번인가 전기가 끊어지기도 했다. 경주에 가서 관광 호텔에 들어갔을 때도 사정은 비슷했다.

내 친구 내외는 아홉 살 된 아들을 데리고 왔었다. 이대 박물관을 방문했을 때, 그리고 명동 한복판 고급식당에 들어갔을 때 그 꼬마가 서양식 수세식 변소가 아니라고 일을 보지 못하고 울어대는 바람에 외국인을 접대하는 한국인으로서 진땀을 뺐었다. 원서동 골목, 작은 한옥, 둘째 형 집의 성냥갑만 한 온돌방에서 선풍기를 틀어놓고 그들에게 한식을 대접했을 때도 어쩔 수 없는 송구스러움을 느꼈다. 식구들은 원시적인 부엌을 그들에게 보이지 않으려고 애썼고, 어쩔 수 없이 옛날식 화장실을 안내해야만 했을 때는 누구의 잘못도 아니었지만 가족이나 나는 어쩐지 부끄러움을 감출 수 없었다.

남들에게 잘 보이기 위해서 살아야 하는 것도 아니고 모든 것이 서양식이어야 한다는 법은 없다. 그러나 나나, 나의 가족의 체험은 자존심이 없거나 비겁해서가 아니라 오히려 자존심이 있었기 때문이다. 이것은 체면이라는 허세 때문만은 아니다. 내가, 그리고 내 것이 모두 좋은 것은 아니다.

가난은 그 자체만으로 자랑스러울 것이 못 된다. 비현대적 생활양식이 반드시 좋은 것은 아니다. 우리가 정신적으로 문화인일 뿐만 아니라 물질적으로 문화인이고자 함에는 전혀 잘못이 없다. 그렇지 못한 우리 자신에 대하여 부끄러움을 느끼는 것은 자연스러운 인간 감정이 아니겠는가. 남들에게 우리들 자신의 약점을 보이는 것이 괴로울 수 있다면, 독일 친구를 맞이하면서 나의, 그리고 우리 가족의 느낌은 오히려 마땅한 것이었다고 생각된다. 그것은 비굴이 아니라 자존심의 간접적 표현이었던 것이다. 외국 친구에게 그동안 많이 발전된 한국을 보일 수 있었던 것은 다행한 일이었지만, 그 당시 내가 그에게 보인 한국은 아직도 자랑스럽지 못했고 어쩔 수 없었지만 즐거운 일은 아니었다.

병석에 누워 있는 옛날 선배, 이화여자대학에서의 동료였던 이종구를 김포 가는 쪽 새로 된 주택지로 방문했을 때 마음이 아팠다. 감상에 가까울 만큼 낭만적이었고, 그렇게도 프랑스 문학을 맛있게 사랑하던 그는 아직도 한창 나이에 불치의 병으로 괴로워하고 있었다. 그의 집을 나오면서 다시는 보지 못할지도 모른다는 생각에 인생의 무상을 새삼 통감했다. 그는 예상대로 몇 년 후 기어코 세상을 떠나게 된다. 남들이 돈을 벌고, 자가용을 몰고 새로운 주택으로 집을 늘려갈 때, 직장도 없이 있던 집도 팔고 변두리 남의 집 셋방을 얻어 사는 큰 형님을 찾아 쌀 한 가마를 사들고 찾아갔을 때 내 마음은 한없이 어둡고 내 가슴은 쇳덩어리가 들어 있는 것같이 무거웠다.

아버지 어머니는 새로 생긴 동네, 서교동에 셋집을 얻어 조카 하나를 데리고 살고 계셨다. 쇠약한 아버지는 자주 머리를 싸매고 앓아 누우시곤 했다. 중학생 모자를 쓴 조카가 할아버지를 위해 한약을 사다 달인다. 70이 훨씬 넘어 허리가 꼬부라진 어머니가 새벽부터 일어나서 구공탄을 갈고 화로에 밥을 지으시고, 수돗물을 틀어 걸레를 빨고 빨래를 하신다. 오래간만에 외국에서 돌아온 막내아들을 위하여 불고기를 굽고, 나물을 정성껏 무치신다. 참외를 깎고 수박을 썰어 설탕을 담은 종지와 함께 아들에게 준다. 어머니는 돗자리를 깔고 마루에 누워 있는 아들 옆에서 부채질을 해주신다.

아버지를 다시 뵐 수 있는 기쁨이 컸다. 어머니의 꺼칠꺼칠한 손을 만져보는 흐뭇함이 있었다. 아버지, 어머니와 한상에 나란히 앉아 오래간만에 된장찌개를 먹고 구운 생선을 맛보는 자신은 제 땅에 다시 돌아와 제자리를 찾고, 제 뿌리를 의식하면서 가장 원초적, 따라서 가장 순수한 생명의 흐뭇함을 맛본다. 그러면서도 나는 어쩐지 거북하고 괴롭기만 했다. 아무래도 우울하기만 했다. 그동안 내가 봐왔던 생활환경과는 너무나 다르다. 그동안 내가 만나고 대화를 나누어보던 사람들과는 비교할 수 없이 다르다. 그동안 내가 생각해왔던 세계와는 너무나 다르다.

나의 부모, 형제한테는 그동안 내가 생각하고 싸우고 해결하고자 하던 지적·철학적 문제와는 너무나 다른 문제가 있다. 그들에게 형이상학 문제가 무슨 상관이 있으며, 문학이고 예술이 무슨 관심을 끌 수 있겠는가? 파리의 아름다움, 프랑스의 우아한 문화, 미국에서의 풍부한 물질, 편안한 생활이 무슨 소용이 있겠는가? 소크라테스, 사르트르의 말이 무슨 의미를 가질 수 있으며, 피카소의 그림 혹은 아인슈타인의 상대성이론이 무슨 문제가 되겠는가? 그들은 늙어가고 있었으며, 한약을 지어올 돈을 마련해야 했으며, 끼니를 마련해야 했으며, 검은 칠을 하면서 구공탄에 불을 붙여야 했으며, 땡볕에서 걸레를 빨아야 했었다. 이것이 내 나라, 우리 식구, 나 자신의 정직하고 진실한 현실이었다. 그것이 바로 가장 절실한 내 나라, 우리 식구나 자신의 문제임을 뼈저리게 의식해야 했다.

　조국에 돌아와서, 부모를 찾아와서 한없이 가까움을 느끼는 동시에, 또한 한없이 먼 거리감을 느낀다. 내가 했다는 문학공부, 내가 매혹됐던 철학이 아버지와 어머니가 당면한 당장의 문제, 형이 부닥친 생존의 문제, 그리고 조국이 도전하게 된 경제발전의 문제에 무슨 소용이 되겠는가? 문학교수 혹은 철학교수가 되어도 돈을 벌 가망은 전혀 없다. 그동안 내가 부모나 가족에게 경제적으로 아무런 도움이 되지 못했지만 장차에도 그렇게 될 가망은 전혀 없다. 그렇다면 몇 년 후 "박사를 두 개나 해도 무엇하느냐"고 농담처럼 했던 어머니의 말씀도 타당하고, 그러한 말을 한 어머니의 심정도 충분히 이해된다. 나이가 들도록 어려운 부모와 형을 도와주지 못하는 자신이 미안하고 부끄럽다. 정신적 갈등을 피할 수 없다. 내 자신의 지금까지의 삶, 이기적인 것만 같았던 삶, 무용한 공부를 한 삶이 가끔 공허하게 느껴졌던 것은 극히 고통스러운 일이었다. 공부를 형식적으로나마 끝내고 온 막내아들에 대하여 아버지와 어머니는 자랑스럽게 여기고 계셨겠지만, 그렇다고 그들을 경제적으로 전혀 도와줄 수 없는 자식, 더군다나 아직 결혼도 안 하고 외롭게 혼자 살면서 가난하기만 한 아들에게 말씀은 하지 않으셨어도 실망하셨을 것이다. 이런 것을 의식하면서 마음은 더욱 편하지 않았다. 꿈을 꾸고 있는 것 같았고 꿈을 꾸다가 잠에서 깨어난 것도 같았다. 나 혼자 인생에 아주 뒤떨어져 허덕허덕 막막한 길에서 발을 끌며 걷고 있는 듯도 했다. 나는 운명에 농락당하고 있었던가?

그동안 계속 피로에 젖어 있었기 때문에, 외롭게 살아왔기 때문에, 그리고 어렵게 지내왔었기 때문에 따뜻하고 넉넉하고 편안한 집, 부모와 형제들의 품 안에 돌아와 푹 쉬고 싶고, 든든하고 믿을 만한 누구에게 푸근히 의지하고 싶은 심정이었다. 그러나 돌아와도 변변히 의지할 사람도 없었고, 마음 편히 쉴 자리도 없었다. 20여 년 동안 항상 소화불량으로 고통을 받아왔지만 서울에 돌아와 설사가 더 잦아졌다. 기댈 곳도 없고 마음과 몸이 쉴 수도 없었다. 삶이 고달프고 생존한다는 것은 어려운 일이었다.

변두리로 이사 간 정명환의 집에 가서 밤늦게까지 앉아 옛날 불문과 시절 때처럼 사르트르, 카뮈를 다시 화제에 올리고, 프랑스놈들, 미국놈들, 일본놈들에 대해 의견을 나누어보고, 그의 방에서 함께 하룻밤을 지낼 수 있었던 것이 흐뭇했다. 아직도 나는 가까운 친구를 갖고 있을 수 있었기 때문이다. 이화여자대학 문리대학장 현영학, 1년 전쯤 미국에서 돌아와 있는 서광선, 그리고 같은 이화여자대학의 김재은, 전찬화가 함께 모여 어떤 요정에서 술상을 벌여주고 나를 환영해주어 고마웠다. 오래간만에 나도 낭비스럽게 느껴질 만큼 호화롭게 놀 수 있었다.

오래간만에 거북스럽지만 술집 여자들의 손도 만져볼 수 있었다. 어느 날 저녁 문리대에서 한패가 되었던 정명환, 김붕구, 민석홍, 송욱이 나를 끌고 종로 어딘가의 비어홀로 가서 한턱 내주었다. 서울을 떠나기 전 한번인가 그런 곳에 가본 적이 있었지만, 그동안 나는 완전히 금욕적 생활을 하고 있었던 터였다. 넘쳐흐르는 맥주, 깜깜한 홀을 뺀쩍거리는 화려하고 야릇한 불빛, 옆에 거북살스럽게 붙어 앉아 술을 따르는 댄서들이 내 정신을 뺀다. 젊고 통통한 댄서에게 끌려 평생 한두 번밖에 추어보지 못한 춤을 춘다고 와작거리는 홀 가운데서 요란한 음악소리에 맞추며 댄서의 따뜻하고 야릿야릿한 허리를 만져본다. 금욕생활을 할 수밖에 없었던 나, 오랫동안 외롭게만 살아왔던 중년에 들어간 나에게는 모든 댄서, 특히 내가 잡고 있는 댄서가 절세미인같이 보였다. 아슬아슬한 감상에 빠져 대뜸 사랑을 고백하고 청혼을 해보고 싶은 생각이 순간적으로 머릿속을 지나갔다.

그러나 여자가 낀 요리도, 비어홀의 순간적인 피부의 쾌감도 나에게는 모두 어울리지 않는 것이었다. 그런 것이 나에게는 사치로만 보였고 부자연스러워 뒷맛이 깨끗하지 않았다.

어쩌면 나에게는 젊음을 춤추고 삶을 노래하면서 인생의 즐거움을 누릴 수 있는 능력이 처음부터 없었거나, 아니면 그동안 외롭고 어렵게 떠돌며 사는 동안 그런 능력을 상실하고 있었는지 모른다. 그러한 즐거움은 나에게 진정한 즐거움이 될 수 없었다.

"노벨상을 받는다 한들 무엇하겠니. 이제 한국에 남아 식구끼리 살자. 한국은 산천이 곱고 기후도 좋은 나라가 아니냐"라고 마음이 약하신 아버지께서는 달래듯이 조용히 말씀한다.

강한 부모를 갖지 못했다는 불만이 머리를 스치기도 했지만 아버지의 진정한 사랑을 피부로 느낄 수 있었으며, 그 말 속에야말로 인생의 진리가 담겨 있고, 그 속에 담겨 있는 인생관이 평범한 것 같지만 한없이 깊은 지혜가 있다는 생각에 가슴이 찔린다. 나 개인의 인간적 행복, 아버지와 어머니의 즐거움을 위해서만이 아니라 뒤지고 가난한 조국의 발전을 위해서도 나는 한국에 남아 일을 해야 할 도덕적 의무가 있다고 생각됐었다. 내가 외국으로 유학을 가느라 10여 년 전 한국을 떠날 무렵만 해도, 유학 가서 돌아오지 않고 외국에 머물러 있는 사람들이 미웠다. 그들은 도덕적으로 규탄되어야 한다고 생각했다. 개인의 안락한 생활을 위해 질서가 잡히고 물자가 풍부한 외국에 살고자 하는 이기주의적 인간이라고 믿었었기 때문이다. 나는 그런 유학생들을 '개자식'이라고 불렀고, 만일 내가 그들처럼 유학을 하게 되어도 나는 그러한 개자식이 되지 않겠다고 혼자 자신 있는 결심을 해본 적도 있었다.

한국에 남아 활동해보고 싶었다. 내 땅에서 내 언어로 시를 쓰고, 책을 쓰고, 여러 가지 문화적 분야에서 발언도 해보고 싶었다. 그러한 삶이 서툴기 짝이 없는 외국어로 아직도 모든 것이 서먹서먹하고, 가까운 친구도 없는 외국의 작은 대학에 가서 교편을 잡고 생존을 이어가는 것보다는 훨씬 편하고, 보람 있는 것도 같았다. 더군다나 나이를 의식하면 시간에 더욱 몰리는 기분이었다. 너무 늦기 전에 자기 자신의 사회에서 떳떳한 개인으로서 활동하고, 문학작품과 철학적 저서를 남겨야 할 것 같았다. 정말 내 소리를 할 수 있는 것은 한국말뿐이며, 그런 소리를 들어줄 곳도 오로지 한국밖엔 없다고 생각되었다.

그러나 또 한편 무엇인지 확실치 않았지만 나는 아직 끝을 내야 할 하다 만 일이 남아 있다고 믿고 있었다. 10년 가까이 나 자신, 그리고 모든 것을 알아보겠다고 모든 것을 투명하게 볼 수 있는 능력을 갖고자 하여 애써봤지만, 나에게는 아직도 모든 것이 아른아른한 상태에 있었다. 나는 그런 문제에 결판을 내야겠다는 내적 요구를 억제할 수 없었고, 그러기 위해서는 다시 미국에 돌아가 적어도 얼마 동안은 더 그곳에서 견디어볼 수밖에 없다고 생각됐다.

서울에 돌아온 지 20일 만에 나는 예정했던 대로 새로 정해 놓고온 직장 시몬스대학의 학기에 맞추기 위해 보스턴으로 떠난다. 손을 흔들며 전송하는 연로한 아버지, 어머니를 뒤돌아보면서 비행기 속으로 들어갈 때 마음이 아팠다.

이렇게 꿈같이 왔다가 훌훌 다시 떠나는 나는 부모에게 가혹하다. 외로운 생활, 고생길을 스스로 선택하여 객지로 떠나는 나는 나 스스로에 대해서도 너무나 가혹한지 모른다. 그러나 '타협하지 말라'고 스스로 다짐한다.

그동안 세상이 바뀌고, 조국은 상전벽해로 발전되고, 내가 생리학적으로는 알아보지 못하게 달라졌음에도 나의 마음은 아직 철모르는 성장 불능의 소년으로 머물러 있었던 것인가?

《문예중앙》, 1984~1988

11
철학교수

보스턴은 전혀 생소한 곳이었다. 그곳에 아는 사람이라고는 단 한 사람도 없었다. 하버드대학 북쪽 서머빌의 한 다락방 아파트와 찰스강 건너편 보스턴에 있는 시몬스대학을 털털거리는 폭스바겐을 몰고 왔다 갔다 하기 시작한다. 수업이 1주일에 3일 있었지만 불편한 아파트에 혼자 있기보다는 학교에서 사람들을 보기만이라도 할 수 있는 것이 낫다고 여겨 매일 학교에 갔다.

한 학기에 주 3시간짜리 3과목, 두 학기면 6과목까지 다른 과목을 가르쳐야 했다. 시간강사를 합해서 교수가 4명밖에 없는 관계로 한 사람이 여러 과목을 맡아야 하는 이유도 있었지만, 나는 자신의 지적 영역을 넓히기 위해서 자발적으로 가능하면 새로운 강의를 맡기로 했다. 논리학·철학개념·현상학·실존주의·윤리학·언어철학·과학철학·동양철학·심리철학·예술철학·종교철학·문학 속의 철학·19세기 철학 등 20과목에 가까운 철학을 지금까지 약 20년 교편을 잡고 있는 동안 가르쳐왔다.

서울대 문리대 시절에도 그러했지만, 그 유명한 소르본대학에서도, 그리고 미국의 서던캘리포니아대학에서도 나는 적지 않은 교수들의 강의에 항상 불만을 갖고 있었다. '저렇게 준비 않고 어떻게 교수라고 할 수 있겠는가', '내가 교수가 된다면 정말 멋있는 강의를 하고 훌륭한 자가 되겠다'라는 생각을 해왔었다. 학생들의 지적 욕구를 만족시키지 못하면서 교단에 서 있는 그들을 차라리 측은하게 생각한 적이 한두 번이 아니었다. 이왕 교수로 나섰을 바에야 정말 멋있는 강의를 하여 인기 있는 교수가 되고 싶었다. 학생들이 나의 박식과 학문적 깊이와 사고의 명석성에 반하게 되리라. 막연하게나마 나는 그러한 자질을 스스로가 갖추고 있을 것 같은 착각을 해보곤 했다. 그러나 막연하다는 데 문제가 있는 것이 아닌가?

격일로 있는 강의 준비에 몹시 바쁘다. 학교에서 철학을 정식으로 공부한 햇수가 짧고 교편을 잡은 지 2년밖에 되지 않았던 나로서는 모든 강의가 비록 입문적인 수준이긴 했지만, 모두가 거의 새로 시작하는 공부였다. 많은 지식이 있더라도 한 시간 내용 있는 얘기를 조리 있고 설득력 있게 설명하기란 쉬운 일이 아니다. 가장 추상적이면서 엄격한 논리성을 요구하는 철학은 더욱 그러하다고 믿는다. 준비를 잘 했다고 믿었지만 한 시간의 수업이 끝날 때면 거의 언제나 스스로에 불만스러웠다. 이러한 결과는 비단 나의 학문적 바탕이 빈약했었다는 사실도 있지만, 언어의 장벽이 있어 더욱 그러했다. 영어를 유창하게 한다면 시원했을 것도 서투른 말솜씨에 모든 것이 틀려버리고 만다. 학기말마다 있는 학생들의 '강의평가'에는 나의 서투른 영어를 지적하는 일이 더러 있었다. 그럴 때마다 속이 아찔하고 학생들에게 미안하고 당장이라도 철학 교수직을 내동댕이치고 싶은 충동이 일었다. '훌륭한 교수', '인기를 집중하는 교수'의 꿈이 몹시 흔들리기 시작하고 자존심이 상했다. 그러나 '좀더 인내하자', '다음번에는 놀랄 만한 강의를 하리라' 하면서 주말에도 학교도서관 아니면 아무도 없이 텅 빈 교사校舍의 내 연구실에서 대부분의 시간을 보냈다. 딴 동료들은 여유 있어 보였지만 나는 항상 긴장하고 있었다. 다른 선생들, 그리고 학생들 간에는 주말이면 놀러가는 얘기들이 많이 나왔지마는 나에게는 그러한 것을 생각할 여유조차 없었다. 나중에 알게 된 한국인 친지 혹은 보스턴의 여러 대학에서 공부하는 한국학생들이 피크닉이네, 낚시네 혹은 테니스를 즐기고 있는 것을 보았지만 나에게는 그러한 시간적·정신적·경제적 여유도 없었을 뿐만 아니라 그러한 것에 대한 취미, 즐기는 취미조차 전혀 없었다.

주말이면 대화라곤 한마디도 없이 지낸 적이 자주 있었다.

먼저 2년간 있던 대학에서는 동료들끼리 주말에 모여 저녁도 함께 하고 술도 들었지만 예상과는 달리 아직도 그런 초대나 모임이 거의 없었다. 큰 도시인 보스턴에 사는 교수들은 시골에 자리 잡은 대학의 교수들과 달리 학교의 동료들 외에도 그밖의 많은 사람들과 횡적 관계를 갖고 있기 때문이었다.

인구 3백 만이 넘는 문화도시라고는 하지만 그것은 나에게 한없이 삭막할 뿐이다. 사방에 사람들이 왁작거리고 있지만 나는 한없이 고적했다. 그리고 나는 또한 몹시 피로를 느꼈다.

역시 막연히 미국 대학의 교수생활이 윤택한 것으로 상상해왔었다. 특히 철학교수라면 같은 진리를 소유하고, 인간적으로 풍요하고, 남들로부터 존경을 받을 수 있어야 한다고 믿어왔다. 그러나 나는 가난하였고 나를 존경하기는커녕 진심으로 생각조차 해주는 사람이라고는 주위에 보이지 않는다. 그리고 사실 나는 별로 아는 것이 없다. '내가 정말 철학교수일까?', '이게 정말 삶다운 삶인가?' 나는 정서적으로 메말라 있었고 실존적으로 내적 투쟁을 하고 있었다. 누구하고 마음을 털어놓고 얘기하고 싶었다. 마음이 통하는 사람들을 만나고 싶었다.

이 무렵 하버드대학에 학위를 준비하러 와 있던 백낙청, 그리고 그의 소개로 김우창을 알게 되어 더러 자리를 함께 하고 저녁도 얻어먹을 수 있었던 것은 나의 고독을 푸는 데 다소의 도움이 될 수 있었다. 같은 대학에서 건축 공부를 하던 학생, 강홍빈이 다소 대화의 대상이 될 수 있었고, 그를 통해 같은 또래 학생들과 이따금 어울릴 수 있어 좋았다. 차츰 그후 가정을 갖고 있는 이대 졸업생들도 만나게 되니 세계는 다르지만 그래도 따뜻했다. 명문 하버드대학과 관계되어서 그후에도 수많은 한국의 지식인들이 보스턴에 계속 오가고 있었고, 오늘날 그 수는 더욱 늘어가고 있는 듯하다. 내가 이 대학 이웃에 살게 된 것이 다행스럽다.

니만페로 연구원으로 왔던 유혁인, 김동익을 알게 되고, 학창시절 안면이 있던 이정석을 다시 만나게 됐다. 교수 조완규, 김채윤, 김열규, 조대경, 김진경, 이경식과 밤늦게까지 '섰다'도 했고, 문인들인 유종호, 서정인, 성찬경, 박희진과도 오래간만에 다시 얼굴을 맞대고 옛날 얘기를 할 수 있었다. 이리하여 피부로 감정이 통할 수 있는 옛 친구들과의 사이에서 객지에서의 오랜 삭막한 생활을 잠시나마 잊을 수 있었고, 오래 멀리 떨어져 있는 고국과 간접적으로나마 접촉할 수 있어 흐뭇함을 느끼기도 했다.

보스턴에 와서 긴장이 쌓인 한 학년을 마치고 기분전환 삼아 6년 전에 떠나왔던 유럽에서 여름휴가를 보내기로 했다. 파리에는 친구들이 있었고 그곳은 내가 학생생활에서 가장 정열을 쏟았던 곳이기 때문이었다. 프랑스의 옛 친구들이 정답게 맞아주었다. 다시 만날 것도 기대하

지 못하고 헤어졌던 그들을 다시 만나 이야기를 나누고 피크닉을 해보
는 즐거움이 컸다. 소르본대학, 그리고 그 주변을 다시 돌아보는 감회가
컸다. 파리를 떠나 처음으로 스위스의 수도 제네바, 독일의 뮌헨, 네덜
란드의 암스테르담, 영국의 런던, 그리고 셰익스피어의 고향 등을 둘러
보면서 견문을 넓히는 보람을 느낀다. 그러나 지적으로 아무리 가깝고
친절을 베풀어 받는다 해도 외국인과는 동포와 같이 허물없이 되기가
쉽지 않다. 따뜻함보다는 피상적인 관계를 넘어설 수 없는 것같이 느낀
다. 아무리 풍요하고 아름답다 하지만 고국의 삭막한 땅에서 느낄 수 있
던 따뜻함이 느껴지지 않는다. 우리가 아니요, 우리 땅이 아니라서 그럴
까? 로맨틱한 모험이라도 혹시 생길까 하고 떠났던 한 달간의 여행에서
일 년간 쌓였던 긴장을 풀지 못하고 보스턴으로 돌아온다. 어쩐지 허전
하기만 했다. 그리고 긴장된 교편생활에 다시 들어가야 하는 것이었다.

한 학기가 지날수록, 한 학년도를 지날수록 강의 준비가 가벼워져가
고 영어도 조금씩은 잘 돌아가고 있었다. 현재 인문대학장이 된 새 문과
장 마키와 가깝게 되어 그 집에 자주 드나들 수 있어서 학교에서의 소외
감이 얼마간 해소되는 듯했다. 학생들이 자기들 아파트에서 저녁을 마
련해주는 일도 더러 있었다. 그러나 유일한 동양인 교수였던 나는 아무
래도 고립감을 느끼지 않을 수 없었다. 의식적이 아닐지 모르나 나는 다
른 교수, 즉 백인 교수들과 어딘가 달리 취급되는 것 같은 자격지심을
버릴 수는 없었다. 70년대 초반 반反월남전쟁 학생운동과 더불어 여성
운동이 크게 격동하고 있는 때였다. 이러한 사회현상은 여자대학인 이
곳 학교에서 더욱 역력히 느낄 수 있었다. 학생들이 학교행정 또는 학과
목, 교수 채용에까지 참여하게 되고 주장하는 판이었다. 교수들 간에도
덩달아 함께 들떠 부산을 피우는 징조가 없지 않았다. 격렬한 젊음 속에

순수성도 보이고, 이상한 풍조를 관찰하는 재미도 있었지만, 진지하고 침착한 학구적 분위기, 내가 생각하고 바라고 있는 대학, 철학, 사제 간의 관계와는 너무나 차이가 있었다. 대부분의 교수들은 이른바 명문대학을 나와 학벌로 봐서는 화려하지만, 극히 소수를 제외하고는 학문적으로 큰 야심을 갖고 무엇인가 해보겠다는 의욕이 있어 보이지 않았다. 그들은 학생들의 교육을 담당하고, 그 외에는 월급을 받아 즐거운 가정생활에서 만족하고 있어 보였다.

학생들로 본다면 대체로 중류 이상의 가정 출신이며, 미모를 갖춘 애들이 많고 교양 있어 보였지만 학문일반, 특히 철학에 일생을 걸고자 하는 애들은 극히 드물었다. 철학강의를 듣는 애들이 많았지만 그들의 관심은 대체로 교양의 차원에 머물렀고, 그밖의 직업으로 통하는 길을 택하고 있는 풍조였다. 철학을 전공하는 애들도 거의 대부분은 철학과는 다른 과목을 대학원 전공으로 택하고 있었다. 사실상 철학으로 박사학위를 얻어도 취직이 극히 어려운 상황에서 특수한 학생 아니면 대학원에서까지의 철학과 전공을 될수록 피하도록 지도하라는 권고가 미국철학회의 이름으로 시시로 전해오고, 우리학교 자체에서도 그러한 방침을 갖고 있었다. 이러한 상황에서 철학 강의의 수준이 낮을 수밖에 없음은 당연하고, 철학이 심각하게 여겨지지 않으리라는 것은 충분히 이해된다. 이러한 분위기 속에서나마 26세에 학위를 따고 대학교수의 자리를 얻을 수 있었던 한 애제자를 가질 수 있었던 것은 나의 큰 기쁨이었다.

나는 우리 학교의 이러한 학문적 분위기에 만족할 수 없었다. 내가 교편을 잡은 것은 단순히 생활수단을 위해서가 아니었고, 나에게는 가정을 통한 행복이 전혀 관심에 없었다. 나는 가장 첨단적, 최고 수준의 학문적 논쟁에 참여하고 싶었고, 그런 가운데서 나의 발언을 해보고 싶었고, 남들이 놀랄 만한 철학적 이론을 펴보고 싶었고, 그럼으로써 나의 일관성 있는 세계관·인생관을 확립하고 싶었다. 그렇게 하려면 나는 큰 대학, 대학원 과정이 있는 일류대학에 자리를 잡아야 할 것이다. 그러나 현실은 냉혹하다. 사실 나에게는 아직도 그러한 곳에 가서 남들과 치열한 경쟁을 할 수 있는 철학적 바탕이 빈약함을 의식하지 않을 수 없었다. 내가 나의 직장에 대해 불만을 느끼는 것은 내가 나의 분수를 모르고 있는 까닭이었다. 따지고 보면 이런 곳에 교직을 갖고 있을 수 있다는 것만으로도 천만 다행스러운 것이었는지 모른다. 나의 만족되지 않는 지적 추구를 계속하려면 고국에 돌아가지 않고 미국에 남아야 한다는 판단이 나왔고, 그렇다면 나의 분수로 보아 한 대학에서 직장을 가질 수 있다는 것만도 큰 행운에 가깝다. 수많은 철학 박사들이 실업상태에서 우왕좌왕하고 있는 상황이었으니 더욱 그렇다. 더구나 이 학교에 온 지 3년 만에 이른바 '테뉴어', 즉 '영구교수권'을 얻을 수 있었다는 것은 더욱 고맙게 생각됐다. 그 당시까지만 해도 내가 그 학교에 평생, 즉 은퇴할 때까지 남아 있을 생각은 전혀 없었다. 테뉴어를 받고서도 그곳을 떠나야겠다는 생각을 해본 적이 한두 번이 아니었다. 그러나 실직의 위협에서 해방되어 평생 직장을 보장해주는 테뉴어는 나에게 심리적으로 중요한 뒷받침이 됐었다.

테뉴어를 받고 난 다음 해 1974년 나는 현재 살고 있는 케임브리지시에 방 하나짜리 아파트를 샀다. 하버드대학까지 걸어서 5분이면 갈 수 있는 찰스 강변의 붉은 벽돌 아파트이다. 아파트 앞 강변도로에는 수십 년 묵은 플라타너스 가로수가 늠름하고 풍치 있게 서 있다. 4년 동안 살던 빈민가에 가까운 다락방 아파트에서 내 소유가 된 새 아파트로 옮길

때 나는 갑자기 귀족이 된 기분이 들기도 했다. 이제 여러 가지 차원에서 나의 생활이 조금은 안정되어 가고 뿌리를 박고 있는 것 같았다.

시몬스대학에 전직하여 학구적 분위기가 빈약하다고 느낀 나는 두 번째 학기부터 '철학포럼'이라는 것을 만들어 한 학기마다 하나의 테마를 걸고 보스턴 주변의 여러 대학교수들 가운데 3, 4명씩 초청하여 특강을 시켰다. 약 3천 명밖에 안 되는 작은 시몬스대학에 학문적 분위기를 보다 조장하고 학문적 자극을 주고 시야를 넓혀보자는 것이었다. 나는 이 '포럼'을 10년간 끌고 갔었다.

1, 2년 후 강의 준비에 얼마만큼 덜 몰리게 되고 숨을 돌릴 수 있게 된 무렵부터 보스턴 주변 여러 대학에서 갖는 철학특강이면 될수록 빠지지 않고 들으려 쫓아다녔고, 시간이 나면 하버드대학의 여러 강좌를 청강했다. 후에 가깝게 된 셰플러 교수를 알게 된 것은 그의 '언어철학', '과학철학' 세미나에서였고, 그 자리에서 함께 청강하던 하버드대 영문과 교수 브룸필드를 알게 된다. 그를 통해서 그가 주재하고 있는 문학이론 그룹인 보스턴 서클에 참여하기도 했다. 벌써 은퇴했고 전문분야가 다르지만 그는 오늘날까지 나의 학문적 의욕을 언제나 정신적으로 격려해주고 마음으로나마 뒷받침해주고 있다. 그는 동료요, 선배이며 친구이다.

강의 준비가 수월해짐을 의식하면서도 나는 차츰 강의와는 직접 관계없는 철학적 저서들을 닥치는 대로 읽었다. 말이 철학이라고 하지만 철학적 문제는 한없이 다양할 수 있고 한없이 전문화될 수 있다. 철학교수로서, 철학자로서 학계에 공헌하며 이름을 알리려면 이미 막스 베버가 말했듯이 두어 가지 문제에는 전문가가 되어야만 비로소 가능하다. 한 사람이 모든 것의 전문가가 될 수 있는 시대는 이미 지났기 때문이다. 그러기에 전문학술지에 나오는 철학논문은 극히 전문적 문제로 세분화되어 상상 이상으로 테크니컬하게 취급되고 논의되고 있다. 기왕 철학교수로 나선 이상 나도 유명하게 되고 싶었고, 유명한 대학에서 가르치고 싶었음은 물론이다. 그러나 나는 한 가지 극히 전문적·기술적 문제에만 나의 철학적 정열을 집중적으로 쏟을 수가 없었다. 그렇다면 나는 유명하게 될 수 없을 것이며, 철학계에 공헌할 수 없게 될 것이다. 이런 판단은 어쩌면 나에게 극히 전문적인 철학자들과 같이 세밀한 관찰력, 엄격한 논리적 추리력, 집요한 집중력, 깊게 쌓인 연구력의 뒷받침이 없음에 기인될지도 모른다. 그러나 내가 한 가지 철학적·전문적 문제에 정력을 집중할 수 없었고, 현재도 그러한 데는 더 근본적 이유가 있다.

내가 현재 철학을 한다 하고, 철학교수라는 직업을 갖고 있지만 원래 내가 철학을 하게 된 이유는 철학교수가 되기 위해서도 아니었으며, 철학계에 어떤 학문적 공헌을 하기 위해서도 아니었다. 나는 이 알 수 없고 어지러운 모든 현상, 인간의 삶, 존재의 의미 등을 보다 투명하게 총괄적으로 이해하며, 내가 참답게 살 수 있는 길, 나의 참다운 삶의 의미를 알아보자 했었고, 그러한 문제는 오로지 철학을 통해서 만족될 수 있다고 보았기 때문에 철학으로의 길로 나섰던 것이다. 철학은 나의 삶의 궁극적 문제와 뗄 수 없었고, 따라서 그것은 나에게 종교적 의미를 띠고 있었다. 나에게 있어서 부분적 문제는 결정적 의미를 갖지 않고 있었다. 따라서 나의 관심은 모든 분야의 철학적 문제뿐만 아니라 문학·사회학·역사학·정치학·예술 등으로 확산되고 있었다. 그뿐만 아니라 나는 창작욕에 항상 불타고 있었다. 한국을 떠난 이후 10여 년 동안 시 한 줄 써보지 못하면서도 시는 물론 소설, 특히 희곡을 써보고 싶은 의욕은 언제나 내 마음속에서 떠나지 않았다. 문학이, 더 정확히 말해 문학적 창조가 나의 정신적 고향이라고만 느껴지기 때문이었다. 그러나 마음만 그렇지 창작에는 쉽사리 손이 가지 않고 있었다.

철학을 배우고, 철학선생을 하기에 오랫동안 정신없이 살았고, 그곳에서, 다른 곳에서는 찾을 수 없는 일종의 지적 만족감을 얻을 수 있었지만, 나는 내가 해결하고자 하는 궁극적 문제에 대해서 철학의 뛰어넘을 수 없는 한계가 있음을 의식하게 되었고, 구체적으로 만나보고 알게 된 철학자들의 인간됨, 그리고 그들의 삶에 대해서 환멸 이상으로 경멸심까지를 더욱더 갖게 되고 있었다. 우린 동양인으로서의 학자일반, 특히 철학자들에게서 인간미 있고, 도덕적이고, 착하고, 훈훈한 인간상을 상상해왔었다. 그러나 나의 주변에서, 그리고 여러 철학회에 참가해보거나 소문을 듣고 알게 되는 수많은 이른바 철학교수들은 사실상, 남들 이상으로, 아니 다른 분야의 교수나 학자들 이상으로 공격적이고 냉정하고 신경질적이고, 오만하고 허영심이 많은 무리들이라는 인상을 흔히 받았다.

학위를 막 받고 나온 젊은 철학자들은 누구의 논문에 논리적 모순을 발견한 것만으로도 개가를 올리고, 어떤 특수한 전문적 논쟁에 뛰어들어 새로운 해결을 주장해보겠다고 열을 올린다. 사고의 정확성과 논리적 엄격성을 추구하는 철학적 풍토는 학술논문에서 생소한 기호논리를 적용하는 것으로 흔히 나타나게 됐다. 극히 건조하지만 그러한 논문들에서 빈틈없는 논리적 전개, 엄격하고 복잡한 사고의 흔적을 발견할 뿐이었다. 나의 기질로서 그러한 논문, 문제가 너무나 건조하고, 그러한 논문들을 정확히 이해할 만한 끈기가 나에게 없었던 탓도 있겠지만, 그와 같은 식의 철학을 전개하는 철학자들의 비상한 재능, 특히 말재주에 감탄하면서도 나는 그러한 철학에 큰 저항감을 항상 느끼고 있었다.

내가 관찰할 수 있는 철학자들이 도전적이고, 인간적으로 매력이 없으며, 미국에서 절대적 주류를 이루고 있는 분석철학의 많은 논문이 말할 수 없이 건조해 보이고, 재주꾼들의 말씨름으로만 그친다는 인상을 주게 된 이유는 우연이 아니다. 철학의 근본적인 기능이 철저한 비평정신에 있다는 사실에 그 근본적인 이유가 있다. 덧붙여 과거 많은 철학자들의 형이상학적 주장과는 달리 철학도 과학에서와 마찬가지로 확증성 있는 엄격한 과학으로 만들고자 한 이른바 분석철학의 압도적 영향이 지배하고 있었기 때문이다. 그 밑바닥에 깔려 있는 더 근본적 이유는 미국이 어디까지나 치열한 경쟁사회라는 데 있는 것 같다. 대학에 '퍼블리시 오 페리시Publish or Perish'라는 용어가 있다. 교수는 논문 혹은 책을 발표·출판하지 않으면 생존할 수 없다는 뜻이다. 논문을 발표하지 못하면 이른바 '테뉴어'를 받지 못하고, 다른 곳으로 밀려나가야 하는 상황이며, 좋은 논문을 발표하지 않고서는 진급이 어렵다. 명문 대학에 직장을 얻거나 그곳에서 생존하려면 더욱 그러하다. 그리하여 처음 교편을 잡기 시작한 소장학자들일수록 한 편의 논문이라도 많이 발표하려고 머리를 싸매고 덤벼든다.

비단 시시한 학술지에 무엇 하나 인쇄되거나, 시시한 학회에서 어떤 논문을 발표하게 되어도 마치 전공을 쌓아올린 듯이 자부심을 갖게 되고 이력서에 빼지 않고 기록해둔다. 이러한 경쟁에 재미를 못 느끼거나 능력이 없는 사람들, 이러한 압력을 이겨내지 못하는 사람들은 '테뉴어'를 받을 때까지 억지로 논문을 발표하다가도 일단 직업이 보장되면 그런 데 정력을 쏟지 않게 되거나, 또는 그러한 업적을 과히 중요시하지 않는 대학에 머물러 있기를 택한다. 물론 그렇게 하여 발표되는 그 많은 논문들이 피나는 노력의 결과이긴 하지만 대부분은 난센스에 가깝고, 전혀 새로운 아이디어를 보여주는 것도 아니며, 따라서 심각한 주의를 기울여 읽을 만한 것이 될 수 없음이 현실이다. 자연과학에서와는 달리 철학에서 정말 의미 있을 만큼 새로운 생각·주장·이론·사상은 매일, 매년, 매 사람들에게서 나올 수 있는 것이 아니기 때문이다.

누가 무엇이라 반발해도 사르트르의 실존철학의 매력에서 벗어날 수 없었고, 강의를 준비하다가 발견한 니체의 철학적 위대성을 부인할 수 없었으며 분석철학, 아니 그냥 철학적 작업과는 다른, 시작詩作에 오히려 마음이 더 끌리고 있었지만 나는 넓은 의미, 즉 근본적 의미로서의 분석철학에서 엄청나게 많은 것을 배웠다. 치열한 경쟁과 도전적인 미국철학의 풍토에 구역이 날 만큼 심한 반발을 느끼면서도 나는 그러한 속에서 긍정적으로 많은 자극을 받았다. 자칫하면 현학적이라 할 만큼 공허한 논리적 정확성을 강조하는 경향으로 빠지기 쉽지만, 분명한 근거에서 엄격한 논리의 전개로서 뒷받침된 주장을 하자는 입장이 분석철학의 핵심이라면 모든 철학은 반드시 가능한 한 철저하게 분석적이어야 한다고 지금도 확신한다. 많은 분석적 철학가들의 여러 문제에 대한 박식, 그리고 그들의 문제 접근이나 해결의 논리성에 내가 흔히 압도되고 정확하고 깊이 있는 사고의 아름다움을 체험하는 일이 한두 번이 아니었다. 2차 대전까지 약 2세기 동안 독일의 관념철학이 지배했었다면, 20세기 후반의 철학적 업적은 역시 영미의 분석철학에서 보다 많이 찾아질 수 있다고 생각한다. 1985년도 학년을 독일 대학에서 1년 동안 있으면서 그러한 사실의 징조를 곳곳에서 감지할 수 있었다.

다행히 논문 발표의 압력이 없는 학교라서 마음이 편했고, 이제 직장까지 보장이 되어 있었지만 나는 논문을 쓰고 발표하여 나의 주장을 해보겠다는 강력한 내적 욕망에서 벗어날 수 없었다. 교수라는 직업을 갖고 강의를 하는 것만으로는 결코 만족되지 않았다. 나는 항상 무엇인가를 쓰고 싶었다. 어려서부터 시인, 작가가 되고자 했던 것도 똑같은 충동 때문이었던 것이다. 이러한 충동은 자신을 확인하며 내세우고 자신의 '자국'을 오래 남기고자 하는 모든 생명의 본능적 욕구의 한 표현이요, 방법이었음에 틀림없다. 그러나 이러한 욕망은 나 자신을 정리해보고, 남들과의 대화를 맺어보려는 것으로도 해석될 수 있다. 논문을 쓰려면 공부를 해야 하고 공부를 하려면 시간이 필요하다. 불행히도 강의 준비, 강의, 그리고 그밖의 허다한 사무적 잡일을 하고 나면 시간이 없고 심신이 몹시 피로하다.

그러나 현실이 이러한 것을 어떻게 하며, 핑계를 대서 무슨 소용이 있겠는가? 틈틈이 시간을 내서 주말에는 학교 연구실에 혼자 앉아 그때그때 흥미 있는 문제를 골라 영어로 논문을 써본다. 박식하지 않더라도 사고력만 있으면 웬만한 문제에 대해서는 새로운 대답을 가져올 것같이 또한 막연한 환상을 갖고 있었다. 러셀이 한 달에 논문 하나를 썼다는 말을 들은 기억이 났었다. 잘하면 한 달에 한 편만은 아니라 두 편이라도 쓸 수 있을 것이 아닌가? 이런 엉터리없는 망상 속에서 이것저것 짤막한 논문들을 억지로 꾸며봤다. 그러나 내 자신이 다시 읽어보면 극히 피상적이거나 전혀 내용이 없다. 우선 영어가 엉망이다. 센텐스 하나를 꾸며내기가 쉬운 일이 아니다. 그렇다고 나를 도와줄 사람도 있지 않다. 고독했다. 고독하고 긴장에 못 이기면 타이프라이터를 덮어두고 차를 몰아 혼자서 교외를 두어 시간 돌아다니다가 돌아오기도 했다.

이러한 과정을 통해서 자신이 갖고 있는 지식이 얼마나 빈약했으며, 자신의 생각이 얼마만큼 상식적이었으며, 자신의 사고력이 얼마큼 막연했으며, 생각을 정리하여 논문으로 쓸 수 있다는 것, 특히 익숙지도 않은 외국어로 쓴다는 것이 얼마만큼 어려운가를 새삼 의식했다. 따라서 지금까지 하찮게만 보았던 별수 없는 논문이나마 쓸 수 있는 남들의 실력을 새삼 인정하게 되었다. 철학교수라는 직업에 스스로가 부끄러워지고, 그만큼 더 공부해야겠다는 의욕을 가지면서 자신의 철학을 세울 수 있기가 불가능할 것 같고, 설사 그렇게 될 수 있다 해도 그러한 경지에 도달하기 위해서는 너무나 아득한 것만 같아 생각만 해도 더욱 지치고 피로를 느낀다. 더구나 관심의 범위가 남달리 광범위했던 나는 그렇게 늘어놓은 그 많은 문제들을 모두 수습하기가 더욱 요원하고 불가능하게 보였다. 철학을 그만둬야겠다는 생각을 몇 번이나 했었던가?

그래도 나는 이 지점에서 좌절되고 싶지 않았다. 모든 것에 대한 지적 호기심을 동시에 만족시키려는 욕망에 사로잡혀 있는 이상 나는 어떤 특수한 문제를 파고들 수는 없었다. 가능하면 분석철학, 현상학, 그밖의 철학서들을 뒤적거리면서 무엇이 근본적인 철학의 문제인가, 그 문제에 어떻게 접근할 것인가를 알려고 애썼다. 나는 아직도 철학이 무엇인가, 철학적 근본 문제가 어떤 성질의 것인가를 투명하게 파악하지 못한 채 있었다. 차츰 책을 보고 생각해본 결과, 철학은 언어를 통해서 접근할 수밖에 없다는 것, 넓은 의미에서 언어의 의미의 문제와 뗄 수 없는 관계를 맺고 있다는 것을 분석철학을 통해서 깨달았다. 그러나 문제는 보다 구체적으로 그 문제가 어떤 것인가를 알기에는 시간이 필요했다는 것이다. 문제 접근에 있어서 나는 현재는 널리 알려지고 읽히고 있지만, 그 당시만 해도 미국에서 전혀 알려지지 않은, 1969년도에 읽은 데리다의 저서 『음성과 현상』, 콰인의 『언어와 대상Words and objects』, 비트겐슈타인의 『논리철학논고』, 그리고 노자의 『도덕경』 등을 읽고 철학의 근본적 문제가 언어와 그것의 표상대상과의 관계, 달리 말해서 인식과 그 대상과의 관계라고 생각하게 되었다. 이 문제에 대한 관점에 의해서 대부분의 철학적 문제가 풀릴 수 있을 것이라는 것, 다시 말해서 모든 철학적 문제는 근본적으로 이 문제에 대한 어떤 해답을 전제하고 있다고 생각하게 되었다.

이 문제에 대한 시비는 투명하게 혹은 불투명하게 플라톤·칸트·니체에서 오늘날의 분석철학·현상학·비트겐슈타인·콰인·하이데거·사르트르의 철학 속에 논란되고 있다고 보게 되었다. 이 철학적 쟁점은 존재론에서 일원론과 이원론과의 싸움, 형이상학에서 자유론과 결정론, 인식론에서 객관주의와 상대주의, 혹은 리얼리즘과 아이디얼리즘, 언어철학에서 언어와 그 지칭대상과의 갈등 등의 형태로 나타나고 있다고 해석된다. 이와 같은 철학적 논쟁이 결정적 결론을 얻지 못하고, 그 해결에 대한 결정적 해답을 갖지 못하고 있음을 오늘날까지도 계속되는 서로 반대되는 진영 사이에 주장과 반박이 그치지 않는 사실로서 알 수 있다. 그렇다면 이 문제는 이성과 논리에 의해서 해결될 수 없는 종교적 문제의 성격을 갖고 있는 것인지도 모른다. 그러나 이 문제는 종교적 문제가 아니라 반드시 어떤 이성적 해결이 있을 것이다. 그렇다면 어떻게 해결책을 발견할 수 있을까? 나는 이 근본적 문제 해결의 아르키메데스적 초점을 발견하려고 생각해보았다. 그러한 점에서 문제의 참다운 성질이 밝혀지고 갈등되는 것 같은 두 가지 주장이 화해될 수 있으며, 따라서 전체가 함께 일관성 있고 정연하게 나타날지도 모르기 때문이다. 나는 중요한 철학적 문제 해결의 근본적으로 새로운 '틀'을 모색하고 있었다.

언뜻 생각한 것이 존재차원과 의미차원이라는 개념, 더 정확히 말해서 존재-의미 매트릭스Onto-semantical matrix라는 개념이다. 모든 인식대상은 존재와 의미 두 차원을 갖고 있는데 그것은 그 두 가지 차원에서 동시에 표상될 수 없고, 반드시 그 둘 가운데 하나의 차원에서만 고찰될 수 있다고 생각되었다. 일원론·객관주의·리얼리즘은 존재차원의 관점이며, 이원론·상대주의·아이디얼리즘은 의미차원에서 본 입장이라는 것이다. 똑같은 코끼리는 서로 다른 코끼리의 측면에 서 있는 두 다른 장님에게 '기둥'이라고 보이기도 하고, '벽'이라고 보이기도 한다. 그중 누구의 것도 틀린 관점이 아니다. 그 두 장님들의 상반되는 두 개의 주장이 옳다는 것이다. 문제는 어째서 같은 코끼리가 서로 상반되는 것으로 나타나는가를 깨달았을 때 장님들 간의 견해 차이를 둘러싼 싸움은 끝나게 될 것이다. 이와 마찬가지로 철학사를 통해서 계속 싸움의 대상이 되고 있던 갈등되는 문제의 해답들에는 사실상 갈등이 없음을 알게 될 것이며, 따라서 철학적 논쟁은 풀리게 될 것이다. 문제는 서로 다른 진영에 있는 철학자들이 서로 다른 차원에서 얘기하고 있음을 깨닫는 일이다. 바꿔 말해서 존재차원에서 볼 때 모든 존재는 일차적, 즉 하나이며, 의미차원에서 볼 때 그것은 둘, 즉 이차원적으로 보이는 것이며, 존재차원에서 볼 때 진리는 객관적 대상을 두고 말하고, 의미차원에서 보았을 때 그것은 상대적일 수밖에 없으며, 존재차원에서 볼 때 인간은 결정론적이며, 의미차원에서 볼 때 인간에게는 자유가 있다는 것이다.

아직도 퍽 희미하고 원초적 단계에 있으며, 혹시 이런 생각이 난센스가 아닌가 하는 의심을 버릴 수가 없지만, 나는 '나의 일관된 철학적 입장'을 발견한 듯한 느낌에 자신 없는 혼자 목소리로 '유레카'라고 속으로 소리 질러보기도 했다. 그후 희미하고 막연한 대로 나는 이런 입장

에서 철학적 문제에 대한 나의 해석을 한글로 쓴 여러 책들로 혹은 영어
불어로 쓴 논문들을 통해서 주장해보게 된다.

　1971년부터 정서적으로 삭막하고, 지적으로 긴장되고, 육체적으로
피곤한 한 학년도를 지내고 나면 거의 빼놓지 않고 그다음 해 여름을 손
꼽아 기다리다 서울로 돌아간다. 정치적으로 삼엄하고, 아직도 가난한
곳이지만 김포비행장에서 고국의 땅을 밟는 순간부터 흐뭇하고 마음이
편해진다. 아직도 구공탄을 때는 원서동 구옥 장판방이지만, 어머님과
한방에서 지내는 가운데에 내가 다른 곳에서 경험하지 못했던 무한한
따뜻함을 느낀다. 옛 친구를 만나 이야기를 나누고, 선배들이나 친지들
을 만날 때마다 마음의 휴식을 얻는다.

　서울에서 그동안 출판이 놀랄 만큼 활발한 것을 눈으로 보았고 학계
와 문단에서는 전혀 이름도 듣지 못했던 신인들의 활기찬 활동에 감탄
했다. 처음에 나도 신문·잡지에 잡문을 쓰기도 하다가 1972년 말《문학
사상》의 창간호부터「문학 속의 철학」이란 연재물을 싣기로 한다. 후에
책으로 나온 이 글 말고는 한국어로 된 내 책들은 여름방학에 서울로 오
기 전 한 달간에 걸쳐 쓴『노장사상』외에는 모두 여름방학에 서울에 가
서 쓴 것들이다.

　내가 생각해냈던 존재차원-의미차원의 개념을 한국어로 처음 적용
해보았던 것은 1974년 여름에 쓴「시와 과학」이라는 글이었으며, 영
어로는 1975년 연세대에서 나온《한불연구》지에 발표한「언어의 감옥
Linguistic Prison」이라는 것과 1976년《철학》지에 발표했던「말할 수 없는
것을 말함To Say The Unsayable」이라는 서투른 두 개의 논문들이었다. 그리
고 그다음 썼던『철학이란 무엇인가』와 또 그다음 여름에 썼던『현상학
과 분석철학』도 다 함께 나의 관점에서 철학의 기능, 현상학과 분석철

학의 관계를 대충이나마 밝혀보려 했던 것이다. 1980년도에 출판된『노장사상』도 역시 그와 같은 관점에서 가장 동양적인 사상을 설명하려 했던 것이다. 그후 나온 책『인식과 실존』에 실린 논문 「인식상대주의」는 나의 입장을 보다 구체적으로 전개해보려는 시도로써 씌어졌다. 1976년 안식휴가 때 프랑스 정부에서 약간의 연구비를 받고 4개월 동안 파리에 있으면서, 역시 같은 관점에서 메를로 퐁티의 철학에 관한 것을 불어로 써보려고 작정하여 의미론과 존재론의 2부로 구성해보았으나, 그 일부의 초고만 마치고 돌아와 그것을 수정한 것이 앞서 말한 연세대의《한불연구》지에 실렸다가 1978년도 프랑스의 철학지《형이상학과 도덕Revue de Métaphysique et de Morale》에 다시 실렸고, 그 2부로 생각하고 있던 것은 영어로 「메를로 퐁티에 있어서의 현상학적 존재론Merleau-Ponty's Phenomenological Ontology」이라는 제목으로 1980년 홍콩의 중문대학에 발표되었다가 후에 「Merleau-Ponty's ontology of Wild Being」이라고 제목을 바꾸어 3년 후에 「아날렉타 후설리아나Analecta Husserliana」에 실렸다.

이런 나의 관점을 1983년 캐나다의 몬트리올에서 열린 국제철학회에서 「인간조건The Human Condition-A Perspectival view」이라는 논문, 그리고 각각 1983년과 1985년 하버드대 교육철학연구소에서 읽은 「자연과 문화 Nature and Culture」, 「인식과 존재Knowing and Being」라는 논문에서 적극적으로 주장해봤다. 아직 전혀 관심도 끌지 못하면서 나는 지금도 위와 같은 관점에서 철학의 어려운 문제가 풀릴 것 같다는 생각이 쉽사리 버려지지 않는다. 아직 나 자신에게 있어서도 나의 생각이 완전히 투명치 않으며, 그리고 설사 내 생각이 옳다 해도 그 생각은 아직도 생각의 씨앗 상태에 있을 뿐, 구체적으로 세밀한 논리적 전개의 필요가 창창하게 남았다. 그러면서도 내 상상이 너무나 엉뚱할지 모른다는, 철학의 구체적인 문제를 해결해주기에는 트리비얼할지도 모른다는 생각이 떠나지 않는다. 문제를 완전히 헛잡은 것인지도 모르겠다.

헤아릴 수 없이 많은 우주 안의 이 사물들, 이 사건들, 경험들은 다 무엇이며, 그것들은 어떻게 관련되고 있는가? 이와 같은 형이상학적 물음에 대하여 나는 모든 것이 '하나'라고 보게 되었다. 이런 일차원적 관점은 근본적으로 이차원적인 서양적인 것, 즉 기독교적이며, 플라톤에서 데카르트, 칸트로 내려오는 철학적 전제와는 달리 근본적으로 선불교나 노장사상의 밑바닥에 깔려 있는 일원적 입장이다. 자연과 인간관계에 있어서도 서양에서 볼 수 있는 인간중심주의와는 달리 자연주의적이라는 점에서 나는 동양의 근본사상을 따른다. 사물현상의 무한한 다양성은 사물현상 자체가 본질적으로 서로 분리될 수 있는 것이 아니라 인간이 살아가는 데 있어서 필요에 따라 인위적으로, 즉 개념적으로 갈라놓은 것이라고 믿는다. 이런 점에서 우리가 말하는 진리란 언제나 인간상대적이다. 물질과 정신과의 구별, 사물현상의 결정성과 자율성도 같은 방식으로 설명될 수 있다고 생각한다. 물질과 정신, 인과관계와 자유의지가 따로따로 떨어져 있는 것이 아니라 우리들의 삶에 필요하기 때문에 그러한 구별을 하는 것이다. 사물현상 자체는 물질도 아니며 정신도 아니고, 인과관계에 의해서 기계적으로 움직이는 것도 아니며 자유로운 결단에 의해서 행해지는 것도 아니다. 물질·정신·인과관계·자유라는 것은 인간이 필요에 따라 고안해낸 인위적 개념들에 불과하다는 것이다. 그러나 위와 같은 나의 생각이 정말 옳은가, 옳다면 철학적으로 얼마나 의미가 있는 것이며, 나의 삶에 어떤 의의를 가져오는 것일까? 이런 생각은 아직도 자세한 전개의 요청을 남긴 채 내 혼자만의 희미한 생각으로만 머물러 있었고, 아직도 그렇다.

1970년도 후반기부터는 학교 강의에도 다소 여유가 생겼고, 연구비를 얻어 파리에도 가 있었으며, 미국에서 2개월씩 2회에 걸쳐 컬럼비아대학과 퍼듀대학에서의 여름 세미나도 참석해보았었다. 적지 않은 학회에 참여하고 영어와 불어로 20여 편의 논문도 발표해보았다. 이러한 철학적 작업이 다소 지적 만족을 가져오고, 직업적 허영심을 채우긴 해도 그것들이 정말 나에게 결정적으로 중요한 의미를 갖고 있는지 항상 의심스러웠다. 이것이 삶의 전부가 아니며, 나의 전부가 아니라는 의식 때문에 어딘가 마음속 깊이 허전한 공백을 느끼곤 했다. 그리하여 나는 적지 않은 잡문도 쓰고, 그동안 틈틈이 써 두었던 시를 모아 읽어주는 사람들도 없는 2권의 시집도 내보았다.

칸트 외에 몇몇만을 빼놓고 이른바 역사에 남는 철학가들은 그들의 주요 저서를 40세 미만에 이미 썼었고, 대부분의 작가들도 그 나이에는 이미 자신들의 문학세계를 단단히 세우고 있다. 그러나 나는 50세가 될 때까지 주요한 저서는커녕 아직도 철학이 무엇인지를 확실히 파악하지 못하고, 수많은 주장·이론·사상들의 정글 속에서 헤매고 있는 상황이며, 남들이 두고두고 기억할 수 있고 내 자신이 만족할 수 있는 시 한 편을 써놓지 못하고 있을 뿐이다. 그저 시작도 못한 수많은 문학작품들을 이따금 머릿속에서 상상해보고 있을 뿐이었다. 인기 있는 교수, 훌륭한 철학교수가 되어보고도 싶었지만 그러한 꿈도 산산히 깨어지고, 평범한 교수로서 겨우 생활을 지탱하고 있는 것으로 다행스럽게 생각해야 할 상황 속에 있을 뿐이다. 그러면서도 나는 계속 철학책을 뒤적거리고, 시작詩作을 꿈꾸어보고 있었고, 아직도 그렇다.

1975년 눈이 내리는 정월 초 새벽 아버지께서 작고하셨다는 전보를 받았다. 이미 장례식을 치른 후였다. 별로 눈물을 흘려본 적이 없는 나의 눈이 어느덧 젖어 있었다. 다시는 만나뵙지도 못하고 다시는 부자간에 이야기를 나누어보지 못하게 된 절대적 단절감, 궁극적 마지막 작별이라는 가혹한 인간의 현실에 부닥쳐 혼자만의 아파트에서 어쩔 줄 모르게 발을 굴러보고 싶은 착잡한 심정에 싸였었다. 아침이면 당신의 자전거 앞에 나를 앉혀놓고 15리 학교로 가는 시골길을 가고, 언덕에 이르면 땀을 흘리시며 끌고 올라가시곤 하던 어릴 적 생각이 떠올랐다.

평생 어려운 처지에 자녀들의 교육을 위해 희생하셨던 아버지였지만 자식들은 그의 기대만큼 되지 못했고, 따라서 경제적으로도 정신적으로도 괴로움이 많았었다. 더구나 10여 년을 외국에서 살면서, 40이 넘도록 그동안 부모에게 전혀 도움이 되지 못했던 나로서는 아버지와 영원한 작별이 더욱 괴로웠다. 지금 내가 다시 젊음을 반복하여 살 수 있더라도 이제까지 살아왔던 것과는 다른 길을 택하게 될 것 같지도 않지만, 그러나 한편 내가 너무나 이기적으로 살아왔다는 사실, 부모에게는 물론 형들에게 전혀 도움이 되지 못하며 살아왔다는 사실에 일종의 죄의식, 일종의 부끄러움을 느끼지 않을 수 없었다. 작고하시기 전해의 여름방학이 끝나 미국으로 돌아가는 날이 가까워졌을 때 아버지께서 하시던 말씀이 가슴에 짜릿하게 닿아왔다. 뼈만 남게 여위고 연로하신 아버지께서 "노벨상을 탄들 무슨 소용이 있니, 서울에서 재미있게 식구끼리 함께 살자"라고 달래듯이, 하소연하듯이 언뜻 하시던 말씀이 내 귀에 새삼 생생히 들려온다.

나는 뭘하고 살아왔으며, 이 객지 아무도 거들떠보지 않는 외국에서 무엇을 하고 있는 것인가? 나는 무얼 한다고 이렇게 스스로를 우기고 있는가? 대답이 나오지 않는 이런 물음을 되풀이하면서 나는 한없는 공허감을 새삼 체험하고 있을 뿐이었다. 보스턴에서 철학교수라 하지만 나는 그곳에서 있으나 마나한 존재, 없어도 전혀 상관없는 존재라는 사실, 스스로를 지식인으로 생각해왔지만, 그곳에는 나 같은 정도의 지식인은 수천, 아니 수만 명이 된다는 사실을 의식할 때 나 자신에 대한 회의가 더 확대되고 공허감이 깊어지며 스스로가 몹시 흔들리고 있음을 느끼지 않을 수가 없었다. 부모와 가족은 돌보지 않았더라도 사회에 봉사했었다면 문제는 다소 다르다. 그러나 사회를 위해서 그동안 내가 한 것이라고는 아무것도 없는 것 같았다. 만일 내가 객지에서 내 자신만이라도 행복했다면 이곳에 머물러 있는 작은 변명은 될 수 있었을 것이다. 그러나 그동안 나는 학문적으로도 해놓은 것이라곤 하나 없고, 정서적으로도 마치 사막 속에 사는 기분이었으며, 경제적으로도 퍽 각박하게 살고 있던 것이 아니었던가. 아버지의 소원을 어기고 작은 아파트 구석에서 혼자 밥을 끓여 먹고 궁상스럽게 살아가는 이유가 사라져가고 있는 것 같았다. 서울에 돌아가면 보다 행복할 수도 있었다는 사실이 스스로 선택해 걸어온 길을 더욱 난처하게 만들고 있었다.

아버지를 잃은 해 여름, 서울로 돌아와 혼자 남으신 어머님과 가족들의 얼굴을 대하면서 느꼈던 심정은 말 못할 서먹함과 허전함이었다. 원서동집 아버지가 쓰시던 방에는 아버지 대신 그분의 사진이 놓인 궤연几筵만이 기다리고 있었다. 어머니를 부축해가면서 가족과 함께 아버지의 묘소를 찾았다. 아직도 미처 반년이 되지 못한 무덤은 잔디가 자라지 않아 붉은 흙더미였다. 그 밑에 아버지는 지금 흙이 되고 풀로 되리라는 것을 생각해본다. 상석床石에 제물을 차려놓고 묵묵히 서 있던 가족들의 눈에 눈물이 보이지 않았다. 이미 반년이란 시간이 간 것이 아닌가. 아버지의 성격과는 정반대로 어머니는 꿋꿋한 분이었다. 나는 그때까지 어머니의 눈물을 본 기억이 없었다. 그러나 언뜻 상석에 한 손을 얹고 꾸부리고 계시던 80이 넘은 어머님의 떨리는 얼굴에서 눈물이 마구 흐르는 것을 보았다. 그때서야 내 자신 비로소 가슴이 갑자기 울렁거려지며 떨어지는 눈물을 막을 수가 없었다.

휜 구름이 조금 떠 있는 초여름의 하늘은 높고 맑았다. 언덕진 아버지의 무덤에서 보이는 사방 산들의 지평선은 곱고 골짜기의 과수원과 논들이 푸르러 한 폭의 수채화 같은 인상을 준다. 겨울 동안 죽은 것만 같은 초목들이 다시 살아나 삶의 잔치를 벌이고, 삶의 아름다움을 자랑하고 있는 것 같다. 삶과 죽음이 서로 바뀌면서 움직이는 이 자연, 이 우주의 현상, 수만 년, 아니 수백만 년 동안, 아니 어쩌면 영원히 반복되는 이 크나큰 현상, 그것은 수만 년 전부터 우리에게 너무나 자명한 현상이었다. 그러나 그렇게 자명하면 한 만큼 더 한없이 신비스럽고, 성스러운 수수께끼가 아니겠는가? 그 원리에 따라 아버지가 지금 무덤에 누워 계시고, 그 자녀들이 별 할 말 없이 그의 무덤 앞에 서 있다가, 다시 이 언덕을 내려가 서울로 되돌아가서 땀을 씻고, 밥을 짓고, 돈 걱정하고, 보다 잘 살아갈 궁리를 하고 땀을 흘리며 애써야 할 수밖에 없는 것이 아닌가? 각자 혼자 죽어 땅에 묻힐 때까지 허덕거려야 하지 않겠는가?

이게 다 무슨 의미가 있는가? 우주 현상의 무한히 깊은 신비 앞에서 철학, 즉 철학교수의 철학은 아무 발언도 할 힘 없이 오로지 침묵을 지킬 수밖에 없다. 철학적 해답이 없어도 우리들은 계속 살아야 할 수밖에 없다. 어떻게 살 것인가? 역시 이 물음에 대해서도 철학은 결정적 대답을 주지 못한다. 그러나 대답이 없어, 그래서 잘 몰라도 우리는 살아야 함이 또한 이 신비로운 우주의 원리가 아니겠는가? 아버지의 무덤이 있는 언덕에서 먼 하늘에 떠가는 구름을 바라보면서 내가 이제부터라도 어떻게 살 것인가, 무엇을 해야 할 것인가를 생각해본다. 어떻게 산다 해도 그 선택에 대한 결정적 이유를 철학은 제공하지 못한다. 그러나 누구와도 마찬가지로 싫건 좋건 잘못됐건 잘됐건, 왜 그런지를 알고서건 혹은 모르고서건 부득이 결단을 내려야만 하는 삶의 필연성을 누구도 회피할 수는 없다.

나는 궁극적으로는 왜 꼭 그래야만 하는지 모른 채 그해 여름을 보내고 다시 보스턴으로 갔다. 그후로도 여름방학이 되면 서둘러 혼자 남은 어머니 곁에 돌아와 지내곤 하게 된다. 나는 나대로의 결단을 내리고 있었던 것이다. 서울에 와서 어머님 곁에서 방학을 지내면 객지에서 쌓인 피로가 다소 풀리고 객지의 고독한 생활에서 삭막하기만 했던 고갈된 정서가 다소나마 생기를 얻는 흐뭇함을 느꼈다. 짧은 여름 동안 밥상을 책상 삼아 땀을 흘리며 어머니 곁에서 엉터리 같지만 한 권씩의 책을 남기고 가면 여름방학이 낭비가 아니었다는 생각에 보람을 느꼈다. 요행히 1980년에서 1982년간 소위 풀브라이트 교환교수라는 명목으로 이대와 서울대에서 모처럼 한국학생들과 만나고, 옛 학교의 친구들과 가까이 접촉하면서 오랫동안 잃었던 뿌리를 다시 박을 수 있는 것 같아 든든한 느낌도 든다. 이렇게 있는 동안 나는 한국학계의 수준이 크게 높아졌다는 것을 발견하게 됐고, 특히 학생들의 지적 수준, 그리고 맹렬한 지적 의욕에 크게 감탄하게 됐다. 이때 강의하던 것을 정리하여 『예술철학』이라는 책을 마무리할 수 있었던 것도 크게 흡족했다. 그러나 어머님의 곁에서, 그리고 형제들, 누나들 사이에서 모처럼 오래 지낼 수 있었던 것이 이 2년 동안에서 얻은 가장 큰 보람이었으리라. 어머님 곁에서, 그리고 가족들 틈에서 나는 그렇게도 절절했던 외로움을 잠시나마 잊을 수 있었다.

2년간의 임기를 끝내고 90세 가까운 어머님을 다시 뒤에 남기고 떠나야 했던 1982년 정월 어느 날 아침 나와 같은 방에서 주무시던 어머님이 조용하게 의식을 잃었다. 다시는 의식을 되찾지 못하신 채 약 3개월 동안 의식상태는 하루하루 약화되어 자녀들이 지켜보는 가운데에 마지막 어려운 숨을 끊고 세상을 떠나셨다.

어머님은 서울의 대궐 같은 집에서 태어나 아버지를 일찍 잃고 어머니에 의해 자라다가 가운이 기울어지는 바람에 충청도 시골 가난한 양반집에 16세의 어린 나이로 시집을 왔던 것이다. 시집와서는 낯선 어른들, 시누이들 틈에 끼어 생전 보지도 못했던 보리방아를 손수 찧기도 하고, 큰 농가를 거느리랴 잠을 편히 잔 적이 없다고 늘 얘기해주셨다. 일년이면 수없이 많은 제사며 차례로 항상 바쁘셨고, 그렇게 바쁜 가운데도 6남매를 낳아 키워 놓았던 것이다. 겨울이면 등잔 밑에서 추위에 터진 손에 돼지기름을 바르시던 모습, 학교에 늦지 않도록 새벽에 일어나서 아침을 마련하시던 모습, 밤늦게까지 다듬이 방망이를 두드리거나 아니면 빨래를 다듬던 모습도 생생하다. 해방 후에는 남들이 타고 다니는 지프차를 타보고 싶어 하셨다. 남들이 모두 냉장고, 현대식 부엌, 목욕탕이 마련된 아파트에 살게 되었을 때도 구공탄을 때는 고옥古屋에 살아야 했으므로 그런 아파트에 살고 싶어 하셨다. 그러나 그렇게 정성껏 자녀들을 키운 보람도 없이 어머니는 지프차를 가져보시지도 못하고, 아파트에 살림을 내보시지도 못한 채 영원히 세상을 떠나셨던 것이다. 십자가를 가슴에 안고 평화로이 눈을 감고 누워 계셨지만, 그는 자신의 간단한 소원도 채워보지 못했으니 삶의 한구석에는 어딘가 허전하고 서운함이 있었을 것이다.

50이 넘도록 효도는 고사하고 부모의 속만 썩이고 살아왔던 나였지만, 더욱이나 어머님이 병환으로 의식을 잃기 바로 며칠 전엔 어떤 하찮은 일로 내가 큰소리를 내어 어머님한테 대꾸하여 어머님의 속을 크게 뒤집어놓았던 일이 뼈저리게 가슴에 찔렸다. 그러나 후회한들 소용이 없다. 이미 어머님은 떠나신 참이 아니냐. 그전에 자주 그랬던 것처럼 이제 어머님의 손을 잡아볼 수도 없게 되었다. 새삼 어머님을 조금이라도 기쁘게 해드리려 해도 이미 때는 늦었다. 효도는커녕 어머니와 한마디의 이야기도 할 수 없게 되었다. 다시 한 번 죽음이라는 이 가혹한 우주의 어쩔 수 없는 원리에 부닥치면서 그저 엄숙하고 벙벙한 느낌뿐이었다. 나는 50세가 넘도록 이기적으로만 살아왔던 것이 아닌가. 용서를 구하랴? 그러한들 어머니는 이제 조용히 우주의 원리와 화해하고 그러한 인간의, 그러한 삶의 모든 드라마를 초월하고 있지 않는가? 3개월간 충분치 않았던 대로 의식을 잃으신 어머님을 더러 간호해드리고, 그의 임종을 지켜볼 수 있었다는 사실에서 약간 마음을 달래고 위안을 얻을 수 있을 뿐이다.

이제 나는 고아가 되었다. 만 50이 넘었지만 어머니마저 잃고 난 나는 정말 혼자라는 고독감을 어찌할 수 없었다. 그리고 한 번도 정말 살아보지 못했다는 공허감에 싸인다. 나는 지금까지 무엇을 하고 살아왔던가? 나는 지금 무엇을 하고 있는 것인가? 나는 앞으로 무엇을 할 것인가? 정말 내가 살아갈 길은 무엇인가? 삶의 참다운 보람을 어디서 찾을 것인가?

서울에 남아 있을 가능성은 얼마든지 있었다. 서울에 남아 내가 할 수 있는 일, 현실적으로, 그리고 사회적으로 할 일이 많았고, 그런 일을 하고 싶은 마음도 간절했다. 그렇다면 나는 나의 삶에 보람을 느꼈을 것이고 가까운 친구, 동료들 틈에서 활기찬 생활을 하면서 고독하지 않았을 것이다. 아버지 말씀대로 '식구들과 함께' 살았다면 삶의 따뜻함도 경험해볼 수 있었을 것이다. 그러나 번번이 여름방학이 끝날 무렵 아무도 기다리지는 않는 미국의 직장과 아파트를 찾아 돌아가곤 했다. 그럴 때마다 김포공항을 멀리 두고 동쪽 하늘로 날아가는 비행기 안에서 나는 애꿎은 담배만 자꾸 태우면서 어쩐지 허전하고 쓸쓸한 마음을 달래보곤 했다. 나는 편안한 삶의 길을 스스로 거부하고 있었다. 나는 얼른 행복하고 싶지 않았다. 나는 의식적으로 고독한 길을 택해왔었고, 자진하여 어려운 삶의 방법을 골라왔던 것이다. 이렇게 스스로 선택한 삶이었지만 서울을 떠날 때마다 내가 살아왔던 삶이 폐허와 같이 의미 없는 것 같았고, 내 앞길이 끝없이 뻗친 허허벌판 같기만 했다. 다만 막막한 앞길을 나는 아직도 내 자신 알 수 없는 일종의 오기만으로 궁극적으로는 한없이 허무하기만 한 것 같은 삶에 도전하고 있었을 뿐이다.

어머니를 잃은 해 1982년 여름 이화여자대학 교수실에서 집필하던 『예술철학』을 마치고 나는 역시 그전과 같이 미국으로 떠났다. 그러나 그때 나는 덜 쓸쓸했고, 덜 허전했다. 나는 더욱 열심히 글을 쓰고, 더욱 내 직장에 충실하고, 더욱 책을 읽고, 시간과 에너지를 아껴 중요한 것에 초점을 두고 더욱 열심히 살아야겠다고 마음먹어봤다. 되든 안 되든 철학교수로서, 문필가로서 나의 존재를 다짐해보고자 했던 것이다. 삶의 짧음을 새삼 자각하고, 내가 이미 백발에 가깝다는 것을 뼈아프게 인식하지 않을 수 없었기 때문이다.

특히 이때 나는 잘됐든 못됐든 한 가지 뜻으로의 '인생참여'를 하고 났던 참이었기 때문이다. 나는 막 결혼을 하고 난 참이었다.

《문예중앙》, 1984~1988

12

인생참여

"삶은 싸움이다"라는 말이 있다. 이 말이 자신의 생존과 자기만의 본능적 만족을 위하여 상대방을 물고, 뜯고, 치고, 혹은 잡아먹는 모든 동물계의 상황을 한마디로 표현한 것이라면 그 말에는 진리가 있다. 이 말이 자신의 생존과 세력의 확장을 위하여 남을 때리거나 남을 속이거나 중상하여 남의 위에 서고자 하는 인간관계를 표현해주는 말이라고 생각해도, 그러한 관찰은 역시 진리에 가깝다고 생각된다. 마음이 착해서보다는 마음이 약해서였었는지는 몰라도 단 한 번도 남의 코를 쳐서 피를 낸다거나 할퀴어 얼굴에 상처를 내보기는커녕 크게 소리 한 번 지르면서 싸워본 적이 없이 살아왔던 나는 어쩌면 정말 살아보지 못했다고 말할 수 있다. 그러나 "삶은 싸움"이라는 말은 잔인하고 가혹한 동물적 인간관계를 객관적으로 서술해주는 데 그치지 않고, 우리가 삶다운 삶을 살아가는 태도에 대한 가르침으로 흔히 사용되고 있다. 이러한 경우 "삶은 싸움"이라는 말은 "적극적으로 살아가야 한다"라는 교훈의 뜻을 갖는다. 이런 의미에서 어느 정도 나의 "삶은 싸움"이었다고 할 수 있을

지 모른다. 나는 무엇인지는 확실히 모르면서도 근본적으로 보람 있는 것을 위해서 모든 것을 투명하게 알고 모든 것을 밝혀보고자 허덕거리면서 항상 팽팽한 긴장 속에 살아왔다고 스스로 생각하기 때문이다.

항상 어린애같이 무한한 호기심에 끌려들어가고 있었다. 세상은 한없이 황홀하면서도 수수께끼 같았다. 지적으로 풀면 풀수록 사물현상은 알 수 없는 의문의 안개 속에 흐려지고 있었다. 그러면 그럴수록 그러한 의문을 풀어 모든 것을 투명하게 보자고 한없이 깊고 알 수 없는 지적 미궁 속에 자신도 모르게 자꾸 더 끌려들어가고 있었다. 최고의 지적 만족을 위해서는 모든 것이 희생되어도 좋다고 생각됐었다. 하나의 훌륭한 저서, 한 권의 보석 같은 시집만 쓸 수 있다면 그밖의 모든 것은 전혀 중요할 것 같지 않았다. 장관이 되어 권세를 부리는 이웃이 우스웠고, 사장이 되어 재산을 모은 부유한 친구가 전혀 부럽지 않았다. 미모의 아내를 얻어 똑똑한 자녀들을 낳아 키워 흐뭇하게 생각하는 동년배들이 때로는 너무나 따분하고 딱하게 보이기도 했다. 객지 다락방에서 소시지와 빵조각만을 먹고 살면서도 나는 내 자신의 삶에 자부심과 긍지를 느끼기도 했다. 나는 장관, 사장, 그리고 남편 또는 아버지가 경험할 수 없을지 모르는 지적 희열을 때때로나마 느낄 수 있다고 스스로 생각해보기도 했다.

그러나 객관적으로 고찰하면 이러한 나의 태도나 생각이 일종의 자학이요, 자위에 불과했는지도 모른다. 아무리 지적인 도취에 빠져 있었더라도 지적인 것으로만 살 수 없다.

'나'라는 하나의 인간은 의식만을 가리키지 않는다. 나는 살이고, 피요, 감정이기도 하다. 나도 장관처럼 정치를 휘어잡고, 사장으로서 경제를 좌우하고, 남편이나 아버지로서 가정을 꾸려가는 행동이 때때로 그리울 때가 있었다. 스스로 자족하는 나의 삶이 너무나 초라해 보일 때도 있었고, 그 반면 남들의 삶이 건강하고 씩씩하게 느껴지는 때도 없지 않았다. 오랫동안 쌓고 지켜온 나의 이른바 인생관이 흔들리는 때가 생기곤 했다. 나의 삶이 궁극적으로는 너무나 외롭고, 무력하고, 좁고, 시시하게 보였다. 아니 너무나 무의미한 것이 아닌가 하는 의문이 스쳐가곤 했다.

생각으로만 살 게 아니라 행동으로서의 삶을 생각해보지 않을 수 없었다. 속으로는 남들 못지않게 사회의 불의에 대해 울분을 느끼고 조국에 대한 애착을 느끼고 있었다고 스스로 자부한다. 나 자신의 고독한 지적 만족만을 추구함으로써가 아니라 남들을 위한 행동으로 구체적인 봉사를 통해서 참다운 삶의 보람을 찾을 수 있음을 의식하기도 했다. 일제 식민지의 가난과 모욕에서 소년기를 보냈고, 해방직후의 정치적 혼란을 체험했으며 3년간의 6·25 전쟁을 겪으면서 민족 간의 잔인한 싸움과 국토가 잿더미로 되는 것을 보면서 겨우 생존할 수 있었으며, 그후에도 계속 극도의 가난과 정치적 혼돈에서 살아왔으며, 약소국의 설움과 부끄러움을 경험하지 않을 수 없었던 내가 비록 조국을 떠나서 살고 있었지만 그만큼 더 조국에 대한 애착과 조국을 위하여, 조국의 가난한 사람들을 위하여 일하고 싶은 생각을 갖지 않을 수 없었다.

평생 독신으로 살겠다는 결심을 했던 것은 20이 채 못되어서부터였다. 철저한 허무주의에 빠져 있었던 나는 결혼하여 가정을 갖고 자식을 키운다는 삶이 너무나 따분하고 무의미하다고 믿고 있었다. 특히 나의 여러 가지 형편, 계획으로 보아 결혼생활, 가정생활이 큰 장애가 된다고 예측하고 있었기 때문이다. 그러나 40 중반을 넘어설 때까지 객지에서 메마르고 외롭게 살고 있었던 나는 여성의 따뜻한 사랑, 아내의 구수한 애정, 가정의 푸근한 생활을 가끔 절실하게 바라기도 했었다.

"삶은 싸움이다"라는 말이 적극적으로 살아감을 의미하고 그러한 삶에 보람을 느낄 수 있다곤 해도 참다운 삶의 보람이 진실로 충족될 수 있는 삶은 혼자만이 어떤 만족을 채움으로써 채워지지 않는다. 아무리 나 자신의 지적 만족을 위하여 열심히, 그리고 항상 긴장된 생활을 하고 있었다 해도, 그러한 나 개인의 지적 만족만으로는 나의 삶은 진실로 만족되지 않는 것 같았다. 그러기에 "삶은 싸움"이라는 말은 삶에 대한 '참여'라는 보다 구체적이고 좁은 뜻을 갖게 된다.

실존주의 철학자 사르트르에 의해서 널리 통용된 '참여'라는 말의 의미는 단순한 행동을 뜻하지 않는다. 그것은 한 개인의 고독한 차원에서 사회, 그리고 구체적인 현실에 도전하여 그것들의 관계를 결정하는 행동을 뜻한다. 인간은 어디까지나 사회적 동물이다. 나 혼자만의 삶은 있을 수 없다. 나라는 한 개인도 이미 사회 안에서만 그 뜻을 갖는다. 남들 속에서 비로소 나는 나 자신을 발견할 수 있다. 그러므로 나는 남들에 대한 관계를 결정하고 남들에 찬성하여 그들을 적극적으로 따라가거나, 아니면 그들에 맞서서 그들과 싸워야 한다. 나는 내가 보고, 알고 있는 나의 사회, 내 나라에 대해 나의 입장을 결정하고 나의 생각에 따라 사회를 고쳐나가거나 나라를 위하여 싸워야 한다. 내가 사는 사회가 옳지 못하다면 나는 옳은 것을 위하여 싸워야 하고, 우리 정치가들이 썩었다면 나는 적극적으로 그들을 제거하기 위하여 싸워야 할 것이다. 우리 사회를 위하여 내가 하고 싶고, 또 할 수 있는 일이라면 내 개인의 안위와 이익을 희생하면서 적극적으로 이바지해야 한다. 인간이 혼자만으로 살 수 없다면, 그리고 결혼하여 자식을 낳는 것이 모든 삶의 원리라면 나는 때가 되면 결혼하여 자식을 키워야 할 것이다. 참다운 '참여'는 이와 같은 사회 속에서의, 사회를 위한 행동을 의미하며, 참다운 삶의 보람은 오로지 이러한 '참여' 속에서만 가능하다는 것이다.

20여 년 동안 조국을 떠나서 객지에 돌아다니며 살고 있었던 나는 나 자신의 개인적, 따라서 어쩌면 극히 이기적인 지적 만족만을 위하여 살아왔던 것이 아닌가. 내가 알고 있는 지식만으로도 서울이나 옛 시골 고향에 가서 애들을 위하여 가르치며 그들을 지적으로 도울 수 있다고 믿으면서도 나는 그 생각을 행동으로 옮기지 않았다. 서울에 돌아가서 교편을 잡으면 가난한 부모는 물론 어려운 조카들에게 도움이 될 수 있다는 것을 알고 있으면서도 나는 얼른 보따리를 싸고 집으로 돌아가지 않았다. 조국에서의 너무나도 심한 사회적 불의와 정치적 부당성을 알고 분노하는 마음에 책상을 두드리고 싶은 때가 한두 번이 아니었으면서도 나는 조국에 돌아가지 않았다. 서울에는 자신의 개인적 이익을 희생하고 조국을 위하여, 정의를 위하여 적극적으로 참여하고 있는 친구들, 그리고 개인적으로는 모르는 많은 사람들이 있었다. 그들의 용기, 그들의 보람 있는 삶을 우러러보고 속으로 갈채를 보내면서도 나는 선뜻 객지를 떠나 그들과 함께 참여하지 않았다. 나는 사회와 조국을 위한 투사로서 감옥에 들어간 적이 없었을 뿐만 아니라 그동안 플래카드를 들고 거리에 나서 최루탄을 마시며 데모를 한 적도 없었다. 어떤 '선언문'에 서명해본 적도 없다.

이와 같은 나의 '불참여'는 내가 객지에 있었다는 사실로서 변명되지 않음을 나는 잘 알고 있다. 그러한 참여가 가장 옳고 가장 중요하고 그 상황에서 가장 보람 있는 것이라고 정말 확신했었다면 나는 모든 것을 버리고 조국으로 돌아갈 수 있었기 때문이다. 그러므로 나는 내가 살아온 삶에 대해서, 비록 잘못 살아왔다는 것을 인정해도 나는 나의 잘못을 변명하지 않는다. 왜냐하면 사르트르 말대로 나의 모든 결정은 궁극적으로 '나의 결정'이었고, 따라서 그 결정, 그 행동, 그 삶에 대한 책임은 오로지 나에게 있다고 믿기 때문이다. 설사 내가 객지에 있었다 해도 나는 보다 일반적인 의미에서 참여할 수 있었다. 내가 살던 프랑스나 미국이 결코 파라다이스는 아니다. 거기에도 그곳의 특수한 사회적 불의, 정치적 부당성이 허다하다. 비록 외국인으로서이지만 알제리 식민지 해방을 위해서, 혹은 반反월남전쟁을 위해서, 혹은 흑인의 평등, 여성평등 등을 위해서 데모에 참가할 수 없었던 것은 아니다. 그러나 나는 그러한 생각을 한 번도 실천에 옮겨본 적이 없었다.

　정치적으로 부닥치거나 혹은 사회적으로 직접 남들을 위해서 구체적인 봉사를 하지 않더라도 순전히 학술적인 보다 넓은 의미에서의 지적 차원에서 한국을 위하여 조그마한 도움이 될 수도 있다고 생각되었었다. 한국에 돌아가 그동안 외국에서 배운 지식과 경험을 갖고 지적인 계몽사업을 하고 싶은 의욕이 컸었다. 이러한 생각은 외국에서 공부한 학생들이 흔히 느끼는 충동이며 욕망이고 의욕이기도 하다고 믿는다. 왜냐하면 한국에 돌아가면 어떤 식의 잡지를 내보고 싶다는 말을 나는 여러 번 다른 유학생들로부터 들었기 때문이다. 선진국에 비해서 한국 의학계나 지성계에 당장 개선할 일이 많다고 여겨지기 때문이었다. 나 자신도 한국에 가면, 아니 한국에 가서 일종의 월간지나 계간지를 맡아 내보고 싶은 생각이 적지 않았다. '분석', '쟁점' 혹은 '비판'등의 잡지 이름까지 여러 가지를 혼자 궁리해본 적이 있었다. 그렇다고 이러한 생각을 누구하고 의논해본 것도 아니며, 이러한 일을 뒷받침해 줄 어떤 재력을 가진 사람을 만난 것도 아니다. 설사 이런 사업이 보람 있는 것이라 해도 상업성에 있어서나 뜻이 맞고 수준이 있는 원고를 쉽사리 모을 수 있는 것도 현실적으로 어렵다는 것을 알고 있었다. 그뿐만 아니라 내가 생각해본 잡지의 방향, 이념적 혹은 이론적 바탕이 뚜렷하게 잡혀 있는 처지도 아니었다. 그저 막연히 한국의 지적 수준을 높이며, 한국에서의 지적 혼돈을 정리하는 데 도움이 될 것이라는 생각을 하고 있었을 뿐이다. 객지의 방구석에서 혼자 흥분하고 생각해보고 계획해보던 한국에서의 지적 참여는 혼자만의 공상에 지나지 않게 되고 말았다.

한국에서 일해보겠다는 충동은 내가 서울을 떠난 후 한국이 산업화와 더불어 격렬하게 변하고 혼돈한 사실에서 더욱 자극받았다. 서울을 떠난 지 9년 후부터 나는 거의 여름방학마다 몇 달을 서울에서 보내면서 해마다 놀랍고 정신없이 변하는 한국의 모습을 보았다. 산업화된다는 사실에 나 자신도 기쁨을 느끼고 자랑스럽게 여겨졌지만, 정치적으로나 사회적으로 항상 숨 막히고 어두운 점이 피부로 느껴졌다. 너무나도 지나친 물질주의·금전주의·권력주의가 사회의 구석구석에 침투되는 성싶었다. 그곳에서 뜻을 가진 사람들이 자신들을 희생하면서 이러한 풍조에 저항하고 있음을 보았다. 객지에서 조국의 산업화에도 참여하지 않고 그렇다고 뜻있는 사람들처럼 어떤 이념을 위해 싸우지 않고 있는 스스로가 때로는 부끄럽고 미안하게 생각되었다. 이런 속에 뛰어들어가서 참여함으로 나도 참다운 삶의 보람을 느낄 수 있지 않겠는가.

경제적·사회적·정치적으로뿐만 아니라 학계, 문화계도 크게 격동하고 성숙해지고 활발하게 움직이고 있음은 매년마다 두드러지게 나타나고 있었다. 1960년대 초만 해도 상상할 수 없는 책들이 서점에 가득 꽂혀 있었다. 전에는 번역서조차 없었지만 이제는 한국인에 의한 저서가 번역서를 압도하여 쏟아져 나오고 있었다. 특히 문학작품의 활발한 모습에 놀랐다. 전혀 이름조차 알 수 없는 작가, 시인들이 매년 새로 나와 활발한 작품을 쓰고 있었다. 시인이 소원이었던 나, 작가가 꿈이었던 나로서는, 그러면서도 그동안 10여 년을 시 한 편, 소설 한 줄 써보지 못한 나로서는 크게 자극을 받지 않을 수 없었다. 계간《창작과비평》, 그리고《문학과지성》, 그리고《세계의문학》은 1960년대에서 1970년대에까지 한국의 문학적 수준을 올리고 의식화하는 데 큰 공헌을 했다고 믿으며, 그후에 나온《현상과인식》은 한국 인문과학의 활동을 자극하고 수준을 올리는 데 공헌하고 있다고 생각된다.

특히《문학과지성》이 지나가다 쓴 나의 글에 자주 지면을 할애해주고 나의 몇 가지 생각을 발표케 해준 데 대해 퍽 고맙게 생각한다. 그후 나의 글을 모아 출판해준 '일조각', 그리고 '문학과지성사'는 나로 하여금 객지에 있으면서도 한국과 간접적으로나마 관계를 다시 맺는 데 결정적인 역할을 해주었다. 출판을 통해 나는 얼마간의 독자를 갖게 되었고, 독자를 통해서 조국으로부터의 소외감을 다소나마 해소할 수 있게 되었고, 소외감에서 오는 고독을 조금이나마 달랠 수 있게 됐다.

그러나 나는 결국 나의 다리를 조국의 땅에 매어놓지 않고 여름이 지나면 다시 객지를 찾아오곤 했다. 그것은 조국을 등져서가 아니다. 의욕은 있지만 실상 내가 조국을 위하여 직접적으로 크게 도움이 될 수 없음을 나는 잘 알고 있었다. 나는 아직도 배울 것이 많았고, 나 자신의 지적 세계를 더욱 더 정리해야 함을 너무나도 잘 의식하고 있었다. 나는 조국에서의 직접 참여보다는 내가 추구하고 있던 어떤 지적 문제에 급급하고 있는 터였다. 조국에 가서 당장 데모에 끼고 잡글을 써서 조국에 이바지하는 것보다는 객지에서나마 한국인으로서 세계의 지성에 도전해볼 수 있다면, 어떤 의미에서 그것이 보다 조국에 대한 큰 공헌이 될 수 있지 않은가 하는 망상도 더러 해보았다. 이러한 나의 생각들은 어쩌면 직접적으로 부닥치는 어려운 문제를 도피하여 안이한 생활을 즐기고, 허영을 채우기 위한 극히 개인적 욕망을 변명하는 구실에 지나지 않는다고 할지 모른다.

1960년대 초에 파리에서 사르트르가《르몽드》지에서 했던 말이 잊히지 않는다. 그는 파리에 와서 공부를 끝내고 그곳에 남아 불어로 작품을 써 활동하는 아프리카 출신 작가들에 대하여 하루속히 아프리카 제 나라에 돌아가 그곳에 있는 가난한 애들을 위하여 교단에 서고 계몽운동에 참가해야 한다고 꾸짖듯 말했다. 그에 의하면 파리에 남아 작가활동을 하여 유명하게 되는 것보다는 미개지인 제 나라에 돌아가 이름 없이 봉사하는 것이 아프리카인들로는 더 보람 있는 일이며 도덕적으로 옳다는 것이다. 파리에 남아 설사 유명한 작가가 되더라도 아프리카인으로서는 오로지 자기의 허영심을 만족시키기 위한 이기적 행동이며, 어려운 제 나라의 현실을 도피하여 안이한 생활을 위한 구실에 지나지 않는다는 것이다.

이와 같은 사르트르의 말이 자주 되풀이되어 나의 머릿속에 떠오르곤 했다. 그의 말은 나에게 하는 말이기도 한 것 같기 때문이다. 그의 말이 머리에서 떠나지 않는 까닭은 그의 뜻을 이해하고 어느 정도 납득이 가기 때문이다. 그러면서도 처음 그의 주장을 읽었을 때 그의 말에 대해 나는 크게 반발을 느꼈다. 지금도 다소의 저항을 느낀다. 사르트르 자신은 프랑스에 태어났다는 사실로서 그의 지적 활동, 그의 철학적·작가적 명성을 즐기고, 그에 수반된 안락하고 재미있는 생활을 정당화하고 있으면서 그와는 달리 후진국에 태어난 사람들에게는 아무리 개인적인 의욕과 능력이 있다 해도 후진국에 태어났다는 이유만으로 그 자신과 마찬가지로 지적 추구를 계속하고 세계를 향하여 외치고, 세계적 명성을 누릴 권리가 없다는 주장이 되기 때문이다. 꼬집어 말해서 프랑스에 태어났다 해도 그는 진정한 참여를 위해서라면 민족이나 국가라는 인위적 테두리를 넘어서, 앞장서 아프리카에 가 문맹소년들을 가르쳐야 하지 않겠는가.

내가 사르트르 정도의 재능이 있다는 생각은 꿈에도 해본 적이 없다. 나는 항상 그의 지적 능력에 압도를 느껴왔을 뿐이다. 그러면 그럴수록 나는 지적으로 어느 절정에 올라보고 싶은 의욕만을 더욱 강력하게 느끼곤 했다. 그러기 위해서 '좀더 기다리자……'라고 스스로에게 말하면서 한국에서의 정치적·사회적 혹은 지적 참여 대신 객지에 머물러 있기를 택하곤 했다. 객관적 상황으로 보아 내가 있는 객지가 조국에서보다는 나의 지적 욕망을 충족하는 데 유리하다고 판단했기 때문이다. 이러한 나의 생각은 객관적으로 남들이 볼 때 참여를 도피하는 변명으로 보일 수 있다. 50을 넘어 어느덧 백발이 되고 머지않아 은퇴할 연령인 오늘까지 그러한 이유를 내세운다면 더욱 뻔한 자기합리화의 변명으로밖에 볼 수 없을 것이다. 그러나 나의 결정은 적어도 나에게 있어서 어려운 결단이었고, 나대로의 엄숙한 참여였으며 아직도 그렇다고 자부한다.

고등학교 시절 마르크스가 철학자들에 대해서 한 말을 얻어 듣고 크게 흥분하고 혼자 박수를 친 적이 있었다. 뒤늦게 철학교수라는 직업을 객지에서 갖게 된 나로서는 그의 말을 자꾸 생각하게 됐다. 그에 의하면 "여태까지 철학자들은 세계를 때때로 해석하는 데 그쳤지만 이제부터 그들에게는 세계를 바꾸는 일이 남아 있다"는 것이다. 철학을 비롯한 모든 학문은 단순히 사변적 이론에 그쳐서는 안 되고 불완전한 세계, 불완전한 사회를 바꾸어 보다 인간다운 사회를 만들어가는 데 실천적으로 이바지함으로써만 그 의미가 있다는 것이다. 모든 활동이 상품적 효용성, 정치적 권력 문제로 집중되는 오늘날의 컴퓨터 시대에 있어서 모든 순수한 학문이 소외감을 갖게 됐지만, 그 가운데도 특히 철학은 사회에서 심한 괄시를 받는 형편에 처해 있다. 사실 철학을 공부한다는 나 자신, 특히 이른바 분석철학을 읽고 있는 나 자신도 가끔 내가 하는 철학의 의미에 대해서 의문을 가져본 적이 한두 번이 아니다. 종래의 형이상학이 공허한 공론에 불과하다고 배척하고 있지만, 그러한 주장을 하는 이른바 분석철학, 특히 전문화된 지난 2, 30년 동안의 분석철학에서 일종의 현학을 재발견하지 않는 것도 아니다. 최고의 두뇌로 자아냈다는 그 철학의 이론들이 과연 무슨 문제를 풀어주는 것이며, 그런 문제들이 과연 인간에게 무슨 의미를 가져오는가 하는 의문이 생기지 않는 바가 아니다. 비록 그들의 문제가 순수하고 세련되고 고도의 지적 문제라 해도 모든 지적 문제가 한결같이 인간의 삶에 있어 중요하지 않을 뿐 아니라, 철학적으로도 중요성을 갖지 않는다.

실용주의 철학의 핵심적 주장에서 볼 수 있듯이 모든 지적 문제도 궁극적으로 삶의 실천성과 관계됨으로써 비로소 그 의미를 지닌다.

그러나 반면 성급한 마르크스주의적 입장, 반동적 반反지성주의자들이 주장하듯이 성급하게 목전의 실용성만을 염두에 둘 때, 장기적인 관점에서 비실용적일 수 있다. 베이컨이 말했듯이 앎에 바탕을 둔 실천적 행위만이 그 실용성을 발휘할 수 있기 때문이다. 인류가 문화를 이룩하고 오늘과 같이 산업사회에서 물질적 해방을 얻을 수 있었던 것은 언뜻 보아 순수한 사변처럼 보였던 사물현상에 대한 지적이 있었기 때문이며, 그러한 지식을 얻기 위하여 당장 밭을 갈고, 당장 거리에 나가 데모에 참가하는 대신, 서재 혹은 실험실에서 지식을 추구했던 자들이 더러 있었기 때문임을 잊을 수 없다. 만약 이러한 사실을 인정한다면 순수한 지식을 추구하는 작업도 거리에 나가 싸우는 행위에 못지않은 참여가 될 것이다.

그렇다면 참여의 길은 다양할 수 있다. 로베스피에르·레닌·마오쩌둥·호치민 등이 정치적 행동참여를 대표하는 예가 된다면, 루소·몽테스키외·마르크스·엥겔스·사르트르 등은 이념적 이론 참여의 전형이 될 것이다. 종교재판을 받았던 과학자 갈릴레오, 실험실에서 실험적 문제에 몰두했던 발명가 에디슨, 상대성원리를 생각해낸 아인슈타인, 무의식의 비밀을 드러내보인 프로이트 등은 과학적 참여자였으며, 정치활동 대신 소설에 전념했던 도스토옙스키, 남들이 읽어도 알아볼 수 없는 시작詩作에 도취했던 말라르메, 괴상한 그림만 그렸던 피카소 등은 예술적 참여의 예가 된다. 자신이 살고 있던 당시의 사상, 세계관에 도전한 노자·소크라테스·칸트·니체·비트겐슈타인 등은 철학적 참여의 대표자로 들 수 있다. 냉정히 따지고 보면 세계를 뒤바꾸어놓은 것, 즉 보다 근본적 혁명을 이룩한 것은 정치적 혹은 이념적 혁명가에게 의해서보다는 과학적·철학적 혁명에 근거함을 잊어서는 안 된다. 어쩌면 정치적 또는 사회적 혁명은 과학적 지식, 철학적 혁명의 여파로 볼 수 있기 때문이다.

참여의 문제는 도덕적 문제이다. 참여에 관해 무관심할 수 없는 이유는 그만큼 내 자신이 도덕적인 문제에 집착되고 있음을 말한다. 참여에 대한 이와 같은 생각을 통해서 나 자신이 살아온 태도, 현재 살고 있는 자세를 변명하고 합리화하려는 것은 아니다. 비록 1차적으로 위와 같은 생각을 통해서 자신을 객관적으로 합리화해도 역시 도덕적인 관점에서 자신 있는 대답을 하기는 어렵다. 하물며 나의 자칭 지적, 철학적 추구가 단순한 추구에 그치고 보람 있는 결과를 가져오지 못했다는 사실을 스스로에게도 속일 수 없을 때 더욱 괴로움은 불어난다. 학비가 없어 학교에 갈 수 없는 딱한 조카를 모르는 척하고 나 자신의 이른바 '학문'에만 열중할 수 있겠는가? 나라가 아우성을 치는데 공부한답시고 그런 사실에 등을 돌릴 수 있겠는가? 당장 의식주에 허덕이는 국민들이 허다한데 앞날의 과학발전을 위하여 막대한 투자를 하거나, 생활이나 수출품 생산과는 전혀 관계없는 문학·역사·철학·예술 등의 발전을 위하여 지대한 국고를 지출해야 할 것인가? 아프리카에서 수백만 명의 아이들이 기아에 허덕이다 죽어가는 것을 텔레비전으로 보고 나서도 인류애를 내세우는 단체가 종교라는 명목으로 화려한 성당을 짓거나, 문화라는 구실로 웅장한 박물관 혹은 오페라좌를 건설해야 옳은가? 이와 같은 복잡한 문제에 대해 개인적으로나 국가적으로나 인류라는 일반적 차원에서나 획일적인 대답은 나오지 않는다. 그러기에 개인적 차원에서나 국가적 차원에서나 인류의 차원에서 언제나 도덕적인 갈등과 고민이 남아 있다. 또한 그러기에 개인적 차원에서는 어려운 실존적 결정과 언제나 맞부딪쳐야 하고, 국가적·사회적·인류적 차원에서 그때그때 도덕적인 뼈아픈 결단을 내려야 하는 고민을 겪게 마련이다. 이러한 결정들은 한결같이 결과적으로 잘했건 못했건 참여를 뜻한다.

일찍이 평생 독신으로 살겠다는 결심을 지켜오다가 나는 만 쉰두 살이 넘어서 결혼했다. 결혼한 며칠 후 자기 집에서 마련해준 모임 자리에서 박선희 여사는 안도한 듯이 "이제 인생참여를 하셨군요"라고 심각하게 말했다. 이 말에 그녀의 보이지 않는 숨은 따뜻한 뜻이 고마웠다. 단호했던 오랫동안의 결심을 번복한 사실을 나는 부끄럽게 여기지 않는다. 결혼해서 인간적 행복을 처음으로 느낀다. 그러나 과연 결혼해서 가정을 이루는 것만이 인생참여가 될 수 있는가? 어떤 이유에서이건 독신으로 살겠다는 결단이 인생참여가 될 수 없는가? 그러한 결단도 그 반대의 결단과 마찬가지로 하나의 뚜렷한 인생참여가 될 수 있다고 확신한다. 결혼생활만이, 가정을 이루고 자녀를 낳아 키우는 것만이 보람 있고 적극적으로 살아가는 길은 아니기 때문이다.

남달리 빨리 성에 눈을 떴다고 부끄럽게 의식했었다. 유난히 여자를 밝힌다고 스스로 자책감을 느끼기도 했다. 달콤한 문학작품을 읽으면서 얼마나 가슴을 두근거린 적이 있었던가. 달콤한 연애 얘기를 통해서 한없는 황홀감과 동경심을 가졌었는지 모른다. 그러면서도 나는 일찍이, 이미 사춘기 때부터 독신으로 살고 싶었다. 과거의 위대한 철학자들의 대부분이 독신으로 살았다는 사실을 흉내 내려 해서가 아니었다. 그러한 사실을 알게 된 것은 10여 년 지나서였다. 문학작품, 이른바 철학적 책들을 읽다가 깊은 허무주의의 심연에 빠져가고 있었기 때문이었는지 모른다. 일제, 해방, 6·25 등 성장기를 통해서 삶의 어려움을 뼈저리게 관찰할 수 있었고, 스스로 그러한 체험을 할 수 있었기 때문이었는지도 모른다. 내가 좋아했던 여자들이 수없이 많이 있어도 나를 좋아하는 여자는 하나도 없었기 때문인지 모른다. 아무리 주위를 돌아봐도 부럽지도 않았다. 자식을 낳아 키워가면서 가정생활에 얽매이는 모습에 뜻이 있어 보이지 않았다. 그 많은 여자들이 있는데 한 여자와만 살면서 일생을 보낸다는 것이 따분하고 시시해 보였다, 한 여자만을 두고 '사랑한다'라는 말이 거짓말만 같았다. 때가 되면 결혼하여 자식을 낳고 키운 후 죽어가는 모든 인간의 삶이 우주의 알 수 없는 원리라고는 하지만 그것은 결국 공허한, 그리고 너무나도 지루한 형식의 틀에 갇힌 반복으로만 생각되었다. 주례자 앞에 서서 어느 여인에게 반지를 끼워주는 내 모습을 상상하는 것만으로도 몹시 거북스러웠다. '남편', '아버지'라는 소리를 내가 듣는 경우를 상상만 해도 쑥스러워 어디론가 도망가고 싶었다. 나는 달리 살고 싶었고, 자유롭게 살고 싶었고 무엇인지 모르지만 다른 할 일이 있을 것 같았다. 그러기에 좋아하는 여자들이 있어도 조금 가까워지게 되면 우선 그녀들이 결혼하자고 할까봐 겁이 났다. 그들 때문에 나의 시간을 너무 빼앗긴다는 것을 원치 않았다. 서울의 한 영화관에서 'I have no time to love'라는 3류 영화광고 간판을 언뜻 본 기억이 난다. 그 영화를 구경한 것도 아니지만 '그 말은 바로 내 말이다'라고 혼자 생각해본 적이 있었다. 나는 결혼의 행복, 가정의 따듯함이 아닌 알 수 없는 무엇인가를 좇고 있었던 것이다.

그러나 모든 사춘기의 남자들과 다름없이 성적으로 고통을 겪었었고, 사춘기로부터 수십 년 지난 후에도 모든 독신자들과 다름없이 계속 어려웠고, 따라서 정서적으로 갈등이 많았다. 나는 남달리 여성을 그리워했고 뜨겁고 아름다운 연애를 많이 하고 싶은 강렬한 욕망에서 해방될 수는 없었다. 한마디로 나는 근본적으로 모순되는 욕망에서 계속 허우적거리고 있었으며 얽힌 마음의 갈등에서 벗어날 수 없었다. 그러면서도 나는 단 한 번도 아름답고, 뜨겁고, 깊고, 지속된 사랑을 받아줄 여자를 만날 수도 없었고, 단 한 번도 하나의 여성으로부터 깊고 진실한 사랑을 받아본 적이 없었다. 과연 어떻게 나 같은 사람을 그처럼 따를 수 있는 여자가 있었겠는가? 남달리 여자를 좋아했고 연애지상주의를 믿어왔던 나의 젊음은 혼자만의 꿈·욕망·상상 속에서 그러한 꿈을 조금도 실현해보지 못하고 사라져가고 있었다. 아름다움을 좋아하던 나, 연애지상주의를 확신하고 있던 나는 아름답다는 청춘을 파리의 외로운 기숙사 방구석, 혹은 보스턴의 다락방 구석에서 혼자 쓸쓸히 애태우면서 보낸 셈이다.

오랫동안 고독한 가운데에 여성의 애정, 더 나아가서는 인간적 정에 굶주리고 다시는 찾을 수 없는 젊음을 낭비해왔던 나는 나 자신의 감정이 연약해지고 우습게 나타남을 의식하기 시작했다. 나는 본디 감격은 잘했지만 눈물을 흘려본 적이 별로 없었다. 그러나 어느덧 영화를 보거나 소설을 읽거나 할 때, 오래간만에 만난 남녀가 키스를 하며 껴안거나, 아버지와 아들이 상봉하며 감격에 잠긴다든가 하는 상투적인 장면만 나와도 나도 모르는 사이에 억제할 수 없이 마구 눈물을 흘리게 됨을 부끄럽게 의식하게 됐다. 안이하게 산다고 우습게 보였던 젊은이들이 짝을 지어 소곤거리는 모습이 갑자기 아름답게 보였고, 딱하게만 생각되었던 부부가 손을 끼고 산책하는 모습이 한없이 따듯해 보였다. 감옥에 들어가서 혹은 일선에서 영웅적으로 싸우는 투사들의 기사를 읽어도 가슴이 두근거리고 감격한 나머지 눈물을 글썽거리기 일쑤였다. 내 마음은 극히 약해지고 있었던 것이다. 아름답거나 뜨겁게 살아보지 못하고 외롭게 지내온 자신이 허전하고, 인간의 정, 삶의 뜨거움에 목말라 있었던 스스로를 발견하게 된 것이다. 그러한 인간적 경험을 의식적으로 거부하며 무엇인가 더 귀중하다고 생각된 것을 위하여, 순수한 지적 추구를 위하여 살아왔다고는 하지만 나는 아무것도 이룬 것이 없고, 다만 이름도 없는 철학가이며, 인기도 없는 외국에서의 교수, 생존을 위해 각박히 살고 있는 일상인일 뿐이었다. 결코 늙을 것 같지 않고, 언제나 젊은 학도로서 남아 있을 것이라고 스스로에 대해 망상만을 하고 있던 나 자신은 어느덧 40의 중반을 넘어서자 백발이 늘어가고 피부에 주름이 가기 시작하고 있었다. 내 삶의 한없는 공허를, 특히 고요한 밤이면 혼자 더욱 뼈저리게 느끼곤 했다.

피로하고 외로웠다. 인간의 정이 그리웠다. 여태까지 지켜오던 독신 생활에 대한 결단이 흔들리기 시작했다. 되지도 않는 낭만적 연애를 위해서만 여자들을 생각하지 않고 결혼을 생각해본다. 직장에서 돌아오면 나를 기다려주는 여성이 있으면 좋을 것 같았다. 나를 정말 생각해주고, 나를 정신적으로나마, 진심으로 뒷받침해줄 여성이 그리웠다. 그러한 여성은 아내밖에 또 어디 있겠는가?

이론적으로나 현실적으로는 가장 합리적일지 모르나 이른바 중매결혼을 나 자신으로는 상상할 수 없었다. 중매로라도 나를 언뜻 남편으로 삼겠다는 여인이 있었던 것은 아니지만, 그런 결혼은 너무나 사무적이고 너무나 비낭만적이기 때문이다. 나 자신은 물론 상대방을 하나의 상품적 교환품으로 비인격화하는 행위라고 믿었다. 비록 그렇게 결혼해서 행복하게 된다 해도 연애 예찬가였던 나로서는 그런 결혼은 용납할 수 없었다.

나는 결국 불가능한 것을 바라고 있었다. 나에게 사랑을 느낄 여인을 우연히, 자연스럽게 만나기가 확률로 보아 극히 어려웠다. 내가 사랑에 빠질, 그리고 나의 사랑을 받아줄 미련스러운 여인을 발견하기란 하늘에서 별이 떨어지기를 바라는 것과 비슷했다. 비행기 안에서 20대의 날씬한 스튜어디스 혹은 여름방학 서울의 맥줏집에서 발랄한 웨이트리스에게 순간적으로 마음이 홀딱 가는 때도 없지 않았지만 홀딱 하는 마음이 곧 사랑이 아니며, 결혼을 홀딱 하고 마음대로 할 수 없음은 너무나 뚜렷한 사실이었다.

내 생각의 스타일을 구긴다는 생각에 스스로 모욕을 의식하면서 이른바 소개도 더러 받았다. 그럴 때마다 나는 그러한 자신에 부끄러워질 뿐만 아니라 스스로가 가엾게 여겨지는 때가 적지 않았다. 그러면서도 막상 나를 따라오겠다는 여인이 생기게 되면 나는 뒤로 물러서곤 했다. 이러한 나의 행동이 도덕적으로 크게 규탄받을 것임을 나도 알고 있었다. 그러나 결혼을 하겠다는 마음이 커지긴 했지만, 그 당시 나에게는 건강상으로나, 정신적으로나, 경제적으로나 결혼을 할 준비가 사실상 되어 있지 않았다. 아직도 나는 위장 때문에 계속 부대끼고 있어서 항상 그저 쉬고 싶을 만큼 심한 피로를 느끼고 있었다. 학생들을 가르칠 준비, 그리고 한없이 더 공부해야 하겠다는 생각 때문에 정신적으로 쉴 새 없이 긴장하고 시달리고 있었다. 결혼하면 써야 할 신경, 시간을 낼 마음의 준비가 도저히 되어 있지 않았다. 미국 대학의 교수라 하지만 그 당시 그 직업 가지고 소시지만 먹고 지내던 나에게 결혼 생활을 지탱해 나갈 경제적 여유는 전혀 보이지 않았다.

이런 방황과 갈등 가운데에 6, 7년을 지낸 뒤 48세의 나이에 역시 이른바 소개로 한 여인을 몇 번 만나 결혼하기로 큰 결단을 내려본다. 아무 형식도 갖추지 않는 결혼생활에 들어가고 싶었다. 그러나 한 사람의 개인적 행동은 사실상 완전히 자유로울 수 없다. 누구나 서로 얽히고설킨 사회적 관계 속에 묶여 있기 때문이다. 서울에서 예식을 하기로 했다. 한없이 거북하고 부끄러움을 느끼며 '함'을 들고 가는 조카애들 뒤를 따라갔었다. 어색한 생각에 도망치고 싶은 충동을 억지로 억누르고 주례자 앞에 섰었다. 결혼 후 두 달 만에 파탄이 생겼다. 충격이 너무 컸다. 우리가 이런 사건을 통해서 서로 입고 준 마음의 상처, 정신적 아픔은 상상 의외로 컸었다. 한편으로 다시 해방감을 느끼면서도 나는 오랫동안 부끄러움과 죄책감, 더욱 농도 깊은 고독감과 막막함에 마음속에서 울고 어쩔 줄 모르게 지냈다. 상처받은 마음을 달래기 위해 나는 1년 동안 거의 매일같이 시를 썼다.

이런 경험을 통해 내가 정신적으로 철이 나고 다소 성장했는지 모른다. 이 고통을 거쳐 내가 삶, 존재 등의 철학적 문제를 보다 깊게 보게 됐는지도 모른다.

　4년 후 나는 또 하나의 여인을 만나 아내로 삼았다. 연애결혼이 아니었다 해도 상관없다. 그녀를 만나 나는 이제 흐뭇하다. 평생 맹세를 깨뜨렸다 해도 나는 부끄럽지 않다. 그녀와 더불어 이제 나는 당당하다. 모든 결혼이 한결같이 인생참여가 아니며, 독신생활도 한 가지 인생참여임을 인정해도 좋다. 나는 그녀와 만나 한 가지 인생에 참여했음을 알고 있기 때문이다. 늦게나마 그녀를 만난 나는 운이 좋았다. 하나님을 믿지 않으면서도 우연이나마 나에게 그녀를 만나게 해준 하나님께 나는 감사한다.

《문예중앙》, 1984~1988

13
라인강의 소요

혼자 오래 살아온 습성 때문인지 가정을 갖고 다른 사람과 공동생활을 하는 일이 처음엔 더러 거북스럽기도 했다. 그러면서도 외롭지 않아 좋았고 더욱 마음에 맞는 사람을 만났으니 즐겁고 자랑스럽다고도 몰래 느끼고 있었다. 정서적으로는 물론 물질적으로 이제 다소 다급하지 않게 느껴도 되었으니 정신적으로나 물질적으로 안정되어가고 있다. 조금 거북스럽고 부자연스럽게 여겨지면서도 이제 생활인이 되어가고 있는 나 자신에 불만이 없었다. 불만은커녕 가끔 나 자신의 그러한 상황에 안도감의 심호흡을 하곤 했다. "만약 이 사람을 못 만났더라면 어떠했을까? 만약 가정을 갖지 않고 혼자 있게 됐었다면 어떻게 됐을까?" 생각할수록 아찔해지곤 했다. 마지막 찬스가 참 좋았다는 생각이 더욱 굳어가고 있었으며, 지금은 더욱 그렇다. 영영 놓칠 뻔했던 인생의 막차를 가까스로 탄 셈이다. 그러면서도 나는 얼마간 '삶으로부터의 휴가', 세상과 생활과 가족과 떨어져서 혼자 자신을 다시 생각해보고 삶의, 세상의 뜻을 생각해볼 수 있는 소요逍遙의 시간을 갖고 싶었다. 아무것도 하지 않고 놀고 싶었다. 푹 쉬고 싶었다.

서울에 2년간 풀브라이트 교환교수로 와 있었기 때문에 연기되었던 안식년이 손꼽아 기다려졌음은 짐작되고도 남으리라. 7년마다 얻을 수 있는 안식년 휴가는 다만 한 학기로 제한되어 있다. 오직 반년 봉급을 받고 자유롭게 자기 공부만을 할 수 있는 제도이다. 그러나 반년 휴가는 너무 짧다. 재정적으로 어려움이 있었지만 무리를 해서도 1년간 놀기로 작정했다. 인생은 짧고 그 짧은 인생은 되풀이할 수 없지 않은가. 그리고 나의 나이로 보아 이것이 마지막 기회이기도 하지 않겠는가.

나는 1985년, 1년을 독일대학에서 혼자 보내기로 작정했다. 결혼한 지 만 3년밖에 안 되는데도 아내는 나의 생각을 받아주고 내가 하고 싶은 것을 뜻대로 해보라고 격려해주었다.

독일에서 1년을 보내려고 결정한 데는 사연이 길다. "철학자로서 우리는 누구나 그리스인이며, 독일인이다"라고 말한 중요한 철학가 리쾨르 교수의 말이 생각난다. 지금부터 25년 전 소르본대학의 한 철학 강의 시간에 그 교수는 지나가는 말로 말했었다. 그리스의 사고思考, 독일의 사고를 빼놓고는 서양철학이 있을 수 없다는 뜻이다. 고대 그리스의 플라톤, 아리스토텔레스가 없었더라면 오늘의 서양철학은 처음부터 생겨나지 않았을 것이며, 독일의 칸트·헤겔·니체·후설·하이데거·비트겐슈타인이 없었더라면 서양철학은 꽃을 피우지 못하고 시들어졌을지 모른다. 그래서 서양철학을 한다는 것은 고대 그리스인들의 사고, 근대 독일계들의 사고를 배우고 그런 사고의 줄기를 따라 생각한다는 말이다. 리쾨르 교수의 말은 최근 이른바 디컨스트럭션deconstruction, 즉 '해체구성'의 해석에 관한 이론으로 세계적 각광을 받고 있는 데리다의 생각을 연상시킨다. 그는 어느 인터뷰에서 자기에게 큰 영향을 준 철학자들에 관해 이야기하면서 비록 자신이 프랑스인이지만 프랑스 철학가들보다는 독일 철학가들에 깊이를 느끼고, 전자들의 저서보다는 후자들의 저서에 더욱 끌린다는 뜻을 밝힌 바 있다.

　나는 퍽 오래전부터 독일을 알고 싶었고, 독일철학을 독일어로 깊게 공부하고 싶었다. 한때 작가, 시인으로 살겠다는 꿈을 갖고 프랑스 문학에 심취했으며 프랑스적인 것은 덮어놓고 좋아하려 했던 적도 있었다. 프랑스의 수도 파리의 소르본대학에서 연 5년을 보내며 불문학을 한답시고 시간을 보낸 적도 있었다. 그러면서도 서양의 근대사상사를 알면 알수록 내 속에서는 독일에 대한 호기심이 커가고 있었다. 이런 나의 심상 상태를 더욱 확실하게 의식하게 만든 것이 강의실에서 언뜻 들은 리쾨르 교수의 말이었다. 나이를 먹을수록, 머리가 백발이 되어갈수록 명쾌하고 발랄한 프랑스의 기질보다는 불투명하지만 은은한 독일적 기질에 마음이 끌리고 있었다. 파란 지중해, 청명한 푸른 프랑스의 하늘보다 눈에 덮인 깊은 겨울의 독일, 울창한 숲과 높은 산에 둘러싸인 남부 독일의 바바리아의 분위기에 더 마음이 끌리고 있었다. 분석철학자에 의해 한때 웃음거리가 되기도 했고, 나 자신도 좋아하지 않았으며, 지금도 아무리 알려고 해도 알 수 없는 하이데거적인 무엇에 더욱 마음이 쏠리고 있었다. 철학에서뿐이랴. 자연과학·사회과학·심리학 등의 거의 모든 분야에서의 20세기 초엽까지 독일의 학문적 공헌이 결정적으로 컸음을 나는 차츰 알게 되고, 그럴수록 독일에 끌리고 있었다. 괴테·횔덜린·릴케·트라클·카프카·브레히트와 같은 작가들이 태어난 땅, 그 사회적·문화적 분위기에 젖어보고 싶었다. 그러한 독일에서 일정한 의무나 일 없이 명상적인 소요의 시간을, 혼자만의 조용한 시간을 갖고 싶었다.

기다리던 안식년이 시작된 1985년 8월 폴란드의 고도 크라쿠프에서 열리는 한 국제미학회에 참석하게 됐다. 나는 7월 말 보스턴 공항을 떠나 우선 파리로 갔다. 그곳에 몇 주일 있으면서 폴란드·동독·체코슬로바키아 세 나라의 비자를 받았다. 이 학회에 참석하는 것은 학문적이기보다는 나로서는 처음인 사회주의국가 방문의 가장 좋은 기회가 된다는 데 큰 의미가 있었다. 많은 사상가와 학자들을 낳고 문화적으로 높은, 그리고 우리에게는 다소 신비에 싸인 동유럽이 나의 호기심을 부풀게 하고 있었다. 사회주의가 절대적 금기로 되어 있는 국민으로서, 자본주의 사회에 20여 년 살면서 그 체제의 약점을 눈으로 보고 있는 나로서, 사회주의 사회가 크게 흥미롭지 않을 수 없었다. 금단의 과실이 더욱 맛있게 보이듯, 금단의 나라가 더욱 알고 싶었던 터였었다. 잠깐 동안 다녀와서 그곳의 사정을 정말 알 수 있으랴마는 체코슬로바키아의 수도 프라하가 아름답다는 인상, 교육적으로 유익했다는 사실 말고는 여행의 결과는 부정적이었다. 말할 수 없이 짙게 깔려 있는 침체된 분위기, 일반적으로 눈에 보이는 빈곤이 서구사회에 비해 너무나도 대조되어 눈에 띄고 피부로 느껴진다. 은근히 대화를 나눌 수 있는 기회마다 그곳 주민들은 사회주의 체제에 대해서 불평하며, 서구사회를 부러워하고 있었다. 가장 싫어하는 국민은 소련인이라는 말을 여러 곳에서 들었다. 자본주의에서 볼 수 있는 경제적 불평등, 부조리에 분노하고 사회주의 사회에서 정신적 자유를 억압당하고 빈곤하게 통제된 삶을 살아가야 한다면 오늘날과 같은 자본주의 사회가 사회주의 사회의 결함을 극복할 수 있는 길은 없을까? 오늘날 우리는 부득이 다 같이 마땅치 않은 두 가지 경제적·사회적 체제 중에서 선택을 강요당해야 하는가? 명랑한 기분일 수 없었다.

동유럽 여행을 마치고 다시 파리로 돌아와 옛 스승, 친구들을 만났다. 사르트르의 무덤을 찾아본다. 긴장 속에서만 살아야 했던 학창시절에 미처 즐길 수 없었던 파리 시내의 산책을 마음껏 해본다. 새삼 파리의 아름다움, 인류의 업적, 인간의 힘을 의식한다. 개인적으로는 짧은 삶을 살고 사라지는 약한 동물이지만 공동적으로 인간은 위대한, 그리고 아름다운 것을 성취하고 그런 것들을 뒤에 남길 수 있는 것이다. 인간이란 기적적 존재를 새삼 의식하며, 그 존재의 수수께끼 같은 의미를 생각해보려 한다. 파리에서 약 2개월 놀다가 로스앤젤레스에서 열리는 어느 회의에 참석차 미국으로 돌아온다. 아내가 있는 보스턴에 와서 며칠 머물렀다가 독일의 마인츠대학에 1년 동안 객원교수로 짐을 푼 것은 9월 초순이었다. 하필이면 마인츠대학으로 온 이유는 그 근처 도시에 30년 전 파리에서 알게 된 독일인 친구가 살고 있었기 때문이다.

　객원교수의 명칭은 구실에 지나지 않았다. 나는 이곳에 무슨 연구를 하러 온 것이 아니다. 쉬러 온 것에 지나지 않는다. 특별한 일 없이 혼자 지내기 위해서였다. 이런 분위기 속에서 독일어도 배우고, 독일 대학의 풍조도 느껴보고, 이런 기회를 통해서 독일은 물론 소련까지 여행도 해볼 막연한 계획도 있었다. 확실한 계획 없이 기분이 나는 대로 바람이 부는 대로 형편에 따라 1년간의 휴가를 보내려는 자세를 갖고 있었다. 그러나 막연했지만 먼 객지에서, 몹시 춥고 짙은 눈이 내리는 독일의 아파트에서 깊은 명상에 잠겨보고 횔덜린, 트라클같이 자살로 끝을 낸 시인들의 어떤 알 수 없는 경험의 깊이에 젖어 그들이 쓴 것과 같은 시를 쓰고자 했다. 한 권의 웬만한 학술적 저서보다는 몇 편의 주옥 같은 시가 나에게 있어서 더 중요하고 보람 있는 것으로 생각됐기 때문이다. 너무나 시시하게 살아온 나의 삶을 다시 뒤돌아보고 그것을 정리하고 싶었다. 나의 삶, 삶 일반의 의미를 다시 물어보고, 이 모든 현상, 존재 자체의 근원적 의미를 물어보고 싶었다. 한때는 내가 그런 물음에 대해 확실한 대답을 찾아낼 수 있으리라고 막연하게 믿고 있었던 적도 있었다. 그러나 생각할수록, 백발이 되도록 그러한 물음에 대한 대답은 나오지 않고 있었기 때문이다. 그러나 마인츠의 겨울은 과히 춥지 않다. 명상적 분위기를 쉽사리 얻을 수 없다. 위대한 철학가·음악가·사상가·학자들을 낳은 땅에 왔다고 해서 자동적으로 내 자신 그들이 다다를 수 있었던 사고의 깊이에 도달할 수 있는 것도 아니며, 그들이 이루었던 경험의 밀도를 체험할 수 있는 것도 아니다. 아내까지도 떼어놓고 독일의 한 작은 아파트 구석에 앉아 있다고 해서 마음이 가라앉고 깊은 시상詩想에 잠길 수 있는 것도 아니다. 어디가나 비슷한 사람들, 비슷한 자연, 비슷한 아파트에 와 있을 뿐이며, 내 마음, 의식상태도 별안간 그 전과 전혀 달라질 수는 없었다.

내가 이미 백발이라는 것을 전혀 의식하지 않고, 내가 교수라는 것도 의식적으로 잊고 나는 완전히 학생의 기분으로 돌아가려 했고, 사실 그런 즐거운 기분 속에 1년을 보내게 됐다. 객지라는 사실, 이방인이라는 사실, 나의 신분을 의식할 필요가 없다는 사실, 남들의 생각을 염두에 둘 필요가 없다는 사실 등이 나를 보다 자유롭게 만들고 마음을 가볍게 한다.

우선 독어강좌를 주 12시간 듣기로 한다. 노는 기분으로, 소풍 왔다는 기분으로 강좌를 들을 수 있던 나는 시험을 통과하기 위해서 같은 공부를 하고 있던 다른 외국학생들에 비해 퍽 가볍고 그만큼 재미를 느꼈다. 독일어를 다소 지껄이게 되니 스스로 신기하고 재미있으며, 철학자로서 칸트나 하이데거 등의 원서를 더듬거리며 읽게 되어가니, 그것도 재미있었다. 2학기부터는 될수록 여러 가지 철학강의를 청강해본다. 독일어가 조금씩 들리기 시작했다. 이곳에서의 철학적 경향, 강의 내용, 교수하는 방법을 겉핥기나마 알아보고자 해서였다. 몇 대학에서 내가 특강도 해볼 기회를 가졌었다. 독일의 학문적 깊이, 독일적 사고의 심오성을 알고 있었기 때문에 이곳 교수들 강의에 대한 나의 호기심은 그만큼 컸던 것이다. 잘 알지도 못하는 독일어로 이곳 교수들의 강의 내용을 잘 이해할 수 없음은 너무나 자명하다. 그러나 나는 얼마 동안의 청강을 통해서 오늘날 이곳에서의 철학의 깊이를 느낄 수 없었고, 이곳 대학교육이 잘 되어 있거나, 대학의 수준이 높다는 것을 느낄 수 없었다. 기대했던 것보다는 다른 것이 느껴져서 다소 실망했고 섭섭했다. 그곳 학생들과 더불어 자주 있었던 학교에서 마련한 단체여행에 되도록 따라다녔다.

직접 눈으로 보면서 되도록 많이 독일의 문화, 더 나아가서 서양의 역사를 배워보자는 것이다. 이런 여행을 통해서 가기 어려운 동독을 다시 한번 들어가서 루터가 성서를 독일어로 번역했었던 비트부르크 성의 한 방을 구경하고, 목숨이 짧았던, 바이마르 공화국으로 유명한 바이마르 시에서 괴테가 살던 집을 구경했다. 출판의 도시로 유명했던 라이프치히에서 바흐가 피아노를 치던 성당을 둘러봤다. 2차 대전의 마지막 날의 며칠 전 무자비하게 폭격을 받아 완전히 잿더미가 되었던 드레스덴 시를 보았던 것도 뜻있는 경험이다. 그곳에서 몇 년 전 수복된 유명한 오페라좌, 그리고 그 유명한 미술관을 둘러본다. 또 일종의 관내 운동장을 돌아보고 19세기 이곳 영주의 부귀와 권력이 얼마나 컸던가를 눈으로 볼 수 있다. 전에는 모르고 있었지만 베를린에서 비교적 가까운 곳에 위치한 이 도시는 한때는 프랑크푸르트나 뮌헨보다는 더 중요하여 베를린 다음가는 독일의 도시였다는 것을 알게 된다. 이곳에서 동부로 얼마 가면 폴란드와 국경을 같이하고, 그곳을 좀더 지나가면 소련의 땅과 접하는 것이다. 마침 함박눈이 쏟아지는 이곳 들판을 버스에 실려 바라보면서 나폴레옹이 대군을 끌고 이곳을 지나 모스크바로 쳐들어갔다가 다시 비참한 패배의 고배를 마시고 돌아왔던 모습을 상상해본다. 인간의 권력, 그리고 인간의 흥망성쇠를 새삼 의식하면서 허탈한 감회에 잠시나마 잠겨본다. 동독의 한복판, 소련과 프랑스, 미국, 영국으로 각기 나뉘어 점령된 베를린을 가본다. 판문점과 나란히 전후 동서 간의 긴장되고 위험한 이념적 갈등을 상징하는 곳이다. 나는 프랑스의 파리를 적어도 17세기에서 20세기로 이어가면서 유럽의 절대적 중심지로 알고 있었다. 그러나 2차 대전 말까지 얼마 동안은 베를린이 문화적으로나 경제적으로 유럽의 중심, 따라서 세계의 중심이었다는 말을 듣기도 한다. 서베를린에서 나치가 정치적 음모의 하나로 발화해서 탔던 석조 국회의사당을 구경하면서 정치적 싸움, 나치의 권력투쟁이 어떤 것이었던가를 생각해보고, 아울러 이제는 역사적 오명만 남기고 자신의 재도 남기지 못하고 사라진 히틀러가 머리에 떠오른다. 자유를 부르짖고 독재를 고발하는 낙서와 그림으로 가득 찬 이른바 '베를린 벽' 앞에서 이념 간의 갈등, 국가 간의 싸움, 권력 간의 투쟁은 결국 어린애들의 싸움과 근본적으로 다를 바 없다고 느낀다.

그 유명한 '체크포인트 찰리'라고 불리는 동서 베를린의 통행문에서 동베를린의 엄격하고 느린 검문을 거치고서야 겨우 사회주의국가 동독의 수도 동베를린에 발을 디디게 된다. 동베를린에서 서베를린으로는 아무고 자유롭게 들어올 수 있지만, 서베를린에서 동베를린으로 통하는 길이 삼엄하다는 것은 동서 간의 두 세계가 어떻게 다르다는 것을 구체적으로 보여주는 것 같다. 사회주의 국가에서 상품이 극히 귀하다는 사실, 모든 것이 빈곤하다는 사실은, 특히 책의 내용은 고사하고 종이의 질을 보기만 해도 너무나 뻔하다. 그러면서 동베를린에서, 헤겔이 교편을 잡던 때 훔볼트대학으로 불렸고, 지금은 마르크스 대학으로 불리는 옛 베를린대학에 발을 들여놓아 보는 감회가 깊었다. 그곳 공동묘지에서 헤겔과 역시 철학자였던 피히테, 그리고 사회주의의 대표적 극작가 브레히트의 무덤 앞에서 사진을 찍고, 브레히트가 활동했던 극장을 직접 눈으로 보는 감회도 흐뭇했다. 그밖의 웅장한 미술관과 박물관도 오래 인상에 남는다.

이밖에도 나는 학생들과 몇 차례 서독의 명소, 명도시를 구경했다. 크리스마스를 함께 지내기 위해서 보스턴에서 날아온 아내와 약 20일간의 시간을 기차 속에서 보내면서 독일의 거의 모든 도시를 구경했다. 그래도 미처 다 보지 못했던 곳들은 내가 독일을 떠날 무렵인 다음 해 6월에 다시 날아온 아내와 오스트리아·이탈리아·프랑스로 관광을 떠나기 전 몇 군데 들러보았다.

지금 독일 하면 빵과 소시지가 생각난다. 어디에 가나 그 많은 종류의 빵과 소시지를 볼 수 있고 먹을 수 있다. 입맛을 들이면 그것대로 퍽 맛있다. 또 독일 하면 지금 생각나는 것은 검은 지붕과 흰 벽으로 된 주택들, 그리고 그 집집마다 창문턱에 꽃이 피어 있는 화초들이다. 달리는 기차 안에서 내다만 보더라도 독일의 주택들은 폴란드나 체코슬로바키아, 그리고 동독은 물론 프랑스에 비하더라도 한결 잘살고 있음을 알 수 있다. 독일 사방 곳곳을 달리는 기차들은 물론 어떤 시내버스도 시간표에 따라 정확하게 도착하고 출발한다. 어떤 기차 정거장이나 청결하며 안내를 잘한다. 각 도시마다 관광안내소가 손님들을 친절하게 도와준다. 미술관 혹은 박물관이 많은 데 놀랐다. 큰 도시에는 그런 것들이 몇 개씩 있다. 작은 마을도 웬만한 곳에는 박물관이 반드시 마련되어 있다. 2차 대전 때 거의 모든 도시가 대개 80~90퍼센트까지 완전히 파괴되었다고 한다. 그러나 전후 가능하면 옛 모습대로의 집들을 다시 복구하는 데 몇 배의 노력과 재력을 들여 이룩해놓았다. 독일인의 청결, 근면성, 부, 그리고 전통을 아끼고 문화를 귀하게 여기는 태도에 마음이 끌린다. 그곳에서 만난 여러 명의 유학생들로부터 독일과 독일인이 싫어진다는 말을 들었지만, 나에게는 기대했던 대로 독일인은 모른다 치고 독일적 분위기에 마음이 갔다.

독일이 내 마음에 든 것과 이와 같은 사실에 원인이 있기도 하겠지만, 나의 마음을 각별히 끈 것은 미국은 물론 프랑스에 비해 훨씬 더 뚜렷한 중세기적 분위기다.

도시 중심에는 으레 마르켓트 프라스라고 부르는 시장이 있다. 그곳은 거의 틀림없이 시청, 성당을 중축으로 하고 고풍의 건물들로 둘러싸여 있다. 독일 특유의 붉은빛 돌로 만든 성당이, 혹은 박물관 같은 큰 건물들이 눈에 띈다. 그 건물들은 프랑스나 이탈리아 것들보다 더 장식적이고 채색이 흔하다. 그 광장 중심으로 중요한 상가, 회사들이 들어서 있고, 거리에 포장마차를 끌고 와 장사를 하는 사람들도 적지 않다. 그곳은 한 도시의 삶의 심장부가 되어왔던 것 같다. 낮과 밤을 가리지 않고 오늘도 사람들이 왁작거린다. 19세기 말엽까지 100개가 넘는 작은 영주국과 신성로마제국에 직접 속해 있던 자유도시국가로 나뉘어져 있었던 중세봉건사회의 흔적을 이와 같은 도시구조, 이와 같은 건축양식에서 찾아볼 수 있을 것 같다. 크고 작은 각각의 영주국가들은 왕이나 후작 또는 백작 등에 의해서 정치적·사회적으로 다스려졌으며, 정신적으로는 기독교의 교권에 의해서 뒷받침되었던 것이다. 각 영주국의 백성들은 칼과 창을 가진 무사인 영주의 보호를 받고 한 국가가 마치 하나의 가족처럼 영주에게 복종하고 살았던 것이다. 각 도시에 있는 '시장'은 바로 그러한 사회체제의 생활양식과 구조를 반영한다.

중세기적 분위기를 더욱 돋워주는 것은 옛 도시를 둘러싸고 있던 도시 전체의 성벽들과 많은 성들, 특히 아름답고 장엄한 라인강 양쪽 강변의 높은 언덕마다 서 있는 전투적 인상을 주는 성들이다. 이러한 중세기 유물들은 한떼거리가 되어 칼로 자르고, 창으로 찌르고, 서로 싸우고 죽이며 투쟁 속에 살아왔던 당시의 사회상을 볼 수 있을 만큼 생생하게 나타난다. 서로 권력을 위하여 싸웠던 수많은 사람들의 아우성, 그들이 흘린 피, 그리고 지금 보아도 웅장한 성과 도시의 벽을 쌓느라고 흘린 땀은 상상하고도 남는다. 독일의 문화, 더 일반적으로 말해서 유럽의 문화가 한편으로는 성서를 통해서 사랑을 가르치는 성직자들과, 또 다른 한편으로는 칼과 창으로 적을 찌르고 죽인 기사들로 이루어졌음을 알 수 있다. 동양에서보다 서양에서는, 정신적이기보다는 육체적으로 강인한, 아니 잔인한 투쟁으로 역사가 이루어진 것이 아니겠는가? 그런 가운데 아니, 어쩌면 바로 그런 까닭에 독일에는 수많은 마력적이고 아름다운 그림형제의 동화가 상상되었던 것이 아니겠는가. 한 도시를 둘러싼 방위 성벽을 볼 때마다, 그리고 높은 성당과 무서워 보이는 언덕 위의 성들을 볼 때마다 그것과 대조되어 더 아름다워지는 공주와 기사 간의 꿈같은 사랑의 동화, 왕이 된 개구리의 동화 같은 수많은 환상적 동화들이 머리에 떠오른다.

중세적 분위기에 끌리는 이유는 무엇이었을까? 독일적인 것, 보다 넓게 말해서 게르만적인 것은 중세적인 것과 통하고, 중세적인 것은 명상적인 것과 통한다고 여겨지기 때문이었다. 이 독일적 풍토에서 독일 최초의 위대한 사상가, 에크하르트의 신비주의가 태어났고, 칸트·헤겔·니체·하이데거 등을 비롯한 철학자들이 태어났고, 괴테가 태어났는가 하면 마르크스가 태어났고, 프로이트가 정신분석학을 발명했는가 하면 아인슈타인의 상대성이론이 발명되었던 것이 아닌가. 현대의 여러 가지 과학들이 이곳에서 처음으로 시작되었고, 현대물리학과 수학도 이곳에서 결정적인 방향이 정해졌다. 또한 바하를 비롯한 위대한 음악가들이 바로 이 독일이라는 땅에서 작곡을 하고 오르간을 쳤던 것이다. 종교혁명을 일으킨 루터가 로마 법왕에 반대하며 새로운 종교를 세운 곳은 아직도 중세적 분위기를 지니고 있는 이 독일의 땅이다. 케플러가 천문학적 혁명에 결정적 역할을 담당한 것도 역시 이곳에서였다. 모든 정신적 면에서 볼 때 독일민족, 더 정확히 말해서 독일어권에 거주했던 사람들이 한 정신적·학문적·문화적 공헌은 거의 절대적으로 결정적이라는 것은 서양의 근대 문화사를 알면 알수록 더욱 확실해진다.

내가 독일에 온 것은 바로 이런 독일을 염두에 두었기 때문이다. 한 번도 참답게 정신의 어떤 깊이에 도달해보지 못했던 나는 언제나 스스로의 삶, 스스로의 생각이 껍데기만 같이 느껴지곤 했기 때문이다, 나도 한번 깊은 정신적 경지, 한번이라도 창조적 경험을 해보고 싶다는 생각이 간절했기 때문이다. 그렇지 않고는 정말 삶을 살았다고 말할 수 없다고 생각했기 때문이다. 독일적 분위기, 중세적 명상의 분위기 속에서, 위대한 정신의 소유자들을 수없이 배출한 독일이라는 땅에서 호흡할 때 어쩌면 다소나마 그들의 세계에 가까워질 수 있을지도 모른다고 여겼기 때문이다.

이곳 과거의 위대한 정신의 소유자들이 정신의 깊이에 도달했을 때 그들은 그들 자신의 삶에 대한 충족감을 느꼈을 것이며, 그들이 새로운 세계를 보고 새로운 정신적 창조를 맞추었을 때 그들은 삶의 환희를 깊이 경험했을 것이라고 추정된다. 어느 절정에 도달했을 때 더 이상 살고 싶어지지 않는다고 시인 횔덜린은 어디선가 말했다. 아마도 위의 위대한 정신의 소유자들은 그들의 정신적 업적에서 삶의 절정을 경험했을 것이고, 그런 경험을 통해서 다시는 살고 싶지 않으리만큼 삶의 말할 수 없는 충족감을 느꼈을 것이다. 나도 그들과 같이 정신의 심연에 접촉해서 삶의 절정에 단 한 번만이라도, 단 한 순간만이라도 닿고 싶었다. 그러한 경험을 할 수만 있다면 당장 죽어도 아무런 한이 없을 것이다. 왜냐하면 그러한 경험은 가장 궁극적 의미에서의 삶의 의미가 되기 때문이다.

깊은 잠을 잘 수 있다면 얼마나 좋겠는가. 그러나 아무리 깊은 잠에 들고 싶어도 들 수 없는 경우가 있다. 마찬가지로 깊은 정신적 세계에 도달하는 충족감을 가지려고 노력한다고 해서 마음대로 되지 않는다. 남들과 같이 음성을 가졌어도 다 같이 훌륭한 성악가가 될 수 없는 것처럼, 남들과 같이 박사학위를 땄다고 다 같이 높은 학문의 경지에 이를 수 없는 것처럼, 다 같은 학교에 다닌다고 해도 한 학생과 또 다른 학생 간의 지적 수준의 차이는 하늘과 땅과의 사이가 될 수 있는 것처럼 계획적으로 1년간 독일의 위대한 정신의 소유자들이 나고, 자라고, 살다 죽어간 땅에 왔다고 해서 나 자신이 자동적으로 그들의 정신적 깊은 경지에 다소라도 접근될 수 있는 것은 아니다. 그들이 이미 깊은 경험을 하고 깊은 사고의 세계에 도달하여 위대한 저서를 남기고 죽은 나이가 훨씬 넘은 나는 이제야 그러한 세계에 눈을 뜨고 그러한 세계에 접근하려고 그들의 땅에 와서 지금도 서성대고 방황하고 있는 것이다. 독일의 명소를 돌아다니고, 그들이 태어났던 집, 그들을 기념하는 박물관, 그들이 묻힌 무덤에 가서 모자를 벗어봐도 나에게는 별다르게 참신한 생각이 나지 않고 별다르게 깊은 체험이 생기지 않는다. 아직도 나는 스스로가 껍데기라는 의식, 스스로의 삶에 대한 무한한 공허감, 그리고 모든 현상이 결국은 무의미하다는 생각과 느낌과 경험 밖을 넘어설 수 없다. 사춘기부터 깊이 빠져 있었던 허무주의로부터 헤어나려고 애써왔지만 나는 아직도 그 속에서 빠져나올 수 없다. 물론 이미 50대의 후반에 들어선 나는 사춘기 때처럼 흥분하여 몸부림치지 않고 있다. 바로 몇년 전까지만 해도 그랬지만 이제는 혼자 의미 없는 삶의 고독에 아파하고 있지도 않다. 나는 오히려 행복한 편이다. 나의 가슴이 애타기는커녕, 오히려 나는 다소 유연한 관조적 태도로 뜻없는 나의 삶을 비롯한 모든 현상을 바라볼 수 있으며, 모든 사물들이 지니고 있을 어떤 뜻을, 사물의 언어의 뜻을 조용한 마음으로 찾을 수 있다. 나는 얼굴을 찌푸리고 심각한 표정으로 우울하게 있다기보다는 사실 극히 명랑한 편이 됐음을 스스로 의식하게 됐다.

그러나 지적으로 죽음, 아니 모든 현상 자체의 궁극적 무의미를 생각하지 않을 수 없다. 모든 생각, 모든 행동, 모든 사물현상 속에서 나는 항상 그것들의 궁극적인 의미를 알 수 없다는 생각에서 벗어날 수 없다. 위대한 정신적 소유자들의 위대한 업적에 압도되고, 찬양하고 존경하면서 나는 그것들의 궁극적 의미가 무엇인가를 항상 묻지 않을 수 없게 된다. 아름다운 꽃, 장엄한 자연을 누구보다도 더 찬미하면서 나는 그것들의 의미가 무엇이냐 묻는다. 폐허가 될망정 그리스의 신전들, 로마의 궁전들, 중세기 영주들이 쌓아올린 성들, 그리고 수많은 석조의 웅장한 성당들은 그 자체만으로도 아름답고 뜻이 있다. 그러나 그것의 궁극적 의미는 무엇이며, 그러한 것들을 짓고, 싸우고 애쓰다가 다 같이 흙이 되고, 버러지의 밥이 되고, 나무뿌리나 풀의 거름이 된 영주나 그의 백성들, 부귀와 권력을 마음껏 누린 황제나 가난과 고통과 모욕 속에서 살아야만 했던 그의 노예들의 삶의 의미는 무엇인가를 반드시 물어보게 된다. 지금 독일의 땅에서 공상에 잠겨 있는 나 자신의 존재, 머지않아 죽어가게 될 나의 삶의 의미가 무엇인가를 아직도 나는 스스로 물어보지 않을 수 없는 것이다. 물론 나는 아직도 쓸데없는 물음을 묻고 있는 것이다. 왜냐하면 나의 물음에는 대답이 있지 않기 때문이다. 그렇다면 나는 아직도 정신적으로 성장해 있지 못하고 있다고 얘기할 수 있다.

톨스토이는 세상에서의 삶의 궁극적 허무주의를 극복하는 방법으로 기독교에 매달렸다. 헤아릴 수 없이 많은 사람들은 모든 것을 무의미로 만드는 죽음 앞에서 톨스토이와 더불어 종교를 찾고 내세에 대한 믿음에 의지하고 사는 듯하다. 그러나 나는 『종교란 무엇인가』라는 책을 이곳에 오기 전 마치고 왔던 것이다. 그 책에서 나는 종교적 해결을 거부했다. 허무주의로부터의 유일한 탈출구를 막아버린 셈이다. 또 하나의 세계로 통하는 문을 스스로 닫아버린 셈이다. 나는 따로 갈 곳이 없이 오로지 이곳, 이 현재의 삶에서 갇혀 있어야 할 상황 속에 스스로를 묶어 놓은 셈이다. 살아도 죽어도 오로지 이 땅에서의 이 삶뿐이다. 도망갈 곳이 없어졌다는 말이다.

보기에 남들은 삶에 충만해 있는 것 같고, 살아가는 보람을 충분히 느끼고 있는 것 같다. 남들이 볼 때 나도 연령으로 보나, 물질적 그리고 사회적으로 보아 다소 안정되고 행복할 수 있다. 앞서 말했듯이 사실 나는 이제 사춘기로부터 얼마 전까지 지속되었던 물질적 빈곤과 정신적 고통을 극복하고 다소간 행복하게 느껴지기도 했다. 큰 고통, 절박한 걱정이 없기 때문이다. 그러나 비록 절박한 불행이나 강렬한 고통을 느끼지 않는다고는 하지만, 나는 아직도 삶에 대한 궁극적 공허성에서 벗어나지 못하고 있는 것이다. 비록 불행하다고까지는 말할 수 없지만 적어도 살아가는 데, 살아 있다는 사실에 어쩐지 거북함을 느끼지 않을 수 없다. 생각하면 생각할수록 산다는 것이 마치 남의 집에 와 있는 것 같고, 남의 옷을 입고 있는 느낌이고, 남의 생각을 남의 말로 지껄이고 있다는 느낌을 벗어날 수 없다. 자연과 세계와 남들과는 물론 나 자신과도 나의 모든 행동, 모든 생각, 아니 나 자신의 존재 자체가 박자가 맞지 않는다는 것을 피부로 느낀다. 이러한 느낌은 생각하면 생각할수록, 의식하면 그럴수록 더욱 밀도가 짙어짐을 자각한다. 마인츠대학의 가까운 곳에 있는 한 아파트에 앉아 하이데거의 『숲 속의 길』에 몰두하다가도 나는 지금 무엇을 하는 것인가라는 의문이 언뜻 생기는가 하면, 나를 매혹하는 독일의 옛 중세기풍 도시를 돌아다니다가도 나는 여기서 무엇하는 것인가, 나는 도대체 어디 있는가라는 질문이 자주 튀어나옴을 막아낼 수 없다. 멀쩡하게 60이 가까워질 만큼 오래 살아왔음에도 불구하고 나는 아직 '한 번도 살아보지 못했다'라는 공허감에서 벗어날 수 없다. 이러한 형이상학적 공허감을 채우기 위하여 고함을 치고 싶었고 누구인가, 아니 무엇인가를 불러보고 호소하며 대답을 찾고 싶은 밤이 많았다. 그러나 내게 돌아오는 대답은 오로지 고요한 밤의 침묵이며, 보이는 것은 뜻없이 반짝이는 별들뿐이었으며 들리는 것은 바람소리뿐이었다.

　나의 정신적 상황은 여러 차원에서의 '소외'라는 말로 표현될 수 있을 것 같다. 나의 가족, 나의 친구들, 나의 이웃, 내가 더불어 있는 사회, 내가 태어난 나라, 나를 둘러싼 모든 자연과 더 근본적으로 나 자신과 항상 불편스럽고 거북하고 불만스러웠다. 존재론적으로, 심리적으로 나는 소외되어 있어왔음을 의식한다. 나는 어디서고 그냥 편안스럽게 있을 수 없고, 그 자리가 불편스러우면, 남들은 털어놓고 '허허' 담담하게 웃고, 싸우는 데 반해서 어딘가 모르게 그저 거북스럽고, 멋쩍기만 함을 항상 의식해왔다. 하필 나만이 그렇지는 않을지 모르지만, 사르트르가 주장한 것과는 달리 모든 인간의 존재구조가 그러하지 않고 나만이 그렇다면 그 이유는 어디 있을까? 그것은 내가 벌써 25년 이상을 객지, 그것도 문화와 인종을 전혀 달리하는 객지에서 혼자 이곳저곳 흘러 다니며 살았기 때문일지도 모른다. 불어나 영어가 모국어가 아닌 이상 일상생활에서나 직업적 생활에서 특히 처음에는 표현하기 어려울 만한 소외감을 느꼈고, 5년이나 살았던 프랑스에서, 그리고 25년을 살고 있는 미국에서 지금까지도 말이 자유자재로 나오지 않아 뜻과 생각이 확실히 표현되거나 전달되지 않음은 물론, 사고 자체가 제대로 이어지지 않는다. 왜냐하면 보통 생각하고 있는 바와는 달리 사고는 언어와 떼어 생각할 수 없기 때문이다. 문제는 말뿐만이 아니다. 혹시 나의 경험과는 다른 생각을 하고 있는 미국 교포들이 더러 있지만 적어도 나는 내가 백인 속의 황인이라는 사실, 얼굴이 희고 키가 늘씬한 백인들의 틈에 지금 껏 끼어 있는 얼굴빛이 구리빛인 키가 작고 코가 납작한 소수민으로서의 아시아인임을 의식하지 않을 수 없다. 그런 사실을 의식하지 않다가도 동양인, 아니 한국인이 백인들 틈에 오가다 끼어 있는 것을 객관적으로 볼 때 잊었던 사실을 새삼 의식하지 않을 수 없곤 했다. 인종적 소외가 없다고 가정해도 문화가 다르고, 따라서 가치관·관습·인간관계가 다른 서양의 문화권에 살려면 문화적 소외감을 면할 수 없다. 20년 동안 가까운 친구는 많이 있지만 술잔을 돌리면서 마음을 털어놓고 술에 취하여 이야기를 나누고 인생과 세계를 큰 소리로 함께 논해본 친구를 가져본 적이 없다.

　그럼에도 불구하고 냉정하게 반성해볼 때 나의 소외의식은 내가 오래 위와 같은 상황 속에서 객지생활을 해오고 있기 때문이 아님이 확실하다. 나의 소외의식, 나의 허무주의는 내가 조국을 떠나기 훨씬 전, 중학교 시절에 이미 깊게 뿌리박기 시작하고 성장해 있었다는 사실이 그러한 사실을 증명해준다. 만일 내가 외국에 살지 않고 서울에 남아 살았더라면 나는 오히려 더 심한 소외감을 의식했었으리라고 추측된다. 요즈음은 상상 이상으로 달라졌지만 한국에서의 빈곤은 너무 가혹했다. 기본적 의식주만도 퍽 어려운 문제였다. 인간관계가 너무 복잡하게 뒤얽혔다. 이성적인 것이 잘 통하지 않는다. 부조리가 각계각층에 너무나 만연되어 있다. 정치적으로 억압적이다. 지난 20여 년 한국은 혼돈과 절망 속에서 갑자기 놀라운 민족의 에너지, 민족적 생명력을 자신에게는 물론 전 세계에 보여주었다. 미군이 쓰다 버리고 간 지프차만 보아도 개화를 연상했던 30여 년 전과는 너무나 대조되게 울산에서 생산된 자동차가 이른바 선진국에 대량으로 수출되게 된 한국의 산업화는 누가 봐도, 누가 무어라 해도 경탄할 만하다. 한국 전체를 통해 호텔이라곤 지금은 헐어 없어진 조선호텔, 반도호텔이었고, 아파트라고는 혜화동로터리에서 성북동으로 넘어가는 언덕 왼쪽에 몇 층짜리 바라크 같은 것뿐이었던 과거에 비할 때 서울은 물론 전국 어디를 가나 즐비하게 늘어선 고층 아파트 단지, 그리고 호화로운 수많은 호텔들은 너무나도 빈한했던 우리가 얼마나 부유해졌는가를 말해준다. 전국 방방곡곡으로 뻗은 고속도로는 물론 몇 배로 늘어난 대서울의 온 거리를 물밀듯 달리는 자가용 자동차들은 좋든 나쁘든 한국이 살아 있다는 것, 한국이 그동안 얼마나 급속도로 변했는가를 역력히 보여주는 증거물들이다. 한국민은 이제 자신을 갖게 된 것 같고 한국민의 어깨는 꽤 높아진 것 같다. 이제 한국민은 빈곤으로부터의 소외, 국제적으로 딴 선진국들로부터의 소외에서 벗어나왔거나 벗어나고 있는 상황에 놓여 있음에 틀림없다. 그러면서도 모든 곳에, 언제나 그러한 것이긴 해도 특히 한국에서 어딘가 삶의 '악착스러움'을 피부로 느낀다. 대체로 마음과 행동이 거칠고, 막되고, 억척스럽다는 느낌이다. 어딘가 야생적인 데가 있다. 삶의 현장이 막노동 판 같다는 생각이 나게 한다.

삶이 악착스러워야 한다면 나는 그러한 삶은 싫다. 남을 밀어제치고, 넘어뜨리고, 짓밟아야 하는 것이 삶이라면 그러한 삶은 나는 바라지 않는다. 삶의 이러한 양상은 비단 한국전쟁에서만, 택시 잡는 데서만, 남대문 시장에서만, 대학 입학시험에서만, 정당 간의 싸움에서만 찾아볼 수 있는 것이 아니다. 그것은 한국사회 특유의 속성이 아니라는 말이다. 겉으로는 세련된 것 같은 이른바 서구 선진국가의 보이지 않는 밑바닥에는 똑같은 싸움의 원리가 작용하고, 우아한 옷을 걸치고 향수가 그윽한 이른바 귀부인들의 스커트 밑에는 역시 똑같은 '악착스러움'의 원리가 숨어 있는 것이다. 껍데기를 하나하나 벗겨 보면 삶은 그 자체가 끊임없이 계속되어야 하는 악착스러운 투쟁인지도 모른다. 이런 투쟁, 이런 악착스러운 삶에 형이상학적 의미를 발견한다면 별문제이다. 문제는 그러한 의미를 전혀 찾지 못하면서 삶에의 본능 때문에, 오로지 그 본능 때문에 살아남으려고 매달려 있는 스스로를 의식하는 것이다. 내가 근본적으로 삶으로부터 소외감을 강력히 의식한다면 그것은 표면적으로는 사회적·경제적·정치적인 데 기인하겠다 하지만, 궁극적으로 따질 때 그것은 보다 형이상학적인 이유에서라고 믿는다. 인간의 존재 구조 자체에 원인이 있다고 생각된다. 지금 독일의 라인 강변을 1년간

소요하는 나는 남들이 보나, 나 자신이 스스로 보나 분명히 어느 정도 팔자 좋은 사람임에 틀림없다. 내 자신이 반성해보더라도 아무 의무 없이, 오랫동안 오고 싶었던 곳에서 뜻대로 관광하고 시간을 보내면서 퍽 즐겁다. 마음이 편하고 새로운 것을 보고 듣고 아는 재미를 느낀다. 그러면서도 나는 스스로가 뿌리 없이 떠 있는 것 같다. 나의 삶의 근원적 근거, 근원적 의미를 알 수 없는 데서 형이상학적 소외에서 헤어나지 않을 수 없다. 나는 근본적으로 모든 사물의 언어를 해석해낼 수 없는 데서 깊은 뜻에서 무한히 허전하게 들떠 있음을, 그리고 내 삶이 근원적인 차원에서 텅 비어 있음을 의식한다. 나의 죽음은 물론 인류의 잠음 같은 역사, 그림자같이 사라진 영웅들과 황제들을 생각하면 더 절실하다. 이러한 상황은 사실 나 자신만의 것이 아니라 그들이 의식하지 않아도 모든 사람들에게 해당된다고 확신한다.

삶의 근원적 의미를 발견하지 못했다고 한다면 마땅히 스스로 목숨을 끊고 죽어야 한다는 결론을 내야 할지 모른다. 그러나 죽어야 할 이유도, 죽는 의미도 발견되지 않는다. 나는 궁극적으로 이것도, 저것도 알 수 없다는 결론을 내릴 수밖에 없다. 우리들이 알 수 없는 뜻이, 우리들이 볼 수 없는 어떤 의미가 있어 그런지 아닌지는 몰라도 어쨌든 나는, 그리고 우리는 우리 자신이 어쩔 수 없는 삶의 본능에 매달려 살고 있다. 큰소리를 치며, 철학을 논하고 신을 논한다 해도 어쩌면 우리는 다 같이 본능의 노예로서 삶의 감옥에 갇혀 있을 수밖에 없는 사정에 처해 있는지도 모른다.

싫건 좋건 우리는 살 수밖에 없다. 문제는 사느냐 아니냐가 아니라 어떻게 살아야 하느냐에 있다. 어차피 언젠가 죽어야 한다면 죽는 날까지 어떤 방식으로 무엇을 추구해야 하느냐에 있다. 한마디로 어떻게 하면 한 번밖에 살 수 없는 삶을 가장 보람 있게 사느냐를 알고자 하는 것이다. 어떤 삶을 사느냐에 있다. 물론 죽으면 마찬가지이다. 그러나 비록 모든 꽃나무가 언젠가는 시들거나 늙고 죽어 썩게 마련이지만, 꽃을 한 번이라도 피우고 죽는 나무와 그렇지 않은 나무 사이에는 뛰어넘을 수 없는 거리가 있다. 꽃은 다 같이 지는 꽃이라도 그중에 더 아름답게 피었다 지는 꽃과 그렇지 못한 꽃 사이에는 자로 측량할 수 없는 간격이 있다. 때가 되어 죽기는 마찬가지이지만 꽃을 피우고 죽은 나무는 그렇지 않은 나무에 비해서 역시 아름답다. 때가 되면 다 같이 시들어 없어지기는 매일반이지만, 어떤 꽃은 역시 다른 꽃들보다도 더 아름답다. 더 아름다우면 그만큼 좋다는 것은 말할 필요도 없다. 한 사람의 인생도 마찬가지다. 우리의 인생이 꽃나무에 비할 수 있다면 이왕이면 꽃을 피우는 나무가 되고 싶고, 우리의 인생을 꽃에 비할 수 있다면 같은 값이면 보다 아름다운 꽃으로 피었다가 사라지고 싶다는 것은 자명한 논리이다.

그렇다면 어떤 삶이 꽃을 피우는 삶이며, 어떤 종류의 인생이 꽃 가운데에서도 보다 아름다운 꽃이 될 수 있을까? 나는 꽃이 되고 싶다. 나는 보다 아름다운 꽃이 되고 싶다. 그렇다면 나는 무엇을 했어야 했을 것인가? 나는 이제부터라도 무엇을 해야 할 것인가? 의식적이든 무의식적이든 간에, 계획적이 아니었더라도 나는 항상 꽃으로 피고 싶었으며 꽃이 되고자 방황하고 애써왔다고 스스로 믿는다. 물론 이러한 의도는 나 자신에서만 찾아볼 수 있는 것이 아니라 모든 사람에게 해당됨은 틀림없다. 만일 그렇게 보이지 않았다면 그것은 오로지 외형상에서 나타나는 것이며, 방법의 차이 때문임을 잊어서는 안 될 것이다. 지나간 나의 삶을 이제 되돌아보면 나의 의도와 노력에도 불구하고 나의 삶은 꽃으로 피지 못했음을 나 스스로 뼈아프고 안타깝게 깨닫고 있다. 아직 꽃으로 피지도 못했다면 지금부터라도 나의 인생을 꽃으로, 그리고 아름다운 꽃, 즉 가장 보람 있는 것으로 만들고 싶을 따름이다. 이제 백발이 되었기에, 이제 살날이 과히 오래 남지 않았다는 가혹한 사실을 의식하기에 꽃이 되고자 하는 욕심은 더 간절해지고, 마음은 그만큼 더 초조해진다.

인간의 삶이 꽃으로 핀다는 것은 한 사람이 자신의 인생에 성공한다는 뜻이 될 것이며 인생의 성공은 인간사회에 물질적·기술적·사회적·지적·영적으로, 그리고 무엇보다도 도덕적으로 이바지하는 데 있는 것 같다. 이런 관점에서 나의 인생이 실패라는 사실, 나의 인생이 꽃으로 피지 못했다는 사실은 안타깝게도 너무나 자명하다. 나는 아무것도 해놓은 것이 없다. 그러나 인생의 성공은 외형적으로나 객관적으로 나타날 수 있는 구체적인 결과에 의해서만 전해질 수 없다고 믿는다. 물론 외형적인 성공이 가능하다면 그만큼 바람직하고, 그러한 성공은 사회적으로 의미가 있다. 그러나 각 개인에게 있어서 더 중요한 뜻, 더 근본적인 뜻으로서의 인생의 성공은 남들이 어떻게 보든 자기 자신이 스스로 생각할 때 넓은 뜻에서, 그리고 가장 근본적인 뜻에서 도의적 삶을 살아가는 데 달려 있다. 죽는 순간 가슴에 손을 얹고, 누가 무엇이라든 간에 '나는 내 힘껏 내 뜻대로 옳게 살았다'라고 스스로 말할 수 있을 때 그 사람의 삶은 꽃이요, 성공한 삶이다.

내가 이룩한 것은 아무것도 없다. 물질적으로 또는 사회적으로는 물론, 지적으로나 도덕적으로 내가 이룬 것이라고는 단 한 가지도 없다. 나는 자식마저도 갖지 않았다. 나는 가장 왕성하게 활동할 30대에서부터 객지에 굴러다니며 30년 가까이 살아왔다. 쓸데없는 가정이지만, 만일 내가 서울에 남아 있었다면 결혼하여 자식을 낳고 재산을 다소 모으고, 사회적으로 어떤 감투를 썼거나 그 반대의 입장에서 존경받는 투사가 되었을는지 모른다. 그러나 어쩌다가 나는 그런 가능성을 버리고 객지에서 외롭게 살기를 택했었다. 나는 오히려 이른바 사회적, 특히 관직적 성공을 의식적으로 기피하고 멸시했다. 나는 최근까지만 해도 혼자 살기로 결심하고 있었다. 왜 그런지 모르지만, 나는 모든 것을 투명하게 보고 싶었고, 나 자신 역시 철저하게 투명한 지식을 갖추고 싶었으며, 무엇인지 모르지만 정말로 스스로에게 진실하게, 도덕적으로 살아, 모든 것을 희생하고서라도 '인생의 성공'을 이루고 싶었다. 한마디로 나는 정말 삶의 뜻을 알고 싶고, 그러한 뜻이 있는 삶을 살고 싶었다.

내가 끊임없이 추구해온 나의 위와 같은 절실한 갈망이 객관적으로 보아 어느 점에서나 이루어지지 못했음은 애처롭다. 그러면서도 한 가지 자위가 된다면 그것은 어려운 상황 속에서, 그리고 여러 가지 값싼 유혹을 물리치고 내가 살고 싶은 삶을 계속 추구하는 데 좌절되지 않았다는 사실, 꿈을 추구하는 데 좌절되지 않았다는 사실, 내 자신에게도 확실치 않지만, 내 자신의 가치를 추구하며 살아왔으며, 또 지금도 그러한 결심을 굽히지 않고 있다는 사실에 조금이나마 위안을 얻는다. 고통스러웠던 나의 삶 가운데 후회되는 것이 한두 가지가 아니다. 잘못했다고 반성되는 것이 허다하다. 그러나 나는 내가 지켜온 삶에 대한 태도에 대해서는 후회하지 않는다. 그러기에 비록 인간의 삶이 궁극적으로는 뜻없는 현상에 불과하더라도, 가능하다면 나는 다시 한번 태어나서 비록 고해 같은 인생일지라도, 내가 이 인생에서 저질렀던 많은 과오와 잘못이 없는 삶을 유치원부터 시작하여 다시 한번 보다 더 열심히 살고 싶은 것이다.

물론 이것은 헛된 망상에 불과하다. 그러나 이러한 망상은 삶에 대한 나의 긍정적 태도를 말해주며, 얼마 남지 않은 나의 삶을 가능하면 보다 뜻있게, 나의 신조대로 보다 잘살아보려는 자신에게 주는 하나의 다짐에 지나지 않는다. 나치 정부가 너무나도 비인도적 범죄를 저지르기 전까지만 해도 철학적·과학적·문학적·예술적·이데올로기적 창조에 비옥했던 독일의 땅을 두루 돌아보면서, 눈 오는 날 혹은 비 내리는 날, 나는 마인츠시 라인 강변을 서성거리면서 이제부터라도 이 땅이 낳은 위대한 정신의 소유자들의 삶에 조금이나마 닮아보고자 하는 것이었다. 이런 마음 상태에서 나는 프라하시 카프카의 무덤 앞에, 동독에 있는 바이마르시의 괴테가 살던 집 안에서, 루터가 성서를 처음으로 독어로 번역하여 종교혁명을 일으켰던 낡은 책상 앞에서, 베토벤이 작곡에 사용하던 피아노 앞에서, 마르크스가 나서 자랐던 집 안에서, 그리고 눈이 쏟아지는 날 남서 독일의 대학 도시 프라이부르그시의 교외 높은 슈발츠발트산 언덕, 눈에 파묻힌 명상적 하이데거의 유명한 '별장' 밑에 잠시나마 서 보며 그럴 때마다 나는 흐뭇한 느낌을 의식하곤 했다. 나는 과히 불행하지 않다.

《문예중앙》, 1984~1988

『사물의 언어』 초판 서문

자신의 비밀을 갖고 있으면 엉큼해 보여 스스로 싫다. 그러나 자신의 비밀을 모두 털어놓으면 허전해진다. 마지막 카드를 잃은 격이기 때문이다. 아니 갑자기 무방비 상태에서 위험성을 느낀다. 금방이라도 해를 당할 것 같다. 비밀이 없다면 남들 앞에 옷을 벌거벗고 알몸으로 있는 것이나 다름없다. 벌거벗은 우리는 아무리 잘난 척해도 동물에 지나지 않음을 의식하지 않을 수 없다. 진짜 동물처럼 털도 없는 우리 알몸은 다치기 쉽다.

여기 내놓은 이야기는 일종의 자서전이다. 자서전을 쓴다는 것은 비밀을 털어놓음의 행위이며 남들 앞에 벌거벗고 나타나는 자세이다. 자서전을 내놓고 허전할 것을, 남들의 웃음거리가 되거나 그들로부터 피해를 받기 쉬울 텐데 나는 무엇 때문에 내 자신의 얘기를 세상에 하려는가.

자신의 비밀을 털어놓고 남 앞에서 옷을 벗고서는 약점이 뻔함에도 고사하고 더러 사람들은 자서전을 쓴다. 여태까지 그런 책을 낸 사람들에게는 뚜렷하고 정당한 이유가 있다. 그들은 어떤 점에선가 특수한 사람들이다. 그들은 한결같이 무엇인가 인류에게 중요한 일을 해서 모든 사람들로부터 그런 점을 인정받았던 사람들이다. 그들은 역사에 남을 사상가든가, 예술가든가, 학자든가, 발명가든가, 정치가든가 혹은 사업가가 될 수 있다. 이런 사람들은 자신의 이야기를 통해서 남들에게 보다 훌륭한 지침이 될 수 있다. 인류 문화에 중요한 역할을 한 사람이 아닐 경우라도 남들이 상상도 못 할 특수하고 짙은 경험을 한 사람이라면, 그러한 자신의 경험을 세상 사람에 알리는 데에서 뜻을 찾을 수 있다. 남들도 간접적으로나마 그러한 삶의 경험을 나누고 그만큼 삶의 폭을 넓히고 삶의 색을 짙게 만들 수 있기 때문이다.

그러나 내가 위의 두 가지 가운데 어느 범주에도 속하지 않음은 그 누구보다도 내 자신이 먼저 잘 알고 있다. 겸손해서거나 점잔을 빼느라고 하는 말이 아니다. 오히려 내 삶은 적어도 겉으로 보아 이렇다 할 드라마, 스릴마저도 전혀 없다. 흔해빠진 연애 한 번 제대로 해보지 못했다. 나는 성 아우구스티누스의 극적 종교적 경험도 해보지 못했고, 루소와 같이 파란은 많지만 화려한 자랑스러운 인생을 살아온 것도 아니며, 이 낭만주의자처럼 모든 것을 깨끗이 세상에 털어놓고 싶은 충동이 있지도 않다. 톨스토이처럼 위대한 문학작품을 써서 세계적 명성을 올렸거나 그처럼 인생의 깊이 있는 의미를 발견한 것도 아니다. 사르트르같이 조숙하여 문학에 철저히 집념을 갖고 작가로서 후에는 철학가로서 한 세기에 중요한 영향을 준 것도 아니다. 위와 같은 인물들과 스스로를 비교한다는 자체가 과대망상이다. 내가 정말 아무것도 아니라는 것, 그냥 그림자처럼 사라질 거라는 것을 나 자신이 너무나도 잘 의식하고 있다. 그렇다면 이런 글을 발표하고 그런 것을 책으로 모아 다시금 세상에 내놓는 이유는 무엇일 수 있겠는가?

지금 제도로 계산하자면 고등학교 1학년 때 이 책에서 이야기했듯이 「허무론」을 써서 교내 문예지에 발표하려고 제출했다가 담당 선생님의 반대로 발표하지 못한 적이 있다. 이 책을 쓴 이유는 그 당시 발표하지 못했던 생각을 내 자신의 구체적인 체험을 통해서 다시 정리해보려는 데 있다. 아무래도 꼭 하고 싶은 생각 같기 때문이다. 이제 이런 얘기를 하지 못하게 막을 선생님이 없는 지금의 상황이 잘된 것인지 아닌지는 두고 봐야 알리라.

이러한 사실은 회갑을 얼마 앞두지 않을 만큼 오래 살았고, 그동안 세상을 많이 구경하고, 책도 권수로 따지면 적지 않게 읽었지만, 나는 정신적으로 근본적인 의미에서 변하지도 않고 성장하지도 않았다는 말이 된다. 그것은 또한 삶의 궁극적 의미, 세상의 궁극적 수수께끼가 의식적이었든 아니었든 간에 나의 평생의 집념이었음을 말해주는 듯하다. 나는 이 문제를 다시 한 번 재정리해보고 싶은 충동을 이겨내지 못했다. 내가 살아온 길을 다시 과거를 더듬어 회상하고 그 의미를 풀어보며 내가 누구인가를, 나의 이른바 아이덴티티를 설정해야겠다는 내적 필요성을 느꼈던 터이다. 여기에 쓴 얘기는 그러한 욕구의 표현에 지나지 않는다. 달리 말해서 이 책은 이름도 없고 밖에서 볼 때 드라마도 없이 평범하게 살아온, 자기 자신에게 우직했던 한 사람이 어쩌다가 일찍이 발견하게 된 삶의, 아니 모든 것의 허무와 싸운 시시한, 그러나 자신에게 치열했던 내적 싸움의 솔직한 기록에 불과하다. 이렇다면 이 책은 모든 차원에서의 나의 살아온 얘기를 하려는 데 있지 않고 나의 지적 행로,

아니 보다 정확히 말해서 허무와 대결해온 나의 정신적 싸움의 굴곡과 과정을 재반성하려는 데 있을 뿐이다. 이런 점에서 볼 때 이 책은 사실상 '그냥 자서전'이 아니다. 구태여 자서전이라고 이름 붙일 수밖에 없다면 지적 혹은 '실존적 자서전'이라고 부를 수 있을 것이다. 나는 아직도 뭐가 뭔지 모른다. 나는 이 글을 통해서 뭐가 뭔지를 좀더 잘 알려고 애쓰는 것이다. 무엇보다도 나 자신을 위해 쓰여진 나의 일종의 회상들이 나 자신뿐만 아니라 독자에게 어떤 생각의 자극을 조금이라도 주면 그것은 이 책이 뜻하지 않았던 즐거운 덤이 될 것이다.

여기 모은 글들은 1984년 가을호부터 1988년 봄호에 사정에 의해 2호를 중간에 뛰어 모두 13회에 걸쳐 계간《문예중앙》에 발표됐었다. 그중 몇 군데 낱말, 문구를 수정한 외에는 그냥 그대로이다. 그중 10회분까지는 1985년 봄까지 미국 케임브리지에서 탈고했고, 다음 2회분은 1986년 봄 독일 마인츠대학에서 집필했고, 마지막인 13회분은 1987년 6월 서울에서 썼다. 사람들의 이름에는 일관성을 위해서 '씨'라든가 '님'이라는 존칭을 한결같이 생략했다.

이 글을 냉큼 실어주시고, 매수 및 횟수에 구애되지 말고 마음대로 쓰라고 계속 격려해주신《문예중앙》의 당시의 주간 정규웅 씨, 그분의 뒤를 이어 계속 이 글을 발표해주신 권영빈 주간에게 새삼 고마운 뜻을 전하고 싶다. 그리고 그 글들을 묶어 하나의 책으로 선뜻 내주시는 민음사 박맹호 사장에게도 사의를 표한다.

1988년 5월 미국 케임브리지에서

3부

—

나의 길, 나의 삶

01
나의 길, 나의 삶

어려서 나는 새를 무척 좋아했다. 여름이면 보리밭을 누비고 다니며 밭고랑 둥우리에 있는 종달새 새끼를, 눈이 쌓인 겨울이면 싸라기를 찾아 뜰 앞 짚가리에서 모이를 쪼고 있는 방울새를 잡아 새장 안에 키우며 기뻐했다. 가슴이 희고 엷은 갯빛 종달새와 노랗고 검은 방울새는 흔히 보는 참새와는 달리 각기 고귀하고 우아해 보였기 때문이다.

나는 개도 무척 좋아했다. 학교에서 돌아와 개와 더불어 뒷동산이나 들을 뛰어다니는 기쁨이 컸다. 가식없는 개의 두터운 정이 마음에 들었던 것이다. 그 개가 동네 사람들에게 끌려가 보신탕이 되던 날 나는 막 울었다.

서울에 와서 나는 문학에 눈을 떴다. 별로 읽은 책도 없고 읽었다 해도 이해한 것은 아니지만 작가는 특수한 인간처럼 우러러 보였다. 무슨 소린지도 모르면서 하나하나의 시는 이 세상에서 가장 귀중한 보석처럼 생각됐다. 나도 작가가 되고 싶었다. 내가 시인이 된다면 당장 죽어도 한이 없을 것처럼 여겨졌다. 보들레르나 말라르메같이 시를 쓸 수만 있다면 휠덜린같이 방황하다 미쳐 죽어도 상관없다고 믿었다. 어떤 직업에도 구애 없이 작품을 내서 인세로 살아갈 수 있는 삶이 가장 부러웠다. 그래서 사회적으로도 화려했던 사르트르가 선망의 대상이 되기도 했지만, 사회와 거의 단절하고 사는 괴벽스러운 샐린저 같은 작가의 생활이 더 멋있어 보이기도 했다.

그후 나는 차츰 무엇이 무엇인지를 도무지 알 수 없음을 의식하게 됐다. 나는 알고 싶었다. 모든 것을 알고 싶었다. 정서적 표현에 대한 충동에 앞서 지적 갈증에 몰리게 됐다. 만족할 수 있는 시원한 지적 오아시스를 찾아 나는 사막 같은 길을 나서기로 결단했다.

시골 논두렁길을 따라 삭막한 서울의 뒷거리를 방황하던 나는 어느덧 소르본대학의 낯선 거리를 5년 동안이나 외롭게 서성거린다. 파리의 좁은 길이 로스앤젤레스의 황량한 길로 연결되고, 그 길은 다시 보스턴의 각박한 꼬부랑길로 통했다. 이처럼 나는 앎의 길을 찾아 30이 넘어 40이 가깝도록 다시 학생 생활을 했고, 이제 60이 넘은 지금까지도 학교의 테두리 속에 서성거리고 있다.

50년의 긴 배움의 도상에서 나는 적지 않은 사람들을 만났고, 적지 않은 것들과 접했다. 그 사람들은 내가 꿈에도 상상할 수 없는 것을 생각하고 꿈에도 가볼 수 없는 지적 깊이를 보여준 철학자들·사상가들·과학자들·예술가들이다. 그것들은 거의 동물에 지나지 않은 인간이 성취한, 에베레스트보다 높고, 눈에 덮인 들보다도 고귀한 도덕적 가치이다. 나는 이런 만남이 있을 때마다 찬미와 존경을 퍼붓지 않을 수 없었고, 경건하고 겸허한 마음을 억제할 수 없었다. 나는 원래 감탄을 잘한다.

이런 경험만으로도 나는 내가 택한 배움의 길에 아쉬움 없는 보람을 느낀다. 내 환경이 만족스러웠던 것도 아니고 내 운명에 대한 불만 의식이 적었던 것도 아니지만, 내가 내 뜻대로 앎을 찾아 배움의 길만을 택할 수 있었던 데 대해서 내 환경이 고마웠고, 내 운명에 감사함을 느낀다. 나는 퍽 운이 좋았던 셈이다. 겉으로 보기에 나의 삶은 사치스러웠다고도 할 수 있다.

배움만을 위해 살아왔고 앎의 길만을 따라다녔지만 나는 아직도 잘 배우지 못했고, 나는 아직도 잘 알지 못한다. 배운 것이 있다면 잘 알 수 없다는 사실뿐이며, 아는 것이 있다면 그것은 오로지 단편적인 파편과 같은 것뿐이다. 전체적으로 모든 것은 아직도 나에게는 아물아물하다.

그러기에 나는 사물현상을 더욱 관찰하고 남들로부터 더욱 배우고, 더욱 생각하고, 더욱 알고 싶은 의욕에 벅차 있을 뿐이다.

내가 궁극적으로 찾는 것은 "이게 다 뭔가", "어떻게 살아야 참다운가"에 대한 대답이다. 이처럼 근본적이고 총괄적 물음에 대한 대답을 내가 찾아낼 수 없음은 처음부터 잘 알고 있다. 아마도 확실한 대답을 갖고 있는 사람은 아무도 없었고, 현재도 없고, 또 앞으로도 없을 것 같다.

내가 지금까지 배우고 생각한 끝에 알 수 있는 것이 있다면 그것은 극히 단편적이며, 극히 피상적인 것에 지나지 않음을 나는 잘 알고 있다. 나는 이런 것들이나마 더 배우고 생각해보고 더 알고 싶다. 나는 눈을 감는 날까지 더 배우고 더 알고자 노력할 것이다. 내가 새로운 것을 알았다고 믿게 되거나 이미 알고 있는 것을 더 투명하게 만들 수 있다면, 나는 그것을 철학적 저서를 통해서 혹은 문학작품을 통해서 혹은 잡문의 형식으로라도 표현하고 남들에게 전달하고 싶다.

만일 내 자신을 위한 지적·정신적 추구의 결과가 혹시 남의 사고에 다소나마 자극이 되고 사회에 티끌만큼이라도 공헌할 수 있다면, 그것은 기막히게 기적적 요행의 한없는 기쁨이 될 것이다.

논두렁길에서 시작된 나의 길은 믿어지지 않을 만큼 길고도 짧았다. 어느덧 내 삶의 오후가 왔음을 의식한다. 약간은 아쉽고 초조해진다. 갈길은 더욱 아득해 보이는데 근본적 문제들은 아직도 풀리지 않고 알쏭달쏭하기만 하다.

어렸을 때 초연했던 종달새, 우아했던 방울새, 정이 두터웠던 개가 생각난다. 엄격한 승원이나 깊은 절간의 고요 속에 이런 짐승들을 회상하면서 더 자유롭게, 더 조용히 또 생각하고 또 쓰고 싶다.

《동아일보》, 1990. 6. 11.

02
철학 전후

철학 이전

시골은 나의 고향이다. 작은 시골 마을에서 태어나 시골에서 자랐기 때문만은 아니다. 나에게 시골은 생물학적 의미로만의 고향이 아니라 마음의 고향이다. 내가 시골에서 태어나 그곳에서 자라지 않았더라도 시골은 언제나 나의 고향일 것이다.

중학생이 되고서부터 시골을 떠나 회갑이 넘어선 지금까지 나는 줄곧 큰 도시에서만 살아왔다. 육체적으로 쓰러질 듯 괴롭기도 했고 정신적으로 뼈를 깎는 고독에 울어본 때도 있었지만, 내가 50여 년을 두루 돌아다니며 살던 대도시인 서울·파리·로스앤젤레스, 그리고 보스턴에서 나는 육체적으로, 지적으로, 그리고 또 도덕적으로 성장할 수 있었다. 나는 누구 못지않게 도시생활의 혜택을 받고 즐겼다. 그럼에도 불구하고 나는 궁극적으로 시골을 찾고 있었다. 그러기에 1년 전까지만 해도 보스턴의 가르치던 대학에서 조기 은퇴하고, 겨울이면 눈이 무릎까지 쌓이는 뉴잉글랜드의 깊은 산속 시골에서 여생을 보낼 생각을 구체적으로 했던 것이다. 계획을 바꾸어 반년 전 선뜻 포항공대에 온 결정적 이유의 하나는 이 대학이 아름다운 시골의 산천을 배경으로 하고 있다는 데 있다.

시골, 아니 옛날 시골은 자연과 인간의 가장 가까운 만남을 상징한다. 파스칼이 말했듯이 인간은 다른 존재와는 달리 아무리 노력해도 쉽게 풀리지 않는 이중적 동물이긴 하지만, 역시 자연의 일부임에는 틀림없다. 시골의 삶은 땅과 섞여 인간이 자연의 일부임을 확인해준다. 손과 발에 흙을 묻히며 논과 밭을 갈아 씨를 뿌려서, 야채와 곡식을 계절에 따라 가꾸고 거둔다. 새들의 노래를 들으며 동물들과 접하기도 하고, 벌레들과 함께 산다. 산에 올라가 나무를 마련해서 군불을 때고, 개천에서 빨래를 하다가도 고기를 잡아 밥상을 조금은 풍요롭게도 한다. 서울에서 자라난 애들을 퍽 부러워하기도 했었고, 사춘기를 파리 한복판에서 보내고 평생 그곳에 살 수 있었던 사르트르를 멀리 선망의 눈으로 상상해본 적이 없었던 것도 아니지만, 내가 초라한 시골에서 태어나 시골에서 유년시절을 보낼 수 있었던 것을 머리가 희어질수록 더욱 복받은 것으로 생각한다. 시골에서 살아본 적이 없었더라면 나는 지금 나의 삶에 대해 걷잡을 수 없는 삭막한 느낌을 벗어나지 못했을 것이다.

시골에서 보낸 삶에 어찌 불편함이 없었겠는가. 물질적으로 빈곤했고 문화적으로 원시적이었다. 오늘날은 사정이 많이 다르지만 30년대 한국의 농촌은 말할 수 없이 궁핍했다. 머슴이며 극빈한 소작인들은 말할 것도 없지만, 농사만을 짓고 살 수밖에 없는 시골 사람들의 삶은 즐거움보다는 고통에 시달릴 수밖에 없었다. 해만 뜨면 논이나 밭에 붙어 살아야 했고, 겨울이면 추위에 떨고, 여름이면 더위나 모기와 싸워야 했다. 공부를 해야 하는 동네 아이들은 20리 논과 들길을 걸어다녀야 했다. 시골은 낭만적으로 미화되는 경우와는 달리 파라다이스가 결코 아니었다. 외부에서 객관적으로 볼 때 그것은 오히려 지옥에 가까운 곳이라고도 말할 수 있으리라.

그러나 나는 가난하면서도 가난하지 않고 고통스러우면서 고통스럽지 않았다. 가난이든 고통이든 삶은 그냥 자연 그대로였기 때문이다. 나는 자연 속에서 자연과 섞여 자연과 함께 존재하고 있었다. 자연과 인간의 괴리가 생기지 않았다. 삶은 그 자체로 충만해 있었다. 존재를 잠식하는 '의식'이라는 버러지가 아직 생기지 않았다.

나는 심성이 순하고 약해서 주먹 센 애들한테 괴로움도 받곤 했지만, 공부 잘한다는 칭찬을 선생님들한테서 듣는 재미가 있었다. 새를 좋아했던 나는 틈만 있으면 보리밭 고랑이나 야산을 누비며 새 새끼가 크고 있는 새둥우리를 뒤지고 다녔다. 개천에서는 그물로 고기잡이를 즐겼고 논바닥에서 우렁이 캐기도 좋아했다. 거미줄로 만든 잠자리채로 고추잠자리를 쫓기도 했다. 언제나 탕건을 쓰고 계신 할아버지 앞에서 귀에 못이 박히도록 알지도 못하고 재미도 없는 족보·양반·한시 얘기를 듣는 척하느라 무릎을 꿇고 앉았다가도 기회만 있으면 도망쳐나와 동네 아이들과 뛰어다니며 놀곤 했다. 개를 무척 좋아했던 나는 강아지를 데리고 증조부 큰 산소가 있는 집 바로 뒷동산 잔디 언덕에서 함께 뒹굴며 놀곤 했다. 초가을이면 연못가나 강변에서 낚시하기를 즐겼다. 나는 자연과 더불어 존재하고 있었다. 시골학교를 졸업하면 형들이 뒤를 따라 서울의 높은 학교에 가서 무엇인지 모르지만 저절로 훌륭한 사람 되리라고 믿고 있었는데, 그것도 그냥 자연스럽게만 생각되었다.

당시는 전혀 의식하지 못했지만 지금 뒤돌아 생각해보면 소학교 당시부터 내게 미의식이 싹트고 있었던 것 같다. 별이 함빡 뿌려진 겨울 하늘, 잠을 깨고 나면 지난밤 사이 눈에 덮인 온 세상의 풍경, 뒤뜰 감나무에 매달린 몇 개의 빨간 감, 동네 뒤에 우뚝 솟은 전나무, 달빛이 환한 밤 잠자리에서 듣던 뻐꾸기 소리, 언젠가 다른 동네에 갔다가 본 어느 부잣집의 꾸며놓은 정원과 같은 모습에서 수없이 느낀 강렬한 감동들이 잊혀지지 않는다. 미에 대한 나의 이러한 감수성도 내가 자연에서 느끼는 편안함과 깊은 관련이 있었던 것 같다.

물론 그 당시의 어린 나를 통해서도 자연과 인간 사이, 아니 자연과 인간의 의식 사이에 이미 금이 가 있지 않을 수 없었다. 그러나 그때 나는 그러한 금, 즉 자연과 인간의 갈등을 확실히 의식하지는 못하고 있었다. 인간의 고통과 기쁨의 원천이 될 자연과 인간 간에 생겨난 상처와 같은 균열은 아직도 눈에 보이지 않게 덮여 있었다. 인간은 아직도 자연의 그냥 일부, 그냥 한 측면에 불과한 것으로 보였을 뿐이다. 아직도 자연은 하나로서 인간을 포함한 존재 일반이 내재적 갈등을 드러내지 않고 있었다.

그러나 어느덧 자연과 인간 사이에 금이 드러나고 있었다. 조화롭고 평화로운 나의 시골이 흔들리기 시작했다. 내가 살고 있던 시골과 내가 알고 있던 세계가 세계의 전부가 아니었다. 내가 믿고 있던 우주의 질서가 흔들리기 시작했다. 이렇게 엄청난 사건은 내가 소학교 상급반 무렵이던 때부터 조용히 일어나고 있었다. 그것은 처음에는 잘 의식되지 않게 조용히 시작되었던 것이다. 그러나 중학교에 들어와서부터는 그것이 나의 세계를 근본적으로 위험스럽게 흔들어놓은 삶의 지진으로 발전했다. 이러한 정신적 격동은 내가 시골 건넌방에 많이 쌓여 있던 책을 우연히 접함에서 비롯되었고, 그후 서울에 있는 중학교에 들어와서 문학과 예술을 처음으로 접촉함으로써 더욱 커졌다. 시골집 건넌방에는 큰형이 동경에서 귀국할 때 갖고 온 그림책과 문학서적 등이 많이 있었는데, 항상 호기심이 많은 나는 그것들을 들쳐보다가 내가 시골에서 상상도 해보지 못한 세계가 있음을 발견했다. 나는 무슨 뜻인지도 모르면서 적지 않은 책들을 뒤적이며 막연하게나마 무한한 황홀감에 젖기도 했다. 중학교에 들어가서부터는 일본 작가들의 소설과 일어로 된 세계문학전집을 뒤적이며 문학과 예술의 세계에 어쩔 수 없는 마력을 느꼈다. 해방 후 한국 작가들의 문학작품을 읽고 이해하려 애썼고, 시집들을 되는 대로 읽으며 마치 내가 남들은 알 수 없게 새롭고, 깊고, 아름답고, 고귀한 세계로 들어가는 것 같았다. 사실, 지금은 이 동안에 읽었던 책 가운데 내용이 구체적으로 기억에 남아 있는 것은 거의 하나도 없다. 그 까닭은 그 당시 뜻을 잘 알지도 못하고 그런 책들을 훑어보고 막연히 어떤 분위기만 느끼는 것으로 만족하고 있었기 때문이다.

책의 세계가 퍼지면 퍼질수록 내가 살고 있던 시골 세계가 깨져가고 있었다. 책은 사춘기에 접어들면서 막연하나마 의식하게 된 삶의 고통과 부조리에 대한 나의 의식을 예민하게 하고, 이러한 의식은 다시 나의 지적 호기심을 자극해서 가속도로 책에 대한 관심을 더욱 자극했다. 지적 호기심이 커지면서 나의 정신적 평온은 깨져가고 있었다. 개인적으로는 사춘기의 어려운 심리적 격동, 가정적으로는 경제적 빈곤, 사회적으로는 끊임없이 밀려오는 정치적 격동 속에서 나는 자신도 모르는 사이에 삶의 아픔, 고독감, 그리고 허무감에 빠져 구할 길 없이 허덕이는 소년으로 변해가고 있었고, 마침내는 모든 것을 비웃어버리는 냉소주의자가 되어 있었다.

이 무렵 나는 예술에 눈을 떴다. 문학에 끌리고 있었다. 특히 시에 한없이 매력을 느꼈다. 재주가 있고 환경이 허락했더라면 나는 화가가 되기를 결심했을지 모른다. 지적으로 가라앉고 성숙했더라면 나는 소설이나 희곡을 쓰고 싶어 했을 것이다. 그러나 정신적으로 격동해 있어서 숨이 짧은 나에게는 시가 가장 적절한 감상의 대상이요, 표현의 수단으로 보였다. 시 속에서만 내가 냉소주의로부터 구원될 수 있을 것만 같이 믿어졌다.

시, 그리고 예술 일반이 나에게 이처럼 보인 이유는 그것이 '아름다움'을 의미하기 때문이다. 예술이 아름답게 보인 이유는 그것이 보다 바람직한 새로운 질서와 조화의 창조를 의미한 데 있다. 새로운 질서의 창조를 통해서 예술은 자연과 인간 간의 깨진 조화를 다시 극복해준다고 보았다. 오직 시적 창조만이 잃어버린 시골, 추방되었던 인간의 고향을 다시 찾아줄 수 있고, 오직 시만이 말로 전달할 수 없는 깊은 진실을 표현해줄 수 있을 것만 같았다. 해방 후 몇 년 심한 정치적 혼란, 빈곤, 그리고 부패의 혼탁 속에서 감수성이 비교적 예민했다고 자처했던 사춘기의 시골 소년은, 차근히 지적인 길을 닦아갈 여유도 없이 항상 격동된 감정 속에서 이해도 못하면서 예술이니 문학이니 하면서 의지할 수 없는 마음을 달래려 하고 있었다.

대학에서 불문학을 전공으로 선택한 것은 우연한 결정이 아니었다. 남들이 위대한 과학자가 되어 애국자가 되려고 할 때, 친구들이 정치학과나 법과를 선택해서 국가의 지도자가 되거나 외교관으로서 화려한 국제무대에서 활약하고자 할 때, 혹은 동급생들이 의학을 공부해서 생활이 안전한 길을 택했을 때 나는 실질적으로 무슨 쓸모가 있을지도 전혀 모르면서 문학을 공부하겠다는 것이었다. 문과 가운데서도 프랑스 문학을 택하게 된 것은 프랑스 문학뿐만 아니라 프랑스 문화가 가장 아름답고 화려한 것으로 막연하게 생각하고 있었기 때문이었다.

6·25 전쟁의 와중에서 아슬아슬한 죽음의 위협을 피하여 시골에 숨어 있다가 서울 수복 후 육군에 입대했다. 그후 육군병원의 고름내가 코를 찌르는 병동에 눕게 되었다. 제대를 한 후에는 부산의 부두에서 통역이라는 명목으로 노동자들과 밤을 새우기를 몇 달. 휴전 후 폐허가 된 서울에서 정신적으로는 물론 육체적으로 안정은커녕 휴식도 없이 흘려보내야 했던 몇 년. 이런 가운데서 문학 공부를 한답시고 대학과 대학원을 합쳐 6년을 보냈다. 지금 생각하면 정말 어리석게만 보낸 시간이었다. 그때의 모든 객관적 상황과 분위기를 생각하면 어쩔 수 없었던 대학에는 정말 교수다운 교수가 별로 없었다. 특히 문과에서 그랬고 더욱이 외국 문학과에서 사정은 열악했다. 교수를 원망하기 전에 학생들 자신, 아니 나 자신을 꾸지람해야 한다. 책도 없고 조용히 마음 놓고 공부할 장소도 없었다. 그러나 나는 시간을 보다 적절히 사용할 수도 있었고, 보다 착실히 공부할 수도 있었다. 그러나 나는 대부분의 대학생활을 시를 쓴답시고 이 다방 저 선술집에 몰려다니며 보냈다. 지금 생각하면 제대로 읽은 책은 거의 없다. 제대로 이해했다고 기억되는 책은 단 한 권도 없다. 문학을 공부하는 것이 무엇인지 알 수 없었고, 불문학을 공부한다는 것이 무엇하는 것인지는 더욱 몰랐다. 단편적으로 읽은 소설과 시에 매혹되기도 하고 흥분되기도 했지만, 그와 동시에 그러한 경험들은 사실상 나를 더욱 정신적으로 혼란에 빠지게 했다. 보들레르의 시에서 무서운 충격과 더불어 마력을 느끼고, 더욱 난해한 엘뤼아르의 시에서 잡히지 않는 이미지의 아름다움을 느꼈지만 그러한 시들, 그러한 시들에서 얻는 경험이 나에게 구체적으로 무엇을 의미하며, 그러한 것들이 나의 시작詩作에 어떻게 거름이 되는지도 알 수 없었다. 시랍시고 많

은 원고지를 찢고 또 메웠지만 내 스스로 읽어보아도 '시 같지' 않았고, 그것이 무엇을 의미하는지, 어째서 중요한지도 알 수 없었다. 그럴수록 좋은 시를 써보겠다는 의욕은 많았지만, 또한 그럴수록 나는 더욱 알 수 없게 되어가고 있었다. 자연과 인간, 나와 세계가 걷잡을 수 없는 소용돌이 속에 어지럽도록 돌아가고 있었다. 이런 상황에서 나는 정신을 차려야 했다. 모든 것에 대해서 좀더 분명해야 했다. 그러려면 모든 것을 알아야 했다. 시를 쓰기에 앞서, 불문학을 공부하기에 앞서 내게 보다 절실했던 문제는 사는 것이 도대체 무엇이며, 내가 어떻게 살아야 할 것인가를 알아야 하는 일이다. 나는 예술 혹은 시에 관심을 갖기에 앞서 철학적인, 아니 종교적인 관심을 갖고 있었던 것이다.

이 무렵 세계적으로 화제가 되어 있던 실존주의에 대해, 그리고 특히 대표적 실존주의자인 사르트르에 대해 단편적으로 주워듣고, 극히 단편적으로나마 사르트르에 대한 책을 접하게 됐다. 사르트르가 프랑스의 대표적 철학자인 동시에 작가이며 평론가라는 사실 때문에 불문학과에 있었던 나에게는 극히 자연스러운 일이었을 것이다.

그러나 나에게 있어 사르트르는 불문과에 속했기 때문에 알아두어야 할 이름만은 아니었다. 그 당시는 잘 이해도 못했으면서도 사르트르와의 접촉은 나에게 있어 크나큰 충격이요, 계시이며, 구원의 빛과도 같이 막연히 느껴졌다. 오직 사르트르만이 인간으로서의 삶이 어떤 것이며, 세계가 무엇인가를 설명해주는 것 같았다. 사르트르만이 그 당시 내가 깊이 빠져 헤어나지 못하고 있던 절망과 '허무주의' 무력감으로부터 나를 구원해줄 수 있는 것같이 보였다. 그는 나에게 운명을 개척할 용기를 돋워주었다.

사르트르의 작품은 물론 다른 평론 혹은 철학적 서적을 프랑스어로 읽으면서 그런 저서를 쓴 작가들의 경탄스럽게만 보이는 지식의 양과 사고의 정연함, 그리고 표현의 논리적 수려성에 한없이 머리가 숙여지고 그와 비례해서 내 자신이, 아니 그 당시 한국의 학자들이나 지식인들이 얼마큼 무식했던가를 느끼지 않을 수 없었다. 그리고 시를 쓴다, 문학을 한답시고 술이나 마시고 떠들썩하게 흥분해 지내오고 있던 내 자신, 그리고 그 당시의 내 주변에서 볼 수 있는 대학의 분위기가 얼마나 유치했던가를 남몰래 의식하지 않을 수 없었다. 내 자신이 무척 불편스럽게 느껴졌다. 내 주위, 한국의 학문적, 그리고 더 일반적으로 말해서 지적 환경이 숨이 막히게 답답하게만 느껴졌다.

나는 책을 통해서 어렴풋이나마 알게 된 외국의 지식인, 더 정확히 말해서 프랑스의 지식인들로부터 직접 배우고 싶었다. 적어도 지적으로 그들과 대화라도 할 수 있는 수준에 올라가고 싶었다. 그들만큼 지식이 많다면 세상은 얼마나 밝을 수 있겠는가 하고 생각하게 되었다. 단 한번만이라도 그들이 경험하고 있을 지적 환희를 스스로 체험하고 싶었다. 넓은 세계를 알고 싶었다.

이러한 내적 요청을 충족시키려면 나는 떠나야 했었다. 문화의 중심지라는 파리로, 사르트르가 진을 치고 있는 라틴가로, 800년이 넘은 소르본대학으로 가야 했다. 잘은 모르지만 무엇인가 멋있고 진리를 담은 듯한 얘기를 하는 프랑스의 지식인들, 세계적 학자들을 이해하고 싶었다. 배우고 또 배워서, 알고 또 안 다음 나의 혼돈된 세계를 정리하고 무너져가는 나의 내적 세계에 질서를 찾지 않으면 안 되었다.

알고 나면 그렇듯이 배우고 또 배워도 다 배울 수 없는 것이 너무나 많다. 알고 알아도 또 알아야 할 문제가 너무나 방대하다. 서울에서 문학이네, 인생이네, 사르트르네, 카뮈네를 잘난체하고 떠들며 다니던 때도 있었고, 내 딴에는 남들이 도달하지 못한 정신적 깊이에 도달했다고 문학 소년다운 환상에 사로잡힌 때도 더러 있었지만, 그곳 소르본에 가 보니 서른이 넘은 나는 그곳 어린 학생들에 비해서도 너무나 지적으로 무식하고, 정서적으로 너무나 유치함을 깨닫게 되었다. 읽어야 할 책이 너무 많았다. 불문학을 한답시고 정신을 차리고 열심히 강의도 듣고 책도 읽었지만 그것을 소화시키기는 쉽지 않았다. 그것을 둘러싼 문제가 걷잡을 수 없을 만큼 다방면으로 퍼져가서 다른 분야의 책도 한없이 읽어야 함을 깨닫게 되었다. 그런 것들을 모두 소화했더라도 내가 공부하고 있는 분야가 방대한 학문 분야에 비추어볼 때 극히 일부에 불과함을 알게 되었고, 그럴수록 내가 하고 있는 공부에 신명이 덜 났다. 문학 공부가 무엇을 하는 것인지조차 분명치 않았다. 내가 정말 하고자 하는 문제는 보다 보편적이며 근본적인 문제가 아니었던가.

열심히 살아가고 있었지만 나는 아직도 인생의 의미가 무엇인지 알 수 없었다. 근본적으로는 아직도 형이상학적 차원에서 냉소주의를 극복하지 못하고 있는 상태였다. 아직도 모든 것은 근본적으로 혼탁했다. 파리에 와서도 시에 대한 향수, 시를 쓰고 싶은 욕구는 순간순간 치솟고 있었지만 이른바 '공부'를 하다 보니, 모든 것을 설명하고 이해하고 배우려는 데 열중해 있는 나머지 단 한 줄의 시구도 쓸 정서적 여유가 없었고 마음의 틀이 마련되지 않았었다. 나의 관심이 보다 근본적이고 보편적인 문제, 따라서 그만큼 추상적인 문제로 더욱 쏠리게 되니 시를 쓰지 못하고 있을 뿐만 아니고, 불문학 공부, 아니 문학 공부 그 자체에서 차츰 멀어지고 그것과는 좀 다른 지적 문제를 풀어야 했다. 어느덧 나는 자신도 모르게 본격적으로 철학의 영토에 발을 디디고 있었다. 지금 반성해보면 나는 시에, 아니 '시'란 말에 중학 시절부터 매혹되어 있었지만 시 자체에 그냥 도취되어 빠지기 쉬운 문학 소년만은 아니었다. 기질이 철학적이었다고 생각된다. 내가 시를, 문학을, 그리고 예술을 좋아하게 된 것도 이러한 것들이 가질 수밖에 없는 철학적 성격이 중요한 이유였던가 싶다.

서울대에서 쓴 나의 발레리에 관한 석사 논문은 문학 논문으로서는 비교적 철학적이었다고 보며, 소르본대학에서 박사학위를 위해 쓴 말라르메에 관한 논문을 두고도 논문 지도교수와 논문 심사위원들이 문학 논문치고는 퍽 철학적이라고 평했었다.

철학 학습

학문의 세계, 보다 광범위하게 말해서 지적 세계를 단편적으로나마 접촉하게 되면서 모든 학문, 모든 문제를 모두 알고 싶었다. 여러 가지 분야에서의 다양한 학문적 혹은 그냥 지적 이론을 희미하게나마 발견하면서 그것들의 효용성과는 아무 상관도 없이 지적 놀라움과 기쁨을 자주 느끼곤 했었다. 심리학·사회학·과학·종교 등 모든 것을 다 터득하고 싶었다. 정말 지식인, 정말 학자가 되고 어떤 문제에 대해 발언하려면 이런 것들을 모두 알아야 하겠다는 생각이 들었다. 그럴수록 내게는 나의 길이 너무나도 아득해 보였고, 여러 가지 여건으로 보아 처음부터 좌절감을 느끼고 나의 뜻을 단념해야 한다는 안타까움에 시달렸다. 과거와 현재에 걸쳐서 적지 않은 사람들, 아니 정말 많은 사람들이 그같이 방대하고 깊은 지식을 갖추고 있다는 사실을 부정할 수 없는 나로서는, 그들과 같은 지적 경지에 결코 이를 수 없다는 사실에 내 자신의 '운명'

을 탓하고 싶은 때도 있었다.

그러나 늦었지만, 그리고 만족스럽지는 못하지만 구체적으로 어떤 것부터, 아니 어떤 한 가지만이라도 시작해야 하지 않겠는가. 나의 지적 관심이 시, 그리고 문학에서 다른 어느 분야보다도 철학적인 것으로 바뀌어가면서 철학책을 읽어보고 철학 강의를 듣기 시작했다. 그러나 나는 단 한번도, 그리고 단 한순간도 장래에 직업적 철학 교수가 되겠다는 생각을 해본 적이 없다. 나는 철학적이라는 것에 대해 그냥 끌려가고 있었으며, 그것이 그냥 재미있게 생각되었을 뿐이었다. 철학이라는 '빛'에 기쁨을 느끼고 있었을 뿐이었다. 그렇지만 나는 그냥 청강하는 것으로는 만족하지 않았다. 내 자신에게 규율을 스스로 주고 단단한 지적 훈련을 하기 위해서 대충 미국의 석사에 해당하는 '리상스licence'를 따보기로 마음먹었다. 나는 식지 않는 지적 정열을 갖고 가증하는 재미를 느끼며 열심히 여러 가지 철학 강의를 듣고, 책을 읽고, 그 내용들을 이해하려고 몇 년 동안 애썼고, 마침내 소정의 과정을 통과해서 리상스를 따냈다. 이것을 따내려면 네 가지 분야에서 그 당시 나에게는 퍽 어려운 필기시험과 구두시험에 통과해야 했는데, 그 시험에 통과될 때마다 내 자신의 지적 능력에 약간의 자신을 얻게 되는 위안도 느꼈고, 어려운 난관을 극복했다는 약간의 승리감도 혼자 경험했다. 그때로부터 반세기 가까이 지난 지금 나의 삶을 회고해볼 때, 육체적으로나 경제적으로 극히 빈곤했던 그 당시의 몇 년 동안에 가장 신명나는 삶의 경험을 했던 것 같다.

칸트, 데카르트, 스피노자, 흄, 헤겔, 플라톤, 하이데거 같은 이름들에 좀 익숙할 수 있게 되고, 그들의 철학이 각기 독특한 것임을 알게 된 것도 이즈음이었다. 철학하면 파스칼, 사르트르와 같이 낭만적인 것으로만 막연히 생각하고 있었지만, 이런 철학과는 퍽 다른 냉랭하고도 메마른, 그러나 어쩌면 더 철저한 논리와 체계를 추구하는 철학이 있음을 발견했다. 그들의 철학을 이해했다고는 전혀 말할 수 없다. 그들이 던진 문제와 그들이 제시하는 대답, 그리고 그들의 논지에 신선함을 느꼈다. 특히 칸트의 철학을 발견한 경이와 기쁨은 아직도 생생하게 기억된다. 형식 논리 논증의 구조, 그리고 과학적 사고와 가장 새로운 과학적 이론을 극히 개요적이나마 알게 된 것도 이 무렵이다. '상대성원리', 보어의 '양자역학', 리만의 '비유클리드 기하학' 등의 존재를 알면서부터 철학 아닌 순수 과학 이론에 대한 매력도 크게 느꼈다. 마르크스, 스펜서, 프루동 등의 정치사회철학, 베버나 뒤르켐, 모스 등의 사회학이 존재함도 이때 알게 되었다. 프로이트의 정신분석학, 레비 스트로스의 구조주의 인류학, 바르트의 기호학, 바슐라르의 과학철학과 시학을 접한 것도 이 무렵이다.

해석학·현상학, 그리고 언어철학의 분야에서 세계적으로 알려진 리쾨르의 '기호'에 대한 강의가 그의 많은 저서처럼 가장 조리 있는 강의라는 인상이 아직도 생생하다. 철학사에서는 알키에의 칸트, 그리고 헤겔에 관한 강의가 기억에 남고, 사회철학에서는 르포르의 마르크시즘에 관한 강의, 사회학에서는 아롱의 '산업사회'에 관한 유창한 강의, 그리고 소련말 사투리가 강하게 남아있던 '사회학 방법론'에 관한 기유르비치라는 노교수의 모습도 잊혀지지 않는다. 윤리학에서는 양켈레비치의 색다른 강의, 옷을 잘 입고 나타나던 포랭의 '가치'에 관한 강좌도 가끔 생각난다. 이밖에도 '조교'라는 딱지를 떼지 못하고 있던 여러 젊은 교수들이 있었다. 이 가운데 '사회학 연습'을 맡고 있던 가르디로부터 논문 쓰는 방법을 많이 배웠다고 기억된다. 지금은 이른바 포스트모

더니즘의 대표적 한 사람으로 꼽히는 들뢰즈가 가끔 나타나서 흄Hume
에 관한 강의를 했다. 80년대에는 전 세계에 걸쳐 거의 모든 지식인들의
입에 오르내리게 된 이른바 '해체주의'를 창조했다고 볼 수 있는 데리
다의 철학 연습 시간을 2년간 함께 보냈다. 그가 철학적 교양이 백지에
가까웠던 나에게 다른 학생들을 빨리 좇아갈 수 있다고 격려해주던 생
각이 난다. 그는 또한 내가 얼마 후 미국의 한 대학으로 유학가기 위해
서 장학금을 신청해야 했을 때 극도의 칭찬이 담긴 추천서를 써주기도
했다.

이런 수학을 통해서 '관념'·'존재'·'실존'·'본질'·'실체'·'진
리'·'인식'·'도덕성'·'선험적'·'초월과 내재'·'타당성'·'연역적 논
리'·'귀납적 논리'·'선'·'영원'·'신'·'영혼'·'이론'·'실천'·'합리성'
따위의 알쏭달쏭한 개념들, 아니 그저 '낱말'들에 귀를 익히게 되었다.
이런 낱말을 사용할 줄 아는 것이 학문하는 작업이요, 철학하는 증거인
듯싶었다. 이런 낱말들을 익혀가면서 그 수가 많으면 많을수록 그만큼
깊은 사고와 진리에 근접해간다는 막연한 느낌도 갖고, 또 나의 지적 지
평이 한없이 확대해가는 듯도 했다. 그만큼 나의 가슴은 뿌듯해지고 나
혼자서나마 은근히 자존심이 생기는 듯도 했다.

그러나 나는 그로부터 무엇을 할 수 있는지 전혀 알 수 없었다. 정말
이것이 철학이라면 철학은 도대체 무엇이며, 내가 정말 철학을 배웠는
지도 알 수 없었다. 사실 나는 그때까지 내가 배웠던 것으로는 아무것
도 할 수 없었다. 큼직하고 추상적인 개념에 현혹되어 있었을 뿐, 유명
한 사람들의 이름이나 유명한 책들의 이름만 좀더 알게 되었을 뿐, 나의
머리는 사실상 더욱 혼탁해지고 있었다. 아무것도 확실한 게 없고, 무엇
하나 내 스스로가 설명하고 해석해낼 수 있는 것이 보이지 않았다. 하물

며 나의 근본적인 문제, 즉 '인생의 의미', '이 모든 현상과 사건의 의미'는 조금도 더 밝혀지지 않았고, 내가 어떻게 살아가야 할지에 대해서조차도 나는 깜깜했다.

나는 더 배워야 하고 더 알아야 했다. 나는 보다 확실한 철학공부를 하겠다고 미국으로 떠났다. 적어도 물질적 측면에서 볼 때 미국만큼 공부하기에 좋은 곳은 없었다. 과거 내가 갖고 있는 선입관과는 달리 학문 일반, 그리고 철학적 차원에서 볼 때도 미국이 가장 활발했고, 미국에서 배울 수 있는 철학은 프랑스, 그리고 유럽 어느 곳에서도 공부할 수 없는 종류의 것임을 차츰 얻어 듣게 되었다.

장학금을 얻어 찾아간 미국 땅 서던캘리포니아대학에 가서야 나는 처음으로 분석철학이라는 말을 들었고, 이른바 분석철학자라는 비트겐슈타인, 러셀, 라일, 포퍼, 카르납, 오스틴, 에이어, 콰인 등의 이름과 철학을 접하게 됐다. 거기서 분석철학을 피상적이나마 읽고, 부족한 어학력 때문에 잘 알아듣지 못하면서도 애써 세미나에 참석하면서 나는 이러한 영미철학에 처음에는 크게 부정적 반발을 느꼈고, 그곳 교수들의 강의에 심한 실망을 느꼈다. 소르본에서 배운 철학이 내가 찾고 있는 문제를 풀어주지 않아 적잖이 허탈감을 느낀 바 있던 나는 분석철학에서 더욱 큰 실망을 느꼈다. 알고 보면 볼수록 철학은 내가 찾고 있는 물음을 대답할 수도 없고 대답하려 하지도 않는다고 생각되었다. 철학이 막연하게나마 언어학과 별로 다를 바가 없고, 약삭빠른 재주꾼들이 말장난, 아니면 재주 자랑의 유희 같다는 인상까지도 받았다. 내가 믿고 있던 바와는 아무 상관없이 철학은 깊은 사상을 제공해주지도 않았고, 철학자란 모든 문제를 심각하게 생각하는 사람 같지도 않았다. 철학은 인간의 고통이나 고민, 기쁨이나 감격과는 아무상관없는 냉정한 논리의 훈련장 같기만 했다. 어쩌면 나는 철학을 잘못 시작했는지도 모른다는 회의가 나기도 했다. 내가 소년기부터 생각하고 있던 것과는 전혀 달리 나는 철학적인 사람이 아닌 것 같기도 했다.

차츰 책을 좀더 읽고 좀더 잘 이해하게 되고, 강의 내용을 좀더 잘 알아듣게 되면서 분석철학은 소르본에서 읽고 배운 철학들과는 전혀 다른, 그러면서도 보다 정확한 지식과 논리를 가르쳐줌을 발견하게 됐다. 수많은 분석철학자들의 해박한 지식과 사고의 섬세성과 깊이를 차츰 깨닫게 되고 그들의 지적 능력에 적지 않은 감탄을 속으로 던지며 분석철학의 엄격성에 매력까지를 느꼈다. 이런 철학을 공부하면서는 오히려 소르본에서 얻어들은 철학이 어쩐지 엉성하게 보이기도 했다. 은근히 미국적인 것을 덮어놓고 깔보고 있었던 나는 미국의 학문적 수준의 높이를 뒤늦게나마 깨닫게 되었다. 아무리 애써보아도 나는 그곳 철학 교수들의 수준에까지 도달할 수 없겠다고 지레 주눅도 들었다. 읽고 소화할 책이 너무나 많았다. 그것들은 사르트르의 저서나 그밖의 프랑스 철학자들의 책들처럼 쉽사리 읽고 대충 이해될 수 있는 것 같지 않았다. 현대 분석철학자들의 저서뿐만 아니라 플라톤에서 시작하여 데카르트, 흄, 칸트와 같은 철학은 기초로서 철저히 다 읽어야 하고, 이해한 후에야 정말 철학다운 철학을 논할 수 있음을 절실히 깨달았다. 그러나 나에게는 그렇게 할 수 있는 능력도 없었고 시간도 없었다. 스스로 머리가 좋은 편이라고 믿고 있었던 나는 나 자신의 선천적 능력에 대해서도 의심을 갖게 되었다.

그러면서도 나는 이른바 학위를 포기하지 않았다. 한때는 남들이 깜짝 놀랄 논문을 쓸 수 있을 것 같은 엉뚱한 생각도 해보았다. 분석철학을 공부하면서 나는 파리에서부터 막연히 관심을 갖고 있던 철학가 메를로 퐁티에 관한 학위 논문을 쓰게 되었다.

메를로 퐁티는 분석철학에서 전혀 언급되지 않는다. 그럼에도 불구하고 내가 그의 철학에 관심을 갖게 된 이유는 그의 철학이 내가 소르본 대학에 있을 때 사르트르나 하이데거 등의 철학 강의를 들으면서 알아보고 싶었던 문제를 가장 확실히, 그리고 내가 막연하나마 믿고 있었던 관점과 비슷한 입장을 취하고 있다고 생각했기 때문이었다.

나의 문제는 모든 것을 통일된 하나의 관점에서 파악하고자 함에 있었다. 그것은 인식과 그 대상, 의식과 그 대상과의 관계를 새로운 각도에서 파악함으로써 흔히 양립된다고 믿어지는 두 가지의 존재 혹은 현상을 보다 포괄적인 개념으로서 파악하고자 함이었다. 이러한 의도의 밑바닥에는 자연과 인간, 사물과 인간의 인식, 육체와 심리현상이 궁극적으로는 서로 연속된 하나의 존재라는 확신이 있었다. 지금도 나는 그것을 믿는다. 나는 모든 것을 하나의 전체로서 포괄적으로 접근하려 했으며, 이러한 나의 태도는 분석적이기는커녕 종합적이었다. 이와 같은 점에서 볼 때 나의 철학적 기질은 분명히 전통적이었으며, 유럽적이어서 분석적인 영미철학과는 대조가 됐다. 사실 내가 철학에 관심을 갖게 된 이유는 모든 것을 전체적으로 파악하고자 하는 형이상학적 충동 때문이었다.

그러나 내가 보기에 분석철학, 즉 내가 알게 된 영미철학은 너무나도 단편적이며 논리적 차원에 치중되어 있었다. 분석철학자들은 깊은 지혜를 가진 '사색가'는커녕 극히 영리한 개념의 '기술자'로만 보였다. 내가 철학을 시작한 것은 내 자신이 겪은 구체적 삶의 고민 때문이었다. 나는 삶의 의미를 알고 싶었던 것이다. 언어의 의미의 정의, 과학적 지식의 특수성, 귀납법의 근거, 분석적 명제와 종합적 명제와의 관계, 필

연성의 규정 등등에 관한 문제는 내가 부딪치고 있던 '실존적 문제'와
는 너무도 거리가 멀다고 생각됐다.

분석철학이 지배하는 미국의 대학에서 어울리지 않은 철학가와 철학
적 문제, 내 딴에는 근본적이며 내 자신에게는 지적으로 중요하다고 생
각되는 문제에 관한 논문을 마치고 나서도, 그러한 작업이 사회에는 물
론 나 자신의 삶, 그 삶의 의미를 충족시켜주는 데 있어서 중요한가에
대한 회의가 떠나지 않았다. 철학이란 가장 고상하고 가장 고차적인 지
적 훈련에 불과하지 않는가 하는 의문이 남아 있었다. 나는 한동안 저버
리고 있었던 문학 공부, 특히 시작詩作에 다시 향수를 느끼고 철학을 공
부하느라 메말라가는 듯한 나 자신의 정서에 아쉬움을 느끼게 되었다.

이런 상황 속에서 5학기간의 미국 대학에서의 학생 생활을 마무리하
고 미국에 온지 약 2년 반 만에 뉴욕주에 있는 렌셀러폴리테크닉대학
에서 철학을 가르치는 입장에 서게 됐다. 대학의 교수, 특히 철학 교수
들은 대단한 학식과 학문적 견해와 입장을 갖고 있는 것으로 생각했다.
그때까지 한국에서는 물론 미국에 와서도 적지 않은 수의 이른바 대학
교수들에게 실망을 겪은 바 없지 않았지만, 정말 교수다운 교수는 적어
도 자기가 가르치는 분야에 대해서는 박식하고 분명한 체계를 갖고 있
어야만 한다고 믿어왔었다. 그러나 막상 나 자신이 교수라는 입장에 서
게 되자마자 그만큼의 자격을 갖추기가 얼마나 어려운가를 대뜸 느꼈
고, 나 자신이야말로 그러한 자격이 없는 가장 좋은 예가 됨을 의식하고
말할 수 없는 마음의 불편을 느끼지 않을 수 없었다. 무엇보다도 언어의
장애가 컸다. 막상 학생들 앞에 서니 서툴기만 했던 영어가 나오지 않았
다. 그러나 어학력이 핑계일 순 없다. 말을 잘 못해서 그렇지 남달리 가
진 생각과 교양이 얼마큼 빈약한가를 깨닫게 되었다. 나에게는 아직도

갖추어야 할 철학적 교양이 너무나도 막막할 만큼 많았고, 나는 철학을 가르치면서도 철학하는 것이 무엇인지 잘 알 수 없었다. 만약 철학을 계속한다면 다시 시작해야 했다. 그때부터 오늘날까지 만 24년의 철학 수업이 계속되었다.

철학 수업

보스턴으로 자리를 옮겨서도 1년에 여섯 과목, 적어도 다섯 과목을 가르쳤는데 강의 준비 때문에 정신이 없었다. 적어도 처음 몇 년간은 그랬다. 어학력이 달리고 철학적 훈련이 남들보다 짧았던 나로서는 그러했다. "퍼블리시 오어 페리시publish or perish", 즉 "논문 발표를 하지 않고는 소멸한다"는 미국 대학의 분위기에 나도 논문을 써서 발표해야 했고, 허영심을 위해서도 그렇게 하고 싶었지만, 시간적으로나 정신적으로 그럴 여유도 없고 그럴 능력도 없었다. 내가 재직하고 있었던 대학에서는 그런 압력이 적어 나로서는 다행이었다. 그렇게 논문을 쓰는 작업이 철학자로서는 중요하지 않다고 나는 강력히 느꼈다. 그렇게 많이 발표되는 논문들이 무서운 노력의 결실임에는 틀림없지만, 과연 그런 것들이 사회적으로는 물론 순전히 철학적 견지에서 봐도 얼마나 중요한지 의심스러웠고 지금도 그렇게 생각한다. 대부분의 경우 그런 논문을 발표하는 데 의의가 있다면, 그런 활동을 통해서 철학교수가 지적 훈련을 할 수 있다는 데 있다고 본다. 그런 작업에서 정말로 철학적 의의를 별로 발견할 수 없는 이유는 그런 종류의 논문들이나 저서가 다루는 문제가 나의 지적 기질, 그리고 철학적 관심으로 봐서 너무나 단편적이거나 아니면 너무나 기술적인 것에 머물러 있다고 생각한 데에도 있다. 그들의 논문의 논리적 엄격성, 사고의 통찰력에 감탄하지 않은 것은 아니나 이른바 많은 분석철학자들은 극히 뛰어난 지적 세공 기능자들로만 생각됐다. 그러면서도 나는 그들과 같은 능력을 갖추고 있지 못함을 뼈아프게 의식하고 있었다. 언젠가는, 아니 아주 가까운 시일에 나도 그들 못지않게, 아니 그들보다 월등하게 독창적이고, 포괄적이며, 깊이 있는 철학을 발표하겠다고 은근히 스스로를 격려해가면서 우선 더 많이, 정말 많은 공부를 시작해야 했다. 나는 철학하는 것이 무엇하는 작업인지, 철학을 한다면 어떤 종류의 철학을 하는지도 확실치 않았다. 왜냐하면 철학한다고는 하지만 거기에는 너무나 많은 분야가 있었고, 서로 너무나 다른 작업이 있었기 때문이다. 그전이나 지금이나 "무슨 철학을 하느냐"는 물음을 자주 받게 되는데, 그럴 때마다 나는 무어라 꼭 집어 대답할 수 없어 당황하게 된다. 나에게는 너무나도 많은 문제가 철학적 관심을 끈다. 나는 어떤 한 가지 철학적 문제, 특히 분석적 문제에만 머물고 그 분야, 그 문제의 전문가, 아니 철학적 기술자가 되고 싶지는 않았다. 우선 알아야 할 철학적 문제가 너무나 많았다. 잘 이해해야 하면서도 이해하기 어려운 철학자들, 철학적 고전들이 너무나 많았다.

명실공히 철학교수라면 철학에 공헌한 수많은 철학가들을 다 알 수는 없다 해도 철학사의 큰 기둥이 되는 플라톤, 아리스토텔레스, 데카르트, 흄, 칸트, 헤겔, 니체, 후설, 하이데거, 러셀, 비트겐슈타인, 사르트르, 그리고 노자와 공자만이라도 어느 정도 알아야 하지 않겠는가. 과학철학·언어철학·예술철학·심리철학·정치철학·역사철학 따위의 철학이란 도대체 무엇인가, 현상학·실존주의·분석철학·해석학·구조주의 등이 의미하는 것도 알아야 했다. 존재론·인식론·윤리학·형이상학

등의 문제를 모르고 철학을 얘기할 수 없지 않겠는가. 일선에서 활동하는 철학가의 논문을 이해하려면 '심연성'·'인과'·'귀납성'·'해석'·'번역'·'선험성'·'지각'·'개념과 대상의 관계'·'미'·'진리'·'지칭의 문제'·'규범성과 자연성의 관계'·'가치와 사실과의 관계' 등등 무수한 개별적 개념에 대한 극히 전문적인 이해가 필요하다. 극히 전문적인 지식과 이해가 없으면 활발하게 전개되는 철학적 논쟁에 참여할 수 없다. 그렇지 않고는 철학적 '발전'에 이바지할 가능성은 없다. 철학계에서 이름을 내고 철학에 공헌하려면 철학적인 모든 문제를 이해하고 그런 문제마다 자기 자신의 소신 있는 입장을 세우려는 무모한 야심을 버리고, 극히 개별적인 한 문제에만 매달려 그 분야에서 전문가가 되어야 한다. 그럼에도 불구하고 수없이 발표되는 논문들, 매년 쏟아져 나오는 수많은 철학적 전문서적들이 나의 호기심을 끈다. 나는 그러한 것들을 모두 이해하고 싶은 지적 욕망을 버릴 수 없다. 그런 논문, 그런 책들의 문제와 내용과 논지를 어느 정도까지는 파악하지 않으면 어쩐지 마음이 불편하다. 나는 이래서는 안 된다 하면서도 미국에서 철학 교편을 잡고 있던 20여 년 동안 나의 철학적, 아니 그냥 지적 호기심을 조금이라도 더 채우려는 어쩔 수 없는 충동에 따라 수많은 분야에 걸친 과목을 고의적으로 가르치면서 다양한 분야에 관심을 갖고 책을 읽고 이해하려고 꾸준히 애써왔고, 가능하면 모든 문제에 대해서 내 나름대로의 견해를 가져보려고 노력해왔다.

정도의 차이는 있지만 재미없는 논문이나 책이 많다. 시시한 것들도 적지 않지만 생각의 깊이에 있어서나 지식의 폭에 있어서나, 그리고 설명이나 주장에 깔려 있는 논리성에 있어서 수많은 철학가들이 나보다는 훨씬 높은 수준에 있음을 깨달으면서 내 자신에 대한 부끄러움과 그들에 대한 선망을 동시에 느끼곤 한다. 지적으로 그만한 경지에 이르는 데 그들이 마땅히 바쳐야 했을 노력에 존경심이 간다. 무엇보다도 칸트의 혁명적 사고의 방대하고 총괄적인 철학에 경탄한다. 후설의 현상학에서 철저하게 차근하고 조심스러운 '추구'의 정신을 배운다. 사르트르에게서는 그의 설득력 있는 삶에 대한 포괄적 조명을 발견하고 가슴을 조이며 읽고, 감탄하고 박수를 보내며 그의 '재주'에 매혹된다. 비트겐슈타인에게서 철학이 박식한 교양을 의미하지 않고 엄격한 논리적 비판 정신임을 발견한다. 그는 극도로 건조하면서도 극한적으로 압축된 사고의 아름다움을 보여준다. 대체로 말해서 분석철학에서 사고·논리·표현의 명확성을 배웠다. 분석철학은 철학이 문학과는 전혀 혼돈될 수 없는 사고임을 깨닫게 한다. 내 자신을 완전히 분석철학적이라고도 할 수 없고 나의 기질이 철저한 분석철학적 정신과는 어떤 측면에서 퍽 멀기는 하지만, 나는 이 같은 철학에서 많은 것을 배웠다. 만일 내가 지금 어느 정도 철학적 문제를 이해하고 다루며 말할 수 있게 되었다면 결정적으로 그것은 분석철학과의 만남 때문이라고 생각된다.

이처럼 쉬지 않고 오랫동안 철학 수업을 꾸준히 하면서 나는 수적으로는 꽤 많은 양의 책을 썼고 꽤 많은 수의 논문을 세 가지 언어로 발표했다. 지금 봐서 신통한 것은 하나도 없어 보이지만 내가 읽고 배운 것을 정리하려는 의도에서, 혹은 내 딴에는 어떤 문제들에 대해서 나름대로의 새롭고 중요한 철학적 해결을 찾았다는 것을 보이기 위해서, 아니면 무엇인가를 써서 발표해야겠다는 직업적이고도 심리적인 압박감이 있었기 때문이다.

그렇다면 철학은 무엇인가? 철학이 무엇이기에 인류의 역사가 시작해서부터 적지 않은 철학가들이 있었고, 아직도 수적으로 적지 않은 사람들이 철학을 직업으로 택하고 실용성이나 상품성 없는 철학에 일생을 바치는가? 철학이 뭐길래 때로는 웃음거리의 대상이 되기도 하지만 철학자들은 막연하게나마 존경심을 받기도 하는가? 철학은 일종의 앎이다. 철학함은 사물현상을 밝히는 지적 작업이다. 여러 가지 앎의 분야가 있고 앎의 형태가 있지만 철학은 가장 근본적인 앎을 뜻한다. 앎의 목적, 즉 지적 추구는 궁극적으로 모든 것을 가장 포괄적으로 단 하나로 통일될 수 있는 질서로 파악하는 데 있다. 지성은 모든 것을 포괄적으로 파악하는 데 그치지 않고 모든 것을 가장 분명하게, 즉 가장 투명하게 보고자 하는 욕망을 내재적으로 갖고 있다. 그래서 지성, 즉 인간의 앎의 욕망은 모든 사물현상을 종합적인 동시에 분석적으로 파악하려 한다. 철학은 다름아니라 위와 같은 인간의 앎에 대한 의욕의 절정을 대표함에 지나지 않는다. 철학을 '학문의 여왕'이라 불러왔던 사실은 우연이 아니다.

그러나 과연 철학가는 자기 자신들뿐만 아니라 남들이 모두 생각하고 있는 대로의 기능을 하고 있는가? 지금까지의 오랜 철학적 작업을 통해서 모든 사물현상이 총괄적으로 만족스럽게 설명되었는가? 철학적 인식이 가장 명확하고 투명한 성질의 것이라면서 어째서 아직도 모든 근원적이고 원칙적인 문제에 대해서 결정적인 합의가 이루어지지 않고, 그치지도 않고 끝나지도 않는 논쟁만이 지속되고 있는가? 철학적 앎, 가장 근본적이고 총괄적이고 명확한 앎으로서의 철학적 앎은 다른 종류의 특히 과학적 앎과 어떻게 다른가? 과학이 미치지 못하는 어떤 사물현상을 철학이 밝혀준다는 말인가? 몇십 년간 해온 철학 학습과 철학 수업을 거친 후 내가 일상생활 경험이나 다양한 과학적 지식의 습득을 통해서 얻을 수 있었고, 또 얻을 수 있게 될 지식과는 전혀 다른 어떤 지식을 나는 배울 수 있었던가? 도대체 철학이란 무엇인가? 도대체 철학적 지식이란 무엇인가? 아직도 철학적 지식이 필요하고 정말 중요하다면 그 이유를 어디서 찾을 수 있겠는가? 그동안, 그 긴 세월동안 끈질긴 노력으로 해온 철학을 통해서 무엇을 더 알게 되었던가?

철학은 사실 자체에 대한 앎이 아니다. 철학을 통해서 나는 아무런 사실도 새롭게 발견하지 않았다. 철학하기 위해서 나는 사물현상에 대한 새로운 사실을 알아내려고 어디로 떠나지도 않았고, 어떤 사실을 조사하는 작업도 하지 않았고, 그렇다고 실험실에서 어떤 조사를 한 적도 없다. 철학함에 있어서 나는 그런 필요를 느끼지 않았다. 그럼에도 불구하고 철학을 통해서 내가 무엇을 배우고 나의 인식의 세계가 조금이라도 깊고 넓어졌다면 그것은 오로지 개념적 차원에서 그렇다. 내가 배운 것은 수많은 개념의 뜻에 관한 것이다. 이런 의미에서 철학이란 언어에 관한 학문이다. 언어의 문제가 의미의 문제인 이상, 그리고 의미는 발견이 아니라 오로지 이해의 대상일 수밖에 없는 이상, 철학의 기능은 사물현상에 관한 수많은 생각과 신념과 주장을 나타내는 언어의 개념, 명제의 뜻을 분석하고 밝히며 이해하는 데 그친다.

이와 같은 '이해'와 구체적인 사물현상에 관한 사실적 발견과 인식은 분명히 다르다. 이런 점에서 사물현상을 구체적으로 앎의 대상으로 하는 과학과 이해를 목적으로 하는 철학은 동일하지 않다. 이와 같이 볼 때 철학은 아무리 재미있다 해도 모든 사물현상, 사회·인간을 보다 잘 파악하려는 인식, 진리에 대한 욕구의 관점에서 볼 때 공허한 노력같이 보인다. 그러나 좀더 한 발자국 깊이 생각해볼 때 위에서 만든 이해와 개념적으로 가능하지만 실질적으로 서로 뗄 수 없는 관계를 갖고 있다. 하나를 떠나서는 다른 또 하나가 이해되지 않는다. 한편으로는 어떤 대상의 인식은 물론 그 대상의 지각, 나아가서는 모든 생각이나 의식까지도 구체적 언어로써 표현될 수밖에 없고, 그래서 개념을 떠나서는 존재할 수 없다. 거꾸로 말하면 어떤 개념, 즉 어떤 언어적 의미의 이해는 언어 이전 내지 언어 아닌 것, 다시 말해서 사물현상에 관한 우리들의 기존하는 지각과 경험을 떠나서는, 즉 그런 것들과 비추어보지 않고는 불가능하다. 바꿔 말해서 언어적 의미의 이해는 사물현상에 대한 우리들의 직접적 혹은 간접적 경험과 신념을 전제로 한다. 그러므로 철학과 과학, 이해와 인식에 절대적 구별이 불가능하다. 철학적 해명을 통해서 사물현상은 보다 포괄적이며, 보다 확실하고 체계적으로 인식될 수 있다. 만일 이해와 인식이 절대적으로 구별된다면 이해를 목적으로 하는 철학은 언어의, 다시 말해서 개념의 유희에 끝난다는 규탄을 받게 되어도 마땅하다. 그러나 철학의 근본적인 종착점은 지적 유희의 쾌락에 있지 않고 사물현상에 대한 진리로서 가능한 한 총괄적이고 통일된 궁극적 진리이다.

그렇다면 철학은 어떤 진리를 나에게 보여주었는가? 철학은 과연 그가 도착해서 쉬고자 하는 종착점에 도달할 수 있는가? 삼라만상은 어디서 왜 시작되었는가? 그 존재 자체의 의미는 무엇인가? 나는 어떻게 살아야 하는가? 내 삶에 궁극적 의미가 있는가? 안다는 게 무엇이며, 진리란 도대체 무엇인가? 자아는 어떻게 규정될 수 있으며, 영혼은 있는가? 육체적 죽음 다음에 새로운 삶이 있는가? 신은 존재하는가? 선과 악은 어떻게 결정할 수 있는가? 우주 안에서 인간의 존재는 어떻게 파악되어야 하는가? 인간만이 갖고 있다는 이성이나 자유는 도대체 정확히 어떤 것인가? 자연과 인간의 관계는 어떻게 설명되어야만 하는가? 2천 년 동안, 아니 3천 년 이상 인류가 이런 물음을 던지고 철학적 사고를 해왔음에도 불구하고 확실한 대답은 없다. 궁극적 문제에 대해 철학은 아직까지도 무능했고 앞으로도 무능한 채 남아 있을 것만 같다. 물론 그동안 인류가 해온 철학적 사색의 결과로 수많은 문제들이 분명해졌고, 수많은 진리가 발견됐으며, 인류의 인식은 그만큼은 양적으로나 질적으로 발전했음에 틀림없다. 그러나 좀더 따지고 보면 이같은 인식, 이렇게 축적된 인식은 그것이 어떤 종류의 것이건 상관없이 인식대상 그 자체에 직접 뿌리박고 있지 않고, 따질 수 없는 어떤 전제, 아니 어떤 테두리 속에 이미 묶여 있다. 어떤 인식이건 간에, 무슨 주장이건 간에 그것은 어떤 객관적 대상을 직접 보여준다기보다는 그런 것에 대한 한 가지 이야기에 지나지 않는 것 같다. 이러한 사실은 진리론이건, 논리적 명제에 관한 것이건, 그리고 종교적 혹은 형이상학적인 것이건 상관없이 모든 신념, 모든 인식, 모든 주장에 해당된다. 이런 관점에서 볼 때 최근 어떤 철학가들이 주장하고 있듯이 궁극적으로는 문학에 철학, 즉 허상적 세계와 이른바 서술적 세계의 경계가 희미해진다. 문학이 표상하는 세계의 객관적 사실성이 의심스럽다면 철학적 주장도 완전한 객관적 근거가 없다는 결론이 나온다.

철학은 모든 학문의 가짜 여왕이었음이 드러났다. 철학은 다른 학문보다는 보다 반성적이고 비판적임에 틀림없다. 이런 과정에서 철학은 다른 학문이 그냥 전제하고 사용하는 기본 개념들의 의미를 보다 정확하게 밝히려는 경향을 띠게 된다. 이런 작업을 통해서 모든 신념의 기초를 제공하고 그것들을 가능하면 종합적으로 하나의 전체라는 틀에서 파악하고자 한다. 그러나 그러한 꿈은 원칙적으로 실현될 수 없는 꿈에 그치고 만다는 사실이 드러났다. 철학이 다른 학문이나 다른 종류의 인식보다는 더 근본적이고, 더 종합적이며,더 확고한 진리를 발견할 수 있다는 전제의 근거를 잃는다. 철학은 내가 근본적으로 추구하고 있던 문제들, 예컨대 인생의 궁극적 의미, 인간과 자연의 관계, 선과 악을 가려내는 일, 우주의 기원 등은 물론 그밖의 허다한 작은 문제들에 대해서 결정적 대답을 주지 못한다. 철학은 종교나 과학보다 어느 점에서 확실히 우월하다고 말할 수 있는 인생관, 세계관 혹은 우주관을 제공하는 데 미흡하다. 철학은 궁극적으로 무엇을 위해서 살아가야 하는가에 대한 물음의 대답을 찾으려는 결정적 순간에 완전히 침묵을 지킨다.

철학적 의도가 마침내는 좌절되고 그 노력이 궁극적 차원에서 볼 때 허사로 돌아간다고 해도 철학은 역시 가장 높고 철저한 지적 작업으로 여전히 남아 있으며, 인간이 경험할 수 있는 가장 고귀한 가치임에는 변함이 없다. 인간이 추구한 지적 이상에는 결코 미흡하다 하더라도 철학은 역시 인간으로서의 의지할 수 있는 빛 가운데에 가장 신뢰할 수 있는 길잡이임에는 틀림없다. 그렇다면 철학이라는 빛으로 나는 무엇을, 얼마만큼이나, 어떻게 보게 되었던가? 기나긴 밤의 '지적 불면증'을 극복할 수 있는 길이 뚫렸던가?

철학 이후

시골을 떠난 지 50년 만에 나는 다시 지금 시골로 돌아와 살게 되었다. 내가 떠난 고향의 시골과는 똑같지 않고 정말 시골 같은 시골은 아니지만, 나는 산과 들과 강과 땅과 바다와 다시금 조금은 가까이 살게 되었다. 내가 태어나고 자란 벽촌의 옛 시골은 아니지만 고향의 시골보다는 높고 아름다운 산들이 두루 보이는 이곳은 어쩌면 그만큼 더 옛 시골보다 더 시골의 풍취에 젖게 한다. 나는 이곳에서 어느 때보다도 가라앉고 평온한 느낌을 갖고 소리 없이 하루하루를 지낸다. 그러면서도 나는 어느 때보다 나 자신의 삶의 짙은 맥박을 느낀다. 어떤 큰 목적을 달성했기 때문도 아니며, 그렇다고 젊음의 의욕을 포기한 노년의 체념 때문도 아니다. 지금 내 평온한 심경의 가장 중요한 원인의 하나는 한편으로는 문명의 혜택을 즐길 수 있으면서도 그렇게도 오래 떠났던 시골에 살게 되었기 때문이다. 이곳에서 나는 다시 땅을 피부로 직접 접촉하고 24시간 산과 나무와 가까이할 수 있으며, 가끔 새소리도 들을 수 있게 된 것을 퍽 다행으로 생각한다. 나는 자연을 다시 발견하고 자연과 조금 더 다시 가까워졌고 자연의 일부로서의 내 자신을 조금은 더 느끼게 되었다. 자연과의 재회를 통해서 나는 자연에 조금 더 화해를 청하고, 그런 화해를 통해서 자연으로부터의, 그리고 내 자신으로부터의 소외감은 그만큼 풀어진다.

의식, 특히 인간의 의식이 없는 세계, 그런 것이 존재하기 이전의 우주의 어둠과 다름없고, '무無'와 구별되지 않으며, 무엇인가 '존재'한다 해도 그것은 벙어리와 같아서 알 수 없다. 인간의 의식이 있음으로써 비로소 무엇인가 보이고, 무엇인가 나타난다. 그러므로 인간의 의식은 '빛'에 비유될 수 있다. 인간의 의식활동이 철학적 사고에서 가장 철저하고 최고도의 상태를 나타낸다는 데 이의가 없다면 철학은 우주를 밝히는 태양에 비유된다.

그러나 달리 생각해보면 인간의 의식은 우주라는 하나의 청자 그릇에 난 상처 같은 금이며, 시인 발레리의 비유를 빌려 말하자면, 우주라는 사과의 흰 살 속에 생겨서 그 살을 파먹는 버러지와 같다고 할 수 있다. 왜냐하면 자연 속에, 아니 자연으로부터 생긴 인간의 의식이 발달됨에 따라 단 하나로서의 우주의 조용한 질서가 그 내부로부터 깨어지고 무너지기 시작했다고 볼 수 있기 때문이다. 의식활동의 고도한 결과로서의 과학적 지식과 과학기술의 발달을 이룩한 인간은 자연을 정복하면서 자연을 나날이 가속적으로 파괴하는 상황을 만들어내고, 마침내는 그런 것을 만들어낸 의식하는 동물, 생각할 수 있는 동물, 철학할 수 있는 동물인 인간은 다른 생물체만이 아니고 자기 자신들까지 멸종시킬지도 모른다는 위기를 조성하기에 이르렀다. 자연, 아니 우주 전체와 의식의 위와 같은 관계를 두고 볼 때 의식을 대표하는 인간이라는 동물은 자연, 아니 우주 속에 생긴 암이며, 최고의 의식활동을 상징하는 인간의 철학적 사고는 그 암의 성장을 나타내는 징조라고 볼 수 있다.

태고로부터 이름도 없는 수많은 종교적 또는 형이상학적 사색가들, 그리고 가까이는 헤겔, 니체, 화이트헤드, 그리고 특히 하이데거 등의 노력에도 불구하고 '존재 일반'의 궁극적 의미는 물론 이상이라고 부르는 고도로 발달된 인간의 출현과 그 역사의 궁극적 의미는 영원한 수수께끼로 남아 있게 될 것이다. 그 궁극적 원인 아니면 이유야 어쨌든 간에 인간의 의식 발생은 하나로서의 자연이 비유적으로 말해서 의식과 그 대상, 주체와 객체, 우주 안에서의 인간과 자연의 대립으로 이분화되어서 시작됨을 의미했고, 철학적 사고를 정점으로 하는 의식의 발달은 그런 대립을 심화시키는 현상으로 나타났음에 틀림없다. 인간은 자연을 자신과 대립시키고 그것을 자신의 의식대상으로 설정하게 되었으며, 자연을 자신의 편리한 사고의 틀에 맞추어 갈기갈기 찢고 갈라놓은 다음 자신의 의지를 무기로 삼아 자신의 욕망을 위해서 정복하고 소유해왔다. 이와 같이 볼 때 인간의 역사란 인간이라는 동물에 의한 자연 약탈의 비극적 이야기로 풀이된다.

인간의 절제 없는 허영심은 스스로를 자연과 절대적으로 구별하고, 그래서 자연 밖에 존재하는 특수하고 아주 유일한 존재라고 믿게 되었다. 이런 생각은 유대교·기독교, 그리고 이슬람교로 대표되는 서양적 종교의 가장 밑바닥에 깔려 있는 전제가 된다. 그동안의 성공적인 자연 정복과 약탈의 인간 역사, 특히 과학기술에 의존된 지난 수백 년간의 인간 역사는 인간의 특수성을 더욱 확인시키는 것으로 믿게 했다. 죽음을 두려워하는 동물적 본능은 위로를 찾고 자신의 특권과 자신의 자연 약탈 행위를 정당화해왔다. 이와 같이 하여 인간중심적 사상은 우리의 태도와 행동을 지배해왔다.

그러나 우리는 지금 알게 되었다. 아무리 우리 자신을 속이려 해도 소용없다. 아무리 싫어도 인정해야 한다. 우리의 흔들릴 수 없는 직관, 그리고 우리가 스스로 이룩한 과학적 지식은 인간은 누가 무엇이라 해도 자연의 일부임을 알고 있다. 우주·자연, 아니 존재 일반은 서로 완전히 고립된 라이프니츠적 '모나드'의 집합이 아니라 그냥 '하나'이다. 모든 사물현상의 차이, 자연과 인간, 육체와 의식, 산과 바다, 돌과 식물, 동물과 인간은 단 하나로서의 '존재'의 다양한 측면, 다시 말해서 인간에게 비쳐진 측면에 불과하다. 아무리 비상한 힘으로 손오공이 먼 거리를 날 듯 뛰어봤자 그는 여전히 '부처님'의 손바닥 속에 머물러 있을 수밖에 없었다. 그와 꼭 마찬가지로 인간이 그의 철학적 사고로 우주를 넘어 자연 밖으로 비약해서 영 딴 곳이라고 믿어지는 천당으로 도약해도, 그는 여전히 우주 속에서 갇혀 있다. 그는 자연의 중심도 아니며 자연의 주인도 아니다. 자연은 그냥 인간의 인식대상으로서 인간과 떨어져 있기는커녕, 인간은 자연과 '하나'이다. 자연은 인간의 정복 대상도 아니며, 인간의 소유물도 아니다. 그것은 인간의 욕망 충족을 위한 단순한 도구가 아니다. 오히려 인간이 자연의 도구일지도 모른다. 자연은 오히려 처음부터 끝까지 인간의 어머니이며, 인간의 시골이며, 인간의 고향이며 인간의 집이다.

자신의 원초적 근원이며 자리를 찾아 인간은 자기의 집, 자신의 고향인 자연으로 돌아가야 한다. 그럼으로써 인간은 본래의 자신을 발견한다. 나는 오랫동안 나의 고향, 시골의 자연을 떠나 긴 세월을 철학의 길에서 흥분하고 즐겁기도 했지만 자연으로부터, 그래서 본래적인 내 존재 방식으로부터 소외되어 방황해야 했다.

고향에 돌아온 지금 나는 자연과의 길지만 늘 생소했던 철학적 논쟁을 포기하고 태도를 바꿔 시적 대화와 명상적 화해로 맺어져야 할 것이다. 나는 철학 논문 대신 그동안 잊지는 않았지만 아주 버렸거나 아니면 뒤로 소홀히 미루어두었던 시작詩作을 다시금 시작해야 할 것 같다. 내게 있어서 시는 아무래도 내가 추구하는 언어의 고향이기 때문이다. 그러나 궁극적으로 나는 시골에서 혼자 살면서 결코 고독하지 않고 충만된 순간을 살면서 언어를 포기하고 산속의 짐승들같이,그리고 사방에 풍부한 들풀과 같이 침묵을 지키며 자연 속에서 자연과 하나로 융화되어 그냥 존재하고 싶다.

그러나 그때가 올 때까지, 아니 그러한 때가 올 수 있게 하기 위해 아직도 계속 언어를 구사해야만 한다. 자연의 소식을 전달하기 위해서, 그리고 자연과 인간이 '하나'임을 확인하기 위해서 나는 아직도 철학을 계속해야 한다. 나는 이제부터 '철학적 인간학'을 통해서 자연과 인간의 참다운 관계를 밝힐 필요를 느낀다. 나는 이제부터 인간의 참다운 모습을 파악하기 위해서 '이성의 본질'에 대한 철학 분석과 사색을 전개해야 할 의무감을 느낀다.

21세기의 키르케고르는 그가 '목숨을 바칠 수 있는 가치'를 찾기 시작했다. 그의 가장 중요한 실존적 문제는 나의 문제와 꼭 같았다. 그는 하느님이라는 가치를 찾았다. 그러나 나는 아직도 그것이 무엇인지 알 수 없다. 그런 가치를 위해서 나는 계속 철학을 해야 한다. 8세인가 9세 때의 비트겐슈타인은 "사람이 왜 자신에게 불리할 것임을 알면서도 거짓말 대신 진실을 말해야하는가"의 문제에 부딪혔다고 한다. 그는 이론적인 대답을 끝끝내 못 찾았지만 자신의 삶에 대한 구체적인 태도와 행동을 통해서 그 이유를 발견했다. 내가 문학을 공부한다 했고 시인이 되고 싶었으며 철학을 하게 된 결정적 이유의 하나는 바로 비트겐슈타인의 물음에 대한 대답을 얻는 데 있었다고 내 스스로 분석한다. 비트겐슈타인은 자기 나름대로의 대답을 찾았다. 그러나 나는 아직도 그 대답이 무엇인지 알 수 없다. 그러한 대답을 탐구하기 위해서 나는 아직도 시를 떠날 수 없다. 나의 궁극적 문제는 내 삶의 궁극적 의미를 알아내는 데, 아니 적어도 피부로 느낄 수 있는 데 있었다. 나에게 그 의미는 아직도 모호하고 냉랭하다. 나는 그 의미를 조금이라도 더 밝히고 그 의미를 조금이라도 더 피부로 느끼기 위해서 끝없는 사색과 언어의 작업을 계속해야 한다. 바위를 올리는 일이 허사인 줄 알면서 그 일을 포기하지 않았던 시시포스와 같이, 비록 내 작업이 헛된 노력으로 끝난다 해도 나는 그 일을 지속하리라. 내가 살아 있다는 것을, 내가 존재한다는 것을, 나의 삶의 의미를 파편적으로나마 느끼기 위해서만이라도 책을 읽고 생각하고 또 쓰리라. 그리하여 자연의 고향에 아직 완전히 돌아오지 못했더라도, 그리고 영원히 시골 고향에 돌아갈 수 없음을 미리 알고 있다 해도, 그 자연, 그 고향, 그 시골에 조금이나마 가까워지기 위해서 시를 구상하고 철학적 사색을 계속하리라. 아니 바로 그러한 작업이야말로 나의 삶의 의미일지도 모른다.

　일요일이면 이곳 학교 동료들과 더불어 한국의 고향, 경주 주변의 산, 숲속 길을 오르내리면서 나는 한없이 흐뭇함을 느낀다. 그 이유를 모른다. 내내 알 수 없을지도 모르지만 그렇다고 꼭 알 필요도 없다. 그저 자연이 좋다.

《철학과 사회》, 1992, 여름호

고향의 전나무처럼

성묘하러 시골 고향에 갔다. 객지에서 있었던 탓에 마지막 길을 떠나신 아버지를 뵙지 못한 자식으로서 이제 타계하신 그분의 산소를 찾아뵙던 길에 증조부가 묻히신 고향에 왔던 것이다. 그동안 몇 번 꿈같이 다녀간 적이 있었지만 내가 고향을 떠난 지는 30년이 넘는다. 아직 전기도 들어오지 않는 넉넉지 못한 마을일 뿐만 아니라 아름다운 자연을 갖춘 동네도 아닌 보잘것없는 농촌이다. 그러면서도 이 마을은 내가 나서 자라고 내 형들 누나들이 나서 성장한 고장이기에 내게는 잊을 수 없는, 떼어버릴 수 없는 애착심이 가는 곳이다. 그것은 마치 아무리 못났을지라도 노부모에 대한 혹은 못난 아내에 대한 정과 같으리라.

그동안 많은 마을 사람들이 이사를 가고 다른 고장에서 이사 와서 알아볼 수 없는 이들이 많다. 어느덧 낯이 선 곳이 됐구나. 어릴 적 꼬마 친구들은 대부분은 다른 곳으로 떠났고, 남아 있는 몇몇 옛 친구들은 중년이 되어 벌써 큰 아이들을 거느리고 있다. 지나간 시간이 그들의 흙같이 짙고 나무껍질같이 억센 피부로 결정되어 있다. 옛 동네 어른들은 벌써 타계로 영원히 떠났거나 그렇지 않으면 허리가 구부러지고 백발의 노인이 되어버렸다.

흘러간 시간은 달라진 마을 사람들의 모습에서만 볼 수 있는 게 아니다. 문자 그대로 강산이 변해버렸다. 마을 뒤에는 작은 야산이 있는데 그것을 우린 뒷동산이라고 불렀었다. 마을 앞에는 어린 나에게 엄청나게 큰 것으로 느껴졌던 냇물이 흘렀다. 뒷동산에는 남쪽 들을 한눈으로 볼 수 있는 자리에 꽤 큰 증조부의 산소가 있다. 그곳에서 나는 동네 아이들과 대굴대굴 굴러내리기 장난을 하고 보냈었다. 나는 지금 그 비탈에서 마을과 그 앞으로 펼쳐진 들을 바라본다. 이제 옛날 발가벗고 미역 감던 냇물은 논이 되어버리고, 책보를 메고 먼 소학교로 가던 큰길은 논두렁으로 바뀌었다. 바로 눈앞 어려서 내가 살던 '기와집'은 사랑채가 없어지고 안채마저 옛 기왓장이 무거운 듯 쓰러져가고 있다. 그 집 뒷간의 옛날 살구나무가 보이지 않는다. 바로 담 뒤에는 팽나무라고 부르던 큰 고목이 있었다. 우린 그 가지에 그네를 매고 여름철의 더위를 잊곤 했었다. 그러나 그 자리엔 다만 썩은 나무통만이 남아 있다. 몇 년 전 그저 사그라지고 말았다는 것이다. 지금도 대뜸 알아볼 수 있는 것은 그 옆에 우뚝 서 있는 나무뿐이다. 우린 그 나무를 전나무라고 불렀었다. 그리고 또 하나 변하지 않고 남은 것은 흰 구름 뜬 6월 초의 맑은 고향 하늘이랄까. 항상 푸르고 마을 뒤에 우뚝 선 전나무는 오죽잖은 마을에 의젓한 품위를 줄 뿐 아니라 고상한 미적 조화를 갖추는 것으로 어린 나의 마음을 사로잡던 옛 기억이 아직도 생생하다. 그때의 나의 하루하루는 충만하고 행복스러웠었다.

그러나 지금 보는 사람들은 옛 장난 동무들이 아니다. 마을의 집 모양도 옛것이 아니다. 변한 것은 사람이나 사람들이 만든 것뿐이 아니다.

자연까지도 거의 알아볼 수 없게 변했다. 아니 아버지께서도 이미 타계한 몸이 되지 않았는가? 산언덕에서 병정놀이를 할 때 그 동무들이 이처럼 빨리 고목나무처럼 미욱하게 될 것이라고 꿈엔들 생각해봤으랴? 고추잠자리를 쫓다 지치면 개천에서 고기를 잡던 그때 그 개천이 이처럼 쉽게 다른 모습을 하리라고 꿈엔들 상상이나 해봤을까? 아버지 무릎에 앉아 그 분의 수염을 만지며 깔깔대면서 그때 아버지의 죽음을 꿈엔들 꿈꿔봤을까? 그때 나의 시간은 흐르지 않았고, 사물과 인생은 영원한 것이었다.

그러나 지금 나는 모든 것이 시간을 타고 흘러감을 새삼 피부로 느끼고 있는 것이다. 시간은 사물에 있어서 변화를 의미하고, 인간을 포함한 생물에 있어서 죽음을 뜻한다. 무상이란 바로 이러한 사실을 표현하는 말이 아니고 무엇이겠는가? 다시 한 번 깔깔대면서 옛날처럼 뒹굴며 놀고 싶어지는 고향의 뒷동산 잔디에 앉아 아름다운 흰 구름 하늘을 바라본다. 그리고 나는 모든 것이 무상하다는 사실을, 더 가까이는 언제고 닥쳐올 나 자신의 죽음을 생각해본다.

아무리 살아도 50년을 더 살진 못하리라는 것은 객관적으로 인정해야만 할 사실이 아닌가? 내가 죽으면 잘해야 지금 땅속에 누워 계신 아버지나 증조부처럼 어느 무덤 속에 있게 될 것이다. 나는 언제고 한 주먹 흙이 될 것이요, 내가 묻힐 땅도 언제고 개발이 되어 밭으로 혹은 공장터로 바뀌게 될 것이 아닌가? 100년 후 누가 나의 죽음을 진정 슬퍼해줄 것이며, 누군가 나를 기억해준들, 무슨 소용이 있겠는가? 무상은 현재의 그리고 죽음은 삶의 거울이 된다. 무상의 체험을 통해서 우리는 캄캄한 소아小我의 감옥으로부터 해방되어 보다 넓은, 아니 무한한 우주적 전망을 얻을 수 있고 보다 정확한 자신을 발견하게 된다. 우리들의 삶이 조만간 죽음으로 막을 내리게 되는 것을 의식함으로써 우리들의 삶은 더욱 귀중하고 깊게 체험된다. 10년이면 강산도 변하는데 영겁과 우주의 관점에서 볼 때 우리들이 차지하는 시간과 공간이란 문자 그대로 눈 깜짝하는 순간이요, 진토만도 못한 존재이다. 아무리 투명한 지성의 빛으로도 달해볼 수 없는 무한한 우주를 의식할 때 우리는 이른바 허무란 감각을 느끼게 된다. 그러나 동시에 바로 그 허무가 모래알보다도 작고 순간보다도 짧은 우리들의 삶에 충만할 수 있는 '의미'를 마련함을 깨닫는다. 여기서 파스칼의 말이 이해된다. 육체로서 볼 때 한 인간의 존재란 정말 하잘것없으면서도 정신을 가진 존재로서 그는 우주보다도 위대할 수 있다. 역설적으로 말하자면 우리들의 진정한 영원과 우리들의 참다운 위대성은 오직 충만한 현재 속에서만, 오직 정신 속에서만 찾아볼 수 있는 것이 아닌가?

우리가 살 곳은 '저기'가 아니라 '여기'일 뿐이고, 우리가 존재할 시간은 '영원'이 아니라 '현재'이다. '여기'에 믿음직한 나무뿌리처럼 우리의 뿌리를 묻고 '현재'란 비바람을 맞을 때 비로소 우리들의 삶은 봉오리를 맺고 꽃으로 정화精華될 수 있지 않은가? 우리가 '여기'를 떠나 '현재'를 벗어나려고 한다는 것은 마치 물고기가 연못을 나와 둑에서 날뛰려는 것과 마찬가지다. 비록 서리가 내리면 시들어버리고 말 꽃이지만 한 떨기의 장미꽃은 아름답고 한 줄기 난초꽃은 역시 향기롭지 않은가? 그러나 사람은 단순한 장미도 난초도 아니다. 그는 저절로는 꽃으로 정화되지 않는다. 이러한 사실은 인간의 불행한 조건인 동시에 장미나 난초보다도 행복할 수 있는 조건이기도 하다. 우리에겐 우리들 스스로의 꽃을 창조할 수 있는 능력이 있고, 또 그렇게 할 수밖에 없다. 가지가지 욕망이 우리들을 유혹하고 자극한다. 육체로서의 우리들은 호의호식을, 생물로서의 우리는 권력을 바란다. 그리하여 우리들은 주먹으로, 번쩍번쩍하는 지방체로, 하나의 물체로 변하고 영영 꽃으로 정화될 기회를 잃는다. 우리 주변에서 장미와 난초꽃이 나날이 시들어가고 있지 않는가? 극심해가는 배금주의 사상·치열해가는 권력에의 동경·구역질나는 사치 풍조가 우리들의 주변에 암처럼 번져가고 있지 않는가? 대인관계에 있어서 윤리감에 전혀 무감각해지고 있지 않는가? 그러나 우리는 또한 영화나 권력이, 우리들의 육체가 바람처럼 사라진다는 것임을 알고 있지 않는가?

우린 두 번 다시 존재할 수 없다. 우린 한 번 간 길을 되돌아올 순 없다. 그렇기에 우린 각자 자기의 살아가는 길에 대해 하루바삐 결단을 지어야 한다. 행복한 돼지가 될 것이냐, 혹은 불행한 인간이 될 것이냐? 화려한 장미꽃이 될 것이냐, 혹은 청초한 난초꽃이 될 것이냐?

이제 난초와 같은 인생을 살다간 한 철학가의 모습이 머리에 떠오른다. 그는 빈에서 거부의 막내아들로 태어났다. 공과 공부를 하다가 차츰 철학에 끌려들어갔다. 유고『철학적 고찰』외에 생전 짤막한 단 한 권의 책『논리철학논고』를 냄으로써 서양철학사 가운데서 유일한 혁명적인 철학을 제시했다. 그는 소크라테스 이후 가장 독창적이고 위대한 철학가란 찬사를 받기까지 했으며, 그의 철학은 20세기 철학의 결정적인 원천이 되고 있다. 그러나 그는 그 유명한 책을 낸 뒤에도 케임브리지 대학 대신 오스트리아의 어느 소학교에서 교편을 잡을 정도로 세속적 욕망에 어두웠다. 그는 유산으로 받은 거대한 재산을 자선 사업에 희사했으며, 그가 독신으로 중년의 나이에 암으로 숨을 거두었던 그의 시골 오막살이집 방 안에는 텐트로 만든 군대용 목침대 하나와 엉성한 의자 두어 개와 책 서너 권만이 있었다.

대부분 사람들의 인생은 부산스러운 잡음과 같고, 잘해야 개찰한 화폭과 같게 마련이다. 조금 배우면 아는 체하기가 일쑤이고 학위라도 하나 따면 큰 명함장에 '박사'라고 덧붙여 돌아다니는 너절한 사람이 되기 쉽다. 조금 나랏일을 생각하면 마치 자기가 큰 영도자나 영웅이 된 것처럼 처신하고 싶어지는 심정에 사로잡힌다는 것은 거의 자연스럽다 할 수 있다. 사실 지금 헤아릴 수 없는 수많은 철학가들, 그리고 병아리 철학가들이 말이 거의 없던 빈의 철학을 가지고 떠들썩 요란을 떤다. 목침대에서 과묵한 가운데 사라진 빈의 철학가 비트겐슈타인의 일생은 마치 청초하고 결백하면서도 한없이 그윽한 향기를 풍기는 소박한 한 포기 난초와 같다. 그는 깊은 종교적 체험을 했었기에 하나님을 떠들어 대지 않았다. 비트켄슈타인의 생애와 사상은 한마디로 고결한 금욕주의로 표현된다.

뒷동산 증조부가 누워 있는 산소 앞에 서서 나는 한눈으로 보이는 고향의 마을과 들로 다시 한 번 시선을 던진다. 흰 구름이 흘러가는 푸른 하늘을 뚫고 오직 혼자 우뚝 서 있는 늠름한 전나무가 다시금 눈을 끈다. 어려서부터 어떤지 모르게 내 마음을 끌던 나무다. 10년 전 나는 파리에 있을 때 사람보다는, 아니 어떠한 것보다도 전나무가 되었으면 하는 망상에 잠긴 적이 자주 있었다. 이 나무가 어째서 내 마음을 끌고 있는가를 이제 조금 알 성싶다. 곧장 뻗어 우뚝 선 전나무는 다른 잡목들처럼 부산스럽지도 않고 애교도 부리지 않는다. 그는 요란한 채색으로 마음을 유혹하려는 단풍처럼 요사스럽지도 않다. 바람이 불거나 눈이 오거나, 구름이 흐르거나 말거나 무거운 침묵을 지키며 언제나 푸른 채 혼자면서도 꼿꼿이 서 있는 전나무도 또 하나의 금욕주의의 상징이 될 것이다.

나는 산비탈을 내려오면서 전나무처럼 살고 싶다, 그렇게 살아야겠다는 생각에 다시금 사로잡힘을 느낀다. 그리고 한번 성스러운 절정을 경험한 사람은 두 번 다시 살고 싶어지지 않는다는 시인 횔덜린의 말이 머리에 떠오른다. 그런데 내게는 그 절정이 너무나 높게만 보인다.

《주간조선》, 1975. 6. 29.

04
이 순간, 이 시간, 이 삶

현재 나는 일흔다섯이다. 인생이란 여정의 거의 종점에서 지금까지 걸어온 과거를 뒤돌아보는 때가 되었다. 뒤돌아보면 향수를 느끼고 돌아가고 싶은 시절들은 누구에게나 있다. 나도 마찬가지이다. 그러나 나에게는 꼭 다시 돌아가고 싶은 시절이 없다. 내가 돌아가고 싶은 시절이 있다면 그것은 바로 지금 이 순간, 이 시간, 이 삶이다. 시방 나의 몸은 어느 때보다도 편안하고, 나의 정신은 어느 때보다도 자유롭다.

나와 같은 연령에 속하는 대부분의 사람이 공감할 것이라 추측되는데, 일제 강점기에 태어나 유년기와 소년기를 보냈고, 조국 광복, 6·25 전쟁과 군사정권하에서 청년기를 보내야 했던 나의 과거는 달콤한 향수의 대상이기보다는 하루라도 빨리 기억에서 지워버리고 싶은 시절이었다. 우리 세대의 청춘은 지독한 가난, 정치적 억압, 사회적 혼돈 속에서 허우적거리며 뼈와 살을 깎는 고통을 경험하며 살아야 했다.

30대에 들어서면서부터 서울을 떠나 60대 초에 조국으로 돌아오기까지 31년을 나는 프랑스와 미국과 같은 한국과는 전혀 다른 환경에서 살면서 돈도 가족도 없이 공부하고, 서투른 외국어로 철학을 가르치며 다른 동료들과 경쟁해야 했던 긴장된 나의 삶이 어찌 편안하고 달콤한 향수의 대상이 될 수 있겠는가. 과거여, 안녕! 현재가 중요하다. 과거의 반추가 아니라 미래에 대한 희망으로 살자.

하지만 나에게도 나름대로 돌아가고 싶은 시절들이 있긴 하다. 어떤 상황에서도 인간의 삶과 인간사회는 인간으로서 잊을 수 없는 소중하고 아름답고 즐거운 경험의 터전이 될 수 있다. 때로는 한없이 사악하고 무지하고 거친 것도 사실이지만, 인간은 또한 그 이상으로 선하고 지혜롭고 고운 동물이며, 그러한 인간이 사는 사회에서는 그 시절이 언제이든 인간으로서 잊을 수 없어 언제고 되돌아가 다시 만나고 싶어지는 사람들, 다시 환기시키고 싶어지는 사건들, 다시 맛보고 싶어지는 아름답고 따뜻한 경험이 누구에게나 있기 때문이다. 그것은 나의 경우 50대의 보스턴 시절, 30대의 파리 시절, 충청도 벽촌에서의 유년 시절로 나누어볼 수 있다.

미국 동부의 문화적 중심도시 보스턴에서 철학교수로 직업을 갖기 시작한 지 7, 8년이 지난 40대 후반부터 나는 수업 준비에 그 이전처럼 시달리지 않았고, 경제적으로 조금 안정을 찾게 되었다. 은퇴를 하고 아주 귀국할 때까지 찰스강가의 한 아파트에 살면서 나는 그곳의 고풍스럽고 학문적인 분위기와 그 주변의 아름다운 자연적 환경을 만끽했던 삶이 지금도 자주 그립고 아쉽다.

파리 시절은 되돌아가기에는 마음과 몸이 너무 긴장되고 힘든 시기였다. 하지만 그곳에서의 5년간의 유학생활은 내 생애에서 지적으로 가장 뿌듯한 성장을 한 시기였다. 정말 나의 지적 지평선이 그곳에서 활짝 열림을 경험했고, 내가 택한 지적 삶에 대한 타오르는 열정으로 불타고, 나의 지적 가능성에 대한 막연한 자신감을 얻을 수 있었다. 지적, 실존적 도취에 빠졌었다고 할 수 있는 그 시절을 내가 어찌 쉽게 잊을 수 있겠는가. 나는 그때 무척 고생스러우면서도 무척 행복했다.

가장 근원적으로 내가 되돌아가고 싶은 때는 아버지의 무릎 위에서 아버지의 가시 같이 깔깔한 코밑 수염을 만지며 귀여움을 받기도 하고, 눈 오는 겨울밤에 따뜻한 안방에 깔아 놓은 넓은 요와 이불 위에서 거꾸로 뒹굴며 자빠지고 낄낄대며 두 살 위 누나와 잠들 때까지 놀았던 철몰랐던 어린 시절이다. 지금도 살아 있다는 게 좋지만, 그때는 정말 즐거웠다.

하지만 진정 내가 지금 이런 시절로 돌아가고 싶냐고? 이 지나간 경험이 아무리 귀하더라도 내가 정말로 돌아가고 싶은 곳은 바로 지금 영원한 현재, 이 순간, 이 시간, 이 삶이다.

『행복한 허무주의자의 열정』(2005)

05

지적 방랑의 연보

나는 그동안의 시작詩作과 철학적 저서들을 습작으로만 믿고, 날마다 세상을 매료할 만한 철학적 시와 세계를 바꿀 만한 시적 철학체계를 머릿속에서 창작했다가 구겨버리고, 구상했다가 허물곤 하는 망상적 시간에 잠기곤 한다. 이러한 자신을 의식할 때마다 나는 나 자신에게 물어보곤 한다. 나는 도대체 누구인가? 나는 어디서 와서 무엇을 찾아 어디로 가고 있었던가?

나는 아산리에서 6킬로미터 떨어진 창룡리라는 벽촌에서 한 유가儒家의 막내로 태어났다. 가족 모두 마음이 착한 탓이었을까? 나는 막내로 태어나 집안에서는 서열상 밑바닥에 있으면서도 단 한 번 누구에게 맞아봤거나 큰소리로 야단맞았던 기억이 없다.

나는 일찍 학교에 다니고 싶었으나 나의 마음과 몸이 유약한 탓에 아홉 살이 되어서야 학교에 다니기 시작하였다. 먼 통학 길이 고되기는 했지만 학교가 재미있었다. 언제나 선생님들한테 칭찬을 받고 우등상을 받았기 때문이다. 머지않아 형들의 뒤를 따라 서울에 있는 높은 학교에 가는 것은 마치 자연의 법칙같이 당연한 것으로 여겼다.

소학교를 졸업할 무렵 부족함이 없던 나의 세계에 금이 가기 시작하였다. 그것은 내가 사춘기를 나도 모르게 느끼기 시작한 때와 일치한다. 나는 인간 간의 갈등, 주위 사람들에게서 볼 수 있는 가난함과 빈약함, 무지와 미련함, 고집과 억지, 때로는 악의와 잔인성, 인간의 사회적 불평등, 제도적 억압, 운명과 죽음에 대한 수수께끼, 특히 물질적 생활조건에 대한 불만을 막연하게나마 의식하기 시작하였다. 이러한 의식은 큰형이 시골집에 두고 간 문학책, 서양문예사전, 그리고 일본 작가와 사상가들의 전기 등에 눈이 떠서 그 뜻을 잘 모르면서도 그것들을 몰래 열중해서 뒤적거려보기 시작하면서부터 급격히 예민해지고 부풀었다.

이러한 정신적 방황은 해방 후 집안의 경제적 사정이 퍽 각박해진 가운데, 게다가 사춘기를 거치면서 더욱 심해졌다. 이런 과정에서 나는 육체적으로 어느덧 편두통과 신경성 위궤양에 걸려 그후 몇십 년간 고질적인 육체적 고통을 견뎌내야 했으며, 정신적으로 염세적인 동시에 낭만적 이상주의자, 허무주의자인 동시에 심미주의자로 변해가고 있었다. 그러나 그럴수록 나는 문학, 시에 끌리고 있었고, 문필가, 철학적 사상가가 되고 싶었다. 나는 내가 빠져든 육체적 고통에서 해방되고, 정신적으로 어두운 수렁에서 빠져나가려고 몸부림쳤다. 그 가운데 의식했던 것은 아니지만, 키르케고르가 말한 '목숨을 걸고 싸울 수 있는 삶의 가치'를 찾았던 것으로 생각된다.

내가 대학에서 불문학을 선택한 것은 우연이 아니다. 시인, 작가가 되고자 했기 때문이다. 그후 전공을 철학으로 바꾼 것은 세상을 투명하게 볼 줄 아는 철저한 사상가가 되고자 해서였다. 50이 넘을 때까지 결혼도 못하고 30년 동안 객지로 떠다니면서 어떤 한 철학자나 한 철학적 문제에 집중하지 못하고 거의 모든 철학적 문제에 관심을 흩어놓았다면, 그 것은 '목숨을 걸고 싸울 수 있는 가치 있는 것'을 더듬어왔기 때문이라 고 생각한다.

대학 시절 보들레르의 삶과 작품이 나를 시로 유혹했고, 사르트르의 마술적 언어의 논리가 나를 실존적 문제에 눈뜨게 했고, 철학적 세계를 엿보게 했다. 소르본대학에서 5년을 지내면서 피상적이나마 방대한 지 적 세계와 접하게 되어 사유와 학문의 세계에 한 발자국씩 끌려들게 되 었고, 아무리 서정적 시라도 논리적으로 해석할 수 있고, 그러할 때에 비로소 논리를 초월한 시적 가치를 체험할 수 있음을 깨달았다.

미국 대학에서 2년 반 동안 학생으로 있으면서 나는 처음으로 '분석 철학'을 알게 되었고, 철학적 사고의 미시적 세밀성과 논리적 엄격성을 배우면서 그때까지의 나의 지적 수준이 얼마나 엉성했던가를 의식하 면서, 나 자신의 지적 미래에 대해 깊은 절망감을 느끼곤 했다. 그러면 서도 나는 이 새로운 철학에 크게 반발하였다. 나의 철학적 문제는 어떤 전문화된 특수한 영역에서 제기되는 언어적·개념적·논리적인 것이 아 니라 세계·우주를 총체적으로 설명하고, '인생의 의미'를 찾아내는 절 실하고 실존적인 것이었기 때문이다.

그후 25년간 미국 대학에서 교수 생활을 하면서 수많은 철학 분야에 대해 다양한 철학적 입장에서 쓴 수많은 책을 닥치는 대로 읽었고, 예 술, 문학, 형이상학, 인식론, 언어 등 다양한 주제에 대해 시시한 것이었 지만, 적지 않은 수의 논문을 썼다. 이러는 동안 나의 철학적 방법은 현 상학도 아니며 분석철학도 아닌 것이 되었으며, 철학적 관심은 어떤 한 분야에 머물지 않았다. 이러한 나의 지적 호기심과 방황, 회의와 반성, 그리고 추구와 방랑은 지금도 끝나지 않고 계속되고 있다.

나는 지금까지 어떤 한 철학자도 그대로는 추종하지 않았다. 그러나 수많은 철학자들로부터 무한한 지적 통찰력과 지혜를 배운다. 위대한 철학자, 작가, 혁명가는 물론 나를 가르쳐주신 시골 소학교 시절부터의 모든 스승들, 나와 가까웠던 모든 친지들, 수많은 책들, 세계, 자연, 그리고 나의 모든 경험이 나의 철학적 교사이자 교과서였다.

나는 철학이 이성적 활동의 가장 대표적 표현이라고 믿는다. 그러나 이성은 인간의 모든 활동에서 다소나마 발견할 수 있다. 나는 철학이 아무것도 생산하지 못하고, 세계의 어느 것도 바꾸어놓을 수 없음을 안다. 그러나 철학은 세계를 밝히는 빛이다. 나는 철학의 실용성을 믿지 않는다. 그러나 철학이 세상을 보다 명확히, 그리고 새롭게 보는 인간의 정교한 눈이며, 세계가 철학의 제품이라는 점에서 철학은 가장 실용적이라고 생각한다. 나는 철학적 사유도 역시 자연의 일부로서 자연·세계 속에 갇혀 있음을 안다. 그러나 철학적 사유를 하는 한 인간은 필연적으로 자신이 태어나고 생존하는 사회·세계·자연을 초월하고, 우주는 그러한 철학적 사유 속에 들어 있음을 안다.

『둥지의 철학』(2010)

『행복한 허무주의자의 열정』 초판 서문

이 책은 그동안 여러 잡지, 신문, 학술대회 등에서 발표했던 여러 글들 가운데 나의 지적 궤적, 정서적 흔적 및 도덕적 자세를 반영한다고 볼 수 있는 자전적 글들을 모은 것이다. 1972년에 계간《창조》에 발표했던 「하나만의 선택」을 제외하고는 거의 대부분 지난 10년 내에 발표됐던 것이고, 그중에서 핵심적인 것들은 지난 1, 2년에 썼던 것들이다.

이 책을 통해서 나는 아주 보잘것없지만 나름대로 열정적으로 살아왔다고 자처하는 나의 삶을 객관화해서 정리해보고자 했다. 이런 점에서 이 책은 일종의 자서전이다. 나는 이미 약 20년 전에 『사물의 언어』라는 책을 펴낸 적이 있다. 그런데 새삼 이러한 자서전적 책자를 또 내는 데에는 그후 나의 외부에서는 꽤 많은 시간이 흘렀고, 나의 삶에도 적지 않은 변화가 있었기 때문이다. 게다가 인생의 황혼을 피부로 실감하면서 나의 삶을 마지막으로 총정리할 실존적 요청을 실감하게 되었고, 덧붙여 이러한 나의 초상화가 혹시 다른 이들, 특히 젊은이들의 삶에도 참고가 될 수 있을지도 모른다는 생각이 들었기 때문이다. 설사 그것이 반면교사로서라도 말이다. 그러나 여기서 내가 정말 원하는 것은 이러한 자기반성을 통해서나마 앞으로 내게 남아 있는 삶을 조금이나마 더 보람 있게 살아보자는 데 있다.

자서전은 자신의 삶에 일어난 모든 구체적 사건들을 족보, 출생, 극복한 도전, 감투, 업적 등의 연대기적 기록의 형식을 갖추는 것이 일반적 관례이다. 그러나 이 자전적 글들에서 볼 수 있는 나의 초상화는 가시적인 외형적 그림이 아니라 비가시적인 내면의 울림이다. 여기서 독자는 지적, 정서적 및 실존적 존재의 찌그러지고 거친 인간의 그림을 눈이 아니라 머리로 그려보고, 그 존재의 아픈 삶의 노래를 귀가 아니라 가슴으로 들을 수 있을지 모른다.

최근에 와서 나는 사춘기 이후 나를 줄곧 지탱해온 것이 '지적 투명성', '감성적 열정', 그리고 '도덕적 진실성'이라는 세 가지 가치에 대한 추구가 아니었던가 하는 생각을 하게 되었다. 물론 언제나 의식적으로 그랬던 것은 아니지만 지금 그동안 살아온 과정과 삶의 여러 큰 갈림길에서 내가 해야 했던 어려운 선택들을 뒤돌아보면, 그러한 것들이 위와 같은 삶의 원칙에 시종 일관되게 깔려 있었던 것이 아닌가 싶다.

그것은 학부과정에서 내가 이공계 대신 인문학을 선택했고, 서울대학에서 불문학 학사논문을 샤를 보들레르에 관해 썼고, 석사논문의 제목을 「폴 발레리에 있어서 지성과 현실과의 변증법으로서의 시(La poésie en tant que la dialectique entre la réalité et l'intellect chez Paul Valéry)」로 잡고, 소르본대학에서 불문학 박사논문을 「말라르메가 말하는 '이데아'의 개념: 논리정연성에 대한 꿈(L'"Idée" chez Mallarmé ou la cohérence rêvée)」이라 하고, 미국 서던캘리포니아대학에서 철학박사논문을 「메를로 퐁티의 철학에서 나타난 '표현'이란 개념의 존재론적 해석(An Ontological Interpretation of the Concept of 'Expression' in Merleau-Ponty)」이라고 한 사실에서 알 수 있다고 본다.

나는 '세기말'의 시인 보들레르에게서 도구적 근대 이성, 즉 과학적 세계관이 동반한 허무주의와 싸우는 고독한 실존적 인간의 외침에 공감을 했고, 지적 시인 발레리에서 감성과 이성, 시와 논리의 갈등을 이해했고, 상징주의 시인 말라르메에게서 감성과 이성, 시와 철학을 초월하고 통합한 절대적으로 정연(cohérent)한 세계인식으로서의 시에 대한 열정적 꿈을 발견했고, 그 시인 속에 나 자신을 발견했으며, 현상학자 메를로 퐁티의 '표현'이라는 개념에서 마음과 몸, 물질과 정신, 인식과 존재, 사실과 의미가 모두 하나로 통일된 일원론적 존재론에서 화합의 철학을 감지하고 소외가 없는 따듯함을 경험할 수 있었던 것 같다.

그렇다면 내가 위와 같은 작가, 철학자들에 끌린 것은 결코 우연이 아니다. 나는 그들을 통해 몇십 년 동안 무의식적이나마 줄곧 동일한 문제와 싸우고 동일한 가치를 추구했던 것임에 틀림없다. 세 살 버릇이 여든까지 간다는 말이 있듯이, 한 인간의 싹수는 어려서부터 알아볼 수 있듯이, 한 인간은 아주 일찍부터 결정된다는 말이 맞을 법도 하다. 불행이었건 다행이었건 나의 삶도 나 자신도, 이 책에서 볼 수 있는 오늘날의 나의 초상화는 자신도 모르는 사이에 이미 어려서부터, 아니 그 이전에 결정되어 있었던 것은 아닌가?

이 보잘것없는 책에 정성을 기울여준 미다스북스의 류종렬 사장과 직원들의 호의에 감사한다. 아울러 사진과 디자인으로 책의 장정을 위해 애써준 정하연 양, 그리고 바쁜 와중에도 책의 교정을 도와준 연세대 비교문학 박사과정의 이은정, 안재연 조교에게도 이 자리를 빌려 사의를 전하고자 한다.

2005년 벽두에 일산 문촌마을에서

398

4부

더불어 사는 삶의 실천—인터뷰

박이문 교수(미국 시몬스대학 명예교수)님은 반평생을 외국에서 생활하다 고국으로 돌아온 후 적극적인 학문활동을 통해 학자로서 그리고 한 인간으로서의 지적 가치 추구와 전형적인 철학적 삶의 모범을 보여주고 계십니다. 인터뷰를 통해 박이문 교수님이 현재 가장 역점을 두고 사상적 탐구를 계속하시는 생태학적 세계관의 기조적인 관점과 구체적인 실천방법에 대해서 알아보겠습니다. 여기서 제기되는 질문은 서울의 주요 대학 철학과 학생들로부터 수집된 설문의 질문내용을 주제별로 정리하고 편집부에서 다시 현장상황에 맞게 새롭게 구성한 것입니다.

〔『더불어 사는 자연과 인간』(2001)에 실린 편집자 주〕

01

20세기를 보내고, 21세기의 문턱에 서서

21세기가 시작되었습니다. 20세기를 정의한다면 어떠한 세기라고 할 수 있겠습니까? 아울러 20세기는 인류에게 어떤 과제를 남겨놓았다고 보십니까?

에릭 홉스봄이라고 하는 학자는 극단의 시대, 자본의 시대라고 정의하고 있다. 그러나 그것보다 더 결정적으로 중요한 것은 인류사에서 처음으로 문명에 대한 총체적인 자기반성이 시작된 갈림길의 세기라고 할 수 있다. 나는 20세기가 생태학적인 반성, 문명에 대한 총체적인 반성이 시작되고 진행된 세기라고 규정하고 싶다.

다시 말해 20세기는 인간중심적인 세계관에서 생태중심적 세계관으로 전환의 계기가 마련되고 시작된 세기이다. 요한묵시록에서 종말에 대한 언급을 한 적은 있지만 한 번도 제대로 종말에 대한 인식을 한 적은 없다. 지구적인 차원에서 환경 문제와 생태계 문제를 풀어야 할 과제를 남겼다고 생각한다.

과학문명의 발달에 따라서 지구 차원의 자원과 공간의 한계가 인식되고, 물, 공기 등의 자원부족에 대한 중요성이 각인된 것이다. 물이나 공기 전쟁이 일어날지도 모르는 사태가 발생하게 된 것이 결정적인 이유이다. 커다란 테두리에서 이대로 가다가는 멸망할지도 모른다는 인식이 생겨난 것이다.

루소처럼 자연으로 돌아가자는 말씀을 하시는 것입니까?

그런 의미는 아니다. 과학 자체의 죄를 묻는 것이 아니라, 기술개발의 목적이 무엇인지를 다시 근원적으로 살펴보자는 것이다. 근시안적인 관점에서 인간중심적으로 과학기술을 개발해서 멸망의 위기에 처하게 된 세계를 다시 살펴보는 것이 필요하다. 아무리 과학이 발달하고 통제가 된다고 해도 자연은 공간적으로나 자원적으로 한계가 있다.

그렇다면 좋은 과학과 나쁜 과학이 존재한다고 할 수 있습니까?

그렇지 않다. 과학적인 진리는 좋은 것이다. 어떤 목적으로 그 과학적인 진리를 이용하고 활용할 것인가가 중요하다. 과학기술이 자연을 파괴하고 인간을 파괴하는 데 이용된다면 그것은 잘못된 것이다.

20세기가 갈림길의 세기이자, 문명의 총체적 반성이 일어난 세기라고 정의하셨는데 그것이 인류 전체적 차원에서 진행이 되었다고 보십니까?

환경문제가 보편적인 문제라고 인식되고, 전 지구적인 차원에서 진행되고 있다. 물론 20세기 초반이나 중반에는 없었는데, 그게 시작되고 갈림길로 나타난 것은 20세기 말부터이다. 초반이든 중반이든 아니면 후반이든, 70년대부터는 본격적으로 20세기의 테두리 안에서 부각되고 결정적으로 중요하게 제기되었다고 볼 수 있다.

지금 지구상에는 인류 발전과 번영이라는 미명하에 무분별한 과학기술의 개발 등으로 자연파괴가 진행되고 있다. 이를 방치할 경우 앞으로 전 지구적 위기가 도래할 것이다. 지금까지는 얼마만큼 자연을 통제하고 지배할 수 있을 것인가에 대해 집중적으로 생각했었는데, 그것이 정말 바람직한 것인가를 다시 한번 생각해봐야 한다. 지금의 삶이 과연 행복한 것인가, 근대적인 의미에서의 발전과 진보, 번영은 어떤 의미를 가지고 있는가에 대해 인류 모두가 생각해봐야 할 때이다.

20세기에는 공산주의의 생성과 몰락, 자본주의의 쇠퇴와 번성이 반복되었습니다. 또한 둘 사이의 이념적 충돌이 세계를 뒤흔들기도 했습니다. 이러한 것들을 생태학적 세계관에 기초해서 바라보신다면?

사회주의나 자본주의의 갈등은 생태학적 세계관에서 바라볼 때 자연과 인간과의 관계에 상관없이 개인 간, 지역 간, 집단 간의 싸움이라고 볼 수 있다. 인간의 가치관이 다 다르듯이 그 안에서의 싸움이다. 집단 내부의 싸움, 예를 들면 암세포들 간의 싸움이라고 할 수 있다.

하지만 그 암세포들 간의 싸움에도 가치판단의 기준이 있을 것입니다. 제1차, 제2차 세계대전이나 우리나라의 한국전쟁 등에서도 마찬가지입니다. 좀더 구체적인 세계관의 제시가 필요하지 않을까요?

공산주의와 자본주의, 다시 말해 그 둘 가운데 무엇이 옳고 그르냐를 따지기 이전에 인류와 자연의 관계를 생각해봐야 한다.

인간이라는 종적 입장에서 보자면 상호간에 적대적으로 대립하고 투쟁할 수 있는가에 대해 생각해볼 수 있다.

처음으로 되돌아가서 말하자면 이념의 문제는 인간 상호 간에서 제기된다. 생태학적 세계관은 인간과 자연 상호 간의 문제이다. 두 가지 문제는 첫 출발부터 다르고 문제인식의 방법적 차원 또한 다르다.

그렇다면 개별과 보편의 입장에서 자본주의나 제국주의(패권주의)를 보자면 어떻습니까?

개인의 물질적 가치추구나 공존적 윤리의 침탈을 전제한다는 점에서 자본주의나 제국주의는 당연히 악이라고 할 수 있다. 거시적인 입장에서 본다면 언제나 공존의 철학이 중요하다. 그러나 사회주의는 절대적인 모델이 될 수 없다. 그렇다고 자본주의가 대안이 될 수도 없다. 자본주의는 자체의 내재적 결함 때문에 언젠가 사라질 것이다. 자본주의는 돈벌이만을 목적으로 하고 있다. 돈을 위해 무자비한 경쟁이 조성된다. 이처럼 무자비한 경쟁은 지양되어야 한다.

20세기의 문학예술에 대한 평가를 하자면 어떻습니까?

20세기는 그전의 시대보다 세계를 다른 눈으로 바라볼 수 있게 만들어주는 것들이 많이 등장했다. 20세기는 이전 세기에 나왔던 문학예술과는 많이 다르다. 피카소라든가 초현실주의라든가… 예를 들면 백남준 등의 비디오아트 같은 것도 그렇다.

20세기가 문명의 총체적 반성이 시작된 세기라고 할 때 문학예술의 영역에서도 그런 징후가 발견된다고 할 수 있나요?

생태학적 세계관과 문학예술의 직접적인 연관은 없다. 하지만 새로운 틀에서 사고한다는 것이 맥락상 비슷하다고 볼 수는 있다. 이전 세기에 나왔던 문학예술 양식이나 사조 등과 20세기에 나온 것들은 많이 다르다. 그러나 개발하고 재구상하고 새로운 틀에서 본다는 점에서 문학예술의 기능은 언제나 마찬가지라고 할 수 있다.

20세기의 문제를 극복하기 위해서는 어떤 사고를 가져야 하나요?

첨단 과학기술을 숭배하는 오늘의 물질주의에 대한 비판적 사고가 필요하다. 하지만 이 말은 과학을 반대하라는 의미가 아니다. 인간과 자연의 공존의 가치에 기반을 두지 않고, 그러한 지식에 기반을 두지 않은 과학, 즉 인간의 물질적인 욕망에 기반을 둔 과학발전은 배제되어야 한다는 것이다. 또 과학발전의 목적에 대한 충분한 반성과 평가가 필요하다.

사상적으로 구체화되지는 않았다 할지라도 미국 원주민인 인디언들은 자연 속에서 살고 근본적으로 자연친화적인 삶을 산다고 할 수 있습니까?

과학적인 근거에 의한 생태학적 삶이 아니라 구복적이고 미신적인 상태에서 자연친화적 삶을 살았거나 살고 있는 것이라고 할 수 있다. 그들의 생활도 과학의 편이를 받아들이기 시작한다면 많은 변화가 일어날 것이다. 과학적 문명을 충분히 이용하면서 생태학적 세계관을 토대로 하는 것이 바람직하다.

예를 들어 『오래된 미래』의 필자가 주장하는 반과학, 반컴퓨터, 반문명적 입장에 대해서는 어떻게 생각하십니까?

만약 그 책에서 말하는 티베트 사람들이 과학기술의 편이를 알았더라면 당연히 과학기술의 편이를 택했을 것이다. 인간의 기본적인 욕망을 억압할 수는 없는 것이다.

그러면 21세기가 시작되었는데, 문명반성의 실천행위를 어떻게 해야 합니까?

깨달음이 시작되어야 한다, 예를 들면 칼 마르크스처럼. 마르크스는 커다란 픽션을 보여준 것이다. 마르크스와 같은 선각자에 의해 세계사에 대한 새로운 인식이 생겼듯이 새로운 깨달음이 시작되어야 한다. 눈이 뜨여야 된다. 선각자들의 역할이 뒤따라야 하고, 대중이 계몽되어야 한다. 그 다음에 정책적으로 뒷받침이 되고 국가적 차원에서 체계적으로 대처해야 한다. 물론 아직까지는 집단적이고 조직적으로 그것을 실천하는 움직임은 없는 것 같지만 부분적으로 의식 있는 이들에 의해 진행되는 수준이라고 본다.

마르크스의 주장대로 능력에 따라 일하고 필요에 따라 분배하는 사회체제가 모델이 될 수 있을까요?

그렇게 된다면 얼마나 좋겠는가. 그러나 그것은 백일몽 같은 얘기이다. 현실적으로 실현 불가능하다는 말이다. 그러나 그것은 또한 하나의 이상이자 꿈으로서 모델이 될 수 있을 것이다.

21세기 정보화 사회에서 빌 게이츠와 같은 사람은 새로운 정보도구를 창안하여 새로운 지식의 창출과 보급 그리고 사회발전에 많은 기여를 했다고 보십니까?

그렇지 않다고 본다. 빌 게이츠의 기술적인 능력은 타의 주종을 불허할 만큼 뛰어난 것은 사실이다. 그러나 아무리 능력이 뛰어나다고 해서 모든 부가 빌 게이츠 한 사람에게 집중되는 것은 말이 안 된다. 이러한 분위기를 방임하는 사회는 문제가 있다고 본다. 최대한 개인의 자유가 보장돼야 한다. 그러나 무한정한 개인의 자유 때문에 분배와 평등의 이념이 상실되어서는 안 된다고 생각한다.

첨단 과학기술 문명의 발전적 대안이라면 무엇이 있을까요?
과학기술 문명은 탈인간중심적, 자연주의적 세계관에 기초해야 한다. 탈인간중심주의는 동물과 인간을 똑같이 대하자는 것이 아니고, 동물을 대하는 것도 도덕적인 차원에서 접근해야 한다는 것이다.

02

생태학적 세계관에 대해서

생태학적 세계관에 대해서 구체적으로 접근해보겠습니다. 생태학적 세계관을 한마디로 정의하자면 무엇입니까?

그것은 세계를 전체적으로 보는 하나의 시각이다. 다시 말해 인간도 자연을 구성하고 있는 고리 중에 하나이며, 일부에 지나지 않는다고 보는 것이다. 그런데 인간은 자연을 파괴하고 있다. 궁극적으로 이러한 행위는 인간의 죽음까지 초래할 수 있다. 자연파괴 행위로 인해 인간은 지구를 병들게 하는 암세포와 같은 존재로 변하고 있다.

생태학적 세계관의 형성과정에 대해서 말씀하신다면?

우리나라에서는 80년대를 전후해서 환경운동, 생태학적 운동이 보편화되었지만, 미국의 경우는 60년대부터 환경운동과 생태학적 운동이 있었다. 당시 과학자이자 좌파 사상가인 베리 코모도어Barry Commodor는 뛰어난 활약을 했고 레이첼 카슨은 명저 『침묵의 봄Silent Spring』(새를 모두 죽여서 예전의 새소리가 없어졌다는 뜻)을 쓰기도 했다. 생태학적 세계관의 기초는 어느 날 갑자기 형성된 것이 아니라 이미 40여 년 전부터 싹트기 시작했다.

인간복제를 바라보면 어떻습니까?

인간복제가 과연 우리 삶에 도움을 줄 수 있을까? 의심스럽다. 물론 심장이식 수술 같은 것은 처음에는 굉장히 거부감이 많았고 낯설었지만, 지금은 보편화되기도 한 건 사실이다. 그러나 인간복제는 극단적 경우이다. 그것은 생태학적 순환의 원리에 반대된다.

수퍼 소가 탄생하면 기아 문제도 해결할 수 있고 선하고 우수한 인간을 복제하면 인간사회가 더 윤택해질 수도 있지 않을까요?

허허, 끔찍하다.

그런데 그것은 사실 지구상에 존재하는 물질이 공평하게 분배가 된다면 다 해결할 수 있는 일들이다. 또한 인간의 원리 자체를 거부하고, 운명과 자연의 근본적인 틀을 바꿔가면서까지 그렇게 할 필요는 없다고 생각한다. 나는 결론적으로 인간복제에 대해서는 반대한다. 미국에는 죽은 후에 냉동 미라를 보관해주는 장의회사가 있는데, 돈 많은 사람들이 신청을 많이 한다고 한다. 한국 사람도 벌써 많이 신청을 했다는데 그렇게까지 할 필요가 무엇이 있는가. 정말 끔찍하다.

세계관의 문제와 연관해서 문명충돌 문제에 대해서는

문명과 문명, 예컨대 동양과 서양. 집단과 집단은 충돌할 수 있다. 또 서로 지킬 수도 있고, 보존할 수도 있다. 갈등을 해결하는 방법으로 전쟁도 하고 협상과 화해도 한다. 그러나 생태학적 세계관에서 내가 말하는 것은 인류 전체와 자연과의 관계를 말하는 것이다. 인류 전체의 문제와 자연과의 관계에 대한 문제를 재검토하자는 철학적인 방법론의 문제이다. 인류와 자연을 조화시키는 문제가 중요하다는 것을 강조하는 것이다. 하지만 문명과 문명, 인종이나 민족 간의 충돌을 피하고 공존의 길을 찾는 것이 필요하다.

철학이란 개별적 존재에게 어떻게 사는 것이 옳은 것인가에 대한 해답을 주어야 하지 않을까요. 생태학적 세계관도 개별 인간의 삶에 대한 해명이 필요하지 않습니까?

물론 그렇다. 그러나 그것들은 별개의 문제이다. 생태학적 세계관에서 가장 중요한 것은 인간과 자연의 공존의 문제이다. 거시적이고 원시적인 시각이 깔려 있어야 한다. 개인의 생각이 아니라, 인류 전체적으로 더불어 생각하고 실천하는 것이 무엇보다 중요하다.

생태학적 철학사상을 현실 속에서 구체적으로 구현하기 위해서는 어떻게 해야 합니까?

조금 구체적으로 말하자면 개인들은 일상생활에서 자원을 절약하고 자연을 덜 파괴할 수 있도록 노력해야 한다. 예컨대 자동차의 범람을 막기 위해 대중교통을 적극적으로 이용해야 한다. 또한 국가에서는 정책적으로 우리 안의 자신을 억제할 수 있는 키워드를 찾아내 개발할 수 있도록 해야 한다. 기독교에 근거한 삶의 방식이 있듯이 생태학적 세계관에 근거한 일상적인 삶의 방식이 존재할 것이다. 정책도 그런 방향에서 짜는 것이 중요하다. 자원개발과 자연파괴를 억제해야 한다. 검소하고 절약적인 생활이 기본적으로 필요하다. 인간이라는 존재가 돌연변이에 의해서 생겨났지만 존재의 욕망을 억제하고 자연적인 진화에 자신의 존재적 특성을 맞추어나가는 것이 중요하다. 생태적으로 그것을 맞추어가야 한다. 자크 모노의 견해처럼 인간이란 존재가 생겨난 것은 우연이다. 우연히 태어났지만 운명적으로 태어난 것이고 우리 자신은 인간의 운명뿐만 아니라, 지구의 운명, 자연의 운명, 인류의 운명을 통제할 수 있는 능력이 있다. 지구의 운명과 인간의 운명도 인간의 결단과 선택에 달려 있다. 그 선택에 따라 변화 또한 가능하다.

사람의 관계, 삶의 질을 구체적으로 말씀하셨는데, 예를 들면 정치, 경제, 사회, 문화, 도덕 등등 조금 세분화시켜서 우리의 미래적인 모습을 말씀하신다면?

정치적으로는 전체주의가 아니라 개인의 자유와 주체성이 존중되는 자유주의가 좋다. 경제적으로는 복지사회적인 장치를 마련해야 한다. 사회체제적으로는 자유가 보장되고 전체의 맥락에서 전체의 복지를 해치지 않는 선에서 개인의 자유와 평등, 인간의 존엄성이 확보되어야 한다. 문화나 도덕적인 측면에서 본다면 나를 희생하고 남을 배려해주는 것이 중요하다. 스스로 손해 볼 것을 의식하면서도 행동하는 희생의 미덕이 때론 필요하다. 과학기술의 개발은 분명히 필요하지만 목적이 불분명하고 건전하지 않은 것은 반대한다. 한국의 정치판은 도덕적으로 너무 썩었다. 부정이 판치고 청렴도가 전혀 없다. 한국은 물론이거니와 세계적인 시각에서 보면 우리의 문명사적 현실은 눈앞에 위험한 빙산이 놓여 있는 것도 모르고 전진하는 타이타닉 여객선에 비유할 수 있다.

『오래된 미래』라는 책에 나오는 라다크에 인류가 가야 할 어떤 미래적인 모습이 있다고 생각하십니까?

그렇지는 않다. 현실적으로는 불가능하다고 생각한다. 『오래된 미래』 재판에 새로운 서문이 나왔는데, 그것을 읽어보니 그 지방은 지금 많이 타락했다고 한다.

예전의 라다크는 생활은 원시에 가까웠지만 인간과 자연, 자연과 인간이 공존하는 사회였다. 그곳 사람들은 예전에는 세수도 제대로 못할 만큼 원시적인 삶을 영위했다. 그러나 지금은 세수도 할 수 있고, 관광객이 늘다보니 여관도 생길 만큼 현대화되고 있다고 한다. 이 과정에서 인간과 자연의 공존이라는 이상적인 삶의 방식이 깨지고 있는 것이다. 따라서 2001년 현재 라다크의 모습은 대안이 아니라고 본다.

그러나 현재 전 지구적인 역사적 흐름이나 문제의 해결이라는 측면에서는 그것이 대안이 될 수 없으나 그 관계(인간과 자연, 자연과 인간의 공존)는 모델이 될 수 있다. 문명화, 현대화, 산업화는 반드시 필요하다. 이 물결은 인위적으로 막을 수도 없다. 현대인에게 현재 사회가 문제가 있으니 원시사회로 돌아가라는 것은 말이 안 된다. 중요한 것은 문명의 진행 자체에 대한 근본적인 반성이라고 생각한다.

하지만 사람은 자기를 통제할 능력이 있다고 하셨습니다. 당연히 그렇게 되는 것이라면 경고한다고 해서 어떤 근본적이고 혁신적인 변화가 있을까요?

물론 인간은 자기 통제 시스템에 의해서 움직이지만, 그것을 움직이는 가장 주요한 힘은 생각하고 깨닫는 능력이다. 그것을 개발해야 한다. 그렇게 되기 위해서 교육이 더욱 필요한 것이다. 행복을 추구하는 의지와 지혜와 선택, 그리고 행동을 추진해가는 의지에 따라서 다르게 된다. 그것을 개발하는 것이 무엇보다도 중요하다.

그러면 오늘날의 인류가 타이타닉호에 탄 것 같은 상황이라는 비유는 어떻게 해석해야 합니까?

인간이 현재의 진행방향대로 가지 말고, 자기 통제 시스템을 회복하라는 경고라고 볼 수 있다.

하지만 타이타닉은 운명적으로 빙산에 부딪치게 되어 있지 않습니까?

그렇지 않다. 타이타닉호에서는 앞에 빙산이 있는데도, 예측을 하지 못하고 부딪친 것이다. 선장이 조금 일찍 알았더라면 빙산을 피해갈 수도 있었을 것이다. 마찬가지로 오늘의 인류는 지금이라도 세계관의 대변화와 함께 실천을 한다면 충분히 비켜갈 수 있는 상황이다.

교수님은 저서『문명의 미래와 생태학적 세계관』에서 "사고양식의 코페르니쿠스적 변환, 가치관의 지각변동과 같은 혁명이 절실"하다고 말씀하셨는데, 그 대안은 무엇입니까?

그 주요한 대안 가운데 하나가 바로 생태학적 세계관이다. 생태학적 세계관의 골자는 인간과 자연은 동일하다는 사실이다. 인간과 인간, 인간과 자연, 즉 인간과 동물, 생물과의 관계는 존재론적 차원에서 근본적으로 다를 게 없다. DNA를 보더라도 사람과 생쥐는 차이가 거의 없다. 인간만이 철학을 하고 사고를 하지만 그렇다고 해서 인간만이 절대적인 존재는 아니다. 동물이나 인간이나 모두 생물이라는 공통분모를 가지고 있다.

자연의 일부인 땅, 흙 등도 인간과 마찬가지로 존재적 의미를 가지고 있나요?

무기물은 생명체를 위해서 존재하는 것이 아니라, 그냥 존재하는 것이다. 사람의 입장에서 보면 이용할 수도 있다. 그러나 누구를 위해서 존재하는 것은 아니다.

생태학적 세계관의 기초는 유물론적인 것인가요?

그렇다고 볼 수 있다. 그러나 문제는 물리학 자체에서도 물질이 무엇인가가 핵심적이라는 사실이다. 물질이 무엇이냐, 정신이 무엇이냐, 에너지가 무엇이냐. 인간과 자연의 동일성, 인식의 문제, 물질이 무엇인지, 물질은 어디서 나오는가. 하느님이 만들었다고 하면 하느님은 어디서 나왔나 등등 끝이 없다. 따라서 절대적인 답변은 불가능하다고 할 수 있다.

세계관이나 이데올로기의 측면에서 보자면 생태학적 세계관은 어떻게 볼 수 있습니까?

공존의 입장에서 보면 생태학적 세계관은 20세기 이데올로기 가운데 자본주의보다는 사회주의적 세계관에 가깝다고 볼 수 있다. 그러나 그것은 다른 차원의 문제이다.

생태학적 세계관을 조금 더 보편화시키고, 실천을 하자면 우리나라 같은 경우엔 어떻게 해야 할까요?

녹색당 등이 창당되면 좋을 것이다. 그러나 현실은 그렇지 않아 보인다. 또 생태학적 세계관에 대한 교육이 활성화되어야 하고 환경운동연합이

나, 녹색연합 등과 같이 시민운동이 활성화되어야 한다. 이들 단체들은 생태학적 세계관, 자연중심적 세계관, 탈인간중심적 세계관을 완벽하게 구현하고 있지는 않지만 그에 뿌리는 내리고 있고 현실 속에서 움직이는 모습이 가장 가깝기 때문이다.

지금 우리나라에 녹색당이 생긴다면 참여하실 것인가요?

그 단체의 이념이 생태학적 세계관과 궤를 같이한다면 참여할 것이다.

03
우리가 추구해야 할 철학과 종교,
그리고 가치에 대하여

철학이라고 하는 학문은 무엇입니까?

한마디로 말하자면 앎에 대한 사랑이다. 앎을 추구하다 보면 하고 싶은 얘기가 많아진다. 그래서 철학을 하는 사람들은 말하는 법과 함께 말의 구성체인 개념을 배워야 한다. 또 아울러 풍부한 지식을 가지고 있어야 한다. 그러나 근본적으로 철학을 정의하자면 세계를 인식하고, 동시에 그것을 포괄적이면서도 근본적으로 설명하고 밝혀주는 학문이라고 할 수 있다.

인간의 행복에 대해 철학적으로 정의하자면?

건강은 행복의 기본적인 조건이라고 할 수 있고, 자신의 신조나 자신이 믿는 가치관에 따라서 철저하고 충실하게 자신을 속이지 않고 사는 사람이 행복한 사람이라고 할 수 있다. 그런 유형의 삶을 산 사람은 많다.

쉽게 예를 들자면 일본에 사는 재일교포 작가인 유미리나, 프랑스 대통령이었던 드골 같은 사람을 들 수 있을 것이다. 한국전쟁 당시의 빨치

산들도 하나의 예가 될 수 있다. 물론 이념적인 인간형으로 보자면 한편에는 마르크스주의자가 있고, 다른 한편에는 마르크스주의와 대립된 가치를 추구하는 인간 유형 속에서 존재의 행복을 누리는 사람이 있을 것이다.

열정이나 가치추구가 최상의 가치관이라면 명예나 부를 위한 열정도 올바른 것으로 합리화될 수 있지 않을까요? 예를 들면 권력에 대한 가치추구와 열정도 있지 않습니까?

물론 그렇다. 하지만 무엇보다 중요한 것은 삶에 대한 태도이다. 자신에 대한 욕심, 명예욕 등에 의해서 이루어진 것은 보편적 가치에 비추어볼 때 훨씬 질이 떨어진다. 인간이 일으키는 감동 가운데도 여러 가지가 있다. 아인슈타인이 감동을 준 것을 사실이지만, 그게 인류에게 남긴 감동은 지적인 감동이지 도덕적인 감동은 아니다.

내가 미국에 살 때 장애인이 장애아를 입양해서 키우는 사람을 본 적이 있다. 그 사람은 자신의 가치를 추구하면서도 열정과 신념, 그리고 삶의 신조와 덕목을 갖고 살아가고 있었다. 내게는 무척 고귀하게 보였다. 한 인간에게서 느끼는 가장 큰 감동은 도덕적인 감동이다.

훌륭한 인간과 행복한 인간은 개념이 조금 다르지 않습니까?

일반적으로 오복을 행복한 인간의 조건으로 말하는데 나는 오복이 인간의 결정적인 행복의 조건이라고는 생각하지 않는다. 내가 말하는 개인적인 행복이라는 것은 신조에 따라서 열정적으로 사는 건데, 그것이 도덕적이고 보편적인 가치를 추구하는 것이면 더욱 좋다는 의미이다.

철학이란 인간이 행복하기 위해서 필요한 것 아닙니까?

행복이란 무엇인가. 나는 일상적인 행복을 증오한 적도 있다. 행복은 상대적인 것이다. 내가 행복을 경멸한다고 할 때 그 행복은 일상적인 평안이나 안락을 의미한다. 하지만 나는 그런 것을 행복이라고 생각하지 않는다.

카르멘처럼 열정적으로 사는 사람, 가치추구의 삶을 사는 사람 중에서 상대방의 행복한 삶을 침해하는 경우는 어떻습니까? 예를 들면, 결혼해서 부인이 있는 남자를 좋아하면 그 상대 여자는 상처를 받고 잘못하면 자살을 시도할 수도 있지 않을까요?

그럴 수도 있다. 그렇지만 태도가 중요하다. 멍청하게 이래도 좋고 저래도 좋아라는 식으로 사는 건 아니다. 주체가 있는 삶이 행복하다는 것이다.

하지만 공존의 윤리를 강조하는 생태학적 세계관의 입장에서 보면 법 없이도 살 사람이 더 필요하고 행복한 삶이 될 수 있지 않습니까? 정열적이고 가치추구적인 인간에게도 어떤 기준이 있어야 하지 않을까요?

물론 기준이 있어야 한다고 생각한다. 좋은 열정의 기준은 자기만의 이기적 욕망에서 벗어나 세상을 좀더 넓게 보고, 인류 보편의 가치에 좀더 가깝게 다가가는 것이라고 할 수 있다. 일상적인 생활에서도 마찬가지일 것이다. 단순히 오복이 행복일 수는 없다. 그런 행복은 동물적 행복과 다를 바가 없을 것이다.

동양철학과 서양철학을 비교해본다면?

철학이라는 학문에 대한 개념을 어떻게 정의하느냐에 따라 달라지기는 하겠지만, 서양철학은 논리적이고 합리적이며 이분법적이다. 그래서 세계를 분석적으로 사고하는 능력이나 체계적이고 포괄적이고 일관성 있게 설득해내는 면에서는 서양철학이 단연 뛰어나다. 그러나 자연과 세계 전체에 대한 총체적 비전의 제시라는 측면에서 동양사상이 서양사상보다 더 뛰어나다고 생각한다. 동양사상은 사고의 힘, 사고방식 면에서 서양철학보다 더 포괄적이고 설득력이 있다. 불교, 도교, 힌두교 등에서 느껴지는 동양의 일원론적 세계관은 높이 살 만하다.

서양철학은 고대의 플라톤이나 아리스토텔레스를 비롯해서 근대의 데카르트와 칸트 등을 거치면서 민주주의, 자유, 평등 등의 개념을 발전시켜왔다. 하지만 그들의 사상은 대체로 너무나 인간중심적이다. 자연에 대한 배려는 거의 존재하지 않았다고 봐야 한다. 이 때문에 서양철학의 선한 얼굴 뒤에는 지배적이고 파괴적인 탐욕이 보인다. 서양철학은 이제 인간이 자연계 전체에서 특별한 존재라는 생각에서 벗어나야 한다. 즉 인간중심적 세계관에서 자연중심적 세계관으로 바뀌어야 한다.

반면 동양적 세계관은 인간과 자연을 하나의 공동체로 보고 있다. 그렇다고 서양사상이 동양사상보다 뒤떨어져 있고 근본적으로 잘못되었다는 것은 아니다. 서양사상의 핵심논리인 인간중심주의에 따라 과학을 발전시키고 자연을 개발하다 보면 자연의 파괴 등은 불가피하다. 이런 점에서 동양사상은 서양사상의 한계를 극복할 대안이 될 수 있다.

동양적 삶의 관계를 파헤쳐보면 우리 삶의 미래적 모델을 찾을 수 있지 않을까요?

물론이다. 고대의 동양사상은 인간 상호 간의 관계나 그 관계의 삶 속에서 나온 것이다. 따라서 그 관계의 질 자체는 매우 자연친화적이다. 자연과 인간이 하나라는 일원론적 세계관 등이 미래의 모델이 될 수 있다.

그러면 이러한 모델들을 구체적으로 담고 있는 대안은 어떤 것이 있을까요?

바로 생태학적 세계관이 그 대안이다. 생태학적 세계관은 인간중심적 세계관에서 벗어나 생태중심적으로 우리의 시각이 변화해야 한다는 것을 주장하고 있다. 인간과 자연의 조화를 근본으로 하는 생태학적 세계관은 근본적으로 동양적인 것이다.

그렇다면 교수님의 말씀은 서양사상을 동양사상보다 못하다거나 부정하는 것은 아닌지요?

그런 의미는 아니다. 다만 현재 서양사상은 더 원시적이고 거시적인 관점에서 동양사상을 받아들여야 한다는 말이다.

서양사상과 동양사상의 차이는 무엇입니까?

근본적으로 서양문화와 사상은 인간중심적이다. 서양의 중세시대는 물론이고 과학적인 관점에 섰던 마르크스도 인간중심적인 관점을 벗어나지 못했다. 서양사상의 한계에 대해서는 1970년대부터 학술활동을 통해 자연스럽게 의식하게 되었다.

사상적으로 서양사상의 한계를 극복하게 해주었던 주요한 계기가 된 것은 무엇입니까?

노장사상이다. 1970년대에 나는 미국 시몬스대학에서 강의용으로『노장사상』을 쓰면서 보물을 발견했다는 느낌을 받았다.

종교란 무엇이고 어떠한 견해를 갖고 계십니까?

종교는 영생을 갈구하는 인간적 욕망의 한 표현이며, 모든 것의 근원적 의미 혹은 가치에 대한 물음의 한 표현이라고 생각한다. 나는 무신론자이지만 기본적으로 종교적 인간이다. 나라는 존재는 궁극적으로 지와 앎을 추구하는 인간이다. 지와 앎에 대한 갈구는 나에게 있어서 하나의 종교이다. 이런 점에서 포이에르바하, 니체, 마르크스, 간디도 종교적 인간이다. 이들은 이같은 가치를 위해서 자신과 헌신적으로 싸운 사람들이다.

겉보기에 타락하고 불행한 삶을 살았던 시인 보들레르도 종교적 인간이다. 실존주의 철학의 창시자인 키르케고르적으로 말하면 종교는 목숨을 바쳐 싸우는 삶에 대한 가치추구이다.

보다 가치추구적이고 보다 종교적인 성격의 종교가 있다면 무엇입니까?

불교를 보면 상당히 명상적이고 사색적이다. 이 점 때문에 나는 불교에 친밀감을 느낀다.

유가사상과 도가사상은 어떤 사상입니까?

도교는 절대적이고 궁극적인 문제에 대해 탐구를 한다. 반면 유교는 현세의 문제, 즉 사람의 생활의 문제를 더 중요하게 생각한다. 도교는 자연친화적인 사상이다. 물론 유교도 근본적으로 자연친화적이다.

우리나라 사상가들 중에서 일원론적 세계관을 가지고 있거나 가까웠던 사람은? 예로 원효, 퇴계, 다산을 논한다면 어떻습니까?

원효는 신라시대 근본이념인 불교에 대해, 퇴계는 주자학에 대해 각기 독창적으로 해석하였다. 또 다산은 사념적인 유교를 비판하고 현실 개혁적이면서 혁신적인 사상을 폈다. 그 이전의 사상에 대한 혁신과 사고의 전환을 주장했다는 면에서 존경할 만하다.

선과 악에 대한 개념을 어떻게 정의할 수 있는지요?

선악은 인간 내면에 관한 문제이며, 동시에 인간의 가치에 관한 문제이다. 선과 악은 분명히 구별된다. 예를 들어 남을 위한 희생은 선이고 타인에 대한 괴롭힘은 악이다. 이것은 누구도 거부할 수 없는 모든 인간의 공통적이고 보편적인 가치관이다. 그러나 구체적인 상황 속에서 선과 악의 판단은 쉽지 않다.

인간이 태어나면서부터 악한 성격 또는 선한 성격을 가지고 태어난다는 가정은 반대한다. 인간이 어떤 성격을 가지고 태어나는지는 얘기할 수 없다.

그렇다면 선악이라는 것에 대한 개념구분은 가능한지요?

인간은 양면성을 가지고 있다. 따라서 중요한 것은 우리가 가지고 있는 잔인한 성격을 이성적으로 다스릴 수 있는가이다. 인간에게는 악성을 잠재울 수 있는 능력과 장치가 있다. 그것이 바로 이성이다. 선천적인 것과 후천적인 것을 확실하게 구분해서 말하기는 힘들다. 천성적으로 타고난 것이 얼마가 된다고 할지라도 교육적으로 일깨우는 것이 중요하다. 자극과 개발을 통한 지속적인 발전과 교육이 필요하다.

소련에서 사회주의를 교육을 통해 유지, 존속시키려 하다가 실패한 측면도 있다고 봅니다. 교육을 통한 선한 인간의 개발과 인간의 도덕에 대해 말씀하신다면?

사회주의 체제는 인간 개인의 욕망을 억압하고, 제한하기 때문에 구조적으로 생산력이 떨어진다. 도덕적인 중요성이 무엇인가라는 것에 대해 재검토해야 한다.

비트겐슈타인이 이런 말을 했다.

"거짓말을 하면 자기한테 유리한데도 불구하고, 왜 거짓말하지 않고 진실을 애기하는가?"

이 말은 비트겐슈타인의 철학적 화두이고 출발점이라고 할 수 있는 것이다. 그 자신이 어디서나 철학의 근본적 출발이라고 주장한다. 그가 십대에 존재와 세계를 향해 물어본 본질적인 화두이다.

도덕적인 것은 무슨 규범을 따르는 게 아니라, 자신을 희생해서 남을 생각해주는 것. 욕심으로 말하면 갖고 싶은데, 남한테 주는 것. 이러한 상태를 의식하고 행동하면 그것이 도덕적이다.

유년 시절과 어린 시절의 가정, 교육 환경 등이 상당히 중요한 것입니까?

글쎄… 환경이 중요하긴 하지만 반드시 그렇다고 볼 수는 없다. 주위 환경과 더불어서 말하고 싶은 것은 환경을 만들어가는 주체인 사회 구성원들의 마음이다.

어느 사회에서는 악한 것을 강조하기도 한다. 예를 들어 5~6살밖에 안 된 아이들에게 과외를 시키는 것이 진정으로 선한 마음에서 나온 것일까. 한번 생각해봐야 한다. 그것은 선한 마음에서 나온 것이 아니라 악한 사회, 이기적 사회, 경쟁사회에서 나타나는 생존본능의 표현이다.

이상적인 교육이념과 실천방법이 있다면 인간은 완벽하고 선한 존재가 될 수 있습니까?

완벽한 존재가 될 수 있다고 말할 수는 없다. 그러나 보다 선한 존재는 될 수 있다고 본다. 이 과정에서 각각의 사람들이 가지는 선한 정도의 차이는 문화적 환경에 따라 약간씩 다를 것이다. 예를 들어, 서양문화는 기본적으로 도전적이다. 현대 한국 사회의 문화는 매우 공격적이다. 하지만 내가 40여 년 전에 만났던 캄보디아나 라오스 사람들은 참 선하고 착했다. 이처럼 사람들의 품성이 다른 이유는 문화적이고 교육적인 영향 때문이라고 생각한다.

역사를 움직여나가는 힘은 무엇이라고 생각하십니까?

인간의 욕망이다. 인간은 잘 살기 위해서, 더 분명하게 알기 위해서, 보다 확실한 진리 탐구를 위해서 등등 다양한 욕망의 만족을 위해서 과학기술을 개발하고 철학적 진리를 찾고 아름다움을 희구한다.

현대철학에서 가장 중요한 과제는 무엇이라 보십니까?

마르크스는 『포이에르바하에 관한 테제』에서 "철학자들은 세계를 단지 해석해왔을 뿐이다. 그러나 중요한 것은 세계를 변화시키는 것이다" 라고 말했다. 그러나 우선 올바르게 세계를 해석하는 것이 무엇보다 중요하다. 철학과 사회개혁은 반드시 동일한 것이 아니다. 그런 면에서 지금 철학자들에게 가장 중요한 것은 파멸로 치닫고 있는 현실에 대한 각성이며 그 실천이라고 하겠다.

04
삶을 돌아보고 세상을 바라보기

교수님은 오랫동안 외국에서 학문탐구와 연구생활을 하셨는데 그 출발이 직접적인 현실에 대한 참여보다는 '다른 세상'에 대한 갈구와 '현실도피적'인 면도 있지 않았나요?

현실에 대한 참여는 여러 가지가 있다. 직접적인 투쟁이나 행동으로 하는 것도 있고, 지적 혹은 기술적인 방법으로 참여할 수도 있다는 것이다.

　내가 이십대 후반에 프랑스에 1년 동안 유학을 갔다가 배를 타고 오는 길에서의 일이다. 내가 탄 배는 마르세유를 출발해서 요코하마로 가고 있었는데 중간에 쉬었다 갔다. 그런데 홍콩에서 영국사람 하나를 만났다. 그 사람이 책을 보여주는데 한국과 대만 등에 관한 내용이 서술되어 있었는데 상당히 부정적이었다.

　상대적으로 일본에 대해서는 희망적이고 긍정적인 시각에서 발전선상에 있는 것으로 묘사하고 있었다. 속으로 나는 굉장히 자존심이 상했다. 한국에 돌아오면 사회주의적 사상을 가진 조봉암을 만나려고 했다.

그에게 찾아가서 '당신과 같이 일을 하고 싶다'는 말을 할 생각을 했다. 그러나 돌아와 보니 조봉암은 이미 체포되어 있었다.

행동에 옮기지는 않았지만 그때 그런 생각을 했던 것은 분명하다. 말하자면 감옥에 갈 각오도 했고, 결혼을 하게 되면 처자식이 고생을 할지도 모른다는 생각도 들었다. 이런 요인들도 결혼을 하지 않게 한 영향으로도 작용했다. 하지만 결과적으로 당시 혁신계나 사회주의 운동 진영과 접촉하지는 않았다.

청년 시절에 현실도피를 꿈꾼 적은 없었습니까?

물론 한국전쟁과 같은 끔찍한 현실 앞에서 도피하고 싶은 생각도 있었다. 하지만 나에게는 다른 무엇보다도 지적 욕망이 컸다. 좁은 울타리가 아니라 보다 커다란 세계를 만나고 싶은 강렬한 욕망이 나의 의지와 열정을 사로잡았다. 이 세상은 한 번밖에 살 수 없는데 내가 이렇게 일상적인 삶 속에서 지낼 수는 없다는 생각이 들었다. 나는 세계를 지적으로 변화시키고 싶었다. 세계에 대한 인식의 보다 커다란 각성이 더 먼저였다.

그리고 또 나는 시인이 되고 싶었다. 위대한 시인이….

시인은 왜 되고 싶으셨나요?

중학교 시절부터 시인이 되고 싶었다. 아름다움을 표현하고 싶었다. 특히 고통 속에서 피어나는 아름다움을 표현하고 싶었다. 극단적인 생각이었지만 중학교 때나 청년기에는 자살하는 것도 멋있어 보였다. 현실에서나 문학작품에서 멋지게 자살하는 것을 보면 따라해보고 싶을 만큼 강렬한 충격을 받았다. 말하자면 나는 지독한 허무주의에 빠져 있었던 것 같다. 그때는 사르트르를 만나기 전이었다.

교수님은 행복하십니까? 또 그렇다면 이유는 무엇입니까?

물론 행복하다. 나는 지적 희열을 찾아 나의 반생을 보냈고, 지금도 그 작업을 하고 있기 때문이다.

현 시대에 인류 앞에 제기된 가장 급한 문제가 있다면?

지금 우리는 각자 자기만의 욕망 충족을 위해 살고 있는 듯하다. 세계는 갈수록 비인간화되고 있다. 첨단 지식문명을 기반으로 하는 현재의 인간사회도 기대와는 달리 유토피아로부터 멀어지고 있다. 우리는 어느 때보다도 심각한 유토피아의 실향민이 되었다. 그러나 이럴수록 더 인간다운 꿈이 필요하다. 이제 누군가는 새로운 유토피아를 고안하고 제2의 올바른 공산당 선언을 심각하게 생각할 때이다.

21세기에 필요한 유토피아나 공산당 선언이라고 한다면 어떤 내용인가요?

이성의 회복, 자본주의 세계에 대한 저항, 충동과 본능의 절제와 같은 내용이 들어가야 할 것이다. 하지만 이러한 운동은 나 홀로가 아니라 함께 해야 한다. 대단히 어려운 일이다. 그러나 지금부터 누군가는 시작해야 한다. 근본적으로 생태학적 세계관에 기초해서 의식의 전환을 꾀해야 하는 것이다.

페미니즘이나 동성애 같은 문제는 어떻게 보아야 하나요?

생리학적 차이에 따른 남녀 분업은 필요하다. 그러나 남자 중심, 남성 권력 중심의 사회는 문제가 있다. 이러한 남성중심주의는 동성애자에 대한 억압, 약소민족에 대한 강대국의 제국주의와 맥을 같이한다. 아울러 동성애권 같은 것도 인정해야 한다. 유교적 혹은 기독교적 가치관이나 권위를 통해 억압해서는 안 된다. 하느님 말처럼 남을 해치지 않고, 공동체 상호 간의 관계를 유지하고자 한다면 동성애자를 억압해서는 안 된다. 차이를 존중해줘야 한다. 인간은 근본적으로 평등하다. 또 이것이 근대적인 시상이고, 또한 보편적 이념으로 남아 있을 것이다.

평등의 전제조건인 분배에 대해서는 어떻게 생각하십니까?

사람은 바보로 태어날 수도 있고 천재로 태어날 수도 있다. 분배방식에는 두 가지가 있다. 능력에 따른 분배가 있고 무조건적으로 동일한 분배가 있다. 흔히 사람들은 능력에 따른 분배가 좋다고 말한다. 그러나 능력에 따른 분배를 주장하는 사람들도 만약 자신이 바보로 태어났다면 능력에 따른 분배를 주장할 수 없을 것이다. 따라서 평등은 차별 있게 이루어져야 한다. 능력에 따라 분배를 하되, 모든 사람이 기본적인 것은 다 같이 고루 나누어 가질 수 있는 분배를 전제해야 한다.

요즘 많이 나오는 느림에 대해서 어떻게 생각하십니까?

느림에 관한 애기가 나오는 것은 현대 물질문명에 대한 비판의 목소리가 아니겠는가? 현대문명의 빠른 발전도 중요하지만 자기반성과 성찰의 시간이 필요하다. 느림은 가치체험, 의미인식의 기본조건이다. 어찌 보면 우리 현대인들은 목적지도 모르고 달리고 있는 형국이다.

그럼 그런 사유들이 좀더 본질적이고 거시적으로 이루어져야 하나요?

그렇다. 그러나 지금 상황은 자꾸 빨리빨리를 강요하고 있어서 문제이다. 파스칼에 의하면 인간이 불행한 원인은 혼자 가만히 성찰할 시간을 갖지 못하는 데 있다고 했다. 자신에 대해서 생각하는 것은 상당히 어려운 일이다. 왜 할 일이 있어야 되는가? 왜 편안한 게 좋은데 할 일이 있어야만 하는 것인가? 쉬고 싶은데 반드시 할 일이 있어야만 하는 것인가? 편안하게 살고 싶은데 편안하기는 무섭고, 그러니까 자꾸 따라가는 것이다.

지식인의 역할 중에 실천이 가장 중요하다고 볼 수 있나요?

아인슈타인은 연구실에서 상대성이론을 발견하였다. 그의 이론은 많은 과학이론에 결정적인 영향을 주었고 간접적으로 최근의 첨단 과학기술의 기초가 되었다. 아인슈타인의 예에서 볼 수 있듯이 직접적인 정치참여도 중요하지만 참여 못지않게 연구실에서의 지적 탐구도 중요하다. 직접 현실에 참여한다고 해서 그 사안에 대해 더 많이 아는 것은 아니다. 때론 조금 떨어져서 관찰할 필요가 있다.

그렇다면 지식과 조금 다른 범주로 문학 예술가의 역할은 무엇입니까?

그것도 마찬가지이다. 예술이 뭐냐? 어떤 것이 좋은 시냐? 어떤 것이 좋은 그림이냐? 이것이 문제이다. 각자의 도덕적 가치관 등에 따라서 달라질 수 있다. 예술이나 문학의 고유한 분야는 독립적일 수 있다. 시와 예술의 정치적 참여를 지나치게 강조해서는 안 된다.

문학과 예술에 대해 정의를 내리신다면?

세계와 사물을 새로운 눈으로 보고 느끼게 하는 틀을 만들어주는 것이다. 예술작품은 어떤 대상의 복사일 수 없다. 문학예술이란 세계와 사물을 새로운 눈으로 보고 느끼게 하는 도구이다. 뒤집어서 말하자면 관습적 세계를 깨뜨려서 새로운 것으로 바꾸어나가는 것이다.

21세기 예술의 모습은 어떨 것 같습니까?

예술작품과 예술작품이 아닌 것들에 대한 구분이 모호해질 것이다. 걸레를 가져다놓고 예술이라고 할 수도 있고, 쓰레기를 모아놓고 예술이라고 할 수도 있지 않은가. 자연, 현실, 예술에 대한 경계가 애매해진다. 퍼포먼스나 소리 지르기조차도 예술이라고들 한다.

백남준의 비디오아트와 같은 게 사실 무엇인가? 그런 현상은 왜 생기는 것일까? 새로운 것, 독창적인 프레임(구조)이나 혁신적 구성, 새로운 네트워크를 만들려다 보니, 기존의 언어에서 탈피해서 새로운 언어를 만들려고 하다 보니 그런 현상이 생기는 것이다. 이불이라는 사람은 썩은 생선을 예술작품이라며 전시한다. 그러나 그는 세계적인 예술가로 인정받고 있다.

좋아하는 인간적 유형을 소개해주십시오?

드골, 유미리, 안티고네와 같은 정열적인 인간을 좋아한다. 정치가이자 한 인간으로 드골을 좋아한다. 니체와 비트겐슈타인도 좋아한다.

마지막으로 오늘의 시대를 살아가는 사람들에게 한마디 하신다면?

인류가 살고 있는 지구 앞에 커다란 빙산이 저 멀리 보인다. 인류는 타이타닉호에 탄 승객들과 같다. 그 빙하를 어떻게 피해나갈 것인가? 오늘날의 이 화려하고 현대적인 문명이란 타이타닉호 앞에 지금 큰 빙산이 조용히 접근하고 있다는 것을 말하고 싶다.

박이문—생애와 흔적

5부는 박이문 선생이 어린 시절부터 현재까지 모아둔 사진 앨범과 20대 시절부터 보자기에 싸서 따로 보관해오던 스크랩 앨범에서 뽑은 자료들이다. 사진 앨범에서는 중학교 시절부터 현재까지 주요한 사진들을 시대별로 실었고, 박이문 선생이 직접 스크랩하여 60여년 동안 보관해오던 자료와 수첩들은 거의 원본의 모습 그대로 게재하였다. 서울대학교 대학원생 시절 대학신문상을 받은 평론 「현대 작가와 윤리」와 수상소감문 '모색'은 특별히 현대 맞춤법에 맞게 편집하여 전문을 게재하였다. 당시 서울대학교 대학신문사가 주최하는 제2회 대학신문상은 시, 단편소설, 평론, 수필, 자연과학논문, 인문과학논문 여섯 부문에 걸쳐 응모와 시상을 하였다. 그런데 평론 분야에서 박이문 학생만이 유일하게 당선하였고, 그외 다섯 부문은 모두 당선작 없는 가작이었다. 당시 평론 부문 심사위원은 국어국문학자로 유명한 서울대학교 이희승 교수였다.

대학신문상 평론 당선작 및 소감

「현대 작가와 윤리」(발표)

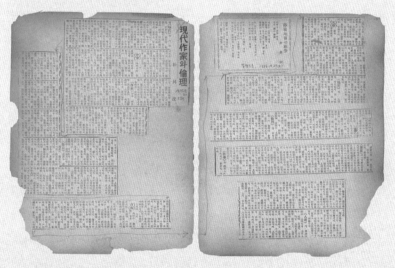

한 시대에는 그 시대 특유의 체취와 색채와 음성이 있다. 시대사조 혹은 시대적 경향이라고 불리는 것들이다. 문학은 원래 개성의 기초 위에서 형성되는 만큼 한마디로 어느 시대의 문학이라고 재단하는 것에는 부득이 무리가 있겠으나, 문학도 그 문학이 자라나는 시대적 풍토의 공통적인 영향을 전혀 벗어날 수는 없다. 그리하여 우리는 어떤 문학들을 고전주의 문학, 낭만주의 문학, 혹은 사실주의 문학이라고 부르는 것이다.

지금 현대 작가들의 성격을 보기 전에, 한 걸음 되돌아가서 19세기의 두 개의 주류적 문학사조를 엿본다면 낭만주의란 절대군주의 사회제도가 붕괴해갈 때 해방되어가는 인간의 찬가였으며, 그 찬가가 시들어가고 과학주의 물질문명의 부르주아 사회가 형성될 때 사실주의 문학이 나타난 것이었다. 하나는 해방된 개성, 또 하나는 그 개성이 새로운 사회 가운데서 생진(生辰)하고 노쇠해가는 과정, 이와 같은 것이 문학작품 속에 움직이고 성격화되어 나타났다. 작가는 있는 그대로의 인물을 묘사하고 있는 그대로의 사회를 그리면 그만이었다. 신과 과학이 보호하고 있었다.

　그러나 사회는 급속도로 바뀌었다. 현대인들의 전율하는 자각이 트인다. 신(神)도 과학도 그들의 고통을 들어주지도 않으며 구해주지도 않았다. 문명의 눈부신 가장(假裝)이 벗겨진 그들에겐 고독한 인간 자신들만이 남아 있었다. 두 번의 세계대전은 신과 이성적인 세계에 대한 신조와 진보의 환상에서 여태껏 받아오고 있었던 그 존재의 필요와 그 존재의 가치를 인간으로부터 뺏어버렸다. 이로 인하여 인간에게는 격화된 혼돈만이 남아 있을 따름이다. 이러한 사회에서 인간만이 남아 있으면 가치가 허물어진 연후에 자기의 존재이유를 확증하기 위하여 스스로가 증인이 돼야 한다는 사실이 현대적인 성격을 규정지을 척도가 되며, 또 이와 같은 인간적 반성과 인간조건의 재검토를 해야 한다는 위치에 내동댕이쳐졌다는 사실이 현대 작가들의 성격을 드러내는 것이라 본다. 따라서 종래의 작가와는 판이한 작품세계와 작품구성에는 기벽과 이풍이 드러나게 되었는데 이런 점을 잘못 인식하고 말초적인 신경과민으로 돌려버리는 경향이 현대의 이른바 실존적 작가—형이상학적 자연주의 작가—들을 보는 데 있는 것 같다. 나는 그 작가들을 옹호한다기보다 이 작가들이 가지고 있는 성격을 살펴보고자 한다. 인간의 존재에 대한 동요와 위기를 인식하는 데서부터 출발해야 하는 현대 작가들은 우선 철학적이지 않을 수 없다. 방대한 실존철학의 체계 위에 전후 불문학에 혜성처럼 나타난 사르트르는 이와 같은 의미에서만이라도 주목해야 할 작가이다. 그는 우선 인간의 실존적인 새로운 인식을 겪고 나온다. 그의 최초의 작품『구토』는 세계와 인간이 무의미하게 존재하며 예외적으로 있다는 것을 구체적인 상황을 거쳐서 더듬어간다.

　인간은 부조리한 세계에 놓여 있다. 여태까지 인간이 의지하고 그의 존재이유를 맡기고 있었던 합리적인 세계의 질서는 갑자기 세기적인 비극에 의하여 격화된 혼돈과 무용(無用)하여진 의식과 침묵과 질식케 하는 세계와 바꾸어졌다. 여기 인간의 정신적인 구토가 터져나온다. 그러나 이와 같이 숨막히는 세계에 머물러 있을 수는 없다. 탈출구를 찾아야 한다는 것은 거의 본능에 가까운 논리이다. 이것이 말하는 바 '자유'의 확보이다. 인간이 아무런 근거가 없을 때에 그와 같은 사실은 인간 자신의 근거가 되며 외부에서 그에게 가치를 부여하지 않는다면 그와 같은 사실은 인간 자신의 가치의 가능이 된다는 것이다. 인간은 선험적인 본질이 없기 때문에 끝없는 선택의 자유가 그에게 있는 것이다. 이른바 자유의 심연이다. 이와 같은 조건하에서 인간의 엄숙한 가치가 생기게 된다. 먼저 허무의식에서 출발하는 것이 현대 작가의 공통적인 경향인 것이다. "인생은 절망의 옆구리에서 시작한다."그러나 허무 속에 빠져 있어서는 안 된다. 논리가 더듬어간 투명한 세계의 수평선에는 더 투시되지 않는 한계가 안개처럼 끼어 있다. 이와 같은 앞에서 생명은 걷잡을 수 없는 어느 향수가 단절되는 것에 직면하고 발버둥치게 된다.

여기에 현대적인 비극의 야생적 씨가 자라고 있는 것이다. 전에 말한 바 자유는 이와 같은 비극을 헤쳐나가는 유일한 길이 된다. 그러나 사르트르가 개인의 실존-벽과 막바지치고 있는 인간 조건의 극한상황을 거쳐서 타자와 사회와 세계에 대한 참가를 말하는 것은 그가 자기의 사색적 세계에서 머물러 있지 않고 휴머니즘의 윤리를 저버리지 않고 있음을 말하는 것이다.

세계는 혼돈과 추악과 전율이 뒤범벅된 음침한 것이 특질이지만 그것은 현대인의 모습을 구체적인 생활 속에서부터 근본석으로 관찰하고 체험함으로써 그런 세계 속의 현대인의 내용이 가지고 있는 이미지를 드러내기 위해서이다. 피상적인 인간의 성격을 그려낸다든가 심리의 실오라기를 풀어나가는 것이 아니라 인간 자체를 극한계선까지 추구하여 그곳에서 인간적 의미와 조건을 찾으려는 것이다.

그리고 그 막다르고 허망한 인간조건에서 물러서지 않고 구도자(求道者)적인 인류를 향한 인간을 향한 자유를 부르짖음은 이 작가가 그 실존철학의 도달지에서 인간적인 윤리를 찾으려는 애타는 호소라 하겠다. 『악마와 신』의 주인공 '괴츠'는 절대와 인간의 피비린내 나는 갈등의 파동을 거쳐 인간의 고독과 그에 따르는 불안을 체험하지만, 마지막에 인간의 사고가 선택할 수 있는 '좁은 길'을 택하게 되는데 그것은 인간적 정의의 편이 되는 것이며 『벽』에서나 『어느 지도자의 유년 시절』, 혹은 『자유의 길』 안에서도 모두 인간적 허무를 더듬어 가면서 마침내 그 허무를 인간적인 존엄성으로써 극복하려고 애쓰는 것이다. 이와 같은 그의 작품 세계는 말할 것도 없이 끝까지 인간으로서 머물고 싶다는 정연한 허무의 논리를 넘어서서 이미 윤리적인 세계로 들어감을 의미하는 것이라 하겠다.

그러나 그의 자유는 어느 개인의 좁은 의미로서의 자유가 아니라 인간 전체의 본질로서 파악되어야 하는 것이다.

이러한 정신은 마침내 인간에게 책임의식과 사회의식을 필연적으로 요구하게 하였다. 그는 「대전(大戰)의 종말」이라는 논문에서 "신이 죽은 후에 지금 인간의 죽음이 예고되고 있는 것이다. 차후에는 나의 자유는 더욱 순수하게 되어 지금 내가 하는 행위는 신도 인간도 그 행위의 영원한 증인은 되지 않을 것이다. 오늘날, 그리고 또 오래오래 나는 내 자신이 증인이 되지 않으면 안 되는 것이다. 내가 그렇게 욕망하는 이상이 남는 한 지상에서 나는 나의 윤리적 증인이 되지 않으면 안 되는 것이다"라고 말하고 있다. 그리고 그의 문학론 가운데에서도 문학이 향락적인 제품이 아니라 인간의 자유, 인간을 사회적 또 비인간적 모든 위협으로부터 해방시키는 방법이라고 명시하며 현대문학의 임무는 오직 현대의 기계화한 정치제도와 전쟁의 폭력을 고발하는 것이라고 말하였다. 물론 그 문학론에 완전히 수긍되지 않으며 많은 검토의 여지와 이론(異論)의 흠이 있다곤 하지만, 그러나 이와 같은 그의 혁명적인 태도와 고찰은 그의 작품 세계에 나타난 무기미(無氣味)하고 텁텁하고 소름 돋는 데서 오는 그의 시에 대한 오해를 풀어주는 데 큰 도움이 되지 않을까 한다.

개성은 좀 다르나 본질적으로 인간 자체에 대한 허무의식에서 세계와 인간의 부조합(不調合)에서 나타나는 부조리의 의식에서 출발한 또 하나의 작가 까뮈도 현대 작가의 주류적인 성격을 나타내는 것 같다. 이 작가 역시 철학적인 사고에서 그의 문학세계가 전개된다. "진실로 철학적으로 중요한 문제는 자발이다. 인생이 보람이 있는가 혹은 애써 살아갈 가치가 있는가 하는 것은 철학의 가장 기본적인 회답이 된다. 그외의 것, 세계가 3차원이니 하는 것은 그 다음에 오는 문제이다. 우선 회답을 얻어야 한다"라고 그는 『시시포스 신화』에 말하고 있다.

현실과 인간의 배치성이 곧 부조리로 나타나며 그 부조리한 세계에서 인간은 마침내 그를 다스리고 있었던 인습의 맹목적인 변운성(辯運性)을 잃게 되어서 그는 곧 『이방인』으로써 자각하게 된다. 그러나 그 이방인은 여전히 살아간다. 이렇게 부조리한 세계에서 살아갈 수 있는 에너지는 대체 어디서부터 얻을 수 있을까? 이 작가는 부조리의 세계를 떠나지 않고 살 수 있음을 긍정한다.

이것은 벌써 그의 '모랄'이다. 무의미한 세상에서 생존하는 인간에게 하나의 반항이라는 감성을 나타낸다. 그 반항은 인간이 용납할 수 없는 것을 물려받을 수 없다는 것이다. 인간은 모든 것을 물려받을 수 없다는 것이다. 인간은 모든 것을 방임할 수는 없다. 반거(反拒)해야 할, 지켜야 할 부분이 있다. 그것은 개인만의 것이 아니라 인간의 그것이다. 여기에 보편성 개인에게서 인간 전체로의 통로가 열린다. 『페스트』의 인물들, '리유 의사'는 페스트가 오랑 시(市)를 위협하는데 덜기 위하여 자기의 최선을 다한다. 그들에게 어떤 희망이 있어서가 아니라 인간이 받아들일 수 없는 페스트—그건 또 현대의 전쟁과 폭력과 같은 악이기도 하다—를 거부하고 반항한다. 만일에 가치의 규표(規縹)가 있을 수 없고 세계 자체가 부조리하고 인생이 허무하다면 이와 같은 인물들의 행위의 원천은 어디서 나오는 것일까? 여기에서 작가 '까뮈'의 윤리가 나온 것이 아닌가 싶다. 신의 부재 혹은 신이 죽은 인간의 황막(慌漠)한 고도(孤島)에서 삶에의 줄기찬 긍정과 인간적 선악의 꾸준한 설정을 포기하지 않고 동요되고 불안하고 멸망에 임할 인간 구제의 길을 모색하는 이 두 작가의 태도는 분명히 인간적 윤리를 찾는 것인데, 그 윤리는 신앙을 잃은 현대인의 괴로운 윤리이기도 하다. 불란서에서도 전기(前記) 두 작가와 같이 무신론적인 세계에 놓여 있는 외에 모리악이나 베르나노스와 같은 가톨릭 작가들이 없는 바도 아니다. 그러나 이와 같은 작가들도 쉽사리 미사를 올리고 천국에 곧 비약하려 하지 않는 것 같다. 보다 더 인간의 내면을 추구한 그 내면의 위기를 찾아가는 것이다. 요컨대 이 작가들도 가장 인간에게 접근하고 있는 것이라 하겠다.

연애심리, 두 세대 간의 갈등, 여성해방, 사회의 추악한 제도와 그의 해부 등등의 지금까지의 문학적 모티프도 물론 그것들이 인간행위의 발거(發掘)이거나 혹은 인간행위의 반영이 취급되어 있으므로 그 속에 박애, 순정, 정의 등의 인간 윤리가 없는 바, 지금까지 작가들의 세계는 인간 그 자체보다도 인간이 반사돼 인간생활 위에 문학의 토대가 있지 않았나 여겨지는 반면에 현대작가들의 문학은 인간 자체의 본질이라든가 그 존재에 대하여 직각적(直角的)으로 투입되어 있는 것 같다. 이와 같은 경향은 의식의 자연적인 도착지인 허무와 또 한편 현대과학 현대사회의 전면적인 동요에서 인간이 근원적으로 '이것이냐 저것이냐'의 막다른 위협에 당면하고 있기 때문인 것 같다. 따라서 현대문학의 특질은 인간의 재반성(再反省), 재고찰(再考察)이 철학적인 의미에서부터 시도되고 있지 않을까 생각된다. 어떤 개인이나 어떤 사회나 어떤 계급 국가가 아니요, 전 인류의 문제가 동시에 문제되고 있기 때문이다. 오늘의 전쟁은 인류 전체가 함께 동원되고 포화 속을 헤치고 시체 위를 넘거나, 또 그 스스로가 시체가 되어야 함은 자명한 현실이 되었기 때문이다. 이와 같은 사정 밑에 먼저 말한바 현대 작가가 철학적 경향으로 기울어짐은 당연한 것이다.

음란한 장면을 묘사하거나 침울한 장면을 표현하는 경향이 지금의 작가들에 있다는 것으로 피상적인 관찰로써 단번에 비도덕적이라든가 말초적이라고 경솔히 비난해서는 안 될 것이다. 왜냐하면 되풀이했듯이 오늘 인간은 근본적으로 새로운 출발이 있어야 하기 때문에 가장 인간적이고 또 가장 절박한 상황 속에서 인간의 존재를 검토해야 하기 때문이다.

요컨대 현대 작가들은 인간의 존재형태부터 출발하여 존재가치를 검토하고 어떻게 살아야 하는가의 방법을 추구하고 있다는 자체만도 이미 그 작가들의 괴로운 윤리가 있는 것이며, 나아가서 그와 같은 확증을 거쳐서 인간의 가치와 의무와 책임, 인류애에 도달하려고 하는 것은 더욱 신이 없고 허무한 그들의 세계 속에 차라리 순교자적인 인간성과 숭고성이 있지 않을까 여겨진다.

무의미한 삶의 애착과 더욱이 나아가서 인류 전체에의 구원을 신이 아닌 인간 자신에게 호소한다는 사실은 가장 휴머니즘에 가까우며 또 가장 높은 윤리를 그들 내심에 지니고 있는 것이 아닐까? 문학도 인간행위의 일부에 불과하다. 인간의 문제는 결국 인간에게 돌아오고 만다. 의식이 전부가 아닌 인간 생활의 비참한 현실에서 인간을 소멸(消滅)하려는 모든 위험을 거역하는 현대 작가들이 내보이는 작품이 거의 퇴폐적인 성질을 품고 있다곤 하지만, 그러한 작품 속에 인간 구원의 방법을 거의 호소에 가까운 소리로 외치고 있는 것을 우리는 쉽사리 인정할 수 있으며, 나는 그러한 작품들 속에서 공통적으로 뜨거운 윤리를 찾아보고 싶다.

(서울대학교 불문과 대학원생)

'모색'(수상 시 소감)

대학신문상 평론 당선소감 기사

글을 쓰고 생각한다는 것, 나아가서는 일체의 인간행위는 자기통일 자기정리의 한 발현인 것 같이 생각된다. 끝없는 혼돈과 어둠은 비단 우리들의 현실적인 사회생활에서뿐만 아니라 우리들의 사색생활에서 더욱 절실한 것 같다. 고독이라든가 불안 따위도 결국 이런 본래적인 요구를 채우지 못하는 데서 오지 않을까? 인간생활, 다시 말하면 선악과(善惡果)의 효과가 나타나 사실생활에 비롯해서부터 이런 내용의 요청이 있었을 것이다. 그러나 인간으로 예정된 동면에 들어가기에 앞서 그 누가 이와 같은 우리들은 가방도 없는 것 같은 기아를 채웠을 것일까는 요구와 진단이 의심스러운 일이다. 결국은 모색에 그쳤고 거기에 수백억 아니 헤아릴 수 없는 인간 후열에 끼어 나도 그러한 일종의 본능을 자각한 셈이다. 되지도 않은 '것'이 당선이라도 해주시니 차라리 꾸지람이나 그렇지 않으면 격려의 뜻으로 여기고 가능도 없는 욕구를 다시 키워나가겠다. 잠이 들지 않으려는 의식에서 자위의 생활에서 이겨나가고 싶다. 언제나 도표나 등불이 있을 수 없다. 다만 모색일 뿐이다. 그 모색이 무슨 효험을 가능은 전혀 없지만 그래도 사람은 늘 무엇을 기다리게 마련이다. 어쩐지 부끄럽기만 하다.

(서울대학교 불문과 대학원생)

1940s

경복중학교 재학시절(1945~1947)

1950s

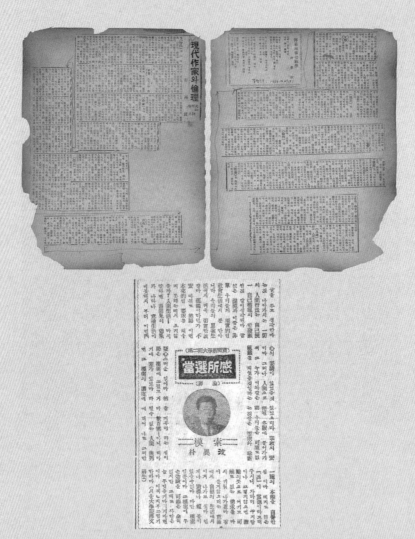

대학원 시절 발표한 「현대 작가와 윤리」, 제2회 대학신문상 평론 당선소감(1956)

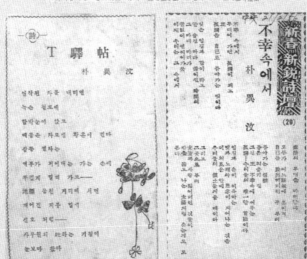

신문 등에 발표한 시와 글들.
위부터 시계 반대 방향으로 「현대 문학의 한 차원」(한국일보, 1956. 6. 8),
「T역첩」(발표지 미상, 1952), 「불행 속에서」(중앙일보, 1956. 2. 21).

서울대학교 대학원 석사 졸업식에서(1957)

프랑스 유학시절 쓴 노트.
당시에 프랑스 문학을 전공했기에 다양한 프랑스 작가들의
작품에 나오는 인용구들을 기록했다(1958).

1960s

1961년 프랑스로 유학을 떠나는 배에서 (1961)

문학에 관심이 많았던 젊은 시절

1965년 미국 서던캘리포니아대학으로 떠나기 전
파리를 거니는 서른다섯의 박이문

가족사진(왼쪽 아래부터 시계 반대 방향으로 어머니, 박이문 선생,
아버지, 둘째 형, 형수와 아들들)

가족사진(맨 뒷줄 오른쪽에서 세 번째가 박이문 선생.
맨 뒷줄 왼쪽에서 여섯 번째 남자가 박이문 선생에게 큰 영향을 미친, 일본 유학을
다녀온 큰 형. 맨 앞줄 왼쪽에서 세 번째부터 어머니, 아버지)

1970s

보스턴에서 긴장된 1년을 보낸 후 오랜만에 돌아온 프랑스에서

6년 만에 다시 방문한 프랑스에서 만난 지인들과 함께

1980s

미국에서, 신혼의 다정한 한때(1982)

미국에서 부인과 함께(1982)

미국 하버드 교육대학원 철학연구소 선임연구원 시절 부인과 함께(1984)

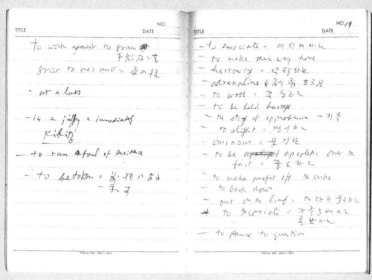

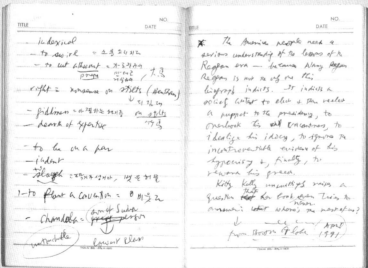

1989년의 노트. 1989년 일본 국제기독교대학의 초빙교수로 부임한다.
노트는 한국어, 일어, 영어, 불어 등 다양한 언어로 기록되어 있다(1989).

1990s

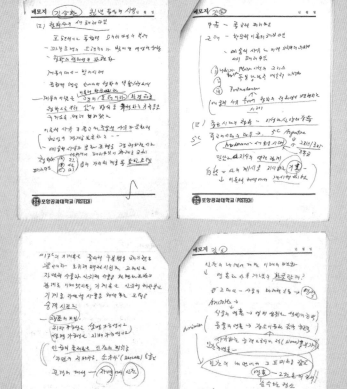

'천 년 동안의 사색' 정리 노트. 1991년에 포항공과대학 교양학부
교수로 부임하여 한국으로 돌아온다. 과학철학 학술논문의
중요내용을 정리한 노트를 통해 포항공대 재직 시절 동양문화,
과학철학, 종교 등 다양한 분야에 대해 공부하였음을 알 수 있다.
실제로 이때 다양하고 많은 글들이 발표되었다(1991).

2000s

고려대학교 비교문학 세미나에서(2001)

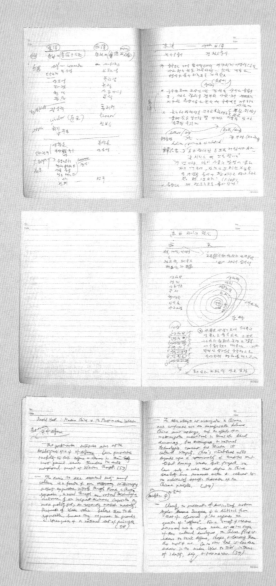

Rethinking Philosophy in a Multi-Cultural World:
서양철학을 전공했지만, 노장사상을 비롯한 동양철학에도 관심이 많았다.
연세대학교 특별초빙교수로 재직할 당시 쓴 이 노트에는 '문화'와 관련된
참고문헌들과 동양사상과 서양사상을 비교한 내용들이 기록되어 있다(2002).

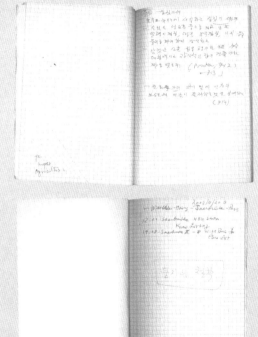

『둥지의 철학』집필노트. 최고의 역작이라 할 수 있는『둥지의 철학』을 쓰기 위해서
2003년부터 여러 참고자료를 기록했다. 장자사상과 관련된 문헌들에서부터
당시 과학기술의 발달에 따른 새로운 이론에 대한 신문기사까지 어느 한 분야에
한정되지 않은 폭넓은 인식을 엿볼 수 있다(2003).

인촌상 시상식에서(2003)

왼쪽부터 부인 유영숙 여사, 박이문 선생, 김우창 선생

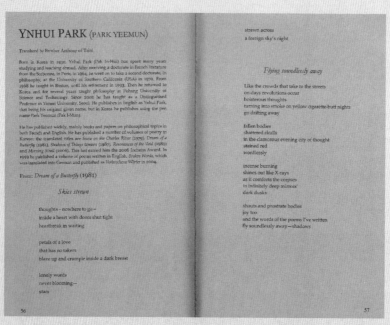

현대 시와 비평을 다루는 미국 예술잡지《Damn the Caesars》에 실린 박이문 선생의
시. 박이문 선생을 비롯해 한국의 주요 시인들이 소개되어 있다.

해외에서 출간된 박이문 선생의 시집을 비롯한 여러 저작들

독일에서 작성한 일지. 2009년 10월 프랑크푸르트를 방문 당시 기록한 일지이다. 인천공항에서 또는 비행기가 이륙할 때 느낀 자연과 우주와 공간에 대한 진솔한 감상을 시적으로 표현한 흔적들(시집 『고아로 자란 코끼리의 분노』에 반영)을 비롯하여 여정 중 느낀 부인에 대한 그리움, 시적 영감, 밤의 고독함 등이 자세히 기록되어 있다(2009).

2010s

출판기념회에서(2010)

프랑스정부 문화훈장(교육공로) 수상 당시(2010)

'자랑스러운 경복인상' 수상 당시(2011)

탄소문화상 대상 수상 당시 가까운 지인들과 함께(2012)

최근 사진

최근 사진

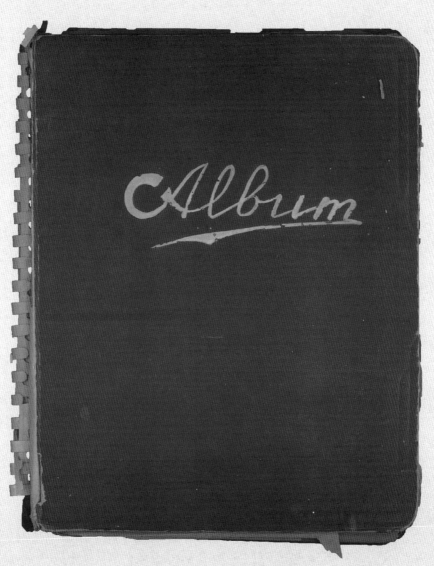

낡은 스크랩북. 문학에 관심이 많았던 대학 시절, 각종 신문사와 학교에 기고했던 글들을 따로 모아 60여 년간 보관해온 스크랩 자료들.

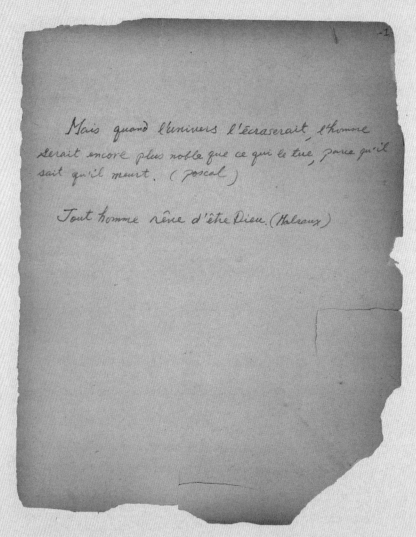

Mais quand l'univers l'écraserait, l'homme serait encore plus noble que ce qui le tue, parce qu'il sait qu'il meurt. (Pascal)

Tout homme rêve d'être Dieu. (Malraux)

"비록 우주가 인간을 파괴시킬지라도, 인간은 그 파괴적인 우주보다 더 위대하다. 왜냐하면 인간은 자신이 죽는다는 것을 알고 있기 때문이다." —파스칼

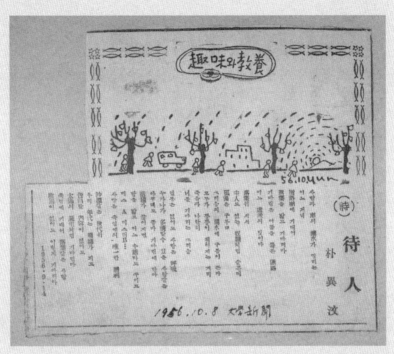

「대인(待人)」(대학신문, 1956)

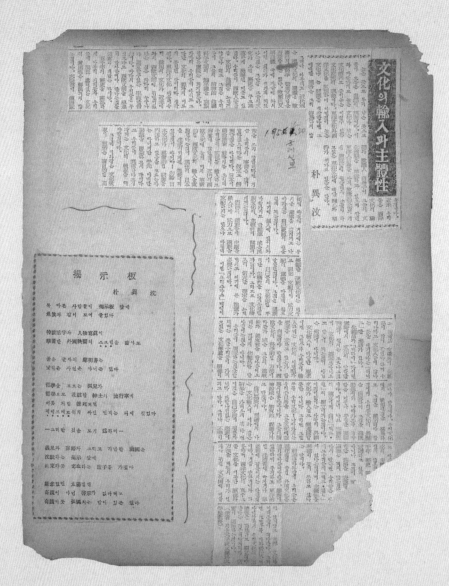

(오른쪽 위)「문화의 유입과 주체성」(국제신보, 1956)
(왼쪽 아래)「게시판」(발표지 미상, 1957)

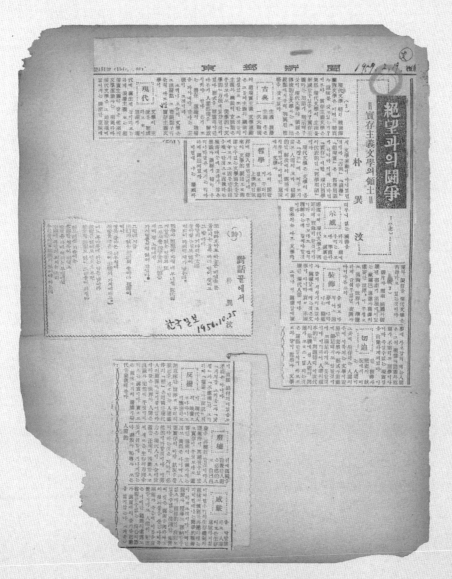

(오른쪽 위) 「실존주의 문학의 영토」(경향신문, 1957)
(왼쪽 가운데) 「대화 끝에서」(한국일보, 1956)
(왼쪽 아래) 「실존주의 문학의 영토」(계속)

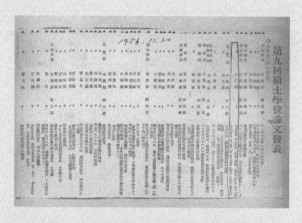

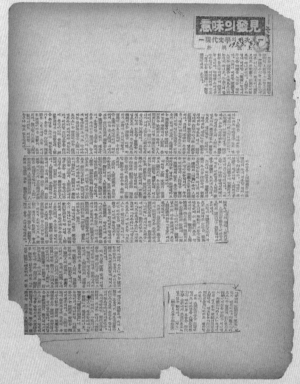

(위) 서울대 석사학위 논문 발표
(아래) 「현대문학의 한 차원(上)」(한국일보, 1956)

(위)「현대문학의 한 차원(下)」
(아래)「고뇌하는 프랑스 전위문학(上)」(발표지 미상, 1956)

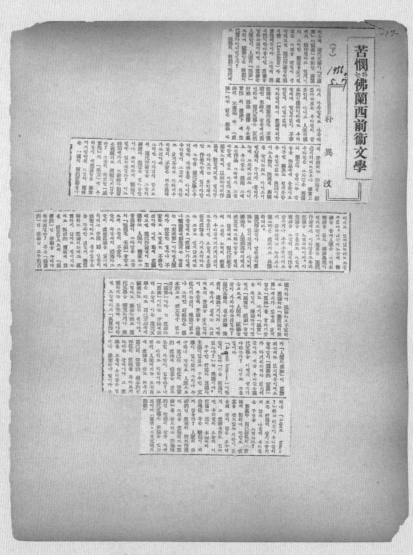

「고뇌하는 프랑스 전위문학(下)」

(위)「고뇌하는 프랑스 전위문학(下)」(계속)
(아래)「작가의 진실」(대학신문, 1957)

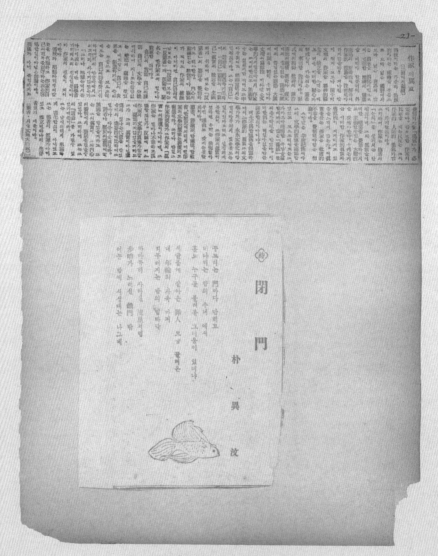

(위) 「작가의 진실」(계속)
(아래) 「폐문」(발표지 미상, 1954)

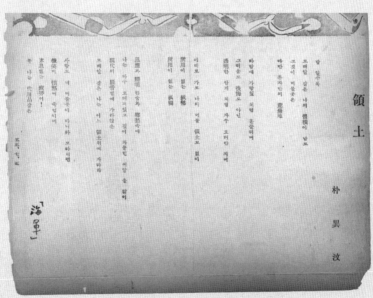

(위)「생활하는 시」(경복중 신문, 1950)
(아래)「영토」(해군, 1955)

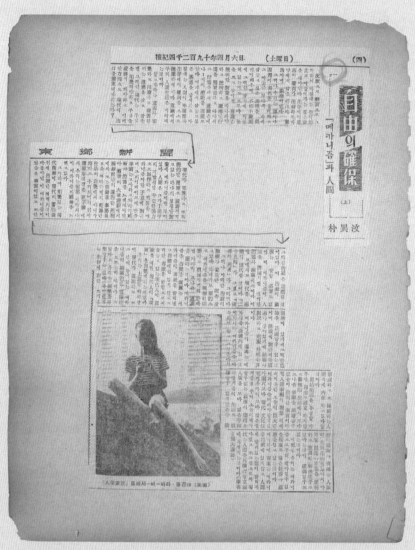

「자유의 확보(上)」(경향신문, 1957)

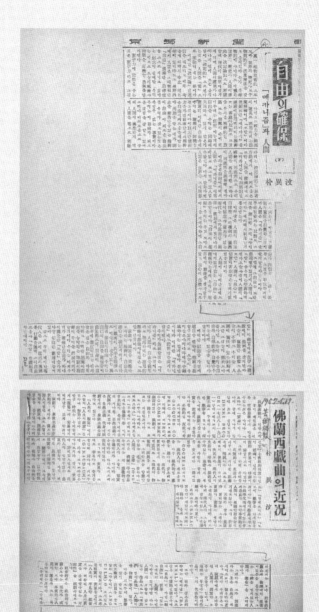

(위) 「자유의 확보(下)」
(아래) 「프랑스 희곡의 근황」(문예시보, 1957)

「문학의 참여」(대학신문, 1955)

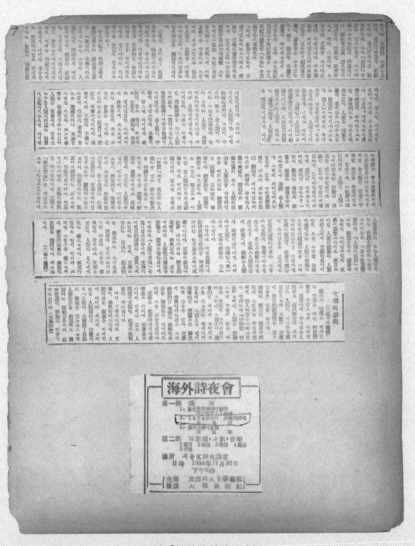

(위)「문학의 참여」(계속)
(아래) 1955년 해외시야회에서 "1950년대 프랑스 시단"에 대한 강연

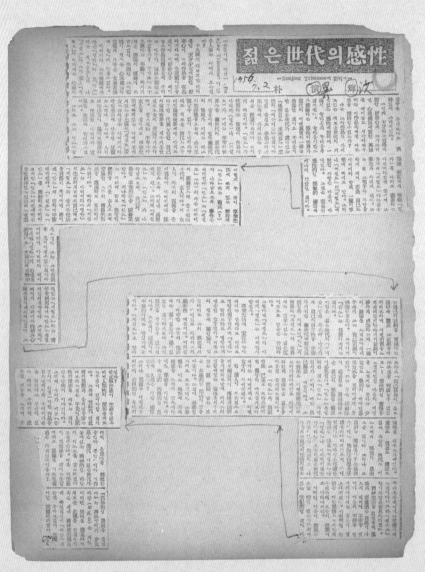

「젊은 세대의 감성」(발표지 미상, 1956)

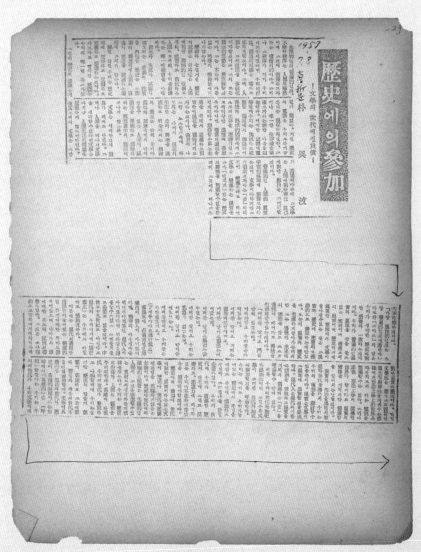

「역사에의 참가」(대학신문, 1957)

(위) 박이문 선생이 프랑스 정부의 초청으로
소르본 대학으로 유학을 가게 됐음을 알리는 경향신문 기사(1957)
(아래)「지중해를 건너면서」(이대학보, 1958)

「당나귀의 벗—시인 프랑시스 잠」(이대학보, 1959)

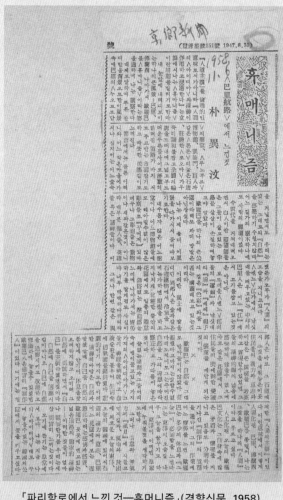

「파리항로에서 느낀 것—휴머니즘」(경향신문, 1958)

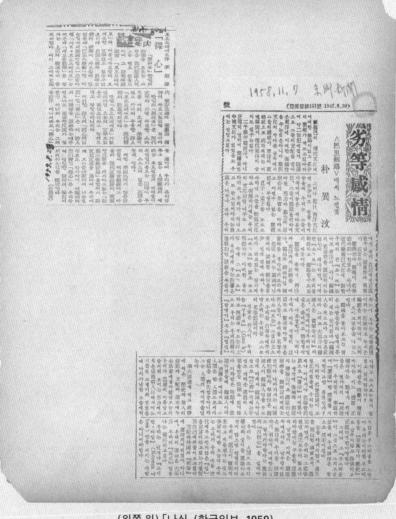

(왼쪽 위)「나심」(한국일보, 1959)
(오른쪽 아래)「파리항로에서 느낀 것—열등감정」(경향신문, 1958)

「위대한 휴머니즘의 저항」(이대학보, 1958)

「위대한 휴머니즘의 저항」(계속)

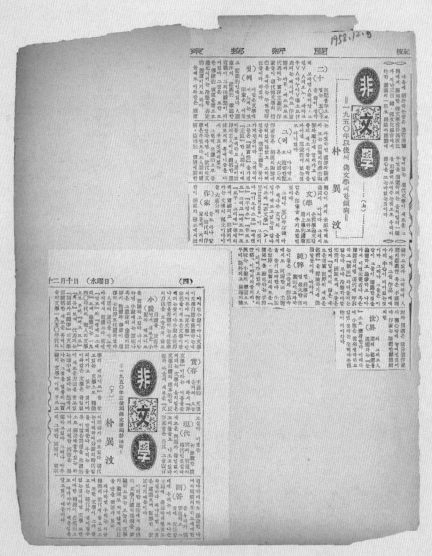

(오른쪽 위) 「1950년 이후의 불문학의 한 경향 (上)」(경향신문, 1958)
(왼쪽 아래) 「1950년 이후의 불문학의 한 경향 (下)」(경향신문, 1958)

「파리의 손」(한국일보, 1959)

「신 없는 인간」(이대학보, 1959)

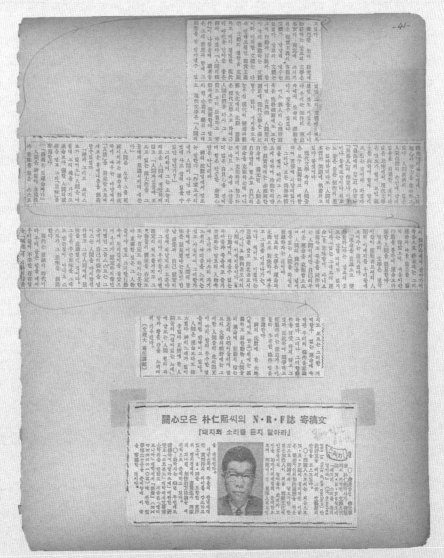

(위)「신 없는 인간」(계속)
(아래) 프랑스 저명 문학지《NRF》에 기고문「돼지의 소리를 듣지 말아라」가 실려서
관심을 모았음을 알리는 기사(동아일보, 1966)

(위)「정숙한 처녀의 기록」(한국일보, 1959),「절망의 극한」(한국일보, 1955)
(아래)「번역은 전달이다」(한국일보, 1959)

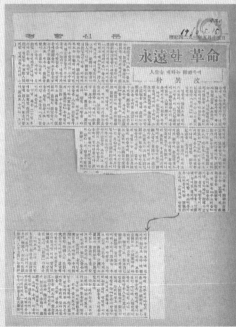

(위) 「구원을 울부짖는 사람들」(이대학보, 1959)
(아래) 「영원한 혁명」(경향신문, 1960)

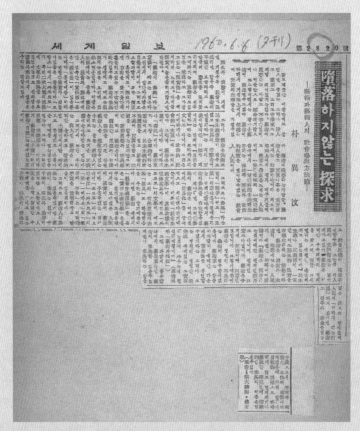

「타락하지 않는 탐구」(세계일보, 1960)

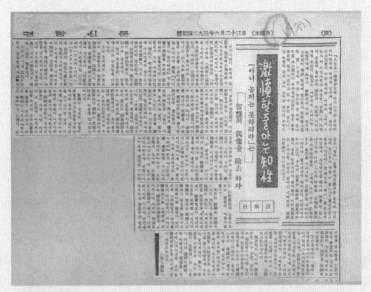

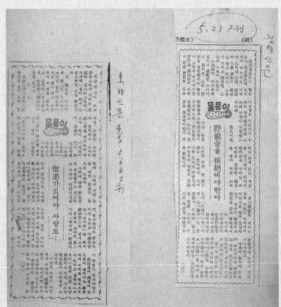

(위)「격분할 줄 아는 지성」(경향신문, 1960)
(아래 왼쪽)「증오가 있어야 사랑도…」(경향신문, 1960)
(아래 오른쪽)「야수들을 근절해야 한다」(경향신문, 1960)

'가을과 독서'에 대한 이항녕 선생과의 대화록(이대학보)

(위)「변명은 얼마든지 있다」(경향신문, 1960),
「진짜는 말이 없는데…」(경향신문, 1960)
(아래)「우상의 파괴」(이대학보, 1960)

저자 상세 연보

연도(나이)	생애
1930(1)	충남 아산 영인면 창용리 379 시골 농가에서 면장집 막내 아들로 태어남. 본관 함양, 본명은 박인희(朴仁熙), 아호는 중암(重菴).
1938(9)	집에서 15리 정도 떨어진 곳에 있는 영인심상소학교(靈仁尋常小學校) 입학.
1939(10)	학교에서 조선어 사용 금지.
1942(13)	5학년 봄 도에서 조직한 '성지참배단'에 뽑혀 일본을 여행하고, 새로운 문화와 환경을 접하고 많은 충격을 받음. 같은 해 겨울, 동경 유학 중 학병 모집을 피해 돌아온 형의 『문예사전』을 보고 철학적 질문을 던지기 시작함. 문학, 그림, 음악 등 예능적인 것들에 본격적인 흥미를 느낌.
1943(14)	소학교 졸업 후 중학교 입시 시험을 봤으나 낙방함.
1945(16)	다시 시험을 보고 서울의 경복 중학교에 입학하여 기숙사 생활을 함. 광복 후 고향으로 내려왔으나 이전에 면장집으로 누렸던 사회적·경제적 지위를 잃음.
1947(18)	고향의 살림을 완전히 정리하고 서울로 이사 옴. 복학함.
1948(19)	중학교 2학년, 시 「낙엽」을 학교 신문에 발표한 것을 계기로 위대한 시인이 되겠다는 꿈을 가지게 됨. 같은 해, 단편소설 「귀향」을 썼으나 곧 찢어버림.
1950(21)	6·25 전쟁 발발, 11월에 징병되어 육군 이등병이 되었으나 기초군사훈련 중 폐병 및 영양실조로 쓰러져 치료받은 후 의병제대함.
1951(22)	서울대학교 불문학과(부산에 열린 전시대학)에 입학함.
1952(23)	부산 동래고등학교에서 불어 강사를 함(1952~1953).
1953(24)	사르트르의 『존재와 무』에 담긴 그의 실존주의를 해설한 일본어 번역서를 읽고 실존주의를 접함.
1954(25)	
1955(26)	《사상계》에 「회화를 잃은 세대」라는 작품을 발표하면서 등단. 서울대학교 불문학과를 졸업하고 같은 대학 대학원에서 불문학 석사과정을 밟음(1955~1957). 성신여고에서 시간 강사를 함(1955~1957). 《대학신문》(문리대학보)에 다수의 글을 발표. 「현대 작가와 윤리」로 제2회 대학신문상을 수상.

발표한 글(원문 출처)	저서(출판사)	외국어 출판	외국어 논문
「T역첩」(발표지 미상)			
「폐문」(발표지 미상)			
「영토」(해군), 「회화를 잃은 세대」(사상계 3월). 「현대 작가 와 윤리」(대학신문), 「인습과 창조」(문리대학보, 양주동 『편국문학독본─현대편』)			

연도(나이)	생애
1956(27)	
1957(28)	서울대학교 대학원에서 논문 「폴 발레리에 있어서 지성과 현실과의 변증법으로서의 시」로 석사학위를 받음. 이화여자대학교에서 불어불문학 전임강사, 조교수가 됨(1957~1961). 재직 중 프랑스 정부 장학생으로 프랑스 파리 소르본대학교 대학원 불문학 석사과정을 밟음(1957~1958).
1959(30)	
1960(31)	
1961(32)	프랑스로 다시 유학을 떠남. 프랑스 파리 소르본대학교에서 불문학 박사과정을 밟음(1961~1964).
1962(33)	

발표한 글(원문 출처)	저서(출판사)	외국어 출판	외국어 논문
「대인」(경향신문), 「정착지 없는 여권」(경향신문), 「불행 속에서」(중앙일보), 「대화 끝에서」(한국일보), 「상처」(문학예술)			
「게시판」(발표지 미상), 「5월의 여인」(이대학보), 「혼자만의 시간」(문학예술)			
「아스팔트 길 위에서」(사상계)			
「한국이 본 영웅-끌로드 바레스의 죽음」(사상계 5월), 「문학비평은 가능한가?」 (사상계 12월)			
「기도와 같은 순간」(사상계), 「60년대 신진작가의 여건과 기질」(사상계 2월), 「시조로서의 앙티 로망」 (사상계 3월), 「이것이냐, 저것이냐?-프랑스 지식인들의 '불복종 권리의 선언'이 제기하는 것」(사상계 6월), 「시인은 아웃사이더인가?」(사상계 7월), 「발레리의 예언-정신의 위기」(사상계 9월)			
「정력적인 작가-부아데프르 를 외무부에서 만나다」(8월), 「소박한 외모, 날카로운 두뇌-알베레스를 만나고」 (사상계 12월)			

연도(나이)	생애
1963(34)	데리다가 지도하는 '연습 세미나'를 통해 그의 철학을 배움 (1963~1964).
1964(35)	프랑스 파리 소르본대학교에서 「말라르메가 말하는 '이데아'의 개념: 논리정연성에 대한 꿈(L'"Idée" chez Mallarmé ou la cohérence rêvée)」으로 불문학 박사학위를 받음.
1965(36)	
1966(37)	데리다의 추천서로 장학금을 받고 미국 서던캘리포니아대학교에서 서양철학 박사과정을 밟음(1966~1970). 하스미 시게히코(훗날 도쿄대 총장)가 박이문의 말라르메 시 세계를 분석한 소르본대학교 박사학위 논문을 보고 '동양인도 이런 논문을 쓸 수 있구나'하고 감탄했으며, 박이문을 계속 동경하던 하스미는 1991년 결국 박이문과 만남.
1967(38)	

발표한 글(원문 출처)	저서(출판사)	외국어 출판	외국어 논문
「영주와 같은 작가-앙드레 모루아를 방문하고」(사상계 1월), 「신념에 찬 아방가르드 작가-앙티 로망의 대표 로브그리예를 만나서」(사상계 2월), 「누벨바그의 여류 작가-크리스티안 로슈포르를 찾아서」(사상계 3월), 「『렉스프레스』의 경우」(사상계 4월), 「전쟁의 계시-시인 피에르 엠마뉘엘과의 대화」(사상계 8월), 「구조주의-현실에 대한 새로운 시각」(사상계 9월), 「황색의 땅, 불멸의 혼 -스페인 기행」(사상계 10월), 「베일 쓴 여인의 나라 모로코」(사상계 12월)			
「의혹의 눈-대표적 여류 작가 나탈리 사로트를 찾아서」(사상계 4월), 「정착지 없는 기행」(사상계 5월), 「폭군 네로의 폐허-이탈리아를 찾아」(사상계 12월)			
「프랑스의 한국인」(사상계 10월)			
「파리여, 안녕-자유의 십자로에서 작별」(사상계 1월), 「끝나지 않은 문화-북미의 인상」(사상계 3월), 「고향을 버린 사람들」(사상계 5월), 「에로스의 절규」(사상계 8월)		L'Idée chez Mallarmé(Paris, Centre de documentation universitaire)	
「이국에서 쓴 수필」(사상계 1월)		Dilemme Malarmeen (불어불문학연구)	

연도(나이)	생애
1968(39)	미국 렌셀러폴리테크닉대학교 철학과 전임강사 (1968~1970).
1969(40)	
1970(41)	미국 서던캘리포니아대학교에서 「메를로 퐁티의 철학에서 나타난 '표현'이란 개념의 존재론적 해석(An Ontological Interpretation of the Concept of 'Expression' in Merleau-Ponty)」으로 철학박사학위를 받음. 미국 시몬스대학교 철학과 조교수, 부교수, 교수, 명예교수(1970~).
1972(43)	
1973(44)	
1974(45)	
1975(46)	
1976(47)	

발표한 글(원문 출처)	저서(출판사)	외국어 출판	외국어 논문
			An Ontological Interpretation of the Concept of 'Expression' in the Philosophy of Merleau-Ponty(ProQuest Dissertations Publishing)
「하나만의 선택」(창조 8월)			
「동서사상의 한 비교점」(세대 8월), 「문학 속의 철학」(문학사상 1793년 10월~1974년 12월)			
「종교와 형이상학과 종교적 경험」(세대 8월)			
「사르트르 철학의 핵심」(월간중앙 9월), 「인간과 인간적인 것」(문학사상 6월), 「서술과 분석」(연세춘추 6월 16일)	『시와 과학』(일조각), 『문학 속의 철학』(일조각)		
「실존주의 문학과 인간소외」(현대문학과 인간소외, 김주연 편, 현대사상사간), 「노장과 하이데거」(문학과지성 여름호), 「종교인과 종교쟁이」(기독교사상 11월)	『철학이란 무엇인가』(일조각)		To say the Unsayable (철학 제10집)

연도(나이)	생애
1977(48)	
1978(49)	
1979(50)	
1980(51)	이화여자대학교, 서울대학교 철학 및 미학과 초청교수 (1980~1982).
1981(52)	

발표한 글(원문 출처)	저서(출판사)	외국어 출판	외국어 논문
「자연과 의식과의 변증법」 (신동아 4월), 「구조주의와 기호학」(세계의 문학 겨울호), 「이념학과 현대사상」 (철학 봄호)	『현상학과 분석철학』 (일조각), 『파리의 작가들』(민음사)		
「고향의 전나무처럼」 (주간조선 6월 29일), 「니체 철학의 현대성」 (문학과지성 봄호)	『하나만의 선택』 (문학과지성사)		
	『눈에 덮인 찰스 강변』(홍성사)		Merleau-Ponty et la phéno-ménologie du sens(Revue de Métaphysique et de Morale)
「과학과 이데올로기」 (현상과 인식 봄호), 「석유 문명과 서양의 사양」 (월간중앙 7월)	『노장사상』 (문학과지성사)		Poetic Imagination and Language-On the Poetics of Bachelard (철학 제14집)
「부처와 그리스도」 (삼성소식 8월)	『나비의 꿈』 (일조각)	Transactions of the Korea Branch of the Royal Asiatic Society: Volume 56-Seoul, Korea(Taewon Publishing Company), Being and meaning in Merleau-Ponty(Pan Korea Book Corp)	Nietzsche selon la perspective taoïste(Revue de Métaphysique et de Morale), Goodman's Cognitive Theory of Art(미학), Being and Meaning in Merleau-Ponty(Pan Korea Book Corp.)

연도(나이)	생애
1982(53)	망막박리라는 병으로 오른쪽 눈이 '사실상 실명'함. 모친 별세. 몇 달 후 유영숙 여사와 결혼함.
1983(54)	미국 하버드대학교 교육대학원 철학연구소 선임연구원(1983~1993).
1984(55)	
1985(56)	독일 마인츠대학교 객원교수(1985~1986).

발표한 글(원문 출처)	저서(출판사)	외국어 출판	외국어 논문
	『인식과 실존』 (문학과지성사)		The Function of Fiction (Philosophy and Phenomenological Research), The concept of Artwork (철학연구), Le monde et le mot(애산학보)
	『예술철학』 (문학과지성사)		Merleau-Ponty's Ontology of the Wild Being(Analecta Husserliana)
「고향 얼굴들」, 「타자의 발견」, 「해방」, 「아픔의 시」, 「6·25 전화」, 「동숭동 캠퍼스」, 「3년만의 결단」, 「소르본대학에서의 4년간」, 「직업적 학생」, 「상전벽해」, 「철학교수」, 「인생참여」, 「라인강의 소요」 (문예중앙 1984년 가을호부터 1988년 봄호까지 중간에 2회는 거르고 총13회 연재)	『명상과 공간』 (일조각)		Lao Tzu and Nietzsche: Wanderer and Superman(Journal of Chinese Philosophy), The Concept of Tao: A Hermeneutical Perspective (Analecta Husserliana)
	『동서의 만남』 (일조각), 『종교란 무엇인가』 (일조각)		Knowing and Being(철학연구), The Reading as Emotional Response: The Case of a Haiku(Analecta Husserliana)

연도(나이)	생애
1987(58)	
1988(59)	
1989(60)	일본 국제기독교대학교 초빙교수(1989~1990).
1990(61)	
1991(62)	포항공과대학교 철학과 교수(1991~1994).

발표한 글(원문 출처)	저서(출판사)	외국어 출판	외국어 논문
	『보이지 않는 것의 그림자』 (민음사)		The Human Condition: A Perspectival View(Analecta Husserliana)
	『사물의 언어-실존적 자서전』 (민음사), 『삶에의 태도』 (문학과지성사)		
	『울림의 공백』 (민음사)		
「나의 길, 나의 삶」 (동아일보 6월 11일), 「철학과 문학」 (철학과 현실 여름호), 「진리의 양면성」 (민족 지성 7월), 「합의로서의 합리성」 (사회비평 봄호), 「성과 속」(세계일보 6월 2일), 「자기 기만」(문학사상)	『자비 윤리학』 (철학과현실사)		
「정통성과 도덕성」(한민족 철학자 대회보 8월), 「예술과 과학」(세계의 문학 겨울호), 「생태학과 예술의 상상력」(현대 예술비평 겨울호), 「합의로서의 합리성」(사회비평)			The Unity of Being and Individualization: A Metaphysical Odyssey (Analecta Husserliana)

연도(나이)	생애
1992(63)	
1993(64)	미국 시몬스대학교 명예교수.
1994(65)	포항공과대학교 교양학부 교수(1994.3~2000.2).

발표한 글(원문 출처)	저서(출판사)	외국어 출판	외국어 논문
「마지막 시작」 (출판저널 2월 20일), 「철학 전후」 (철학과 사회 여름호), 「사르트르의『존재와 무』」 (책과 인생 11월), 「진리와 시간」 (철학과현실 여름호), 「예술과 포스트모더니즘」 (길 5월 6일), 「예술과 미」 (월간미술 3월), 「예술작품 평가의 역사성」(공간 5월), 「전통과 근대성」(오늘의 한국 지성, 그 흐름을 읽는다)			The Artistic , the Aesthetic and the Function of Art - What is an artwork supposed to be appreciated for?(미학)
「스무 살의 독서 『구토』」(동아일보 5월 5일), 「시와 사유」(세계의 문학 여름호), 「도덕적 개념으로서의 합리성」 (철학과 현실 봄호), 「예술과 철학과 미학」(미학), 「철학, 예술 및 건축」 (건축 7월), 「철학의 사회적 규범성과 사회의 철학적 규범성」(문학과사회, 겨울호)	『과학철학이란 무엇인가』 (민음사), 『철학 전후』 (문학과지성사),		
「도와 이성」(세계의 문학 겨울호), 「과학도 인간이 하는 것이다」(과학도 인간이 하는 겁니다)	『인식과 실존』 (개정) (문학과지성사), 『우리 시대의 얼굴』 (철학과현실사)		The Destiny of the Soul and the Path of the Tao: Two Philosophi- cal Anthropolo- gies(Analecta Husserliana)

연도(나이)	생애
1995(66)	
1996(67)	
1997(68)	

발표한 글(원문 출처)	저서(출판사)	외국어 출판	외국어 논문
「문명의 새 모델」 (철학과 현실 여름호), 「21세기의 문화: 전망과 희망」(문화철학), 「역사의 선택과 이성」(공동선), 「교육이념과 인성교육」 (서강대 인문과학연구소 발표), 「목적과 수단」(사보 대한전선)	『문학과 철학』 (민음사)		The Transasfiguration of the World into an Artwork ; A Philosophical Foundation of the Environmental Aesthetics (미학), The Natural and the Cultural (Analecta Husserliana)
「음악과 소리」(서울 음대 특강 5월 16일), 「환경, 생태계, 자연의 올바른 개념과 세계관의 전환」(환경과 생명 가을호), 「이성의 시련」(미발표)	『문명의 위기와 문화의 전환』(민음사), 『이성은 죽지 않았다』(당대)		
「인류의 미래와 동양사상」(아산재단 창립 20주년 기념 국제학술대회, 7월 1일), 「생태학적 합리성과 아시아 철학」(녹색평론 9~10월호), 「과학과 자연」(중대신문 창간 50년 학술심포지엄: 새로운 밀레니움, 패러다임의 변화와 전환 9월 1일), 「21세기를 향한 발전 전망」(계명대 인문대 연구소, 5월 21일 발표)	『다시 찾은 파리수첩』(당대), 『철학의 여백』 (문학과지성사), 『상황과 선택』 (서울대학교 출판부), 『문명의 미래와 생태학적 세계관』 (당대)	Essais Philosophiques et Litteraires (Seoul National Univ. Pr.)	Rationality and Human Dignity – Confucius, Kant and Scheffler on the Ultimate Aim of Education (Studies in Philosophy and Education)

연도(나이)	생애
1998(69)	
1999(70)	
2000(71)	포항공과대학교 정년퇴임.

발표한 글(원문 출처)	저서(출판사)	외국어 출판	외국어 논문
「동양문화와 세계문화」(과학사상 여름호), 「21세기 문명의 경영」(21세기 최고경영인회 심포지엄, 서귀포, 7월 27일), 「생명의 존엄성」(제1차 한국 생명윤리학회 학술대회, 9월 12일), 「자연과 인간은 어떻게 공존할 수 있는가」(함께 사는 길, 5월), 「경제위기와 생태학적 윤리」(환경과 생명 가을호)	『자연, 인간, 언어』(철학과현실사)	Reality, Rationality and Value (Seoul National Univ. Pr.)	
「인간다운 삶이란 무엇인가」(라 쁠륨 가을호), 「시와 시적 감동」(푸른 시 10월), 「문명사적 갈림길의 20세기」(한국 역사학회 연합대회, 5월 28일 발표), 「기술문명의 위기와 아시아적 대응」(대만대 문화 워크숍, 10월 27일 발표), 「우주, 생명, 그리고 인간」(과학사상 봄호)	『아직 끝나지 않은 길』(민음사), 『과학철학이란 무엇인가』(개정) (사이언스북스)	Man, language and poetry (Seoul National Univ. Pr.), Broken Words: Poems(민음사)	
「사르트르와의 만남」(조선일보 8월 25일), 「나의 불교적 세계관」(월간 해인 9월), 「뉴밀레니엄의 문명 패러다임과 선」(선불교 철학회, 수덕사, 4월 7일 발표), 「21세기 화두를 대하는 자세」(씨알의 소리, 3월), 「21세기 게놈 시대의 종교 문화」(불교 조계종 종교 세미나, 10월 30일 발표), 「생명공학의 윤리적 도전과 생명윤리학의 사명」(생명윤리 제1호, 5월), 「환경과 예술」(토지 문화관 주체 '환경과 예술' 국제 학회 11월 11일 발표)	『나의 출가』(민음사), 『바꿔! 바꿔!』(민음사)		

연도(나이)	생애
2001(72)	고려대학교 대학원 초빙교수.
2002(73)	연세대학교 특별초빙교수.
2003(74)	세계생명문화포럼-경기 2003공동추진위원장.
2004(75)	
2005(76)	
2006(77)	제20회 인촌상 인문사회문학부문 수상.

발표한 글(원문 출처)	저서(출판사)	외국어 출판	외국어 논문
「어떻게 살 것인가」 (철학과 현실 봄호), 「동물의 세계」(수필 봄호)	『더불어 사는 인간과 자연』 (미다스북스), 『이성의 시련』 (문학과지성사)		Is interciviliza- tional dialogue possible?(Korea Journal)
	『환경철학』 (미다스북스), 『역사적 전환기의 문화적 재편성』 (철학과현실사)		
	『길』(미다스북스), 『문학과 언어의 꿈』(민음사), 『이카루스의 날개와 예술』 (민음사)		Robert J. wise, jr. (Phenomenolo- gy World-Wide)
	『사유의 열쇠- 철학』(산처럼)	Zerbrochene Wörter : Gedichte (Abera)	『Meaning of being or Meaning of sign』 (기호학 연구)
	『행복한 허무주의자의 열정』 (미다스북스), 『논어의 논리』 (문학과지성사)	L'Idée chez Mallarmé. La cohérence rêvée(Seo Jin Publishing)	
	『당신에겐 철학이 있습니까』 (미다스북스), 『공백의 그림자』 (문학동네), 『나는 왜 그리고 어떻게 철학을 해왔나』(삼인), 『아침 산책』 (민음사)		

연도(나이)	생애
2007(78)	포항공과대학교 명예교수.
2008(79)	
2009(80)	
2010(81)	프랑스 정부 문화훈장(교육공로)을 수상.
2011(82)	경복동창회의 '자랑스러운 경복인상' 수상(2011.4).

발표한 글(원문 출처)	저서(출판사)	외국어 출판	외국어 논문
	『현상학과 분석철학』(개정) (지와사랑), 『철학적 경영이 미래를 연다』 (뿔), 『나비의 꿈이 세계를 만든다』(뿔), 『철학의 눈』 (미다스북스)		
	『철학이란 무엇인가』 (개정)(지와사랑), 『나는 책을 읽는다 고로 존재한다』 (베스트프렌드)		Chapter 1: Knowing and Being (Philosophy and Culture)
	『통합의 인문학』 (지와사랑), 『과학, 축복인가 재앙인가』 (이화여자대학교 출판부)	Schatten der Leere (Abera)	
	『예술과 생태』 (미다스북스), 『둥지의 철학』 (생각의 나무), 『존재와 표현』 (생각의 나무), 『고아로 자란 코끼리의 분노』 (미다스북스), 『부서진 말들』 (민음사)		
	『문학 속의 철학』 (개정) (일조각)		

연도(나이)	생애
2012(83)	인간과 자연의 조화로운 상생 · 공존을 추구하는 생태학적 세계관을 제시하는 등 현대 과학과 기술에 대한 철학적 인식을 개선한 공로로 대한화학회가 제정한 '탄소문화상' 제1회 대상 수상.
2013(84)	
2014(85)	
2015(86)	『둥지의 철학』이 영국 사프론(Saffron)출판사에서 출간.
2016(87)	미다스북스에서 『박이문 인문학 전집』 출간.

발표한 글(원문 출처)	저서(출판사)	외국어 출판	외국어 논문
	『철학의 흔적들』 (소나무)	The Crisis of Civilization and Asian Response (Seoul National Univ. Pr.), Ombre du vide (Littératures t. 5) (Atelier des Cahiers)	
	『둥지의 철학』 (개정) (소나무)	"Die Krise der technologischen Zivilisation und die asiatische Antwort (Reichert), 藝術哲学 (北京大学出版社)	
	『왜 인간은 남을 도우며 살아가야 하는가』(소나무)	Shadows of the Void(Seoul Selection)	
		Philosophy of the Nest(Saffron)	

출전

1부 하나만의 선택 — 철학적 자전

01 하나만의 선택

계간《창조》(1972. 8),『하나만의 선택』(1978),

『행복한 허무주의자의 열정』(2005)

02 사르트르와의 만남

《조선일보》(2000. 8. 25),『더불어 사는 인간과 자연』(2001),

『행복한 허무주의자의 열정』(2005)

03 나의 스승 데리다

《철학과 현실》제63호(2004),『행복한 허무주의자의 열정』(2005)

04 지적 방랑의 변명

『이성은 죽지 않았다』(1996),『나의 출가』(2000),

『행복한 허무주의자의 열정』(2005)

05 마지막 시작

《출판저널》(1992. 2. 20),『철학 전후』(1993)

2부 사물의 언어 — 실존적 자전

《문예중앙》(1984년 가을호~1988년 봄호에 13회에 걸쳐 발표),

『사물의 언어』(1988)

3부 나의 길, 나의 삶

01   나의 길, 나의 삶

《동아일보》(1990. 6. 11), 『철학 전후』(1993), 『나의 출가』(2000), 『길』(2003)

02   철학 전후

《철학과 사회》(1992, 여름호), 『철학 전후』(1993),

『행복한 허무주의자의 열정』(2005)

03   고향의 전나무처럼

《주간조선》(1975. 6. 29), 『하나만의 선택』(1978)

04   이 순간, 이 시간, 이 삶

『행복한 허무주의자의 열정』(2005)

05   지적 방랑의 연보

『둥지의 철학』(2010)

4부 더불어 사는 삶의 실천─인터뷰

『더불어 사는 인간과 자연』(2001) 출판을 계기로 미다스북스 편집부와

이틀간에 걸쳐 진행된 인터뷰 내용. 『더불어 사는 인간과 자연』에 전재됨.

박이문 朴異汶

본명은 박인희로 1930년 충남 아산 시골 마을의 유학자 집안에서 막내아들로 태어났다. 어린 시절 시골의 아름다운 자연의 변화를 만끽하며 부모와 조부모의 따뜻한 보살핌을 받으며 자랐다. 유학 중 귀국한 형의 영향으로 위대한 시인이자 작가를 꿈꾸었고, 재수 끝에 경복중학교에 진학하였다. 청년기의 들목 전쟁의 참화 속에서 입대했으나 훈련 도중 병을 얻어 의병제대한다. 피난 시절 부산에서 서울대학교 문리과대학의 불문학과에 입학하여 본격적으로 문학에 매진한다. 대학원 석사논문을 프랑스어로 쓸 정도로 탁월한 실력을 보였으며, 석사학위를 받고 곧바로 이화여자대학교에서 전임교수로 발탁되었다. 그러나 안정된 직업인 교수의 생활을 버리고 다시 프랑스로 떠나 문학 박사학위를 받았으나, 이에 그치지 않고 미국으로 건너가 철학 박사학위를 받는 인문학을 향한 구도의 길을 걸었다. 그후 시몬스대학교, 포항공과대학교, 이화여자대학교, 서울대학교를 비롯해 세계 각지에서 학생들을 가르쳤으며, 많은 글들을 발표하고, 예술과 과학과 동양사상 등으로 끊임없이 새로운 영역을 개척하는 선구자적인 인문학자로 살았다. 또 한편으로 시를 쓰는 창작도 일생 동안 지속하여 어린 시절의 꿈대로 시인이자 작가이며 철학자인 인문학자로서 아름답고 위대한 '사유의 둥지'를 완성하였다.

박이문 인문학전집 01

하나만의 선택 — 우리 시대 인문학 최고의 마에스트로

초판 1쇄 2016년 2월 26일
지은이 박이문
펴낸이 류종렬

박이문 인문학 전집 간행위원회

전집간행위원 김병익, 정대현, 강학순, 이승종
기획편집본부 장인용, 김슬기, 김동훈, 남다희, 주성엽, 서승현, 이범수, 이영호, 윤석우,
　　　　　　변영은, 권기우, 강서윤, 김예신, 류수정, 박근희, 이소정, 임소연 외
표지디자인 및 아트디렉팅 씨디자인 조혁준, 함지은, 조정은, 김하얀

펴낸곳 미다스북스
등록 2001년 3월 21일 제313-201-40호
주소 서울시 마포구 서교동 486 서교푸르지오 101동 209호
전화 02)322-7802~3
팩스 02)333-7804
블로그 http://blog.naver.com/midasbooks
트위터 http://twitter.com/@midas_books
이메일 midasbooks@hanmail.net

ⓒ 박이문, 미다스북스 2016, *Printed in Korea*

ISBN 978-89-6637-430-4 (04100)
　　　　978-89-6637-429-8 (04100) 세트

값 30,000원

이 도서의 국립중앙도서관 출판예정도서목록(CIP)은 서지정보유통지원시스템 홈페이지(http://seoji.nl.go.kr)와 국가자료공동목록시스템(http://www.nl.go.kr/kolisnet)에서 이용하실 수 있습니다. (CIP제어번호: CIP2016003564)

미다스북스는 다음 세대에게 필요한 지혜와 교양을 생각합니다.